Matthieu Aikins

De tolk van Kabul

Een Afghaan, een Canadees,
een vriendschap en een vlucht

vertaald door Marianne Palm, Jan Willem Reitsma en Pon Ruiter

ALFABET UITGEVERS

2022

Eerste druk, februari 2022
Tweede druk, februari 2022
Derde druk, maart 2022

The Naked Don't Fear the Water.
An Underground Journey with Afghan Refugees
Oorspronkelijke uitgeverij HarperCollins

Omslagontwerp Gill Heeley / Bij Barbara
Omslagbeeld Gill Heeley
Auteursfoto Kiana Hayeri
Typografie binnenwerk CeevanWee, Amsterdam
Kalligrafie Roohullah Adib

ISBN 978 90 213 4120 0
NUR 320

alfabetuitgevers.nl

لُچ از آب نمی ترسد

Wie naakt is, vreest het water niet

– spreekwoord uit het Dari

Berlijn
DUITSLAND
Moskou
RUSLAND
Triëst
Ljubljana
SLOVENIË
Belgrado
SERVIË
Sofia
ITALIË
BULGARIJE
Sinemorets
Zwarte Zee
İğneada
GRIEKENLAND
Istanbul
Patras
Lesbos
Eskişehir
Ankara
Athene
İzmir
TURKIJE
Doğubayazıt
Maku
Van
Middellandse Zee
SYRIË
Damascus
Bagdad
IRAK
Cairo
LIBIË
EGYPTE
Rode Zee
0
200
400 mijl
0
200
400 km

Tasjkent
OEZBEKISTAN
Kaspische Zee
Mazar-e-Sharif
Kunduz
Peshawar
Islamabad
Mashhad
Kabul
Teheran
Herat
AFGHANISTAN
Kandahar
IRAN
Spin Boldak
Quetta
Zaranj
PAKISTAN
Zahedan
Shiraz
Perzische Golf
Bandar Abbas
Dubai
Arabische Zee
V.A.E.

Inhoud

DEEL I
De oorlog

1

Bij het eerste ochtendlicht leunde ik tegen het raam en keek naar de bergen in de diepte. We vlogen in de richting van de opkomende zon die met haar stralen scherpe contrasten tekende in het woeste landschap: golvend bruin doorsneden door groene valleien met gehuchtjes die nog steeds alleen per ezel waren te bereiken. We waren vlak bij het punt waar Afghanistan, Iran en Turkmenistan elkaar raken, maar ik had geen idee welk land ik daar beneden zag. Door de vorst zaten er ijskristallen op mijn vliegtuigraam, rozig door het morgenrood, net als de condensstrepen die de mensen daar beneden zagen.

Ik ging gemakkelijk zitten en leunde tegen de hoofdsteun. Het was nog enkele uren vliegen naar Kabul, waar mijn vriend Omar op me wachtte. Als ik mijn ogen sloot, zag ik voor me hoe hij keek toen hij me die zomer afzette bij de luchthaven en, terwijl hij mijn hand vastgreep, plotseling smeekte: 'Kom terug, dierbare broer. Blijf bij me. Iedereen gaat weg.'

Het was stil in het vliegtuig. De paar passagiers die ik kon zien, hingen voorovergebogen of lagen uitgestrekt over een stoelenrij te slapen. Ik wist dat die lege plaatsen op de terugweg naar Istanbul vol zouden zitten met Afghanen die de oorlog ontvluchtten. Op mijn stoel zou misschien iemand terechtkomen die van plan was de zee over te steken in een van die kleine rubberboten die van Turkije naar Europa voeren. Er landden nu elke dag duizenden vluchtelingen op de Griekse eilanden, en er waren er nog veel meer onderweg. Het was eind oktober 2015 en die herfst was er iets verbazingwekkends gebeurd, iets wat met een fundamentele wet brak: onder de druk van de mensen was de grens opengegaan.

Terwijl de oorlog om zich heen greep in het Midden-Oosten en miljoenen mensen dakloos maakte, had de druk zich buiten Europa jarenlang opgebouwd. De bootmensen waren overwegend Syrisch, Afghaans en Iraaks. Onder hen waren veel vrouwen en kinderen en er was geen enkele manier om hen tegen te houden, behalve hen neerschieten. Vanuit Griekenland trokken ze door de Balkanlanden naar het noorden, overspoelden stadspleinen en grensovergangen, een opzienbarend schouwspel in het nieuws, een crisis. Om te voorkomen dat de Europese Unie uiteen zou vallen, schortte Duitsland zijn regels op en liet de migranten door. Andere landen volgden dit voorbeeld en nu lagen de vijf grenzen tussen Athene en Berlijn open. Over de hele wereld waren de beelden te zien van de mensenmassa's die de open grenzen overstaken, een bewijs van het onmogelijke, een klaroenstoot die de universele vrijheid van verkeer aankondigde – een droom voor de een en een nachtmerrie voor de ander.

Niemand wist hoelang dit wonder zou duren. Er landden nu elke dag duizenden mensen in bootjes. Er zouden één miljoen mensen Europa binnenkomen.[1]

En Omar en ik zouden samen met hen oversteken.

We hadden de knoop doorgehakt in augustus, toen ik weer thuis was in Kabul na een opdracht in Jemen. Ik kende Omar al vanaf dat ik in Afghanistan was gaan werken, en hij had altijd gedroomd van een leven in het Westen, maar zijn verlangen werd urgent toen de burgeroorlog verhevigde en zijn stad uiteen werd gereten door bombardementen. De Amerikaanse militairen begonnen zich terug te trekken uit zijn land. Ook ik probeerde weg te gaan, helemaal opgebrand na zeven jaar verslaggeving hier, maar ik kon Omar niet achterlaten. Dus toen ik eerder die zomer terugvloog, had ik aan mijn vriend zitten denken. Ik had nog geen plan, maar er begon zich een idee te vormen. Omar en ik moesten eens met elkaar praten.

WELCOME TO HAMID KARZAI INTERNATIONAL AIRPORT. Bij de immigratiebalie overhandigde ik mijn paspoort en zette mijn vingertoppen op het groen oplichtende schermpje van de scanner. Daarna liep ik naar de bagageband, pakte mijn koffer en reed hem naar het röntgenapparaat. De agent achter de monitor zocht naar wapens en flessen. Alcohol was verboden in de Islamitische Republiek Afghanistan, behalve op ambassades en bij internationale organisaties, en buitenlandse bezoekers mochten twee kostbare flessen per persoon meenemen. Ik tilde mijn koffer op de loopband, samen met de zak met whisky en gin uit de dutyfreewinkel in Istanbul, en liep naar de andere kant, terwijl ik mijn tekst oefende.

Mijn voorouders komen uit Japan en Europa, maar ik zie er ongelooflijk Afghaans uit: amandelvormige ogen, zwart haar, springerige baard. Grenswachten gingen er dus onveranderlijk van uit dat ik een inwoner was met haram smokkelwaar. Een lucratieve vangst aangezien de in beslag genomen drank waarschijnlijk op de zwarte markt zou belanden. In de loop der jaren was mijn Perzisch beter geworden, waardoor de gesprekken nog ongemakkelijker werden.

'Beste man, wil jij beweren dat je geen Afghaan bent?'

'Nee, meneer', antwoordde ik dan, en haastte me naar de andere kant van de band met mijn paspoort voordat de agent de flessen kon wegpakken. 'Kijk naar mijn naam, ik ben niet eens een moslim, sorry.'

Buiten de terminal ademde ik de droge zomerlucht in. Ik had niet veel geslapen sinds Sanaa, maar mijn vermoeidheid verdween toen ik de omgeving zag: ver weg de besneeuwde toppen van de Hindu Kush, de sloppenwijken op de helling, de Humvee met zijn geschutkoepel op de poort gericht. Op de parkeerplaats zag ik een goudkleurige Toyota Corolla en mijn vriend Omar, die naar de radio zat te luisteren en een sigaret rookte met het raam open. Hij stapte uit en kwam naar me toe: groter dan ik, breedgeschouderd, met een brede glimlach en kraaienpootjes. Toen we elkaar omhelsden bleef zijn stoppelbaard door de warmte aan mijn wang plakken; om hem heen hing een lucht van eau de cologne en sigarettenrook. Omar wurmde de koffer uit mijn hand en tilde hem in de kofferbak. We reden de rotonde bij het vliegveld op, een ronddraaiende stroom taxi's, gepantserde SUV's, bussen, schreeuwende politieagenten, bedelaars die op de ramen klopten, straatverkopers die rekken vol telefoonkaarten en dashboardversiersels heen en weer zwaaiden. Omar baande zich zachtjes vloekend voorzichtig een weg met de Corolla, een hand aan het stuur en in de andere hield hij een Pine stevig vast, die hij zo nu en dan tussen zijn lippen liet zitten om met zijn vingers door zijn donkere bos haar te vegen. Pas toen we de snelweg van het vliegveld op reden met zijn lange rij enorme trouwzalen, konden we ons ontspannen en bijpraten.

'Fijn dat je terug bent, *baradar*', zei hij in het Perzisch. Hij glimlachte, maar hield zijn ogen op de weg.

'Het is ook fijn om jou weer te zien, broer', zei ik.

Hij wist dat mijn huur afliep en dat ik was teruggekomen om het huis leeg te ruimen. Het leek alsof de halve stad die zomer van *raftan raftan* – gaan gaan – wilde ontsnappen. De Afghanen zagen geen toekomst meer voor hun land. De middenklasse had haar spaargeld uitgegeven aan vliegtickets en visa voor Turkije, de bussen naar de zuidelijke woestijn bij Iran zaten vol jonge mannen. Omars eigen gezinsleden waren ook aan het vertrekken. Vier van zijn broers en zussen waren al in Europa, en zijn moeder en zus maakten zich klaar om te ontsnappen met smokkelaars. Maar Omar was al heel lang van plan om naar Amerika te emigreren via het Special Immigrant Visa-programma dat door het Congres was opgezet om loyale Afghaanse en Iraakse medewerkers te belonen: een happy end voor een handjevol mensen om Amerika's geweten te sussen.[2] Omar had daarvoor in aanmerking moeten komen: hij had tijdens gevechten gediend als tolk voor de Special Forces en gewerkt voor USAID en mijnopruimingsdiensten. Maar toen hij zijn aanvraag naar mij stuurde, zag ik dat hij in de problemen zat. Hij had er in de loop der jaren nooit aan gedacht om allerlei papieren te bewaren die hij nu

nodig had: aanbevelingsbrieven van zijn bazen, kopieën van de arbeidsovereenkomsten met de Amerikaanse overheid. Hoe moest hij een kapitein van de Groene Baretten opsporen van wie hij alleen de voornaam kende? Of documenten opdiepen van het inmiddels opgeheven ontmijningsbedrijf? 'Hallo mijn dierbare, lieve broer,' mailde hij me toen ik in het buitenland was, 'ik hoop dat het goed met je gaat. Wens me alsjeblieft heel veel geluk en dat ik de kans krijg om een visum voor Amerika te bemachtigen en daarheen kan verhuizen. Ik ben het leven hier echt meer dan zat.'

We stuurden alles in wat hij had. Het duurde twee jaar voor er een antwoord kwam: 'Helaas moeten we u meedelen dat uw aanvraag voor een Chief of Mission (COM)-toestemming om een verzoek voor het SQ-Special Immigrant Visa (SIV)-programma te mogen indienen is afgewezen op de volgende grond(en): onvoldoende documenten om een beslissing te nemen [...].'

Nadat zijn Amerikaanse droom was uiteengespat, restte Omar hetzelfde vooruitzicht als zijn moeder en zus: de smokkelaarsroute naar Europa, een lange en gevaarlijke reis door de bergen en over zee. Op dat moment kreeg ik een idee. Als Omar de reis op die manier ging maken, wilde ik met hem meegaan en erover schrijven. Gezien het risico om te worden ontvoerd of gearresteerd, moest ik me vermommen als een Afghaanse migrant, maar na alle gevaarlijke opdrachten die we hier samen hadden uitgevoerd, vertrouwde ik Omar mijn leven toe. Zo zou ik de ondergrondse vluchtelingenwereld van binnenuit kunnen zien. Bovendien zou ik mijn vriend niet hoeven achter te laten. We zouden elkaar helpen, en ik zou alles betalen.

Omar was even stil nadat ik hem het plan had geschetst, toen we die dag in augustus in de bij mijn huis geparkeerde auto zaten. Hij zag dat ik het meende. Daarna grijnsde hij. 'Natuurlijk kunnen we samen gaan.'

'Zeker weten?'

'Jazeker, broer.'

'Goed,' zei ik. 'Wanneer kunnen we vertrekken?'

Hij zuchtte. 'Nog niet', zei hij. Ik was ervan uitgegaan dat hij er klaar voor was, maar zo eenvoudig was het niet. Hij moest eerst zijn ouders het land uit krijgen.

'Natuurlijk', antwoordde ik.

En er was nog iemand die hem hier in Kabul vasthield: Laila. Ze was de dochter van zijn huurbaas en woonde twee huizen verderop. Ze spraken nu al enkele jaren in het geheim met elkaar af, maar ik had niet beseft dat het zo serieus was geworden. Ze was de liefde van zijn leven, vertelde hij me. Ze wilden gaan trouwen. Maar zij kwam uit een rijke sjiitische familie, Omar was soennitisch en had alleen een Corolla. Als hij het visum voor Amerika had gekregen, had hij haar familie iets kunnen aanbieden. Dan had hij haar daar legaal mee naartoe kunnen nemen. Nu moest hij eerst asiel aanvragen in Europa en haar daarna komen halen. Maar haar vader zou haar terwijl hij weg was aan iemand anders kunnen uithuwelijken. Laila had hem gezegd dat ze het besluit van de patriarch kon vertragen, maar niet kon trotseren.

Dat was Omars dilemma: om Laila te veroveren moest hij weggaan en het risico nemen haar te verliezen.

Nadat ik hem dit voorstel had gedaan, brachten we mijn bagage naar binnen en gingen we boodschappen doen. Het was al laat voor we terug waren en de stroom in de buurt was weer eens uitgevallen. We hadden een generator, maar toen we voorreden zag ik dat de ramen van de bovenverdieping die boven de muur van de binnenplaats uitkwamen donker waren. Ik vroeg me af of er überhaupt iemand thuis was, maar toen toeterde Omar en deed de oude Turabaz, onze *chowkidar*, de knarsende poort voor ons open. Toen we naar binnen reden, blafte de hond en rukte aan haar ketting.

Ik had in Kabul in verschillende huizen gewoond in de jaren dat ik daar als freelancejournalist was, maar dit was het eerste dat ik had gekocht. Een paar jaar geleden was ik erin getrokken met drie andere buitenlanders. We knapten het huis op, plantten rozen in de tuin, gaven er feesten, en toen vertrok de ene na de andere vriend uit het land. Er kwamen andere huisgenoten voor in de plaats die steeds korter bleven. De meeste expats kwamen niet voor lange tijd naar Afghanistan. Het was een avontuur of een kans om geld te verdienen.

Ik stapte uit en bescheen met mijn lamp het gelige gazon vol plukjes gras. Ik was maanden weggeweest. De schuur, waar we ooit wodka distilleerden, stond vol troep. Voor de veiligheid had iemand een van de deuropeningen die op straat uitkwamen grof dichtgemetseld. En de hond, die ook in betere tijden wild was, zat onder het vuil en was gek van opwinding, ze likte mijn handpalmen met haar tong toen ik naast haar hurkte. 'Zorgt er niemand voor haar?' snauwde ik tegen Turabaz.

Omar zat op zijn knieën bij onze oude gasgenerator. We sjorden eraan en vloekten, maar hij wilde niet aan springen, dus liepen we met een zaklamp door de kamers om de spullen in het huis te onderzoeken. Hoewel de markten met tweedehandsspullen in Kabul overvoerd waren door emigranten die hun huishouden opdoekten, wilde ik ze verkopen en het geld aan Turabaz geven, aangezien hij binnenkort zonder werk zou zitten. Omar had ons geholpen toen we in dit huis trokken en hij wist nog precies hoeveel we voor elk voorwerp te veel hadden betaald.

'Hier heb je honderd dollar voor betaald', zei hij en scheen met zijn lamp op een stoffig schap van spaanplaat. 'Het is nu waarschijnlijk vijf dollar waard.'

Toen Omar wegliep om de keuken te inspecteren, ging ik aan een bureau in de woonkamer zitten. Ik begon de jetlag te voelen. We gebruikten deze kamer als ons kantoor en ik had veel van mijn verhalen hier geschreven, met een sissende gaskachel in de winter en met de deur open in de zomer. In het donker waren de vlekken in het tapijt nauwelijks te zien. Ik wreef met mijn teen in een ervan – rode wijn. Als we een feest gaven, schoven we de bureaus tegen elkaar tot een bar, die kleverig werd van de zelfgemaakte punch. Hier hadden mensen uit alle delen van de wereld met elkaar gedanst. Een tijdlang hadden we dit land thuis genoemd. Nu verlieten we het als een cocon waar we uitgegroeid waren.

Nadat we klaar waren met de inventarisatie, gingen Omar en ik met de hond wandelen. Turabaz had haar Baad gedoopt, het Perzische woord voor 'wind'. Ze was, denk ik, voor het grootste deel een Duitse herder en ik liet me graag met haar zien omdat invallen in huizen een steeds groter probleem werden. Wanneer ik met haar wandelde en de kinderen op straat haar vlijmscherpe tanden zagen, riepen ze *gorg*, wolf. Ze was vriendelijk, maar moeilijk af te richten door een tic van een trauma uit haar puppytijd. Bij de minste druk op haar achterlijf joeg ze achter haar staart aan, grommend en almaar rondjes draaiend, op een manier die deed denken aan de slang Ouroboros die haar eigen staart opeet. Een van mijn inmiddels vertrokken huisgenoten had haar in een opwelling gekocht toen ik de stad uit was. Ik moest nog steeds bedenken wat ik met haar moest doen.

De straten van Kabul waren 's nachts leeg. We liepen naar Kolola Pushta, twee grote aardhopen, op de ene lag een begraafplaats en op de andere stond een door een aarden wal omringd fort dat in de negentiende eeuw was aangelegd door de Britten en nu de thuisbasis was van een Afghaanse legereenheid. Terwijl Baad een goot besnuffelde, liep Omar vooruit en voerde een fluisterend telefoongesprek met Laila. Hij vertelde haar wat hij mij had verteld toen we naar huis reden: dat hij had besloten om weg te gaan en vluchteling te worden, maar pas als hij en Laila verloofd waren. Omar zou haar hand vragen bij haar vader, ervan uitgaand dat hij asiel zou krijgen en zijn bruid naar Europa kon halen. Hij had me gewaarschuwd dat het tijd zou kosten om de patriarch over te halen. Ik had geantwoord dat ik kon wachten. Ik moest sowieso terug naar de VS om een opdracht af te maken, maar was van plan in oktober terug te komen. Tegen die tijd zou Omar vast zover zijn.

Het pad slingerde zich omhoog tussen de grafstenen, puntige stenen waaraan stokken en lapjes waren vastgebonden. Aan de overkant tekende zich het silhouet van het fort af tegen de straatverlichting erachter. Er klonk een raspende hoest in de duisternis van de begraafplaats, gevolgd door de geur van hasj. Ik hield

Baads riem steviger vast. Laat Omar maar proberen zijn geliefde te veroveren, dacht ik. Als we samen die illegale reis gingen maken, had ik toch tijd nodig om ervoor te zorgen dat ik kon doorgaan voor een Afghaan. Als we er eenmaal aan begonnen, was er geen weg meer terug, niet zonder mijn vriend in de steek te laten. Omdat we gefouilleerd konden worden, moest ik mijn Amerikaanse en Canadese paspoort achterlaten waarmee ik zo makkelijk door deze wereld vol grenzen kon reizen. Toch werden onze bewegingen niet alleen bepaald door de controleposten en hekken; er waren wetten en surveillancenetwerken en de minder tastbare lijnen die we trokken uit eigenbelang – de paden waarover ons leven liep, de grenzen aan onze verbeeldingskracht. 'De muur is ook in ieder van ons', schreef John Berger.[3]

Op de top van de heuvel lag een leeg terrein omringd door bomen. Ik liep naar de rand ervan en keek naar het noorden. Daar kon je tot voorbij Qasaba kijken, waar de sloppenwijk de steile hellingen op kroop die de hoofdstad omsloten. Er was weer stroom, een groot deel van de provisorische woningen had nu elektriciteit. Toen Omar klaar was met bellen, liep hij naar me toe en kwam naast me staan.

'Toen we hier voor het eerst kwamen, was er geen licht', zei hij.

Zoals zoveel Afghanen van zijn generatie was Omar als vluchteling opgegroeid in Iran en Pakistan. In 2002 was hun gezin uit ballingschap teruggekeerd in een verwoeste hoofdstad en hadden ze door lanen vol puin gereden, langs gebouwen waarin de gaten van de granaatinslagen waren afgeschermd met haveloze gordijnen. Maar de mensen hadden hoop. Kabul was gegroeid in erupties van beton, winkelcentra en benzinestations met gevels vol neon schoten als paddenstoelen uit de grond. De belofte van vrede bleek echter een leugen. De oorlog die op het platteland woedde kwam steeds dichter bij de hoofdstad. De Taliban kwamen eraan. Maar 's nachts kon je de beschermende muren met bovenop prikkeldraad niet zien, of de onverharde straten waar weduwen bedelden zodra het dag werd. De stad voor ons was gemaakt van licht.

'Het is prachtig', zei ik.

'Ja. En, als God het wil, zal het ooit beter worden.'

'Maar ben je er klaar voor om te vertrekken?'

'Ik heb hier geen toekomst. Jij hebt een goede baan, jij hebt documenten, jij kunt gaan wanneer je wilt.' Hij keek uit over zijn stad. 'Het enige wat ik heb is mijn geluk.'

2

Kort daarna vertrok ik naar New York en toen ik drie maanden later tegen het einde van oktober in dat lege vliegtuig via Istanbul terugkwam, zag ik bij de bagageband in Kabul massa's mannen in witte gewaden vaatjes met heilig Zamzam-water van de band halen die ze hadden meegebracht uit Mekka. De hadj van 2015 was een ramp geweest; meer dan tweeduizend mensen waren omgekomen doordat ze onder de voet werden gelopen en nog eens honderd stierven door het omvallen van een kraan die eigendom was van de Saoedische Binladin Group.

Ik kreeg mijn drank door de scanner en ging op de parkeerplaats op zoek naar Omar. De bewakers op het vliegveld leken gespannen. Enkele weken geleden hadden de Taliban Kunduz veroverd, een stad vlak bij de grens met Tadzjikistan. De verdedigingswerken van de regering vielen uiteen onder de plotselinge aanval en voor het eerst sinds 2001 hesen de Taliban hun witte vlag in een provinciehoofdstad. Een stroom ontheemde mensen trok naar het zuiden, naar Kabul, en veroorzaakte onderweg paniek. De val van Kunduz gaf momentum aan de Afghaanse exodus, die al een kookpunt had bereikt sinds dat najaar de grenzen in Europa waren geopend.

Toen we wegreden van de luchthaven vertelde ik Omar over de zogenoemde humanitaire corridor door de Balkanlanden die voor vluchtelingen was geopend, maar hij was al op de hoogte, want hij had het thuis al op het nieuws gezien. Als door een wonder was de weg voor ons vrijgemaakt, en toch vertelde hij me dat hij nog steeds niet met zijn voorstel naar Laila's familie was gegaan, en ook het vertrek van zijn ouders nog niet had geregeld. Het was ingewikkeld, hij had meer tijd nodig. Maar dat gaf niet, zei ik, want ik wilde samen met hem nog een laatste verhaal maken in Afghanistan. Tijdens de val van Kunduz had zich een schokkend incident voorgedaan: een eenheid van de Amerikaanse Special Forces, die samen met Afghaanse troepen vochten om de stad te heroveren, had gevraagd om een luchtaanval op een ziekenhuis van Artsen Zonder Grenzen. Hierbij kwamen tweeenveertig mensen om.[1] Het leger beweerde dat het een vergissing was, maar ik wist dat de lokale autoriteiten al heel lang wrok koesterden tegen het ziekenhuis omdat er ook gewonde rebellen werden behandeld. Ik wilde dit onderzoeken en had Omar nodig als chauffeur. We moesten samen naar Kunduz gaan en daarna kon ik het verhaal voltooien, terwijl hij de zaken regelde met Laila. We hoefden ons niet te haasten. Ik had er alle vertrouwen in dat we, hoe dan ook, samen uit Afghanistan zouden vertrekken. Met onze reis zou de cirkel rond zijn, want volgens mij was er vanaf de dag dat we elkaar hadden leren kennen sprake geweest van wederkerigheid in ons doen en laten.

Ik werkte in Afghanistan al samen met Omar sinds mijn eerste verhaal voor een tijdschrift, meer dan zesenhalf jaar geleden. Dat was in de lente van 2009, ik was toen vierentwintig. Ik had net opdracht gekregen van *Harper's* om een profiel te schrijven van kolonel Abdul Raziq, een commandant van de grenspolitie en een zeer belangrijke bondgenoot van het Amerikaanse leger, die volgens de geruchten onder één hoedje speelde met drugshandelaren.[2] Ik wilde naar Raziqs provincie Kandahar, die in de frontlinie lag, maar het tijdschrift had geen geld voor een van de erkende fixers in de hoofdstad, die honderden dollars per dag rekenden voor werkzaamheden in het gevaarlijke zuiden. Als ze überhaupt al wilden gaan.

Ik logeerde in hotel Mustafa in de binnenstad van Kabul, en toen ik het lastige parket waarin ik zat uitlegde aan Abdullah, de neerslachtige manager, zei hij dat hij de juiste man kende: een voormalige militaire tolk die net begon in de journalistiek. Dus toen ik op een dag de lobby in liep, zat daar een knul van ongeveer mijn leeftijd op me te wachten: Omar. Hij sprong op en klemde zijn ruwe hand om de mijne. 'Aangenaam, man', zei hij. 'Ik ga met je mee naar Kandahar. *No problem*.'

Het was rond de middag en hij vroeg of ik honger had. We liepen de afgezette straat in die het Mustafa deelde met de Indiase ambassade, een locatie die de gasten beschermde tegen ontvoering, maar blootstelde aan een incidentele autobom. Omars Corolla stond vlakbij geparkeerd. Het was een kort ritje naar het restaurant, maar het verkeer kroop door de stoffige straten vol voren langs het Shahr-e Nau-park.

'Kandahar is een klerezooi', zei hij. Zijn bijna vloeiende Engels was doorspekt met de grove uitdrukkingen die hij van de soldaten had geleerd. 'Ik ben er geweest met de coalitietroepen.' Hij werkte nu al een paar jaar in het zuiden op contractbasis met de Amerikanen, Canadezen en Britten. Hij was de gevaarlijke patrouilles en het eentonige leven op de basis zo langzamerhand beu en wilde als freelancefixer werken in Kabul, dat destijds wemelde van de buitenlanders.

Omars leven als volwassene viel net als het mijne samen met de strijd tegen het terrorisme. Hij was opgegroeid in ballingschap. Kort na de Amerikaanse invasie was hun gezin teruggekeerd en ze wilden dolgraag deel uitmaken van het beloofde tijdperk van vrede en wederopbouw, maar het land lag in puin en het was moeilijk om werk te vinden. Hij had gehoord dat de buitenlandse troepen goed betaalden voor gevaarlijk werk in Kandahar; uiteindelijk nam hij in 2006 de bus zonder zijn moeder te vertellen waar hij naartoe ging.

Omar sprak niet veel Pasjtoe, de taal van het zuiden, maar er was een tekort aan lokale mensen die Engels spraken en hij werd meteen in dienst genomen door een van de bedrijven die tolken leverden aan buitenlanders. Zijn eerste opdracht was voor de Canadezen, zijn beginsalaris was zeshonderd dollar per maand, zes keer meer dan wat een gewone Afghaanse soldaat verdiende.[3] Hij en de andere tolken woonden op de enorme basis die was verrezen in de woestijn bij het vliegveld, achter kilometers prikkeldraad en met aarde gevulde schanskorven, in een raster van wooncontainers en stoffig grind dat het verblindende zonlicht weerkaatste. Omar was diep onder de indruk van de kolossale gepantserde voertuigen en de straaljagers die wanneer ze landden zijn tanden lieten rammelen, van de generatoren die dag en nacht brandstof slorpten om de airconditioning in de tenten aan te drijven en de eindeloze pallets met frisdrank en diepvriesbiefstukken die vanuit havens in Pakistan daarheen werden vervoerd in kleurrijk versierde vrachtwagens.

Al sinds zijn kinderjaren had Omar westerlingen op televisie gezien, maar dit was de eerste keer dat hij ze van dichtbij meemaakte. Hij, en de andere *terps*, leerden hun betrouwbaarheid te etaleren door het slang van de soldaten over te nemen, zich net als zij goed te scheren en een zonnebril te dragen, en door zich hun respect voor regels en hun houding tegenover de *bad guys* eigen te maken. Het was makkelijk voor Omar, want hij mocht de Canadezen. Hij wist dat ze uit een land van overvloed kwamen, maar ze leken veel guller en eerlijker dan de mensen in Iran en Pakistan waar hij als vluchteling was opgegroeid en waar familieleden zich door ontberingen en angst tegen elkaar konden keren. De Canadezen deelden hun dikke korte sigaretten met hem en gaven hem winterjassen en laarzen gemaakt van synthetisch materiaal dat hij nog nooit eerder had gevoeld. 'Hun ogen waren vol', luidde een Perzische uitdrukking. De buitenlanders zeiden dat ze kwamen om tegen het terrorisme te strijden en zijn land te helpen. Omar geloofde hen.

Maar de Taliban waren in opkomst in de landbouwgebieden rond de stad. Vanuit een helikopter leek de Panjwai-vallei, met haar door moerbeibomen overschaduwde modderkleurige kanalen, helemaal groen tegen de achtergrond van de woestijn. Er lagen rijen graanaatappelboomgaarden, elk door een aarden wal omringd stuk grond telde een koe, een paar schapen en een waakhond, en werd bewerkt door een zelfvoorzienende boer, meestal een pachter. De Canadezen liepen, zwetend onder hun helmen en in kogelvrije vesten, over de wallen, die zacht genoeg waren om er jerrycans of eigengemaakte explosieven in te verbergen; 'beenloterij' noemden ze het. Soms moesten ze de honden doodschieten wanneer ze de kleine omwalde lapjes grond en huizen binnenvielen, waar ze een stel blikken kisten en wat beddengoed doorzochten en de binnenplaats met bajonetten en metaaldetectors aftastten, terwijl vrouwen en kinderen stilletjes stonden te huilen naast norse jongeren met verdacht zachte handen en oude mannen die ooit met dezelfde half dichtgeknepen ogen naar de sovjets keken.

De Canadese infanterie patrouilleerde overdag op volle sterkte, vergezeld door Afghaanse militairen en politiemannen, maar de nacht was van de rebellen en de buitenlanders die op hen joegen, de bebaarde mannen die Omar soms met geblinddoekte gevangenen zag – hij wist dat hij hier nooit vragen over moest stellen. Ook de Taliban namen mensen gevangen; die werden berecht door mobiele shariarechtbanken. Collaborateurs als Omar werden veroordeeld voor moord. Drie collega-tolken waren buiten de stad doodgeschoten, nog eens vijf werden gedood toen hun bus onderweg naar de basis werd getroffen door een bom.[4] Zijn moeder smeekte hem om zijn baan op te zeggen, maar hij had het geld nodig en bleef naar Kandahar en Helmand gaan, waar hij opdrachten uitvoerde voor het Korps Mariniers en de Groene Baretten. De terps kregen geen gevechtstraining, maar maakten wel deel uit van de oorlog. Niet lang nadat hij was begonnen, maakte hij zijn eerste gevecht mee toen de Canadezen een offensief begonnen in de vallei ten westen van de stad Kandahar.[5] Zijn peloton werd eropuit gestuurd om enkele aarden wallen te midden van wijngaarden bezet te houden. In de tweede nacht dat Omar probeerde warm te blijven in een gepantserd voertuig zei een soldaat dat hij eruit moest komen en gaf hem een geweer.

'Kun je jezelf hiermee verdedigen?' vroeg de Canadees. Hij klonk ongerust. 'Er lopen een hoop foute figuren rond.'

Omar pakte het koude plastic van de C7 vast. In Iran hadden hij en zijn klasgenoten leren schieten met een kalasjnikov voor het geval de Amerikanen ooit zouden binnenvallen. Dit geweer was niet zo heel erg anders.

Ze zetten hem in de perimeter met de rest van het peloton, ruim dertig mannen en een vrouwelijke hospik. Daarbuiten in het donker zaten een onbekend aantal Taliban, die zich groepeerden om hun afgelegen vesting onder de voet te lopen. Hij knielde achter een wal. Iemand schreeuwde dat de rebellen hen in de flank probeerden aan te vallen, en het schieten begon: het gekraak van de inkomende schoten boven hun hoofden en het oorverdovende terugvuren van de Canadezen, de 25mm-kanonnen op de voertuigen dreunden als heimachines.

Omar schoot zijn magazijn leeg in het donker van de nacht. Zijn oren tuitten en hij proefde kruit. Het duurde lang, maar eindelijk hoorden ze het langverwachte gebrul van de straaljagers. Een bominslag verlichtte de nacht, waardoor hij de gezichten om hem heen kon zien. Bij het aanbreken van de dag arriveerden de Canadese tanks, de aarde rommelde toen ze voorbijreden. Na afloop van het gevecht trok het peloton op en vond lichamen in de wijngaarden en verwoeste boerderijen, jongeren in met bloed doordrenkte gewaden en met patroongordels. Zijn landgenoten.

Ik kan me Omar moeilijk herinneren als de onbekende die hij die dag in de lente van 2009 was, toen we elkaar voor het eerst ontmoetten en hij me tijdens de lunch vertelde over zijn tijd in Kandahar. Ik weet nog hoe weelderig de tuin was van het restaurant waar we zaten en spiezen met gegrild schapenvlees aten. Toen Omar me vroeg of het mijn eerste bezoek aan Afghanistan was, legde ik uit dat ik er in de herfst van het vorige jaar was geweest tijdens mijn trektocht door Centraal-Azië.

Nadat ik in 2006 was afgestudeerd, verhuisde ik met mijn ouders naar Nova Scotia. Ik wilde schrijver worden en dacht in de wereld het materiaal te vinden dat ik in mezelf miste. Na een paar jaar waarin ik allerlei baantjes had, had ik genoeg gespaard voor een enkeltje Parijs in het voorjaar van 2008. Ik liftte naar de Balkan, maakte kopieën van wegenkaarten in mijn notitieblok, en schreef er de namen van steden in blokletters in zodat ik de opengeslagen pagina's langs de kant van de weg kon ophouden voor chauffeurs: TRENTE, LJUBLJANA, NOVI SAD. Ik bracht de zomer door in Kroatië; ik zwom in modderige rivieren en dronk pruimenbrandewijn met een groep punks die me hadden opgepikt op een muziekfestival. Ik sliep op de bank bij deze of gene en zei ja tegen alles wat er op mijn weg kwam. Toen het herfst werd, besloot ik om over land naar India te gaan en naar het oosten te trekken door Centraal-Azië, wat betekende dat ik of door Turkmenistan of door Afghanistan moest gaan. In Tasjkent bleek het makkelijker om een visum voor Afghanistan te krijgen en dus liep ik in oktober naar het zuiden via de Vriendschapsbrug, waarover de laatste Sovjettanks zich twintig jaar eerder hadden teruggetrokken.

De Amu Darja stroomde er breed en vol slib onderdoor. Ik was nog niet halverwege toen een chauffeur voor me afremde, een handelaar die op de terugweg was naar Mazar-e-Sharíf, de stad waar ik naar op weg was. De meeste mensen in het noorden van Afghanistan spraken Dari, een Perzisch dialect, en ik probeerde de eerste tien woorden uit die ik uit de taalgids had opgepikt.

De weg liep naar het zuiden door een uitgestrekt gebied met grijze duinen, waar tentenkampen en kuddes kamelen afwisselend opdoken en weer vervaagden in de verre nevel. Toen we de dorpjes aan de rand van Mazar bereikten, staarde ik uit het raam naar de door aarden muren omringde huizen en de bebaarde mannen met tulbanden. In de betonnen voormalige Sovjetsteden waar ik net vandaan kwam, hadden mensen wodka zitten drinken in de cafés, zelfs tijdens de ramadan. Ik was nog het meest verbaasd dat de vrouwen er van top tot teen in boerka's waren gekleed: was dat kledingstuk niet allang verdwenen samen met de Taliban?

Mazar lag rond de Blauwe Moskee, waarvan de poorten en

grote koepels met duizenden turquoise mozaïektegeltjes waren belegd. Volgens een plaatselijke legende lag Ali, de schoonzoon van de profeet Mohammed, daar begraven. Aan de zuidkant van het plein vond ik een hotel dat Aamo heette. Het was een bouwval met drie verdiepingen waar vaak vrachtwagenchauffeurs en pelgrims overnachtten, de gangen lagen vol theedroesem en sigarettenpeuken. Voor tien dollar kreeg ik een kamer voor mij alleen met vier krakkemikkige bedden en uitzicht op de Blauwe Moskee. Die avond zat ik aan het raam en probeerde het allemaal in me op te nemen: hoewel het plein in neon baadde als een casino in Las Vegas, compleet met palmbomen vol knipperlichtjes, was het helemaal verlaten, en ik kon een gevoel van melancholie niet van me afschudden toen ik terugdacht aan de barre armoede die ik die dag voor het eerst had gezien: kleine kinderen die vodden raapten in het rioolwater.

Voor de groep jonge mannen die in het hotel werkten was mijn aankomst een grote bron van vermaak. Zo was er Jawed, die zijn met henna versierde hand in de mijne schoof toen we op onze sokken over de marmeren binnenplaats van de moskee liepen. Kamran, de gespierde kerel, nam me mee om een ijsje en Franse frietjes te eten en verdraaide mijn pols bij het armpje drukken, een spelletje dat hij per se wilde doen. Ibrahim, met zijn hazelnootbruine ogen en een snor als een straatbezem, sprak het best Engels en beheerde de receptiebalie.

'Ken je Brian Tracy? Volgens mij is hij heel beroemd in jouw land', zei hij. Ibrahim las een zelfhulpboek dat *Eat That Frog!* heette. 'Het vertelt je hoe je je tijd niet verknoeit.' In zijn vrije tijd studeerde hij businessmanagement en leerde hij programmeren. Hij vroeg me hoe hij naar Canada kon emigreren. Ik had geen idee. Kon dat trouwens wel? Ibrahim kende maar één manier: hij spaarde geld om een smokkelaar in te huren. 'Het is echt heel eenvoudig', schreef ik in mijn dagboek. 'Ik kom uit een land waar zij graag heen willen, maar niet naartoe kunnen. Ik zou er gek van worden, maar zij bekijken het heel nuchter.'

Zelfs toen ik thuis in een restaurant of op een bouwplaats

werkte, verdiende ik in een paar dagen meer dan zij in een maand. Er gaapte een kloof tussen ons, maar ik dacht dat we die konden overbruggen in onze ontmoeting als mensen. Ondanks al onze cultuurverschillen voelde ik me op mijn gemak als ik met hen wat rondhing. De vertrouwelijkheid die zij boden was anders dan het soort kameraadschap waarmee ik was opgegroeid, het dronken tekeergaan en het agressieve geplaag – hier werden vrouwen nauwelijks genoemd en ze waren volslagen afwezig in openbare gelegenheden als de *chaikhana*, de theehuizen op het plein. Afghaanse mannen toonden openlijk genegenheid voor elkaar. Het was alsof ze, doordat vrouwen waren uitgesloten, een teveel aan vriendelijkheid onder elkaar verdeelden. De jongens namen me mee naar de bazaar en hielpen me bij het kopen van een kant-en-klare *piran tombon*, de knielange tuniek en wijde broek die de traditionele dracht zijn in Afghanistan. Toen ik de broek in mijn kamer uitpakte, barstte ik in lachen uit. Ik dacht dat we de verkeerde maat hadden gekocht, het middel was zo breed als mijn armwijdte. Niet dus, Jawed liet het me zien: je trekt ze gewoon strak met een katoenen band, en laat dan die hele stoffen ballon om je heen vallen. Toen ik helemaal aangekleed beneden kwam, joelden de jongens goedkeurend. Ze wonden een sjaal met een zwart-witpatroon als een tulband om mijn hoofd en keken me toen stomverbaasd aan omdat ik er zo Afghaans uitzag.

Met mijn donkere haar en Aziatische ogen was ik ergens boven de Atlantische Oceaan een kleurgrens overgestoken. In Europa behoorde ik niet langer tot de witten. In Engeland werd ik een *Paki* genoemd, in Frankrijk was ik een *arabe*. Maar toen ik naar Centraal-Azië ging was het alsof ik op een spiegel afliep. In Noord-Afghanistan met zijn mengelmoes van Hazara's, Tadzjieken en Oezbeken, vond ik mijn fenotype. De mensen zagen hun gezicht in het mijne.

In de theehuizen amuseerden de jongens zich ermee een voorbijkomende vriend aan te roepen en hem, terwijl ze mij gebaarden dat ik moest zwijgen, te vragen uit welke provincie ik kwam. 'Hij is een buitenlander!' riepen ze ten slotte. 'Maar hoe komt het dan dat hij er zo Afghaans uitziet?' vroeg de ander dan verbaasd.

In gebrekkig Dari legde ik uit dat mijn vader een Europese Canadees is en dat mijn moeder in Amerika is geboren, maar dat haar grootouders uit Azië kwamen. 'Japan ligt hier, Canada daar', zei ik, terwijl ik twee vingers spreidde, ze daarna bijeen bracht en grijnsde. 'En Afghanistan ligt ertussenin.'

Vanuit Mazar nam ik de bus naar Kabul, waar ik incheckte in het Mustafa, een blokachtig hoog gebouw uit de jaren zestig, dat een populaire stopplaats was aan het Hippie Trail. Tijdens het Taliban-bewind was het Mustafa omgebouwd tot een overdekte bazaar, maar na de Amerikaanse invasie was het een van de eerste hotels die weer opengingen, en iedereen die zich het Intercontinental niet kon veroorloven logeerde er. Tegen de tijd dat ik er eind 2008 arriveerde, waren er heel wat schonere alternatieven, maar voor twintig piek per nacht was het Mustafa wel het goedkoopste waar buitenlanders veilig konden overnachten. De cliëntèle bestond uit expats uit de onderste regionen, onbemiddelbare werkzoekenden, freelanceverleners van humanitaire hulp, en wannabe-schrijvers als ik. Aan de bar van roze onyx maakte ik kennis met een verweerde huursoldaat die me vertelde dat hij uit Rhodesië kwam. Een andere gast, een Zwitserse correspondent met droevige ogen, zei dat hij de afgelopen tien jaar had gevochten tegen een heroïneverslaving. Iedereen was al naar bed en wij zaten in de lounge te luisteren naar het gehuil van de straathonden, toen hij zijn pijp tevoorschijn haalde en me liet zien hoe je een opiumbolletje smelt en de geurige damp inademt; die verspreidde zich door mijn ledematen en ik zweefde naar bed door gangen met spiegelende bazaarkraampjes.

Mijn visum van een maand liep bijna af en ik wilde nu naar Iran gaan, maar de hoofdweg, snelweg nr. 1, die naar het zuiden via Kandahar naar de grens liep, was te gevaarlijk. De Taliban konden de bus aanhouden en je ontvoeren. Maar vliegen was voor toeristen. Er was een minder gebruikte route die de rug van de Hindu Kush overstak. Je moest dan wel het lokale openbaar vervoer nemen en overnachten in theehuizen die ook fungeerden als wegherberg. Sinds Mazar vertelde ik dat ik een Kazach was wanneer ik me onveilig voelde, en ik besloot me voor te doen als een arbeidsmigrant die op weg was naar Iran om werk te zoeken.[6]

Ik was bang, maar toen ik eenmaal in Bamiyan in het busje was geklommen moest ik volharden in mijn leugen. Dagenlang reden we over onverharde wegen omhoog naar de sneeuwgrens. Dit was het dak van de wereld, bergketens die zich helemaal tot Tibet uitstrekten, en het uitzicht leek een droom die ik niet kon interpreteren. Ik bleef de aandacht op mezelf vestigen door de blunders die ik maakte, zoals staand in plaats van gehurkt plassen of door te bidden als een sjiiet hoewel ik had gezegd dat ik een soenniet was. Maar al moet ik nog zo'n vreemde Kazachse migrant zijn geweest, toch raadde geen van mijn medereizigers de nog vreemdere waarheid. Iedereen wantrouwde sowieso iedereen, en hield zijn afkomst en bestemming geheim, bang voor wat er kon gebeuren op een weg die werd geterroriseerd door bandieten en rebellen. 's Nachts wanneer we in rijen op de vloer van een theehuis lagen, hoorde ik andere reizigers fluisteren over recente onthoofdingen en ontvoeringen. Zoals zoveel jongeren die in veiligheid opgroeiden, was ik nieuwsgierig naar de dood, en hier was hij, overal om ons heen.

Een week na mijn vertrek uit Kabul rammelde ons busje door een rivierdal en reed de grensstad Herat binnen. Opgelucht dat ik de rit had overleefd, ging ik me te buiten aan een hotel met warm water. Ik had de deur opengelaten terwijl ik stond te douchen, zodat ik naar de tv in de hoek van de kamer kon kijken. Barack Obama was zojuist gekozen tot president van de Verenigde Staten. Hij hield zijn overwinningsspeech in Chicago. Ik zette het geluid harder zodat zijn stem boven het geruis uit kwam:

> En aan iedereen die vanavond kijkt buiten onze grenzen, in parlementen en paleizen, voor degenen die in vergeten uithoeken van de wereld bij elkaar zijn gekropen rond de radio: onze verhalen staan op zichzelf, maar we delen ons lot, en een nieuw begin van Amerikaans leiderschap is ophanden.[7]

Ik deed mijn ogen dicht onder het water.

Nadat Omar en ik tijdens die lunch in het voorjaar dat hierop volgde uitgebreid kennis hadden gemaakt, kwam ik tot de zaak in kwestie. 'Weet je wie Abdul Raziq is?' vroeg ik. Natuurlijk wist hij dat. Raziq was nog niet in het hele land bekend, maar iedereen die in Kandahar had gewerkt kende de jongensachtige, meedogenloze dertigjarige heer en meester van Spin Boldak, de belangrijkste grensovergang met Pakistan in het zuiden. Raziq, die nu al kolonel in de grenspolitie was, werd gevreesd en bewonderd om zijn 'we maken geen gevangenen'-houding tegenover de Taliban, maar er werd ook voortdurend beweerd dat hij in opium handelde en zijn tribale tegenstanders vermoordde. Het kon gevaarlijk zijn om onderzoek naar hem te doen. En er was nog iets wat ik Omar moest vertellen: ik was al in Spin Boldak geweest met Raziqs mannen, op een zogenaamde undercoverreis.

Het najaar daarvoor, toen het me was gelukt om dwars door het land naar Herat te gaan, was ik Iran binnengegaan met mijn Canadese paspoort en had daar een paar maanden rondgereisd. Ik genoot weer van de genoegens van het backpacken – een bezoek aan een bijna verlaten Persepolis, een kerstduik in de Straat van Hormuz – en de oorlog in Afghanistan verdween naar de achtergrond. Ik dacht erover om me in te schrijven voor een studie, misschien journalistiek, en meende nog steeds dat mijn reis in India zou eindigen. Om er over land naartoe te gaan moest ik Pakistan doorsteken via de grensstad Quetta, een gevaarlijke plaats – een Amerikaan die daar voor de VN werkte, was er rond die tijd ontvoerd. De dag dat ik er vanuit Iran aankwam, liep ik door een straat met het gevoel dat ik in mijn westerse kleding nogal in het oog liep, toen een dure SUV naast me stopte. Het getinte raam werd omlaag gedraaid en twee jonge mannen in lange gewaden en met wilde kapsels gebaarden dat ik naar ze toe moest komen.

'O, je bent een toerist?' zei een van hen glimlachend. Hij nodigde me uit om met hen te lunchen. Ik aarzelde, maar iets in hun openlijke nieuwsgierigheid gaf me de indruk dat ze niet van plan waren me te ontvoeren. Ik stapte in en in de week die volgde hingen we samen rond, rookten hasj en schoten met wapens. Ze begonnen me geheimen te vertellen, bijvoorbeeld over de minnaressen die ze voor hun familie verborgen hielden. Mijn twee vrienden waren goed op de hoogte van Quetta's onderwereld en lieten me het ziekenhuis zien waar gewonde Taliban werden behandeld. Pakistan zou een bondgenoot van de VS zijn, maar het leger at van twee walletjes door ook de opstand in Afghanistan te steunen. Quetta was in de greep van schaduwoorlogen: sektariërs vermoordden sjiieten, separatisten uit Beloetsjistan vielen de regering aan, vendetta's tussen maffia en stammen.

Mijn gastheren waren afstammelingen van lokale Pasjtoenclans die diep verstrikt waren in smokkelpraktijken; de Britten hadden zo'n honderd jaar geleden een grens getrokken die dwars door hun familie liep. Sommige verwanten zaten bij de Taliban, een oom was adjunct-hoofd van de politie in Quetta. Mijn nieuwe vrienden waren trots op hun succes en zeiden dat ze elke maand tweeduizend kilo opium van Afghanistan naar Iran stuurden, en daarmee elke keer ongeveer tweehonderdvijftigduizend dollar winst maakten. Een zwaar bewapend konvooi Land Cruisers reed snel door de stenige woestenij die de drie landen met elkaar verbond. De Iraanse grenswachten waren gevaarlijk en moesten ontweken worden, maar de Pakistanen konden makkelijk worden omgekocht, zeiden ze. De Afghaanse connectie was echter de belangrijkste.

'Wie is dat?' vroeg ik.

'De grote baas. Abdul Raziq.'

Ik had hun verteld dat ik schrijver was, maar niet dat ik journalist wilde worden. Toen ze vertelden dat Raziq werd gesteund door het Amerikaanse leger, rook ik een verhaal. Mijn gastheren hadden een tijgerwelp gekocht als geschenk voor Raziq en ik vroeg of ik met hen mee mocht de eerstvolgende keer dat ze naar Spin Boldak gingen. Dat was goed, ik weet niet waarom, misschien uit vriendschap en verveling. Ze vertrouwden me zoals ik hen vertrouwde. Ze kenden de politiemensen aan de grens en ik kwam zonder moeite Afghanistan binnen zonder dat ik mijn paspoort hoefde te laten zien. We reden door de papavervelden die aan de rand van de stad lagen. Het land leverde bijna alle illegale opium van de wereld.[8] Ze profiteerden van de grens; Spin Boldak was een sloppenwijk van zeecontainers die waren omgebouwd tot winkels en onderkomens, waar mannen en jongens zich afbeulden om tweedehandsmagnetrons, gitaren, dvd-spelers, fietsen, fornuizen op propaangas, elektrische rolstoelen, generatoren, speelgoed en auto's, heel veel occasions, uit te laden. Het grootste deel van deze goederen werd goedkoop geïmporteerd in Afghanistan en daarna terug gesmokkeld naar Pakistan, waar de invoerrechten hoog waren. Bij de smokkelaars en de politiemensen ging het vaak om dezelfde personen en Raziqs mannen hieven belasting over alles, legaal en illegaal.

Ik moest daar tien dagen wachten tot Raziq terugkwam voor de begrafenis van zijn grootmoeder. Tijdens de ceremonie wees mijn vriend naar een van de gasten, een potige man met een baard: 'Dat is Rahmatullah Sangaryar', fluisterde hij. 'Hij heeft in Guantánamo gezeten.'

Ik kwam dichter bij de verhoging. Raziq zag er zelfs nog jonger uit dan zijn dertig jaar. Hij had een kortgeknipte baard en een haarlok op zijn voorhoofd die onder zijn hoofddeksel uit piepte, en hij droeg een eenvoudig wit gewaad en een vest met dunne streepjes. Hij schudde mijn hand, glimlachte beleefd en wendde zich tot de volgende bezoeker. Ik ging terug naar Pakistan.

Ik had bewijzen van Raziqs band met drugshandelaren, maar mijn verslag was nog niet volledig. Ik kreeg in Pakistan een visum voor Afghanistan, vloog naar Kabul en checkte in in het Mustafa, waar ik Omar voor het eerst ontmoette.

Nadat ik het hele verhaal had uitgelegd, zei ik dat ik er begrip voor had als Omar van gedachten veranderde over naar Kandahar gaan. Raziq zou er misschien niet blij mee zijn om mij terug te zien. Maar Omar gaf geen krimp. We vlogen samen naar het zuiden, waar hij zijn best deed om het Pasjtoe te vertalen en ik mijn best deed om onze interviews te vertalen naar een tijdschriftartikel. Wanneer lokale inwoners ons in het Engels hoorden praten, meenden ze soms dat Omar, met zijn T-shirt en *wraparound*-zonnebril, de buitenlander was en dat ik in mijn lange gewaad zijn tolk was. Dat vond hij geweldig.

We hoorden veel over de opiumhandel, maar ook macabere verhalen over lichamen met sporen van marteling, die door Raziqs mannen in de woestijn waren gedumpt.[9] Wanneer iemand Raziqs snelle opkomst wilde verklaren, werd altijd weer teruggekomen op zijn hechte band met de Amerikanen en zijn veelvuldige bezoeken aan de CIA en de basis van de Special Forces in de stad. Amerika had bondgenoten nodig, vooral op strategische routes als Spin Boldak. De eerste gevechtseenheden die door de nieuwe president waren gestuurd, hadden zich al opgesteld in het zuiden. Tegen het eind van het volgende jaar zou het aantal Amerikaanse troepen in Afghanistan zijn verdrievoudigd.[10] 'Dit is een oorlog die we moeten winnen', had Obama gezegd.[11]

's Nachts in ons hotel in Kandahar lagen Omar en ik in onze lits-jumeaux in het donker te luisteren naar de vuurgevechten die in de voorsteden woedden. De Taliban waren vlak bij de stad. We probeerden de verhalen te ontwarren die we die dag hadden gehoord, over stammen en bloedvetes en zakelijke transacties die het fractale patroon van de oorlog beter verklaarden dan de tweeledige combinaties waarmee ik was aangekomen, politie en criminelen, de Taliban en de regering, en het Westen en het terrorisme. Maar hoe kon ik dit uitleggen aan de mensen thuis die, weliswaar laat, geïnteresseerd waren in dit verre land dat ze waren binnengevallen? Toen Omar en ik er genoeg van hadden om het werk van de afgelopen dag te bespreken, hadden we het over onszelf en over het verleden en de toekomst, met op de achtergrond het verre geroffel van vuurwapens.

'Hoe is Canada, broer?'

'Koud.'

'Prima', zei hij, en ik kon me voorstellen dat hij omhoog staarde in het donker. 'Ik hou van kou.'

3

Tijdens onze laatste reportagereis samen, in de herfst van 2015, om onderzoek te doen naar de Amerikaanse luchtaanval op een ziekenhuis, leek Omar er niet met zijn aandacht bij. Hij was de hele nacht aan het bellen. Hij reed achteruit tegen een muur bij de provincieraad in Kunduz. Toen ik hem bij Victor, onze fotograaf, achterliet werden ze korte tijd vastgehouden omdat ze per ongeluk in een commando-operatie waren terechtgekomen. Bovendien bleef Omar almaar zijn favoriete droevige liedje, 'My Heart Will Go On', afspelen via de autoradio tot Vic en ik hem ten slotte zeiden daarmee op te houden. Toen zette hij zijn hoofdtelefoon op.

Kunduz was een gevechtszone en we moesten alert blijven, maar zodra we op de terugweg waren naar Kabul vroeg ik Omar wat hem dwarszat. Hij zei dat zijn moeder zijn huwelijksaanzoek aan Laila's vader had voorgelegd. Die had haar beleefd laten uitpraten, maar Omar afgewezen omdat hij zijn dochter nog te jong vond. 'Ze is al bijna negentien', zei Omar woedend tegen mij. 'Het is gewoon een smoes. Er zullen veel huwelijkskandidaten voor haar zijn.'

Ik vroeg Omar wat dit betekende voor onze tocht naar Europa, maar dat wist hij niet. Hij had meer tijd nodig, hij moest proberen haar vader over te halen. 'Ik kan niet vertrekken als we niet verloofd zijn', zei hij.

In Kabul zette Omar me af bij het huis waar ik verbleef sinds ik uit mijn woning was weggegaan. Ik schonk een drankje in en ging naar de rozentuin. Arme Omar. Hij was een soenniet en, erger nog, hij was platzak. Hij wilde trouwen met de dochter van een rijke sjiiet, maar liefde is niet logisch. Toch had ik hem nog nooit zo gezien. Hij had in de loop der jaren een hele reeks vriendinnetjes gehad, wat geen sinecure is in zo'n conservatieve stad als Kabul. Vroeger, toen de hoofdstad bulkte van makkelijk verdiend geld, had hij zich overgegeven aan het najagen van pleziertjes, maar met Laila was er iets veranderd. Ik had er niets bijzonders in gezien toen ik voor het eerst van haar hoorde, nadat ik in mijn vorige huis was getrokken. Het moet in het najaar van 2012 zijn geweest, rond de tijd dat we een groot feest gaven, hoewel mijn huisgenote Bette en ik het een 'receptie' hadden genoemd om het te onderscheiden van een typisch Kabulse zuippartij.

In de tijd van de troepentoename zat de expatbubbel boordevol soirees op ambassades, barbecues bij VN-instanties, welkomst- en afscheidsfeesten met thema's als 'Troela's en Taliban'. Ons feest zou een stijlvolle aangelegenheid worden. Die middag hadden Omar en Turabaz slingers met gekleurde lampjes opgehangen en hout in de vuurkuil gestapeld. We hadden de alcohol in de keuken weggestopt uit respect voor de Afghaanse hoogwaardigheidsbekleders die we hadden uitgenodigd, maar er stond frisdrank in emmers met ijs onder een lange picknicktafel vol verse groenten van de bazaar en de bloedrode granaatappels, waarvoor het nu het seizoen was.

Bette was een Nederlandse freelancer die in een boerka naar het zuiden was gereisd en de Taliban had geïnterviewd.[1] Wij hadden die avond sociale ambities. We wilden laten zien dat wij net zoveel vooraanstaande mensen konden trekken als de nieuwsagentschappen: we hadden generaals en ministers uitgenodigd, Afghaanse beroemdheden en buitenlandse diplomaten. Maar zou er iemand komen? Diverse beveiligingsteams voor vips waren op voorhand ons huis komen inspecteren en hadden onverbiddelijk het gebrek aan een beveiligde ruimte of gewapende bewakers genoteerd – het enige wat we hadden was de hond en een geweer dat ik onder mijn bed bewaarde. Kabul bezweek zowat onder de zelfmoordaanslagen en ontvoeringen, en veel buitenlanders mochten niet meer van hun terrein af. Maar als er genoeg bobo's kwamen, had het feest vanzelf zijn eigen bewakingsdienst.

Dat voorjaar was ik daar gaan wonen met drie vrienden: Bette, Elsbeth, die ook uit Nederland kwam en voor een ngo werkte, en Misja, een Russische fotograaf. We hadden een huis met twee verdiepingen en een kleine binnenplaats gevonden in Qala-e-Fathullah, dicht genoeg bij de Groene Zone om de Black Hawks bulderend te horen overkomen wanneer ze naderden voor de landing. De huur was laag, maar er moest veel aan het huis worden gedaan. Misja en ik bivakkeerden een paar weken op een kaal tapijt, terwijl Omar ons hielp om iets gedaan te krijgen van de timmerman en de loodgieter, ons haar stond stijf van het stof dat de steenhouwer opwierp toen hij het nieuwe aanrechtblad sneed, zwart-wit gevlekt marmer uit Herat.

Het feest was op 14 november 2012. Obama was net herkozen. Het was het derde jaar dat hij meer troepen stuurde en op het toppunt waren er honderdduizend Amerikaanse soldaten in het land, plus hetzelfde aantal contractanten die alles deden van bewaking tot loodgieterswerk en daarbovenop nog eens veertigduizend geallieerde manschappen – een troepenmacht die twee keer zo groot was als die van de sovjets, geleid door Amerika's beste en slimste mensen, hoogopgeleide ervaren militairen die *Three Cups of Tea* hadden gelezen.[2]

'Zet geld in als wapen', had generaal David Petraeus aangeraden.[3] Op dat moment hadden de VS al vijfhonderd miljard dollar aan de oorlog uitgegeven.[4] Er was een hele economie gebouwd rond buitenlands geld, waarbij de lokale bevolking die onderaan de piramide stond greppels groef en vrachtwagens bestuurde. Daarboven bevonden zich wat het leger 'burgers van derde landen' had gedoopt, waarmee doorgaans de mensen werden bedoeld die waren gerekruteerd uit lagelonen- en middellonenlanden, zoals accountants uit de Filipijnen en bewakers uit Nepal.[5] Bovenaan stonden de expats die, dankzij hun Engels, westerse titels en persoonlijke relaties, 'internationale' salarissen genoten bij de grote ngo's, bemiddelingsbureaus en VN-instanties. Dit waren degenen die in de gepantserde SUV's zaten die door de stad pendelden, meestal mannen, meestal wit. Sommigen volgden al tientallen jaren in het kielzog van conflicten en rampen, anderen kwamen vers van de collegebanken, genoten belastingvrije salarissen en profiteerden van de snelle stijging in anciënniteit die een baan in oorlogsgebied bood. Thuis in de VS zuchtte de bevolking nog steeds onder de kredietcrisis, met twaalf miljoen werklozen, maar hier kon je meer dan een ton verdienen en gratis wonen, met een chauffeur, kok, tuinman, portier en dienstbode.

Dat was niet bepaald het leven dat wij als freelancers leidden. Toen onze gasten binnendruppelden, zei ik tegen Turabaz, die niet kon lezen, dat hij moest doen alsof hij de namen op een lijst controleerde. De duisternis was bevorderlijk voor de rustieke charme van onze binnenplaats, die nu verlicht werd door tuinfakkels en kerstverlichting. Ik vroeg Omar om het hout in de vuurkuil aan te steken. De lokale muzikanten, die in kleermakerszit op tapijten zaten, speelden enkele klassieke Perzische wijsjes. Bette had zich omringd met bewonderaars bij de tafel met kebab, waar de *ustad* spiezen op een houtskoolbrander had gelegd die hij aanwakkerde met een rieten waaier. Omar kwam stilletjes naast me staan en mompelde: 'De muzikanten willen whisky in een gewoon kopje, niet in een glas.'

Ik wierp een blik op de *rubab*-speler, een besnorde charmeur in een geborduurd vest, die knipoogde. 'Oké, loop even met me mee.'

Ik baande me een weg door de mensen bij de koelkast, mixte wat Ballantine's met cola, gaf de koffiebekers aan Omar en ging daarna kijken hoe het met Turabaz bij de poort stond.

'Hoe is het daarbuiten?'

'Kijk zelf maar.'

Ik gluurde naar buiten. Onze straat stond tjokvol gepantserde wagens en taxi's. Er stond bijna het equivalent aan vuurkracht van een infanteriepeloton: soldaten in tijgerstrepen, een beveiligingseenheid van het Britse leger, expat-contractanten met bullpupgeweren en toebehoren, inwoners van Kandahar met glimmende tape op hun geweerkolf.

Ik liep terug over de binnenplaats, waar de vlammen de schaduw van een groot aantal mensen op de muur wierpen. Ik zag dat dr. Abdullah, de eeuwige tweede als presidentskandidaat, zich over Nancy Hatch Dupree boog, die met haar vijfentachtig jaar de grande dame was onder de Afghaanse geleerden. Onze receptie was een succes.

Na het vertrek van de hoogwaardigheidsbekleders – in elk geval van degenen die zich beledigd hadden kunnen voelen – kwamen de drank en de hasj tevoorschijn, en Baad mocht vrij rondscharrelen tussen de gevallen kebab. Het feest zou duren tot de oproep van de muezzin klonk. Maar was dit de nacht dat we iedereen meenamen naar de schuur om het distilleervat te bewonderen dat we Katjoesja noemden en dat door Misja uit Moskou was meegebracht? Of de nacht dat het hoofd van een VN-agentschap zijn portefeuille met zijn veiligheidsbadge verloor toen hij stond te heupwiegen op 'Call Me Maybe'? Hoe dan ook, we dromden samen om te dansen in de hal, waar een discolamp ronddraaide, zetten de muziek harder en hieven het glas om weg te drinken wat er zich buiten de ommuurde binnenplaats afspeelde, dat de oorlog verhevigde, dat we collectief gefaald hadden, dat dit niet ons thuis was en dat we er misschien geen hadden, in elk geval niet samen.

En waar was Omar? Nadat de muzikanten en de hoogwaardigheidsbekleders naar huis waren gegaan, voorzag ik hem rijkelijk van whisky en schouderklopjes, zei dat hij moest gaan dansen, zich moest amuseren, iemand moest oppikken. Onze andere Afghaanse vrienden deden het ook, maar hij kwam uit een andere sociale klasse. Ik stond in het gedrang van de mensen in de hal, toen ik Omar tegen de muur zag staan met zijn glas in de hand en een vage glimlach om zijn mond.

Omar woonde tien minuten van mij vandaan in een huis dat hij en zijn gezinsleden huurden. Hun erf stond vol verwilderde vijgenbomen, maar zelfs 's zomers kon hij door het dichte gebladerte het dak zien van het huis met drie verdiepingen waar zijn huurbaas, een welvarende zakenman, woonde met zijn vrouw en twee kinderen. Kort nadat Omar erin was getrokken – zo rond de tijd dat we elkaar voor het eerst troffen in het Mustafa in 2009 – kwam hij in het steegje toevallig de dochter van zijn huurbaas tegen, een tiener met bleke, fijne gelaatstrekken als een miniatuur in porselein. Laila was destijds nog jong genoeg om in het openbaar met hem te praten zonder bang te hoeven zijn voor een schandaal, en ze vroeg of hij het naar zijn zin had in zijn nieuwe huis. Later, toen hij met zijn moeder een beleefdheidsbezoek bracht aan hun buurman, kwam Laila binnen met een blad met thee en gesuikerde noten, en voelde Omar dat ze hem bekeek.

Hij was te oud voor haar dus hij vond het grappig, niet meer dan dat, hoe ze hem van toen af aan gadesloeg. Ze bespioneerde hem vanaf het dak van hun huis wanneer hij op het erf zijn biceps trainde met halters, of ze begluurde hem met haar vriendin door een zijdeur die dichtging als hij erlangs liep; hun lachbuien waren door het metaal heen te horen.

Laila, die van haar strenge vader alleen thuis of op school mocht zijn, zag Omar komen en gaan achter het stuur van zijn Corolla, een goudkleurige automaat uit 1996 met vier versnellingen die naar Afghanistan was verscheept nadat hij tien jaar over Canadese wegen had gereden. We reden met die auto door het hele land, we slalomden omlaag langs vrachtwagens op de bochtige wegen van de Mahipar, rond de bomkraters op snelweg nr. 1 en over de onverharde wegen rond de hemelsblauwe meren van Band-e Amir. Omar was in die tijd gek op rijden, *maraz-e motorwani* noemde hij het: de rijziekte. Hij voelde zich vrij als hij onderweg was, dan lag er een wereld vol mogelijkheden voor hem. Die vrijheid was deels van economische aard: zelfs als zijn klussen voor buitenlanders ophielden, wat zo nu en dan gebeurde, kon hij altijd nog bijverdienen als taxichauffeur.

Hij zwierf het liefst door zijn stad, Kabul *Jan*, geliefd Kabul. Kaartlezen was een taal die hij nooit had geleerd, maar hij wist hoe de straten op elkaar aansloten, welke wegen overstroomden tijdens hevige regenbuien en waar het verkeer vastliep bij een bomaanslag in het centrum. Hij kende de kortere routes via de begraafplaatsen achter Karte Parwan en langs de met vuilnis bezaaide rivieroever bij Pul-e Surkh. Omar reed met één hand aan het afbladderende vinyl van het stuur en hield in de andere een Pine vast, zijn kin wiegde op de klanken van het cassettedeck, zijn muziekkeuze was een mix van oud en nieuw. Hits zoals 'Hero' van Enrique Iglesias en klassiekers gezongen door Ahmad Zahir, de Elvis van Afghanistan, een crooner uit de tijd van Omars ouders, hoewel zijn teksten vaak van veel vroegere dichters waren, van grote mystici als Hafez van Shiraz.

Dit hart zag het levenslicht zonder jou,
Het is tijd dat je terugkeert.[6]

De soefidichters spraken over hun verlangen naar een hereniging. Het leven zelf was een vorm van ballingschap, een vervreemding van de goddelijke liefde. Ze dwaalden over de aarde op zoek naar de geliefde.

De pijn van scheiding troost me in dit eenzame bed,
De herinnering aan vereniging, mijn gezel in deze lege hoek.

God werd door de mysticus bemind, maar het was een God wiens waarheid doordrong in het bestaan, bovenzinnelijk en tegelijk niet bovenzinnelijk in de wereld en in onszelf. Menselijke schoonheid kon goddelijke schoonheid weerspiegelen, onze liefde voor elkaar kon onze liefde voor God doen ontbranden.[7] De soefi's waren, uiteraard, moslims, maar dit concept van liefde bestaat in veel religies. De Joodse geleerde Martin Buber heeft ooit geschreven dat hij 'door het U van haar ogen in een straal van het eeuwige U kan kijken'.[8]

In een door traditie en gender ingeperkte samenleving geloofde Omar dat liefde vrijheid was. Toch voelde hij zich de slaaf van zijn verlangen. Toen hij tien was en als vluchteling in Iran woonde, werd hij door een ouder meisje uit de buurt omgekocht zodat zij spelletjes kon spelen met hun lichamen. Dat was zijn eerste keer. Nu brandde er een onlesbare dorst in hem, zijn tochten door de stad werden gedreven door verlangen. Wanneer hij een mooie vrouw een taxi zag aanroepen, stopte hij en onderhandelde over een prijs. Als ze wilde konden ze de hele rit wat kletsen. Hij was beleefd en niet-bedreigend, maakte vaak grapjes, en was aantrekkelijk – eigenlijk zag hij eruit als een jonge Ahmad Zahir met zijn golvende lokken en stevige kaken. Als ze het goed met elkaar konden vinden, bood hij haar zijn nummer aan, of kreeg hij het hare. Soms belde een meisje hem, soms bestond het nummer dat ze hem had gegeven echt. Een fractie van het grote aantal ritten. Ze belden op de gekste tijden, zodra ze de kans kregen te ontsnappen aan hun ouders of leerkrachten, en ik wist precies wanneer zo'n meisje belde, want dan werd Omars stem heel zacht en dromerig.

Hij bouwde aan de lopende band relaties op, met behulp van stapels gehavende telefoonkaarten. Uiteindelijk wilde het meisje hem ontmoeten – maar waar konden ze heen als seks voor het huwelijk niet alleen taboe was, maar ook verboden? Ze konden keurig netjes in een duur koffiehuis gaan zitten, maar er was geen plek waar ze alleen konden zijn. Hij kon haar niet naar huis meenemen. In een hotel zou de receptionist vragen naar de *nikah nama*, de huwelijksakte. Een vader of broer die hem in hun eigen huis zou aantreffen had, volgens de publieke opinie, het recht hem te doden. Politiemannen vormden het grootste gevaar – als zij een ongehuwd stel betrapten, zouden ze zwijggeld eisen of zelfs proberen het meisje te verkrachten.

Toch vond Omar plekken, gedreven door een kracht die sterker was dan angst: een ommuurde boomgaard in het dorp van zijn moeder of, op een vrijdag, een leeg kantoor waarvan een vriend een sleutel had. Als ze heel erg wanhopig waren, reden ze door de stad in de Corolla, en raakten elkaar kort en snel aan. Als je eenmaal wist waar je moest kijken, zag je in Kabul heel veel van zulke stelletjes, ontheemd als trekvogels, het meisje verstopt onder een hoofddoek, de jongen kijkend in de achteruitkijkspiegel.

'In de hele stad zie ik geen enkel nuchter gezicht', croonde Zahir, waarmee hij een dichtregel van Rumi aanhaalde.[9] 'Het ene nog erger dan het andere, iedereen uitzinnig en van zijn zinnen beroofd.'

Sommige soefi's geloofden dat zij hun valse vroomheid achter zich konden laten door zichzelf te vernederen in de ogen van de wereld. Wijn spoelde de vlekken van de hypocrisie weg; ontdaan van hun ego, konden ze God leren begrijpen.[10]

Kom, mijn geliefde, naar de taveerne in de puinhopen,
om de verrukkingen van de liefde te ervaren.
Bestaat er nog een ander genoegen, mijn geliefde,
dan een gesprek te voeren met je beminde?

Er waren bepaalde vrouwen die Omar behandelde als wegwerpartikelen, de vrouwen die hij zag wachten langs de straat, die reageerden als hij met zijn koplampen knipperde. Maar achteraf had hij er spijt van. Hij geloofde dat de ware liefde hem naar een beter leven zou leiden en daarom wilde hij geen gearrangeerd huwelijk met een onbekende. Hij wilde moderne liefde, zoals hij die in films had gezien, gespeeld door sterren als Leonardo DiCaprio en Aamir Khan, een liefde die zowel onontkoombaar als gekozen was. Hij reed door de stad en wachtte tot haar gezicht uit de menigte zou opduiken, terwijl Zahir Rumi's woorden zong:

Allen die naar de hadj zijn gegaan, waar zijn jullie? Waar zijn jullie?
De geliefde is hier, kom, kom.[11]

In onze ballingschap is het gezicht dat we zoeken voor ons gesluierd. Bij welke deur moeten we gaan staan, wachtend op liefde als een openbaring, luisterend of we de jubelkreet horen?

Je beminde deelt dezelfde muur met jou,
Waar hoop je op wanneer je door de woestijn doolt?

Maar de weinige keren dat hij verliefd werd, had het meisje het uitgemaakt zodra ze zichzelf durfde te bekennen dat de eenvoudige Omar met zijn Corolla geen kandidaat was die haar ouders zouden aanvaarden. Een huwelijk was een familieaangelegenheid in Afghanistan, hij was een avontuur dat ze achter zich moest laten. Aan de vooravond van haar bruiloft was er een afscheid vol tranen, briefjes werden bezorgd door zusjes die in het complot zaten, pijnlijke teksten, en dan treurde Omar en luisterde naar 'My Heart Will Go On', in een onverzadigbare herhaling.

Op een avond een paar jaar nadat hun gezin in het huurhuis was getrokken, ging zijn telefoon.

'Hallo?'

'Salam.' Hij herkende het lage timbre van haar stem. Het was Laila. Ze had op de een of andere manier zijn nummer weten te krijgen en de gsm van een vriendin geleend, aangezien ze er zelf geen mocht hebben. Ze had gebeld om te zeggen dat ze al verliefd op hem was sinds de eerste dag dat ze elkaar in dat steegje tegenkwamen. Ze wilde bij hem zijn. Ze had nog nooit een vriendje gehad, maar sommigen van haar vriendinnen wel, in het geheim – er waren wat gehaaide meisjes op haar middelbare school die telefoonnummers van jongens verhandelden alsof het om spullen op de zwarte markt ging.

Maar Omar vond haar nog steeds te jong voor hem – hij was toen bijna dertig, twee keer zo oud als zij. Hij wilde haar hart niet breken. Daarom vertelde hij haar de waarheid: hij was geen brave jongen en had al veel vriendinnetjes gehad.

Dat kon haar niets schelen, zei ze, net zomin als het haar iets kon schelen dat zijn familie soennitisch was en de hare sjiitisch, of dat hij geen geld had. Ook zij had ooit in een huurhuis gewoond, voordat de Amerikanen kwamen en haar vader rijk werd.

Zo begonnen hun geheime telefoongesprekken. Laila bemachtigde een eigen mobieltje, dat ze in haar kamer had verborgen, en belde zodra haar ouders sliepen. Haar vader was een streng religieuze man die zijn dochter verbood televisie te kijken als hij er niet was; hij sloot de kast met de tv af als hij de deur uit ging. Laila had nog nooit naar een Bollywoodfilm mogen kijken, wat betekende dat ze niet wist dat ze op Karishma Kapoor leek. Maar dat was wel zo, vertelde Omar haar: hetzelfde glanzende haar, het tengere figuur en de plagerige oogopslag. Hij zong voor haar zoals Akshay Kumar voor Karishma:

> De wereld verandert, de seizoenen veranderen,
> maar mijn hart zal nooit veranderen.[12]

Laila kon nauwelijks ergens anders heen dan naar school, naar de moskee en op bezoek bij familieleden. Haar telefoontjes met Omar laat in de avond waren een raam naar de buitenwereld. Hoewel ze het heerlijk vond om te luisteren naar verhalen over zijn avonturen overal in het land en over zijn dromen van een beter leven in het buitenland, wilde ze toch niet dat hij haar meenam. Ze wist weinig van het leven, maar het hare leek nu al ingevuld door het vooruitzicht van een huis en kinderen. Ze kon zich moeilijk voorstellen dat ze haar familie en land zou achterlaten en betwijfelde of het ergens anders zoveel beter zou zijn. Soms bleven ze tot na middernacht over deze gevoelskwesties praten, maar als Omar haar vroeg om naar bed te gaan zodat ze niet te moe zou zijn op school, smeekte ze om nog vijf minuutjes.

Nadat ik in 2012 in mijn huis was getrokken, nodigde Omar me uit om te komen kennismaken met zijn moeder Maryam, die had beloofd het nationale gerecht, *qubili palau*, te maken. In Afghanistan was het een ongebruikelijke geste van intimiteit om een man die geen verwant was in de huiselijke kring uit te nodigen, maar zijn moeder was natuurlijk wel het hoofd van het huishouden. Omars vader woonde in een ander deel van de stad en ik nam aan dat hij en Maryam waren gescheiden, maar ik vroeg er niet naar omdat ik zag dat het een pijnlijk onderwerp was voor Omar.

Hij haalde me op met zijn auto en de keurige, geplaveide rechte straten van Qala-e-Fathullah maakten plaats voor bochtige, modderige wegen tot we aankwamen bij zijn bazaar, waar slagers hun onder de vliegen zittende waren buiten hingen en tieners telefoonwinkels bemanden. Langs de open afvoerkanalen stonden straatventers te roepen bij karren vol watermeloenen en Chinese beha's. Er hing een rioollucht en de stank van gefrituurd deeg.

Ik zat in kleermakerszit op het tapijt in de woonkamer toen zijn moeder binnenkwam, een gedrongen vrouw met een sjaal met bloemmotief losjes over haar donkere haar. Na de begroetingen over en weer, wendde ze zich tot Omar. 'Dus dit is de buitenlander over wie ik heb gehoord', zei ze lachend. 'Hij ziet er Afghaans uit.'

Omar bracht de gerechten binnen: schijfjes komkommer en uien met chilipepertjes, okra gevuld met tomaten, een stapel verse naan, en de qabili: een berg rijst met zachte worteltjes en rozijnen. Onder de lange, glanzende rijstkorrels zag je donkere stukken vet schapenvlees liggen. Wolken machtige geur stegen op toen ik mijn bord volschepte.

'*Nushi* Jan', commandeerde Maryam. 'Eet, je moet veel eten.' Als lerares op een openbare middelbare school had ze de ferme manier van doen die veel voorkomt onder Afghaanse vrouwen die aan het openbare leven deelnemen. Maryam behoorde in haar land tot de eerste generatie meisjes uit de middenklasse die waren opgeleid voor een baan buitenshuis. Ze had geluk gehad, vertelde ze, dat haar vader onderwijs voor zijn dochters net zo belangrijk vond als voor zijn zonen. Hij had vaak een gezegde geciteerd voor haar en haar zus: blijf kennis verwerven van de wieg tot het graf.

Maryam was vierenvijftig toen we elkaar leerden kennen, slechts een jaar ouder dan mijn eigen moeder, maar tijdens haar leven hadden zich veranderingen voltrokken die in Europa eeuwen hadden geduurd, een sprong van zelfvoorzienend boeren tot internet. De leerlingen aan wie ze lesgaf hadden te maken met problemen die in haar jeugd onbekend waren, zoals een gebroken gezin of een heroïneverslaving. De kinderen van teruggekeerde vluchtelingen en migranten van het platteland die naar de betrekkelijke welvaart en veiligheid van de hoofdstad waren getrokken, deelden een onderling botsende mix van gewoonten en dialecten. De door eerdere oorlogen vertraagde verstedelijking van Afghanistan werd door deze oorlog juist versneld, en sinds 2001 was het aantal inwoners van Kabul verdubbeld tot meer dan vier miljoen. In de stad stond je in verbinding met de wereld. Een groot deel van Maryams leerlingen was net zo leergierig als zij ooit, maar bij deze nieuwe generatie wedijverde de wens om te leren met de wens om te emigreren.

Niets is onverdraaglijk tot er een alternatief bestaat, al is het alleen als droom. Toen Maryam in verwachting was van Omar, was ze voor de sovjets gevlucht en reikte haar horizon niet verder dan Pakistan en Iran. Nu maakten haar kinderen deel uit van een diaspora die zich uitstrekte van Long Island tot Melbourne, en op de schermen in hun broekzak zagen ze hoe het leven elders was.

Mensen migreren vanwege het verschil tussen hier en elders. Onze wereld is verdeeld tussen overvloed en armoede, en net zoals in elk land een minderheid het grootste deel van de welvaart bezit, zo hebben de rijke landen het grootste deel van de hulpbronnen van onze planeet geconsumeerd. Meer dan de helft van de rijkdom op aarde concentreert zich in Noord-Amerika en Europa, waar 15 procent van de wereldbevolking woont.[13] Zelfs na correctie voor de kosten voor levensonderhoud is het inkomen van de Amerikanen per hoofd van de bevolking dertig keer zo hoog als dat van de Afghanen.[14] Economen verwijzen naar een 'staatsburgerschapsbonus' die meet hoeveel iemand – als verder alles, bijvoorbeeld opleiding, gelijk is – verdient alleen omdat hij in een bepaald land woont.[15] Het is wel tien keer zoveel waard om dezelfde persoon te zijn in Amerika of Europa dan in een arm land; zoveel zou hij of zij winnen door de grens over te steken. Ongelijkheid is het hellende vlak van het grensgebied. Het is de hoogte van de muur die iemand bereid is te beklimmen.

Maryam had zes kinderen, maar alleen haar oudste kind, Khalid, was in 1980 in haar eigen land geboren. Omar werd twee jaar later in Pakistan geboren. Nadat het gezin naar Iran was verhuisd werd de derde zoon, Mansoor, geboren, gevolgd door haar twee dochters, Haniya en Farah, en ten slotte door haar zoontje Zia. Misschien waren ze door hun kindertijd in ballingschap ontworteld geraakt, maar ze hadden allemaal, net als Omar, ervan gedroomd om te emigreren. Ze wisten dat er in Afghanistan, een van de armste landen ter wereld, niets zou veranderen vanwege de oorlog. Maar als haar kinderen een beter leven in het Westen wilden opbouwen, hadden ze zes keer geluk nodig.

Khalid was de eerste die wegging. Maryams zus, een oorlogsweduwe, had zich in de jaren negentig als vluchteling in Zweden gevestigd. Ze was teruggekomen om een man te zoeken voor haar volwassen dochter, die inmiddels Zweeds staatsburger was. Huwelijken tussen volle neef en nicht waren in Afghanistan nog steeds gebruikelijk – sterker nog, ze werden gewaardeerd omdat daarmee opnieuw een hechte band werd gesmeed tussen familieleden – en ze had Maryam gevraagd om Khalids hand. Khalid trouwde op het Zweedse consulaat in Pakistan en kreeg daarna een visum om naar Stockholm te vliegen. Toen Maryam afscheid nam van haar oudste zoon, wist ze dat ze geen toestemming zou krijgen om hem te gaan opzoeken, maar ze was desondanks blij, want soms betekende liefde loslaten.

Haar jongste zoon Zia was haar tweede kind dat emigreerde. Na het eten vroeg Maryam Omar haar laptop te halen en hij hielp haar bij het zoeken naar een filmpje dat ze mij wilde laten zien. Zia had met een webcam een korrelig filmpje van zichzelf gemaakt en playbackte op een Duits popliedje. 'Hij is Europeaan geworden', zei Maryam terwijl ze een beetje weemoedig glimlachte.

Ze was er trots op dat Zia, anders dan zijn oudere broers, nooit had hoeven werken als kind. Hij kon zich helemaal op zijn studie richten en deed het goed genoeg in zijn gestandaardiseerde test voor Engels om naar een universiteit in het VK te mogen. De kosten voor zijn eerste jaar, inclusief collegegeld, kostgeld en vliegticket, bedroegen bijna tienduizend dollar. De hele familie droeg bij, onder wie Omar met het geld dat hij verdiende aan de frontlinies in Kandahar. De school had tegen Zia gezegd dat hij waarschijnlijk het jaar erna een beurs zou krijgen, maar dat was niet zo. Hij had niet nog eens tienduizend dollar en omdat zijn visum bijna verliep en hij niet wilde terugkeren naar Afghanistan ging hij naar Duitsland, gooide zijn paspoort weg en vroeg asiel aan.

Toen Maryam en ik elkaar voor het eerst ontmoetten in 2012, waren Khalid en Zia de enige twee kinderen die het gelukt was om naar het buitenland te gaan. De anderen woonden nog steeds bij haar in Kabul, waar ze werkten voor buitenlanders. Door erop te staan dat ze Engels leerden, had Maryam hen goed voorbereid op de dankzij buitenlandse hulp draaiende economie van Afghanistan. Maar tegen die tijd was duidelijk dat de geldstroom aan het opdrogen was, en de troepen aan het wegtrekken waren – evenals een groot deel van de elite die het meest had geprofiteerd van de Amerikaanse bezetting.

Tegenwoordig hebben de ontwikkelingslanden niet zozeer te maken met een uittocht van het intellect, maar met het wegvloeien van vermogen doordat het geld naar vastgoed en bankrekeningen in het buitenland stroomt.[16] Voordat Afghanistan door de Amerikaanse invasie aansluiting kreeg bij het mondiale financiële systeem, was er niet zo gek veel dat een corrupte Taliban of communistische functionaris kon doen met zijn oneerlijk verkregen geld – investeren in opium, misschien, of nog een auto kopen. Nu stroomden er op legale wijze miljarden het land uit doordat rijke Afghanen onroerend goed kochten in plaatsen als Dubai en Maleisië en hun zakken vulden in het buitenland.

De rijken kunnen makkelijk emigreren aangezien staatsburgerschap in de eenentwintigste eeuw te koop is.[17] Het Amerikaanse programma voor investerende immigranten eist bijna twee miljoen dollar, terwijl voor een 'gouden visum' voor Griekenland maar tweehonderdvijftigduizend euro nodig is. De Afghaanse voorzitter van het parlement, die zijn fortuin had verdiend met het leveren van brandstof aan buitenlanders, zou voor twee miljoen euro Europese paspoorten hebben weten te bemachtigen voor hemzelf en zijn gezin op Cyprus. Wie genoeg geld had, kon een wereldburger worden, door Frantz Fanon 'mensen zonder ankerplaats of horizon, kleurloos, stateloos, ontworteld – een volk van engelen' genoemd.[18]

De derde kans voor het gezin kwam in 2014, het jaar dat president Obama het einde van de Amerikaanse gevechtsmissie in Afghanistan aankondigde. Criminaliteit, werkloosheid en zelfmoordaanslagen namen hand over hand toe in Kabul. Een voormalige collega van Maryam die naar Duitsland was geëmigreerd, kwam terug om een echtgenoot voor zijn dochter te zoeken. In de Afghaanse cultuur worden broers en zussen geacht in volgorde van leeftijd te trouwen, en als je wordt overgeslagen is dat een bron van schaamte. Er zijn heel wat jongere broers die jarenlang smachten, wachtend op hun oudere broers. Maar Omar, de volgende in de rij, was niet geïnteresseerd. Hij gaf ook niets om traditie, zei hij tegen me: laat Mansoor, die twee jaar jonger was dan hij, maar met haar trouwen. Mansoor was sowieso een betere vangst, hij was plichtsgetrouw en werkte hard, net als hun oudste broer Khalid. Deze keer vlogen het meisje en haar familie naar Kabul voor de bruiloft. Omar feliciteerde zonder enige jaloezie zijn broer die naar Europa zou gaan. Hij was er destijds nog steeds zeker van dat hij het visum zou krijgen dat Amerika aan voormalige tolken had beloofd. En wat trouwen betrof, wilde hij zijn hart volgen.

Enkele jaren na het begin van hun vriendschap per telefoon had Laila erop gestaan elkaar te ontmoeten, en hij had daar uiteindelijk in toegestemd. Ze was nu achttien, een jonge vrouw die zich opmaakte voor haar eerste jaar aan een religieuze universiteit. Er volgden korte ontmoetingen, bij hem thuis als er niemand was of in de garage die aan Laila's huis grensde. Wanneer hij met haar alleen was raakte hij in vuur en vlam.

Toen pas hoorde ik voor het eerst over Laila. Ik was gewend aan verhalen over Omars romantische escapades en besefte destijds niet hoe belangrijk zij was, maar ik herinner me nog heel goed het aangrijpende verhaal dat hij me vertelde toen ik hem op zekere dag vroeg waarom hij er zo doodmoe uitzag. Hij zei dat de dochter van de buren hem de avond ervoor had gebeld en had gevraagd om te komen. Laila's familieleden zaten vastgeplakt aan het scherm voor hun favoriete tv-programma, en ze was er zeker van dat ze het eerste uur niet van hun plaats zouden komen. Ze had zich verontschuldigd en gezegd dat ze huiswerk moest maken, maar ging in plaats daarvan naar de garage en liet hem binnen. Ze gingen op de achterbank van de auto zitten. In het donker, met haar adem in zijn oor, voelde hij de laatste reserves wegglippen...

Bam, bam, bam.

Ze trokken als gekken hun kleren aan. Er stond iemand op de buitendeur van de garage te kloppen. Haar vader kon elk ogenblik uit het huis komen om open te doen. Omar zat in de val.

'Kruip onder de auto', siste Laila. Hij gooide zich op de grond en gleed onder de wagen, terwijl zij voorin kroop en de stereo aanzette, precies op het moment dat er een baan licht op de vloer viel.

'Waar ben jij mee bezig?' Haar vader staarde haar aan vanuit de deuropening.

'Ik wilde naar de radio luisteren.'

Omar zag de slippers voorbijgaan naar de buitendeur waar – wat een fijne verrassing – enkele familieleden stonden die even langskwamen. Als de oude man al verdenkingen had gehad, dan moest hij die hebben weggewuifd, want ze gingen allemaal terug naar het huis, en lieten Omar achter die op het beton onder de auto met bonzend hart lag te wachten op betere tijden.

4

Ik was bang dat onze plannen om naar Europa te gaan waren uitgesteld en daarom ging ik naar Omars huis en vroeg Maryam hoe het nu zat met Laila's familie. 'Haar leeftijd was gewoon een smoes', zei Maryam en ze vertelde in detail waarom hun huurbaas destijds het aanzoek had afgewezen. 'De echte reden is dat wij soennieten zijn en zij sjiieten.'

Omar wilde dat ze het nog eens zou proberen – in Afghanistan hoorden verwanten van de huwelijkskandidaat het aanzoek namens hem over te brengen – maar Maryam was er zeker van dat het zou worden geweigerd. Het voorstel van de zoon van zijn huurder moest de patriarch al hebben gealarmeerd; hij zou zijn dochter nu vast verdenken van een geheime relatie. Maryam zelf zag niet wat er zo bijzonder was aan het meisje of haar familie, die zij onontwikkelde nouveaux riches vond. Ze was bang dat haar zoon niet uit Afghanistan zou weggaan. Zij trof voorbereidingen om samen met Farah, haar jongste dochter, en Suleyman, een achterneef – een tiener nog, die zij had opgenomen in haar gezin –, het land uit te vluchten. Nu de grenzen in Europa weer open waren, hoefde ze alleen maar naar de Turkse kust te gaan en daar aan boord te gaan van een boot naar de Griekse eilanden. De oversteek van de zee was gevaarlijk, maar kort. Vanuit Athene zouden ze dan per bus en trein door de humanitaire corridor naar Duitsland kunnen doorreizen.

Maryam wilde rechtstreeks naar Istanbul vliegen, maar daarvoor hadden ze Turkse visa nodig, en die waren duur. Als ambtenaar kon Maryam ze rechtstreeks aanvragen en hoefde ze alleen het officiële tarief van zestig dollar te betalen. De meeste mensen moesten echter via een door de Turkse ambassade aangewezen reisbureau gaan, en voor een geslaagde aanvraag fikse, niet-officiële bedragen betalen aan tussenpersonen - omkoopsommen, eigenlijk. Dat najaar, waarin zoveel Afghanen wanhopig graag naar Europa wilden, was het gangbare tarief voor een eenvoudig toeristenvisum vijfduizend dollar. Al haar spaargeld zou eraan opgaan, maar dat was het haar waard om de woestijn en de bergen via Iran te vermijden. Ze zou zelfs geld voor Omar weten te vinden, maar hij weigerde te vertrekken zolang hij niet met Laila verloofd was. Zag hij dan niet dat de situatie in Afghanistan verslechterde? Ze vertelde hem dat de Taliban, als ze ooit naar Kabul kwamen, mensen zoals hij, die voor de buitenlandse militairen hadden gewerkt, zouden vermoorden.

'Hij is gek geworden', zei Maryam tegen me. 'Overtuig hem ervan dat dit zijn beste kans is om te gaan. Jij bent zijn beste vriend.'

'Als hij niet eens naar zijn moeder wil luisteren, wat kan ik dan nog zeggen?' antwoordde ik. 'Maar ik zal doen wat ik kan.' Toen we uit elkaar gingen schonk ze me een samenzweerderige glimlach, en ik vroeg me af wat ze wist van mijn en Omars plan, dat werd geacht geheim te zijn. Ik had Maryam en de rest van het gezin al verteld dat ik een boek wilde schrijven over Omars reis naar Europa, en ze hadden me toestemming gegeven om ook hun verhalen te vertellen, maar ik had verzwegen dat ik zelf undercover als vluchteling zou meegaan.

Het hele gezin wilde naar het Westen en, of ik het nu leuk vond of niet, ik werd meegezogen in deze migratie die nu een kritisch punt had bereikt. Maryam en haar kinderen, die steeds wanhopiger werden vanwege de neerwaartse spiraal waarin hun land verkeerde, hadden zich inmiddels gericht op wat Afghanen de *rah-e qachaq*, de smokkelaarsroute, noemden. Haniya, de oudste dochter, was eerder die zomer via deze route Afghanistan ontvlucht, maar een paar maanden voor het wonder van de open grenzen.

Maryam had zich er altijd schuldig over gevoeld dat ze haar meisjes mee terug had genomen uit Iran, waar ze waren opgegroeid met veel meer vrijheid dan ze hier hadden. Vooral tegenover Haniya, die zich nooit had kunnen verzoenen met de verstikkende patriarchale cultuur van Afghanistan. Zelfs als ze de zakachtige omhulling droeg die ze verafschuwde, werd ze op straat nog voortdurend lastiggevallen door mannen, soms met concrete voorstellen, maar vaker met beledigingen of steelse betastingen. Haar jongere zus Farah probeerde het te negeren, maar Haniya had het temperament van haar moeder en kon net zo razend worden. Ze was een enthousiaste voetbalster en had ook karatelessen genomen in Iran. Nadat de winkeliers in de bazaar bij hun huis hadden gezien hoe ze een paar mannen had nagezeten en een flinke mep had gegeven, begonnen ze afkeurend onder elkaar te mompelen: mevrouw de lerares is een eerbiedwaardige vrouw, maar haar dochter is *badmash* – een slecht mens.

In dit land werd een getrouwde vrouw zo ingelijfd in het bestaan van haar echtgenoot dat het beschamend was als een vreemde haar voornaam gebruikte. Hier zeiden de mensen nog steeds goedkeurend dat de dochter van die-en-die 'nog niet de zon of de maan had gezien'. Maryam had vergeefs gezocht naar een geschikte match voor haar dochters met een goed opgeleide man die hen met respect zou behandelen. Dus toen Haniya, die nu vijfentwintig was, zei dat ze asiel wilde aanvragen in Europa, stemde Maryam toe, ondanks haar angst.

Wanneer wordt een migrant een vluchteling? Net als haar broers wilde Haniya ontsnappen naar een beter leven in het Westen. Ze zag geen toekomst meer in haar eigen land, waar de oorlog verhevigde nu de Taliban de aanval op de regering hadden geopend: meer dan driehonderdduizend Afghanen raakten in 2015 ontheemd door gevechten, twee keer zoveel als in het jaar daarvoor.[1] Afghaanse vrouwen werden bovendien geconfronteerd met extra geweld: dat voorjaar werd een jonge vrouw er onterecht van beschuldigd dat ze de Koran had beledigd en in het centrum van Kabul door een bende mannen geslagen en levend verbrand. Een vrouw alleen uit Afghanistan, zoals Haniya, zou zeer waarschijnlijk wel asiel krijgen als ze dat aanvroeg in Europa of Canada, maar er was geen legale manier om er te komen. Een cordon aan visa en wetten die het luchtverkeer regelden was bedoeld om haar en andere vluchtelingen buiten de deur te houden. 'Deze catch 22 voor vluchtelingen', zoals David Scott FitzGerald het noemde, kennen we al van pogingen om Joden buiten te houden die voor de nazi's vluchtten, en zorgt ervoor dat hoe groter de kans is dat iemand asiel zoekt in het Westen, hoe kleiner de kans is dat hij een vlucht daarheen kan nemen.[2] Duitsland voerde in 1980, een jaar na de Russische invasie, visumeisen in voor Afghanen. Afghanistan had een van de slechtste paspoorten ter wereld om visumvrij te kunnen reizen.[3]

Haniya wist dat ze niet naar Europa kon vliegen. Ze was niet rijk genoeg om zich in te kopen als ingezetene en er was niemand met een westers paspoort die met haar wilde trouwen. Zodoende was zij de eerste van Maryams kinderen die via de smokkelaarsroute zou gaan. De Europese grenzen waren toen nog gesloten. Om geld uit te sparen kocht Haniya voor een paar honderd dollar een Iraans visum in plaats van een Turks, en vloog naar Teheran, waar ze een neef en zijn gezin tegen het lijf liep. Ze maakten met smokkelaars een slopende tocht door de bergen in Turkije, en staken daarna de grens over naar Bulgarije. Uiteindelijk arriveerde Haniya in Duitsland, waar haar broer haar ophaalde. Uitgeput maar triomfantelijk waarschuwde ze haar moeder met haar slechte knieën en diabetes, dat zij vanuit Iran niet dezelfde reis over land moest maken.

Maryam was meegegaan naar het vliegveld om afscheid te nemen van Haniya voor ze naar Iran vloog, en toen haar oudste dochter bij de veiligheidscontrole kwam, hield ze halt en haalde een paar splinternieuwe schoenen tevoorschijn.

'Neem deze maar mee, moeder', zei ze, en ze gaf Maryam haar oude schoenen. 'Ik wil geen vuil van dit land meenemen.'

Behalve Laila was er nog iemand die Omar liever niet in Kabul wilde achterlaten. Zijn vader, Jamal, die heel lang geen deel had uitgemaakt van hun leven, was enkele jaren geleden teruggekomen en bij hen gaan wonen. Hij en Maryam waren in feite niet gescheiden, zoals ik dacht, hoewel ze zeker van elkaar vervreemd waren. Zij zei dat het haar niet kon schelen wat er terechtkwam van haar man, die weigerde opnieuw in ballingschap te gaan, zelfs niet toen de rest van het gezin naar het buitenland vluchtte. Maar Omar wilde hem niet in de steek laten, zoals zijn vader hem ooit in de steek had gelaten.

Ik had Jamal voor het eerst ontmoet tijdens een etentje een paar jaar daarvoor, kort nadat hij in het huurhuis was komen wonen. Hij was nog langer dan Omar en had dezelfde dikke wenkbrauwen en vierkante kin, maar hij liep moeilijk vanwege de hernia's in zijn rug. Jamal gedroeg zich hoffelijk tegen mij, maar er hing een ongemakkelijke stilte tijdens het eten. Maryam was zichtbaar gespannen terwijl ze de keuken in en uit liep. Zodra we klaar waren met eten trok Jamal zich terug in zijn kamer.

Zolang Omar en zijn broers en zussen het zich konden herinneren hadden zijn ouders geruzied, en zelfs hun vrolijke momenten, zoals een verjaardagsfeest of een bezoek aan het park, werden overschaduwd door de angst die ze voelden omdat ze als vluchtelingen aan de zelfkant van de Iraanse maatschappij leefden. In hoeverre het conflict tussen zijn ouders te wijten was aan de gedwongen migratie en armoede en in hoeverre het voortkwam uit fundamentele onverenigbaarheid wist niemand. Pijn was pijn. Toch waren ze al die bittere decennia in het buitenland bij elkaar gebleven omwille van de kinderen, en pas nadat ze in 2002 waren teruggekeerd naar Kabul, gingen ze ten langen leste uit elkaar. Het gezin was gaan wonen in een huis dat in het bezit was van Jamals broer, die naar Amerika was geëmigreerd. Jamals oudste zus had er tijdens de oorlog gewoond en zij was onlangs getrouwd met een veel jongere man. Het was een groot huis, met zes slaapkamers, maar het was niet groot genoeg. De nieuwe zwager meende dat het huis was ingebracht door de oude vrijster met wie hij was getrouwd. Maryam en de kinderen vonden dat ze er net zoveel recht op hadden. Jamal probeerde te bemiddelen, maar het liep al snel lelijk uit de hand.

De ruzie begon met de pomp van de bron op hun binnenplaats. De nieuwe echtgenoot schreeuwde tegen Omar dat hij niet zo hard met de hendel moest zwaaien, toen Omar hem van repliek diende kwam de man op hem af en sloeg hem tegen de grond. Daarna sloeg zijn oudste broer Khalid een stok kapot op de rug van die vent. Toen de politie erbij kwam, arresteerde die de twee jongens, en Jamal op de koop toe omdat hij hun vader was. De jongens werden de dag erna vrijgelaten, maar moesten uit het huis vertrekken. Maryam en haar kinderen pakten hun weinige bezittingen, ze hadden maar weinig geld en konden nergens heen. Jamal had zijn slechte rug verdraaid toen hij probeerde een eind te maken aan de knokpartij en lag in een slaapkamer. Het jongste meisje, Farah, ging naar hem kijken. Ze stond in de deuropening en staarde naar haar vaders kromme lijf, zijn gezicht was van haar afgewend.

'Vader, komt u?' vroeg ze ten slotte.

Jamal antwoordde niet. Hij had genoeg van het gebrek aan respect van Maryam en de jongens, hij bleef bij zijn zus. En zo liet hij zijn gezin vertrekken. Die scheiding zou meer dan tien jaar duren.

Als je het hun zou vragen, zou zowel Maryam als Jamal volhouden dat ze, sinds ze in het najaar van 1979 met een bescheiden ceremonie in het centrum van Kabul trouwden, nog nooit één dag samen gelukkig waren geweest. Toch herinnerde Maryams favoriete lerares, een oudere vrouw die nu in Californië woonde, zich nog dat ze er stralend uitzag. Er is geen foto bewaard gebleven, maar je kunt je het stel op die dag makkelijk voorstellen: de breedgeschouderde Jamal met zijn zwierige snor en naast hem de tengere Maryam, getooid met juwelen. Ik stel me graag voor dat ze gelukkig waren in het begin, of in elk geval hoopvol; het is zeer droevig om nooit ook maar iets te hebben verloren. Misschien zou hun liefde zijn gegroeid als het vrede was gebleven in hun land, zoals in hun kindertijd, toen het land in de wolken was over de *taraqqi*, vooruitgang, en Kabul tot leven kwam door wonderen als elektrisch licht en bioscopen. Op Onafhankelijkheidsdag dansten de mensen op muziek van Ahmad Zahir: 'Het leven zal uiteindelijk zingen, slavernij is verleden tijd!'[4] De president, Muhammad Daoed Khan, had het derde-weg-nationalisme van Nasser en Nehru omarmd. Er werd gezegd dat hij het gelukkigst was 'wanneer hij een Amerikaanse sigaret aanstak met een Russische lucifer'.

Nadat Maryam was afgestudeerd aan de hogeschool vond ze het prima om alleenstaand te blijven en haar moeder, die weduwe was, te ondersteunen dankzij haar baan bij het ministerie van Financiën. Op 27 april 1978 was ze zoals gewoonlijk aan het werk toen opeens geweerschoten klonken en de grote ramen uiteenspatten. Zij en de andere meisjes vluchtten naar huis, waar Radio Afghanistan meldde dat er een staatsgreep was gepleegd: Nur Muhammad Taraki, de leider van de communisten en binnenkort de 'Ware zoon van het volk en de opperbevelhebber van de grote Saur-revolutie', was nu president.[5] Een jaar later kwam Zahir, de stem van hun generatie, om bij een auto-ongeluk.

Maryams vader was overleden toen zij nog een jong meisje was, en een huishouden zonder mannelijke beschermer stond bloot aan sociale druk. Jarenlang had ze haar ooms van moederskant afgehouden, die haar wilden voor hun eigen zonen, alsof ze ooit zou terugkeren naar het dorp om daar tussen het vee te wonen. Maar ze was bijna twintig toen de coup plaatsvond, ruim voorbij de leeftijd waarop de meeste meisjes werden uitgehuwelijkt. Er werd geroddeld dat ze haar 'thuis lieten'; elk jaar zou meer medelijden en minachting opleveren. Jamals broer was een collega van haar, maar haar toekomstige echtgenoot had ze nog nooit ontmoet toen zijn familie haar moeder een huwelijksaanzoek deed, nadat de communisten het heft in handen hadden genomen. Jamal was opgevoed door zijn twee oudere broers, die hem wilden laten trouwen zodat hij niet meer zo laat zou thuiskomen. Maryam zag op een foto van Jamal dat hij knap was. Dat jaar in november trouwden ze. Een maand later vielen de sovjets het land binnen.

De twee daaropvolgende jaren klampten Maryam en Jamal zich vast aan hun leven in Kabul terwijl de oorlog heviger werd. Net als de Amerikanen in Vietnam, bombardeerden de Russen het platteland om de bevolking daar weg te jagen en de guerrilla's te dwingen tevoorschijn te komen.[6] In de landelijke gebieden werd het felst gevochten, maar de moedjahedien lieten bommen ontploffen in de hoofdstad, terwijl de communisten joegen op spionnen en sympathisanten. Twee neven van Maryam uit het nabijgelegen dorp waar ze vandaan kwam werden gearresteerd en zijn nooit meer teruggezien. Toen het regime mannen als Jamal, die hun dienstplicht al hadden vervuld, begon op te roepen, besloten ze te vluchten. Ze staken met smokkelaars de bergen naar Pakistan over. Hun eerste kind, Khalid, was een jaar oud en Maryam was zes maanden zwanger van haar tweede kind. In het voorjaar van 1982 beviel ze van Omar in een hotel in het drukkend warme Peshawar.

Toen hun geld op was, moesten ze naar de kampen gaan die waren opgezet voor vluchtelingen uit Afghanistan. Zij werden ondergebracht in een kamp in een steile en prachtige vallei in Mansehra. Maryam was wanhopig toen ze vrouwen zag sjouwen met water dat ze uit de lagergelegen rivier hadden gehaald. Dat was het geestdodende dorpse werk waar ze altijd zo bang voor was geweest. De mannen met hun baarden en tulbanden kwamen angstaanjagend tribaal op haar over. Sommigen, die onlangs waren teruggekeerd van de gevechten met de Russen, hadden een afstandelijke, lege blik. Om in het kamp te kunnen wonen en hulp te krijgen van de VN, moesten de Afghanen zich registreren bij een van de zeven moedjahediengroepen die door Pakistan werden gesteund.[7] 'Deze kampen bevatten een enorm reservoir aan potentiële rekruten voor de jihad', schreef een Pakistaanse brigadecommandant. 'Er zijn duizenden jonge jongens als vluchteling naar deze kampen gekomen, ze zijn er opgegroeid, en daarna zijn ze hun vaders en broers naar de oorlog gevolgd.'[8]

In dat decennium zouden meer dan zes miljoen mensen de grens over vluchten naar Iran of Pakistan, en zodoende de grootste groep vluchtelingen ter wereld vormen, een kwalificatie die de Afghanen de komende dertig jaar zouden houden.[9]

Vanaf het begin is het hedendaagse concept 'vluchteling' verstrikt geraakt in macht en politiek. Toen in 1951 een groep afgevaardigden in Genève bijeenkwam om voor de VN een ontwerpverdrag over vluchtelingen op te stellen, deed geen enkel communistisch land mee.[10] De discussie aan de oevers van het Meer van Genève draaide om één centrale vraag: wie was een echte vluchteling? In tegenstelling tot andere migranten zou deze buitenlander voor een groot deel dezelfde rechten krijgen als een staatsburger – het meest essentieel: een verblijfsvergunning. Een vluchteling kon niet worden uitgezet naar een gevaarlijk land. Van staten die het verdrag ondertekenden werd gevraagd een ongekende beperking van hun eigen soevereiniteit te aanvaarden. Met de cataclysmische stroom ontheemden uit de Tweede Wereldoorlog nog vers in ieders geheugen, bepleitten sommige afgevaardigden een brede definitie die ook degenen zou omvatten die op de vlucht waren voor geweld in het algemeen, maar de Verenigde Staten waren erop gebrand dit alleen te laten gelden voor anticommunistische kwesties. Zodoende is volgens het Verdrag van Genève van 1951, de basis van het internationale vluchtelingenrecht, een vluchteling iemand met 'een gegronde vrees voor vervolging in zijn thuisland op grond van ras, godsdienst, nationaliteit, politieke overtuiging of het behoren tot een bepaalde sociale groep', en niet iemand die gewoon voor een oorlog of ramp vlucht – criteria die zijn afgestemd op de dissident uit de Koude Oorlog.[11]

Als het ging om mensen die het communisme ontvluchtten kon het Westen grootmoedig zijn.[12] Toen de Hongaren in 1956 vluchtten voor de Russische bezetters, drong de Amerikaanse bevolking erop aan hun asiel te verlenen. Toen Saigon werd veroverd door het Volksleger werden honderdveertigduizend Vietnamese bondgenoten en hun gezinnen geëvacueerd en naar de Verenigde Staten gebracht.[13] Na de oorlog bleven mensen ontsnappen in vaartuigen die reikten van kleine houten vissersboten tot stalen vrachtschepen die waren gecharterd door smokkelaarsbendes. Tegen juni 1979 landdden er in Zuidoost-Azië elke maand bijna vierenvijftigduizend bootvluchtelingen, zoals ze door de westerse media werden genoemd. De meesten kwamen uit Vietnam, maar sommigen waren gevlucht voor de communistische regimes in Laos en Cambodja. Lokale autoriteiten gingen ertoe over de boten met vluchtelingen onder dreiging van vuurwapens terug te drijven, duizenden mensen werden door piraten verkracht en vermoord.[14] Tijdens een conferentie in 1979 sloot het Westen een overeenkomst met de buurlanden van Vietnam: een open kust voor een open deur. Als de landen uit de regio de bootvluchtelingen tijdelijk asiel zouden verlenen, zou het Westen zich ertoe verbinden hen in ruil daarvoor te herhuisvesten. In de drie daaropvolgende jaren emigreerden meer dan zeshonderdduizend vluchtelingen, de overgrote meerderheid naar de Verenigde Staten, Canada en Australië.

De benarde situatie van de bootvluchtelingen, waaraan in het Westen televisie-uitzendingen werden gewijd, bezwaarde het geweten van velen die zich al schuldig voelden over de oorlog in Vietnam. Er kwam een nieuwe humanitaire politiek op, die het oude ideologische spectrum zou verdringen en de Koude Oorlog zou overleven.[15] 'Het is heel eenvoudig', zei de schrijver Heinrich Böll over het mede door hem gefinancierde schip dat bootvluchtelingen redde en onderbracht in West-Duitsland. 'Ik ben van mening dat we mensenlevens moeten redden waar dat mogelijk is.'[16]

De wereld werd kleiner en we konden elkaar op nieuwe manieren zien, maar het zien van berooide vreemdelingen wekte niet altijd medelijden. Toen de bevolkingscijfers van de ontwikkelingslanden sterk stegen, nam de migratie vanuit de voormalige koloniën naar Europa en Noord-Amerika toe. De reactie hierop in het Westen was, in zekere zin, het tegenovergestelde van humanitarisme; het waren allebei emotionele reacties op de figuur van de Ander, wiens gezicht, volgens Emmanuel Levinas, 'tegelijk de verleiding om te doden en de oproep tot vrede' is.[17]

Jean Raspail stelde zich in zijn beruchte, in 1973 in Frankrijk verschenen roman *Le camp des saints* een enorme vloot migranten voor die, achtervolgd door hongersnood, ellende en tegenspoed, koers zette naar Europa.[18] 'De derde wereld stroomde over,' schreef Raspail, 'en het Westen was haar riool.' De vaak vanwege zijn flagrante racisme weggewoven schrijver was van mening dat de politiek een gevecht werd over de gevoelens van de rijken voor de armen. Verzwakt door humanitaire piëteit en door 'meesterwerkjes van verontwaardiging' over de armoede overal ter wereld die naast 'luxe advertenties' in de pers verschenen, had het Westen, volgens Raspail, 'de kracht en de wil om nee te zeggen verloren'.

In het boek stuurt de president van Frankrijk, die de teloorgang van zijn land voorziet, een oorlogsschip om de vloot migranten te onderscheppen. De kapitein rapporteert echter dat zijn bemanning, overstelpt door medelijden bij het zien van de vrouwen en kinderen, weigert het vuur te openen. Frankrijk staat voor een moeilijke keuze, zegt de officier tegen de president: 'Of we nemen deze mensen op, of we torpederen elke boot van hen 's nachts, zodat we hun gezichten niet kunnen zien wanneer we hen vermoorden.'

Als kind vertelde mijn vader me een verhaal over de bootjes. Hij was officier aan boord van de Huron, een torpedoboot van de Canadese marine, toen ze in de zomer van 1990 in de verte een vaartuig zagen. Het was een houten jonk van ongeveer achttien meter lang, en op de voorsteven waren ogen geschilderd. Het open dek stond bomvol mensen in vieze kleren. Ze waren enkele weken daarvoor uit Vietnam gevlucht en op weg naar Maleisië toen hun motor tijdens een noodweer stukging. Ze waren op drift geraakt buiten de scheepvaartroutes. Onder een verzengende zon kampten ze met uitdroging en dysenterie; er waren al vijftien opvarenden overleden. Ze hadden een van die mysteries van de zee kunnen worden, maar waren op het nippertje gezien door een Canadese helikopter en daarna was het eskader hen komen redden.

Iemand heeft een video geüpload naar YouTube die is gefilmd vanaf de brug van de Huron, waar mijn vader stond. De camera zoomt in op het achterdek van de boot, waar een jongen bewegingloos op zijn buik ligt. De vluchtelingen kijken reikhalzend omhoog, lachend en smekend met hun handen gevouwen in gebed. Tussen het frequente radioverkeer door kun je hun geschreeuw om hulp horen. Het bevoorradingsschip van het eskader nam negentig mensen aan boord.[19] Twee van hen stierven alsnog en kregen een zeemansgraf, de anderen kregen asiel aangeboden in Canada.

Wanneer mijn vader maandenlang op zee was, bewaarde hij foto's van zijn vier zwartharige kinderen, weggestopt aan de binnenkant van zijn pet. Ik herinner me nog de diesellucht van zijn uniform als hij thuiskwam, en hoe de koperen knopen en de wol tegen mijn wang aanvoelden. Hij voer op de Japanse Zee toen mijn moeder van mij beviel in Brits-Columbia en hij zag zijn eerste kind pas drie maanden later. Mijn moeder zat met mij in haar armen te wachten aan de haven, waar een nieuwsfotograaf een foto van ons drieën maakte.[20] Later knipte iemand die foto uit en stuurde die naar hem met eroverheen gekrabbeld: ER IS ALWEER ZO'N BASTAARDMESTIES GEBOREN.

Mijn voorouders waren migranten, zoals de meeste Noord-Amerikanen, maar zij waren niet dezelfde oceaan overgestoken. Aikins is, via Ierland, een Schotse achternaam en aan vaderskant vind je ook *pure laine* Frans-Canadees bloed. Zijn verwanten behoorden tot de vijfenvijftig miljoen Europeanen die sinds de negentiende eeuw waren geëmigreerd, toen de bewoners van de aarde zich door de eerste industriële revolutie per schip en trein met elkaar vermengden.[21] Mijn middelste naam is Yutaka, 豊 in de kanji, naar mijn grootvader, die in 1922 in Californië is geboren, een van de *Nisei*, de tweede generatie Japanners in Amerika. Zijn vader was bemanningslid van een koopvaardijschip; hij bleef zonder af te monsteren aan wal in San Francisco. Allebei mijn overgrootvaders werkten op een boerderij in de Sacramento-vallei en trouwden met een zogenoemde fotobruid, de ene uit

Wakayama en de andere uit Hiroshima. Ze lieten hun bruid overkomen voordat Aziaten het land niet meer in mochten vanwege de Immigration Act van 1924, hetzelfde jaar dat de Border Patrol werd opgericht. De wet was aangenomen na tientallen jaren gelobby door groepen als de Native Sons of the Golden West en het American Legion.[22] 'Iedereen die door het Verre Oosten heeft gereisd weet dat de vermenging van Aziatisch bloed met Europees of Amerikaans bloed negen van de tien keer leidt tot zeer onfortuinlijke resultaten', schreef Franklin Delano Roosevelt het jaar erna in *The Macon Telegraph*.[23] Toen de Japanners Pearl Harbor aanvielen, was Roosevelt president en in reactie op de aanval gaf hij opdracht tot internering van meer dan honderdduizend mensen van Japanse afkomst die aan de westkust woonden; twee derde van hen was Amerikaans staatsburger. 'Ze zullen altijd bruine mannen blijven', zei senator Edwin Johnson. 'Denkt u dat ze uiteindelijk zullen versmelten met ons en gewoon in alle opzichten zullen worden geaccepteerd als een witte man?'[24]

Mijn grootmoeder Sei, later Mary Ann geheten, groeide op in de buurt van Los Angeles en was dertien toen de oorlog uitbrak. In de schoolbus werd ze door sommige witte kinderen bespuugd omdat ze eruitzag als de vijand.[25] Toen de regering verordineerde dat Japanse Amerikanen zich bij een kamp moesten melden, kregen ze te horen dat ze mochten meenemen wat ze konden dragen, en dat ze voor de rest bijna alles kwijt waren. Sei en haar familieleden gingen naar het 'herhuisvestingscentrum' bij de renbaan in Santa Anita, waar ze in witgekalkte paardenstallen werden ondergebracht.[26] Toen haar vader weigerde de vragen van de 'loyaliteitsverklaring' te beantwoorden, werden ze naar het interneringskamp bij Tule Lake gebracht tot hij van gedachten zou veranderen. Daarna werden ze overgebracht naar een moerasgebied in Arkansas, vlak bij de Mississippi. Het was 1943 en de Japanse Amerikanen werden achter prikkeldraad geïnterneerd op 'eilandjes' vol hutten van teerpapier, in kampen als Topaz, Gila River en Heart Mountain.[27] De familie van mijn grootvader Yutaka werd naar kamp Amache in Colorado gestuurd, dat zijn naam ontleende aan een lokale Cheyenne-vrouw die met een witte rancher trouwde; haar vader, Lone Bear, was een van degenen die bij Sand Creek door het leger werden afgeslacht.

'Door wat recentelijk de Amerikaanse Japanners is overkomen en wat ons voortdurend overkomt,' schreef Langston Hughes in 1944, 'zitten de Amerikaanse zwarten en de Amerikaanse Japanners in hetzelfde schuitje.'[28] Zelfs nadat ze weer vrij waren, bleven veel Nisei weg van de westkust, en waaierden per trein of Greyhound-bus uit naar fabrieken, irrigatieprojecten en nieuwe voorsteden. Mijn grootouders leerden elkaar kennen in Denver aan de lopende band van de Acme Table Pad Company. Hij was zeven jaar ouder en had al een mislukt huwelijk achter de rug, een charmeur met een zwakte voor Chinese gokspellen voor wie zij viel, ook al waren haar ouders erop tegen. Allebei mijn grootouders wilden iets beters dan fabriekswerk of huishoudelijk werk, en dus bleven ze verder trekken, en zodoende belandden ze in Chicago waar ze hun kans kregen: het geslacht van kuikens vaststellen.[29] In die tijd hadden de Japanse Amerikanen zowat het monopolie op een opvallend efficiënte, in de jaren twintig in Japan bedachte methode om het geslacht van een kuiken vast te stellen. Door constante herhaling zouden degenen die het geslacht van een kuiken vaststelden een intuïtieve vaardigheid ontwikkelen om de genitaliën van een kuiken te herkennen, iets wat beginnelingen niet konden onderscheiden. Een ervaren kracht die meer dan duizend kuikens per uur kon 'verwerken' met een nauwkeurigheid van 98 procent werd goed betaald. Toen er in Mississippi een franchise beschikbaar kwam voor seksebepaling verhuisden mijn grootouders naar Jackson, de hoofdstad van de staat, waar hun vijfde dochter, mijn moeder, in 1959 werd geboren. Dit was de tijd dat de rassenwetten op hun eind liepen en dat de witten in Mississippi vochten om de segregatie van de scholen te behouden, maar mijn grootouders konden een rijtjeshuis kopen in een witte buurt en hun dochters mochten naar school zonder gedoe. Tegen die tijd kwamen witte veteranen terug uit het buitenland met hun Japanse of Koreaanse echtgenote.

Yutaka was al sinds zijn jongensjaren dol op auto's, voor hem betekenden ze vrijheid. Op een dag parkeerde hij een vrachtwagen op het gazon, die hij had gekocht van het spaargeld van zijn gezin. Hij was klaar met de kuikens, koeltransporten waren de toekomst. Daarna was hij nog maar zelden thuis, hij reed, rookte Winstons om wakker te blijven en probeerde zijn gok rendabel te maken. In de zomer van 1964 – volgens de vrijwilligers die vanuit heel Amerika naar Mississippi trokken om daar zoveel mogelijk zwarten over te halen om zich als kiezer te registreren, 'de zomer van de vrijheid' – reed Yutaka over de snelwegen naar Californië en Illinois, over Highway 51 van New Orleans naar Memphis, over onverharde wegen in de Mississippi-delta.

Op 22 september vroeg Yutaka zijn faillissement aan bij de rechtbank in Jackson. Diezelfde avond ging hij naar Indianola om de vrachtwagen uit te laden en viel hij dood neer na een hartaanval. Hij was tweeënveertig, de oudste van zijn zeven kinderen was twaalf, de jongste twee. Mijn grootmoeder moest tegelijkertijd zowel het faillissement afhandelen als de begrafenis regelen. Ze verhuisde naar Seattle, waar ze familie had, runde een bloemenzaak en is nooit hertrouwd. Zoals voor zoveel Nisei betekende overleven ook voor haar dat ze volledig Amerikaans moest worden, alsof de vragenlijst van de regering in haar gedachten was: 'Zult u het gebruik van de Japanse taal vermijden, tenzij dit noodzakelijk is?'[30] Ze had haar kinderen christelijke namen gegeven en ervoor gezorgd dat ze gingen studeren. Op een na trouwden ze allemaal met een witte partner.

Mijn moeder leerde een jonge marineofficier, mijn vader, kennen die met zijn schip in de haven van Seattle lag afgemeerd, en vertrok met hem naar Canada, naar voorsteden waar mijn broertjes en zusjes en ik ijshockey speelden. Ik herinner me wat incidentele voorvallen: een vrouw die een denigrerende opmerking tegen mijn moeder maakte vanwege een parkeerplaats, een pestkop op school, en ik was me ervan bewust dat ik er anders uitzag, minder gewenst, maar vanbinnen voelde ik me hetzelfde als mijn witte vrienden. Mijn grootmoeder overleed toen ik aan de universiteit studeerde, en ik had haar nooit naar de kampen gevraagd. In mijn jongensjaren was ik geïnteresseerd in de geschiedenis die op mijn vaders boekenplanken stond: de memoires van Winston Churchill en *The White and the Gold*, een saga over Franse koloniale helden. Als volwassene werkte ik me omhoog in progressieve kosmopolitische kringen, en bereikte de top van New York City, ik plukte de vruchten van wat de historica Nell Irvin Painter 'de vierde uitbreiding van Amerikaanse witheid' noemde.[31] Tegenwoordig heeft een multiculturele klasse, volgend op bezitloze Engelsen, Ieren en Duitsers, en daarna Italianen en Joden, een Amerika geërfd waarin Thien Thanh Thi Nguyen, de dochter van Vietnamese vluchtelingen, kan opgroeien tot Tila Tequila, die naam maakte als de eerste biseksuele reality-tv-ster en, recenter, als neonazi.[32]

Toen Omar nog een klein jongetje was, was het favoriete programma van hun gezin *Road to Avonlea*, een nagesynchroniseerd Canadees historisch drama, dat populair was in Iran, waar ze naartoe waren verhuisd toen hij nog een peuter was. De hoofdpersoon, Sara Stanley, had haar dat zo geel was als de hooilanden van Prins Edwardeiland. Ze was een stadsmeisje dat was verbannen naar haar familie op het platteland. Sara, Sara, Sara, met haar grijze kattenogen; hij zwoer tegenover zijn geamuseerde gezinsleden dat hij, als hij ouder was, naar Canada zou gaan en met haar zou trouwen.

Ze woonden in Shiraz, waar de dichters Hafez en Saadi waren begraven. Ze leefden met zijn achten in een klein huis in het oude deel van de stad. Anders dan in Pakistan, waar Afghanen doorgaans in kampen werden gezet, mochten ze in Iran naar de steden gaan waar behoefte was aan arbeiders, doordat de mannen uit de lokale bevolking naar het front van de oorlog met Irak waren vertrokken.[33] Niettemin waren het magere tijden voor het gezin, vooral nadat Jamal rugklachten had gekregen toen hij in een ploeg metselaars werkte. Maar in Iran konden vrouwen makkelijker buitenshuis werken. Maryam maakte huizen schoon en streek de tweedehandskleding die haar buurvrouw in de bazaar verkocht. Soms werkte ze in de 'kofferhandel' van de haven van Bandar Abbas, en bracht ze spullen van de zwarte markt mee in haar bagage, die de kleine Omar en zijn broers op straat verkochten, naast Minoo-biscuitjes en Chic-kauwgom.

Zelfs als het wel een gelukkig huwelijk was geweest, zou het zwaar zijn geweest, maar Jamal en Maryam hadden nooit een goede verstandhouding gehad. Volgens de traditie moest de vrouw zich onderwerpen, en dat deed Maryam niet. Jamal, aan huis gekluisterd en werkloos, ergerde zich eraan dat zijn vrouw zijn autoriteit negeerde, zelfs wanneer hij haar sloeg en hun ruzies feller werden. Vele jaren later vroeg hij zich tegenover mij af of hij zijn volle kracht had moeten gebruiken, tot er iets bij haar zou breken. Voor ze uit Kabul vluchtten had zijn oudere zus hem soms getreiterd met Maryams eigenzinnigheid en gezegd: 'Je vader had veel vrouwen en jij kunt er niet eens ééntje de baas', maar hier in Shiraz was hij alleen.

Naarmate Omar ouder werd, ging hij uiterlijk steeds meer op Jamal lijken, meer dan een van de andere jongens. Hij had ook dezelfde muzieksmaak als zijn vader en luisterde graag naar zijn cassettebandjes: zangers uit de oude doos, zoals Ahmad Zahir, maar ook een nieuwe generatie zangers uit de diaspora, stemmen uit het Westen die naar huis verlangden, zoals Farhad Darya, wiens lied 'Kabul Jan' een hit was in de jaren negentig.

Laat me zingen van Iran tot Pakistan.
Heb je nieuws uit geliefd Kabul, mijn schat?

Afghanen waren steeds minder welkom in Iran, en de politie werd agressiever. Maar Omar had het met zijn lichte ogen makkelijker dan de Hazara's die werden herkend aan hun meer Aziatische gezichten en naar huis werden gevolgd door pestkoppen die riepen: '*Kesofat-e afghani*! Afghaans uitschot!'

Nee, hij had bruin haar en zijn accent klonk net als dat van iemand uit Shiraz. Zijn overdreven zelfverzekerde manier van lopen was echter gevormd naar de opstandige jonge mannen uit de Bollywoodfilms die hij geweldig vond. Hij was groot voor zijn leeftijd, en driftig. Hij had van de plaatselijke rouwdouwers, de badmash, geleerd hoe hij een mes moest gebruiken, maar de heroïne die door de stad raasde raakte hij niet aan.

Gedurende zijn hele schooltijd bleef hij werken, genoeg om voor zichzelf een fiets en een radio te kopen. Hij poetste schoenen en oogstte pistachenoten. Toen hij tien was kon hij in de winkel een vat ijs van vijfentwintig kilo optillen. Op zijn dertiende ging hij in de bouw werken. Later wilde hij arts worden en mensen helpen. Of piloot, en de hele wereld zien. Hij wist dat er ergens een beter leven op hem wachtte, op een plaats waar hij zou thuishoren. Een vriend van hem woonde vlak bij het vliegveld, en samen stonden ze bij het hek urenlang naar vliegtuigen te kijken.

Door het einde van de Koude Oorlog veranderde de manier waarop het Westen aankeek tegen vluchtelingen.[34] Conflicten in arme landen werden niet langer beschouwd als proxy-oorlogen tussen supermachten en hun ideologieën. 'Verschrikkelijke oorlogen, zonder overtuiging of wet, niet minder vreemd aan de logica van Clausewitz dan aan die van Hegel', schreef Bernard-Henri Lévy, de oorlogscorrespondent en filosoof.[35]

Nadat de Russen in 1989 uit Afghanistan waren vertrokken, keerden miljoenen Afghanen terug naar huis. Jamal wilde ook teruggaan, maar Maryam weigerde. Ze geloofde niet dat de fundamentalistische rebellen haar dochters zouden toestaan hun opleiding af te maken. Toen de communistische regering drie jaar daarna ineenstortte, keerden de moedjahedien en de milities zich tegen elkaar, het Westen keek weg. 'De wereld heeft niets te maken met de stammenstrijd en de bloedvetes in dat land', verkondigde *The Times*.[36]

Nu begon het tijdperk van de krijgsheren. 'Liefde stierf, toewijding stierf, genegenheid teerde weg', had de dichter Khalilullah Khalili geschreven. 'We verdrinken in een zee van bloed.'[37] De verwoestingen van de jaren negentig zouden twintig jaar later een waarschuwing zijn voor de Afghanen, toen de Amerikanen zich begonnen terug te trekken en de regering wankelde: vlucht als je kunt. Kabul werd een doolhof van ruïnes, opgedeeld door bewapende controleposten. Ze passeren kon je het leven kosten, maar het was misschien de enige manier om niet van honger om te komen. Maryam kreeg een brief waarin stond dat enkele militieleden haar broer hadden overvallen en hem zo lang hadden geslagen dat hij aan één oog blind raakte. Daarna raasden de Taliban door het land, met hardvochtige rechtspleging als vrijwel het enige wat hen interesseerde. In 1996 namen ze Kabul in.

Vijf jaar later kreeg Omars familie het langverwachte goede nieuws: Jamals broer, die tien jaar daarvoor naar de Verenigde Staten was geëmigreerd, zou hun asielaanvraag als vluchteling daar steunen. Ze moesten daarvoor echter van Iran naar Pakistan gaan, omdat daar een consulaat van Amerika was. Ze verkochten wat ze niet konden meenemen en gingen naar Peshawar, waar ze bij een zus van Jamal logeerden. Toen Maryam en Jamal naar de Amerikaanse ambassade gingen om hun aanvraag in te dienen, werd er een vervolggesprek ingepland voor enkele maanden daarna. Het was laat in de zomer van 2001.

Op 11 september zagen ze op tv de Twin Towers in brand staan. De Amerikaanse Special Forces en de krijgsheren die hun bondgenoten waren zaten al in Kabul toen zij teruggingen naar de ambassade. De functionaris daar vertelde hun dat asielaanvragen van Afghanen waren opgeschort. Maryam herinnert zich nog wat hij zei: 'Jullie land is nu vrij. Ga naar huis.'

Ze keerden terug in gehavende Toyota-pick-ups en al lang afgedankte Mercedes-bussen uit Duitsland. Ze kwamen te voet en op ezels, het ene gezin na het andere over bergpassen, en met duizenden via de grote grensovergangen van Wesh en Torkham. Ze landden in Boeing 747's, droegen pakken en pas gepoetste schoenen. Ze kwamen met mastertitels en arm- of beenprotheses en jonge kinderen met rode wangetjes.

Vijf miljoen Afghanen keerden terug. Het was het grootste repatriëringsprogramma in de geschiedenis van de VN. 'Ons streven naar een stabiel en vrij en vredig Afghanistan is een langetermijnverbintenis', zei president George Bush, terwijl hij naast Hamid Karzai stond, de nieuwe leider van Afghanistan.[38] De Taliban hadden muziek verboden; het eerste nummer dat Radio Afghanistan liet horen was 'Kabul Jan' van Darya:[39]

> Heb je nieuws uit geliefd Kabul, mijn schat?
> En heb je iets van mij gehoord?

In het voorjaar van 2002 namen Omar en zijn gezinsleden een bus over de Khyberpas naar de grens van hun land. Bij de grensovergang was de grimmige witte vlag van de Taliban vervangen door het zwart, rood en groen uit de tijd van de koning. Het zien van die vlag vervulde Omar met hoop.

5

Wonderen duren nooit lang.

De winter kwam en ging terwijl Maryam en de anderen wachtten op hun Turkse visa. Ik voltooide het verhaal over Kunduz en werkte wat losse eindjes weg: we vonden voor Turabaz, onze oude chowkidar, een baan bij een ngo, en Baad de hond ging naar een boerderij ten noorden van de stad. Ik zette de rest van mijn leven in de wacht en dompelde me onder in voorbereidingen voor de tocht.

Toen kwam er slecht nieuws uit Europa. Eerst gingen de grenzen in de Balkanlanden dicht. Daarna, op 18 maart, verkondigde de EU dat alle vluchtelingen die aankwamen op de Griekse eilanden daar verplicht in kampen moesten blijven. Onze reis was een stuk moeilijker geworden, al begon ik me ook af te vragen of Omar ooit zou vertrekken.

'Het is lente', zei ik, toen we in de Corolla zaten bij de woning waar ik verbleef. 'Wat ben je van plan?'

Hij luisterde niet. Hij werd volledig in beslag genomen door de gedachte dat Laila's vader haar zou uithuwelijken zodra hij weg was. Zolang hij in Kabul was, kon hij dit voorkomen, indien nodig met geweld.

'Wat bedoel je, met geweld?' vroeg ik.

Hij lachte bitter. 'Ik kan bewijzen dat we samen waren. Niemand anders wil dan nog met haar trouwen. Of ik ontvoer haar.'

Ik wist niet of hij serieus was. Ik had hem nog nooit zo gezien.

'Wat vindt zij daarvan?'

Laila's vader had haar kamer doorzocht en haar mobieltje gevonden. Nu moest Omar dagenlang wachten voordat zij hem kon bereiken via een klasgenote.

'Ze zegt dat ik niet kan klagen als ik vertrek en haar vader haar dwingt om met iemand anders te trouwen.'

Het was niet voor het eerst dat ik me afvroeg wat Laila echt dacht. Hoe zouden ze kunnen trouwen als zij haar vader niet wilde trotseren? Omar had me verteld dat ze uiteindelijk had geaccepteerd dat hij beter kon vertrekken, maar misschien probeerde ze hem in werkelijkheid hier te houden. Ik had het opgegeven om hierover met hem te bekvechten. Het was misschien alleen maar tijdverspilling.

Omar had gezegd dat hij een manier zou vinden om haar te veroveren. Hij zou op de een of andere manier rijk worden, en was bereid daarvoor alles te doen, behalve moorden en stelen. Hij zou hasj kopen in Ghazni of Kandahar en die voor het dubbele in Kabul verkopen.

Ik zei dat hij gek was. Dat vond hij ook.

'Ik ben gek van verliefdheid. Ik ben nu al vier jaar met haar en ik was de eerste met wie ze iets had. Het idee dat iemand anders haar krijgt is onverdraaglijk.'

'Weet je, er is een Engelse uitdrukking: "Echte liefde is loslaten."'

'Opgeven?' vroeg hij.

'En als ze terugkomt, houdt ze van je.'

'Ik kan haar niet opgeven, broer, dat kan ik niet.'

'Maar dat is geen liefde.'

'Geen liefde?'

'Het is hoogmoed.'

'Ik weet dat ik van haar hou.'

'Ze vertelde me dat je elke kleine opening kunt dichtmaken omdat de dood hier in de lucht hangt,' schreef de dichter Elyas Alavi, 'en dat hij uiteindelijk toch je kamer binnenkomt.'[1]

Iets voor negen uur in de ochtend van 19 april zat ik mijn Dari te oefenen aan mijn bureau in het huis van mijn vriend, toen een windvlaag het raam naar binnen blies. Op straat hoorde ik autoalarmen afgaan en blaffende honden. Ik keek op Twitter. Al snel werden er foto's gepost van een donkere rookwolk die opsteeg boven het centrum van de stad. Er was een explosie geweest bij de Mahmood Khan-brug, een grote afgaand op de zware dreun. Ik belde Omar en vroeg hem te komen, en sprong in de Corolla. We reden naar de binnenstad, terwijl volle ambulances zich de andere kant op haastten, en kwamen langs een aanplakbord van de Duitse ambassade waarop stond 'WEGGAAN UIT AFGHANISTAN? WEET JE HET ZEKER?'

'Kijk die daar. Het kan ze niets schelen', merkte Omar op toen hij de auto langs enkele arbeiders manoeuvreerde, die grind stonden te scheppen. De mensen gingen door met hun leven, zelfs als er bommengooiers tussen hen in liepen. Maar de springladingen werden zwaarder nu de buitenlanders en de elite zich omringden met betonnen muren en controleposten. En nu IS zich in Afghanistan had gevestigd, waren ook sjiitische scholen en moskeeën het doelwit. Dat jaar zou de VN het hoogste aantal burgerslachtoffers in Afghanistan registreren: meer dan elfduizend doden en gewonden, een derde van hen waren kinderen.

De politie had een ruim cordon gelegd rond de plek van de explosie, dus Omar zette me af. Ik liet mijn perskaart zien en liep verder door de straten, die verlaten waren op een paar versuft uitziende winkeliers na die glasscherven stonden op te vegen. Het begon te regenen en mijn instappers – ik was vergeten andere schoenen aan te trekken – raakten doorweekt. Voor me hoorde ik zwaar geweervuur. Via een wirwar van winkels in auto-onderdelen kwam ik bij een uitgestrekt terrein dat vol stond met golfplaten hutten. De gevechten gingen nog steeds door aan de andere kant van de weg, waar de compound van een inlichtingendienst was geraakt. In een van de hutten van de monteurs kwam ik een dicht op elkaar gepakte groep Afghaanse verslaggevers tegen die zaten te wachten. De regen trommelde op het dak en het rook er naar natte polyester pakken. Ik zag Massoud Hossaini, die vier jaar daarvoor de Pulitzerprijs had gekregen voor zijn foto van een klein meisje in een groene Asjoera-jurk vol bloedspetters dat stond te schreeuwen terwijl ze neerkeek op de lichamen van haar gezinsleden.

'Uit de terroristische aanslag van vandaag bij Pul-e Mahmood Khan, Kabul, blijkt duidelijk dat de vijand het onderspit delft in een directe confrontatie', tweette het bureau van de president, Ashraf Ghani. De Taliban hadden een busje vol explosieven tot ontploffing gebracht tegen de muur van de compound. Daarna waren drie gewapende mannen in gestolen uniformen naar binnen gestormd en hadden de overlevenden doodgeschoten. De schokgolf raasde over een nabijgelegen rotonde en marktplein. Bijna zeventig mensen kwamen die dag om bij de bomaanslag, meer dan driehonderdvijftig personen raakten gewond, zowel veiligheidstroepen als burgers. Sommige mensen overleefden als door een wonder, zoals de fietsreparateur die regelrecht de door de lenteregens gezwollen rivier in werd geblazen. Anderen verdwenen gewoon. Toen ik een week later terugging naar de verwoeste markt, zat daar een vrouw te weeklagen om haar zoon: 'Mijn kind, mijn kind, ik ben blind geworden. Waar ben je gebleven?'

'Ik heb gisteravond iets vreemds gehoord', zei Omar tegen me. Hij was alleen thuis met zijn vader, en Omar en zijn broers in Europa hadden besproken wat ze met hem moesten doen. Niemand wilde de oude man achterlaten, maar aangezien Omar nog in Kabul was, was die verantwoordelijkheid op zijn schouders terechtgekomen. Hij was sowieso de zoon die altijd het dichtst bij hun vader had gestaan. Nadat Jamal hen in 2002 had verlaten, was Omar samen met Farah, zijn jongste zusje, soms bij hem langsgegaan in het huis van hun tante. Ondanks zijn pijn en boosheid hield Omar nog steeds van hem. De grote man die hen ooit met zijn riem en vuisten in het gareel had gehouden, werd steeds breekbaarder. Toen zijn vader geopereerd moest worden vanwege zijn slechte rug, reed Omar hem naar het ziekenhuis. Toen hun tante overleed en hun oom in Amerika besloot het huis te verkopen, waren Omar en Farah degenen die naar Jamal toe gingen en hem vroegen bij hen te komen wonen. Ze vonden het een schande dat hun vader als een bedelaar in andermans huizen moest logeren. Aanvankelijk geloofde Jamal hen niet. Was dit een geintje? Maar hij kon nergens anders heen.

Dat gold ook voor Maryam, die knarsetandend de aanwezigheid van haar ex-man moest aanvaarden. Met kleine vernederingen – ze bediende hem bijvoorbeeld als laatste – liet ze hem voelen dat hij een ongewenste gast was. Bovendien respecteerden de kinderen de autoriteit van hun vader niet meer. Jamal begon zijn eigen maaltijden te bereiden en ging het buitenhuisje op de binnenplaats gebruiken, zelfs in de winter. De rest van de tijd zat hij alleen in zijn kamer televisie te kijken en sigaretten te roken.

Maar nu was zijn hele gezin bezig naar Europa te vluchten. Hij had gezworen dat hij zijn land nooit meer zou verlaten. Hij dreigde naar Kandahar te gaan als ze hem alleen achterlieten, en dat zou het laatste zijn wat ze van hem hoorden. Omar dacht dat hij blufte, maar zijn broers waren daar niet zo zeker van. Maar zelfs als hun vader met de anderen mee zou willen vliegen naar Turkije, waren ze dan in staat om de vijfduizend dollar voor zijn visum bij elkaar te schrapen? De oude man had geen rooie cent.

Omar vertelde me dat zijn vader de vorige avond gedacht moest hebben dat het huis leeg was. Omar zat in zijn kamer en hoorde een geluid dat hij nog nooit eerder had gehoord. De oude man zat te huilen.

De Turkse visa waren eindelijk gearriveerd en zouden binnenkort verlopen. Maryam wachtte zo lang ze kon op Omar. In mei, toen de zomerbloesems begonnen te ontluiken, vroeg ze haar zoon om haar naar het dorp van haar voorouders te brengen, niet ver van de stad. Suleyman, haar achterneef van veertien die met haar zou meereizen naar Europa, ging ook mee. Hij wilde afscheid nemen van zijn ouders en broers en zusjes, die nog steeds in het dorp woonden. Omar nam de weg langs de achterkant van het vliegveld, voorbij de lege betonnen terreinen met hun opgeblazen muren en kleine bunkers die er waren opgesteld als tuinkabouters. Bij de kruispunten stonden kinderen bittermeloenen te verkopen.

Als kind had Maryam in Nangarhar gewoond, waar haar vader een baan had als ambtenaar, maar 's zomers nam haar moeder haar en haar broers en zusjes mee naar het dorp bij Kabul waar zij zelf vandaan kwam. Maryams ooms van moederskant bewerkten hun tarwevelden met houten ploegen. Binnen de aarden muren van hun omheinde terrein onderhielden de vrouwen de wijngaarden en bakten ze brood van meel dat in de watermolen was gemalen. Maryam was nog jong genoeg om vrij door de velden te kunnen rennen met haar neefjes, op de oevers te klimmen van de kanalen vol schoon water, warm in de zomer en koel in de herfst, wanneer de wijnranken zwaar werden van het donkere fruit. Het klimaat was toen minder droog.[2]

Omar reed langs de spiraalvormige rollen prikkeldraad bij de controlepost aan de rand van de Shomali-vlakte, een agrarische vallei die zich voorbij de luchtmachtbasis Bagram zestig kilometer naar het noorden uitstrekte. In de jaren van opbloei was er een groot plan geweest om hier een nieuw, door Franse en Japanse architecten ontworpen Kabul neer te zetten, waar drie miljoen mensen konden wonen in moderne woningen met water en elektriciteit.[3] Maar daar was niets van terechtgekomen, en de vlakte langs de snelweg was leeg, op de schoorsteenpijpen na van de steenfabrieken waar migranten van het platteland werkten.[4] Ze werden betaald per duizend stenen. Kinderen, hun ouders en grootouders zwoegden zij aan zij van 's morgens vroeg tot 's avonds laat; ze vormden de aarde in houten mallen en stookten de ovens met versnipperde autobanden die dioxines en zware metalen uitstootten.

Omar volgde de bochtige weg enkele kilometers lang naar het noordwesten tot hij bij de velden en boomgaarden van het dorp kwam, die door aarden muren van elkaar waren gescheiden. Hoger op de helling wapperden groene vlaggen boven grafstenen. Maryams moeder lag hier begraven. Omar stuurde de Corolla een zandweg op, langs de lagere school en tussen een groep huizen door langs de rivierbedding, waar kinderen in de schaduw van een bosje moerbeibomen stonden. Ze reden voorbij de getande muren van een oud lemen fort, dat zwaar aangetast was door Russische granaten en erosie. Het was de verlaten *qala* van Maryams grootvader – het scheen er te spoken. Tegenwoordig was een groot deel van het land in het bezit van de nakomelingen van drie vrouwen, in totaal zo'n driehonderd personen. Een deel ervan, had Omar me ooit verbitterd verteld, had conform de islamitische wet van Maryam moeten zijn, vanuit haar moeders deel. Maar haar verwanten hadden het ingepikt, omdat Maryam het volgens hen had verbeurd door met iemand van buiten het dorp te trouwen en omdat ze tijdens de oorlog naar het buitenland was gegaan.

Omar zette hen af bij het huis van Suleymans vader, Ismail. Die levendige boer van eind vijftig met zijn kromme benen was Maryams lievelingsneef. Haar moeder was bij hem gaan wonen toen de krijgsheren in de jaren negentig de hoofdstad verwoestten, en ze was in zijn huis overleden, toen Maryam in Iran woonde. Ismail had zijn oudste zoon, Suleyman, naar Maryam in Kabul gestuurd zodat de jongen daar naar een echte school kon gaan, en toen de boer hoorde dat zij naar Europa zou gaan, had hij geld bij elkaar gesprokkeld om voor zijn zoon een visum te kopen. 'Je kunt daar studeren', had hij tegen hem gezegd.

In de week dat Maryam in het dorp was, kwamen meer dan honderd mensen langs. Haar familieleden wisten dat dit misschien de laatste keer was dat ze haar zagen. Ze respecteerden haar als een *adam-e mardane*, een manhaftige persoon, die lerares was geworden en ondanks een beroerde echtgenoot en veel pech alle zes haar kinderen had opgevoed tot volwassenen. Ze zongen samen liedjes, roddelden tijdens de maaltijden en dachten aan de vele afwezigen. De levensverwachting van haar generatie was ongeveer dertig jaar. Als je in het Perzisch wilt zeggen dat je iemand mist, zeg je 'jouw plaats is leeg'. Ze miste haar neven, Ismails oudere broers, de jongens met wie ze had gespeeld in de tijd van druiven en tarwe. De communisten hadden hen meegenomen en ze waren verdwenen. Twee van hun kinderen, neef en nicht, waren nu met elkaar getrouwd, dus de twee broers zouden dezelfde kleinkinderen hebben gehad.

Hier gaf de gemeenschap betekenis aan het persoonlijke leven, maar zelfs als jong meisje had Maryam niet willen trouwen met een neef uit het dorp. Ze wilde modern zijn. Haar kinderen hadden niet eens nagedacht over zo'n leven, de een na de ander was in ballingschap gegaan in westerse steden.

Maryam ging elke dag bidden bij haar moeders graf: 'In de naam van God, de meest genadige en meedogende.' Hier waren de doden nog aanwezig voor de levenden, en Maryam vroeg zich af of ze in Europa ook van hen zou zijn afgesneden. 'Alleen U aanbidden wij, en alleen U vragen we om hulp. Wijs ons de juiste weg.' Een eenzame vrouw op een kale helling. Huilde ze om wat ze al verloren had of om wat ze zou achterlaten?

Na zeven dagen ging Omar haar ophalen. Maryam omhelsde haar verwanten, en ze vroegen elkaar om vergeving in dit leven en het volgende.

's Morgens reed hij altijd langs Laila's college in de hoop een glimp van haar gezicht op te vangen. Hij wachtte al weken op een telefoontje van haar. Uiteindelijk wachtte hij bij haar huis en volgde haar naar school. Wanneer ze uit de taxi stapte en met een vriendin naar de ingang liep, ging hij naast haar rijden.

'Hé!' riep hij uit het raam. 'Ik hou van jou!'

Ze negeerde hem. Bij de ingang ging de vriendin naar binnen, terwijl zij verder liep naar een winkel.

Hij schreeuwde weer naar haar: 'Ik hou van jou!'

Deze keer draaide ze zich naar hem om en schold: 'Schei uit. Ik wil niet dat je me volgt, eerloze hond!'

Ze stapte de winkel binnen. Hij parkeerde de auto. Toen ze naar buiten kwam greep hij haar bij haar schouders. 'Waarom doe je zo tegen mij? Waarom bel je me nooit of praat je nooit met me? Ik hou van je, dat weet je toch? Jij hebt toch ook gezegd dat je van mij houdt? Wat is er gebeurd? Wat is er aan de hand? Alsjeblieft, ik word gek!'

Ze was bleek geworden en had alleen zachtjes gezegd: 'Laat me alsjeblieft los. Er staan mensen te kijken.'

Dat had hij gedaan.

'Mijn arme moeder', mompelde Omar. Hij vertelde dat Maryam hem een envelop met Amerikaanse dollars had gegeven toen hij op het vliegveld afscheid van haar nam; een deel van haar spaargeld en geld dat zijn broers in Europa hadden gestuurd.

'Voor je vader', had Maryam gezegd. Dat bedrag, plus nog eens duizend dollar uit Omars eigen zak, was genoeg om een Turks visum voor Jamal te kopen. De heisa die de oude man had gemaakt over nooit meer weggaan was vervlogen, en Omar nam hem mee om pasfoto's te laten maken en voor een visumaanvraag. Zijn vader zou naar Istanbul vliegen, zich daar bij zijn familieleden voegen en proberen Europa binnen te komen.

De nacht voor zijn vader zou vertrekken, namen Omar en ik wat afhaalkebab mee naar zijn huis. Toen we stopten kwam Jamal net aanrijden op zijn piepende oude fiets. We vroegen hem beleefd of hij mee wilde eten en, tot mijn verbazing, zei hij ja.

We zaten in kleermakerszit in de woonkamer en schepten stukken *chapli*-kebab op met ons brood. De oude man staarde me aan vanonder zijn zilverkleurige wenkbrauwen. 'Jij hebt de hele wereld rondgereisd', zei hij, de stilte verbrekend. 'Vertel me eens welke landen het best zijn en welke het ergst?'

'Elk land heeft zijn goede en slechte punten, lijkt me', antwoordde ik.

'Wat vind je van Afghanistan?'

'Het is erg arm en de mensen lijden, maar ze zorgen voor elkaar.' Ik dacht even na. 'En het is een van de mooiste landen die ik ooit heb gezien.'

Hij bracht een schuimend glas cola naar zijn mond. 'Heb je de Golden Gate Bridge gezien?'

'Ja.'

‘Is het nog steeds de langste brug ter wereld?’

‘Ik meen dat er een langere is in China.’

‘Waarom geven buitenlanders hun dieren namen, zoals Tom en Jim?’

Ik lachte. Hij maakte zich zorgen over zijn reis van de volgende dag, dus legde ik hem uit wat er zou gebeuren bij de immigratiebalie in Istanbul en hoe de bagageband werkte. Farah en Suleyman zouden buiten op hem wachten.

Omars vader was drieënzestig. Zijn vliegreis naar Istanbul morgen zou zijn luchtdoop zijn. Hij vertelde ons over de eerste keer dat hij een vliegtuig zag. Het was tijdens het bewind van de koning, toen hij tien was. Het toestel was felgeel, had één propeller en was op de weg voor het staatsziekenhuis geland. Iemand in de menigte had gezegd dat het een sproeivliegtuig was, dat door Canada was gestuurd om een eind te maken aan de sprinkhanenplaag die dat jaar woedde.

Toen Jamal opstond, keken Omar en ik elkaar aan. ‘Ik heb je vader nog nooit zo vriendelijk meegemaakt als nu’, zei ik.

‘Zo ken ik hem niet’, antwoordde Omar. ‘Laatst heeft hij dankjewel gezegd. Ik kan me niet herinneren dat hij me ooit ergens voor heeft bedankt.’

Toen we naar buiten liepen, zag ik Jamal in het donker tussen de vijgenbomen heen en weer lopen. De zomerlucht was zo zacht en droog dat je haar nauwelijks kon voelen.

Omar ging de poort opendoen. Jamal kwam naar me toe, het licht van de straatlantaarn bescheen zijn afgeleefde trekken.

‘Je kunt hem niet meenemen naar Canada of Amerika, hè? Kan dat op de een of andere manier?’

‘Dat kan niet. Misschien als hij eerst naar Europa gaat.’

‘Maar wat doet het leger? Kun je hun niet vragen om consideratie met hem te hebben? Er zijn er zoveel op die manier vertrokken.’

‘Ik ga niet over de Amerikaanse visa. Ze hebben hem afgewezen omdat hij niet de juiste papieren had.’

‘Wil je hem helpen?’

'Jazeker.'

'Hij was het kind dat het eerst wilde weggaan. Hij was degene die het liefst wilde weggaan. En nu is hij de laatste die nog over is.'

'Hij zal er wel komen', zei ik, terwijl ik naar Omar keek. 'En ik help hem als ik kan.'

De volgende dag ging ik met hen naar de luchthaven. Omar had zijn vader in een pastelkleurig golfshirt en een sportpantalon gekleed. In die westerse kleding leek hij nog langer. We schudden elkaar de hand en tot mijn verbazing omhelsde Jamal mij.

'Pas goed op Omar', fluisterde hij.

Het werd juli en ik wachtte al een half jaar op Omar. Over niet al te lange tijd zou ik het moeten opgeven en moest ik met lege handen teruggaan naar New York en hem achterlaten in Afghanistan. Wat een verspilling. De zomer vergleed. Maryam belde elke week vanuit Istanbul en hoopte dat hij van gedachten zou veranderen over zijn vertrek. Ze hadden een flat gevonden in een buurt met veel Afghanen. Er gingen geruchten dat de grens weer open zou gaan.

Omar stond nog steeds vroeg op om Laila naar school te volgen, maar hij benaderde haar niet. Haar zien gaf hem al wat rust. Hij stond dan een uur bij de schoolpoort geparkeerd, rookte wat en keek naar de studentes die kwamen en gingen. Hij zei tegen zichzelf dat ze hem probeerde weg te jagen omdat ze haar vader wilde gehoorzamen, maar hij was er zeker van dat ze nog van hem hield.

Hij begon weer tegen me over ons plan, over naar Europa gaan en terugkomen voor haar zodra hij iets had waarmee hij bij haar vader kon aankomen. Misschien ging hij naar Italië; hij had gehoord dat Afghanen daar het snelst een verblijfsvergunning kregen. In Duitsland en Zweden duurde dat te lang. Mensen zaten daar jarenlang met smart te wachten zonder dat ze asiel kregen. Zoveel tijd had hij niet. Ik zei hem dat ik er klaar voor was.

Op een dag werd hij gebeld door een onbekend nummer, het was Laila.

Ze zei dat ze spijt had van wat ze bij de universiteit tegen hem had gezegd. 'Er stonden mensen te kijken.'

'Het spijt mij ook.' Het was zijn schuld dat er een scène was ontstaan. Hij vertelde haar dat hij erover dacht om naar Europa te vertrekken nu het nog kon. Zou zij op hem wachten als hij ging?

'Ga', zei ze. 'Ga, en kom me later halen.'

DEEL II

De weg

6

Omar leunde tegen de zijkant van de roltrap en keek omlaag naar de onderste verdiepingen van het winkelcentrum. 'Sinds we dieven zijn, is de maan opgekomen', had hij terneergeslagen gezegd. De Perzische uitdrukking betekende zoiets als 'we hebben de boot gemist'. We waren zojuist bij de reisbureaus op de onderste etage van het Gulbahar Center geweest. Een half jaar geleden, toen de grenzen van Europa nog open waren, had het er gewemeld van de smokkelaars. Sommigen boden all-inclusivereizen aan van Kabul naar Duitsland, succes verzekerd, anders geld terug. Nu hadden we te horen gekregen dat je van hieruit hooguit tot Istanbul kon komen.

Stel je eens voor dat alle steden op aarde waren verbonden door een netwerk van paden die niet werden afgemeten aan fysieke afstand, maar aan gevaar: het risico dat je werd gearresteerd, onderweg kwam vast te zitten, werd bedrogen, ontvoerd of gedood. Voor de illegale reiziger is de kortste afstand tussen twee punten zelden een rechte lijn. Misschien betekende het wel een vliegreis over de halve aardbol voor een transfer op een luchthaven met corrupte functionarissen. De afstand tussen twee mensen die gescheiden door een hek elkaars handen vasthielden, kon groter zijn dan een woestijn.

Elke lijn heeft zijn eigen prijs. Meer geld betekent minder risico, en migranten nemen de kortste weg die ze zich kunnen veroorloven. Slechts een fractie van het netwerk is zichtbaar voor de individuele reiziger, en de lijnen verschuiven als de grenzen verder dichtgaan en er nieuwe manieren worden gevonden om ze over te steken. Vorig jaar hadden enkele migranten die asiel zochten in Europa een achterdeurtje ontdekt in het poolgebied waar ze doorheen konden fietsen van Rusland naar Noorwegen.[1]

Afghanen die de langste en goedkoopste route naar Europa namen, moesten de landgrens met Iran oversteken, en daarna door de bergen doorsteken naar Turkije – een buitengewoon gevaarlijke reis. Wie de kortste weg nam, zoals Omars ouders, vloog met een visum naar Istanbul. Dat was hij ook van plan, en aangezien de vraag flink was afgenomen nu de Europese grenzen dicht waren, kon hij bij een van de bureaus afdingen tot vijfentwintighonderd dollar voor een visum en een vlucht, de helft van wat zijn moeder een paar maanden eerder had betaald.

De reisagent had hem gezegd dat het minstens twee weken zou duren.

Zodra Omar het visum had, zouden we samen naar Istanbul vliegen. Het was aan hem om te bepalen hoe hij zich van daar naar Europa wilde laten smokkelen. Zeer waarschijnlijk zouden we een boot nemen naar een Grieks eiland. Ik was zowel zenuwachtig als opgelucht – ik had me niet echt gerealiseerd hoe graag ik wilde dat deze reis zou doorgaan. Nu Omars huis leeg was, brachten we de avonden door met kaarten en kijken naar nagesynchroniseerde Turkse soaps, die werden gecensureerd met vervaagde pixels die als futuristische modeaccessoires aan de borstkas van vrouwen leken vast te plakken. In de zomer van 2016 gingen de hoofdpunten van het nieuws niet meer over mensen in boten, maar over de Britten die voor uittreding uit de Europese Unie hadden gestemd, over de Republikeinse Partij die Donald Trump tot kandidaat benoemde, en over een vrachtwagen die in Nice mensen op de stoep verpletterde. Tijdens de Democratische Conventie hield een man – zijn vrouw stond in een hidjab naast hem – een exemplaar van de grondwet omhoog en zei terwijl zijn stem brak: 'Ga eens kijken naar de graven van de dappere patriotten die zijn gesneuveld toen ze Amerika verdedigden.'[2]

Soms hielden twee vrienden van Omar uit de buurt ons gezelschap. Zakaria was negentien, een lange, broodmagere basketballer. Hij was in Iran geboren en daar opgegroeid als vluchteling en behoorde tot een sjiitische minderheid die van oudsher werd onderdrukt door de soennitische heersers van Afghanistan. Hazara's hadden doorgaans duidelijk Centraal-Aziatische trekken, zoals hoge jukbeenderen en amandelvormige ogen, en ik werd vaak voor een van hen gehouden. In hun eigen land werden ze door moordzuchtige extremisten, zoals IS, aan hun uiterlijk herkend als sjiieten, en in Iran, waar de politie jonge mannen als Zakaria voortdurend aanhield, als Afghaanse vluchtelingen. Hij was zijn hachelijke situatie zo beu dat hij had overwogen om bij de Fatemiyoun te gaan, de Afghaanse militie die door de Iraanse regering werd gerekruteerd om in Syrië aan de kant van Assads regime te gaan vechten.[3] Het werd goed betaald en je kon er een legaal verblijf in Iran mee verdienen voor je hele familie. Maar hij had te veel horrorverhalen gehoord over de gevechten in Aleppo, en over rebellen die je ingewanden met vleespennen eruit rukten als ze je te pakken kregen. Daarom had hij besloten naar Europa te vluchten, maar hij was bij de Turkse grens opgepakt door de Iraniërs en gedeporteerd naar Afghanistan, een land waar hij nog nooit was geweest. Nu ruimde hij bouwplaatsen op, werd 's avonds stoned en luisterde naar Rihanna, en droomde ervan te ontsnappen.

Omars andere vriend, Malik, was kleermaker en opgegroeid in Kabul. Hij was eenentwintig, slank, had krullend haar, en zat wat ineengedoken alsof hij probeerde minder ruimte in te nemen. Zijn vader, een vrachtwagenchauffeur, had zich uitgesloofd om zijn gezin te onderhouden en was op een dag gek geworden. Als ze nu niet goed op de oude man letten, ontsnapte hij uit huis en verdween. Tijdens zijn fugues vertoonde Maliks vader een kinderlijk vertrouwen in de mensen om hem heen en werden hem zijn telefoon en geld al snel afhandig gemaakt. Omar en Malik reden dan rond om hem te zoeken, en vonden hem meestal bij de taxistandplaats in Kot-e-Sangi, waar de winkeliers hem nog kenden uit de dagen dat hij chauffeur was.

Afgelopen voorjaar had Malik veertienhonderd dollar van zijn familieleden geleend, net genoeg om een smokkelaar te betalen om hem dwars door Iran naar Istanbul te brengen via de zware route door de woestijnen van Nimroz. Het was een schokkende beproeving, vertelde hij ons. Hij had een hele dag gelopen zonder water en, zodra hij in Iran was, hadden de smokkelaars hem in de kofferbak van een auto gepropt. Na twee weken bereikte hij de Turkse grens, waar de Iraanse grenswachten hem oppakten en deporteerden naar Afghanistan. 'Ik had gehoord dat het gevaarlijk was, maar niet verwacht dat het zó gevaarlijk zou zijn', zei hij. 'Ik dacht dat ik zou doodgaan.'

Een deel van mij was nieuwsgierig naar die tocht via de woestijnroute, maar ik wist dat Omar geen onnodige risico's wilde nemen. Het zou al gevaarlijk genoeg zijn om van Turkije naar Europa te gaan, nu de grenzen dicht waren.

Het was een warme, zonnige dag en Omar reed met de ramen van de Corolla open terwijl we met een slakkengangetje door het verkeer kropen. In de blauwe lucht boven Kabul had de witte bewakingsballon goed zicht voor zijn reeks camera's, en voor zogenoemde 'wide-area persistent surveillance', technologieën zoals Gorgon Stare en ARGUS-IS.[4] In Afghanistan leefden we in een vissenkom waarin de Amerikaanse regering alledaagse onbeduidende zaken van ons leven verzamelde. Zo werd bijvoorbeeld elk telefoontje en bericht via je gsm, elk nachtelijk seksueel getint sms'je opgeslagen in het MYSTIC-programma.[5] Misschien had zelfs elke haar op ons hoofd een nummer. Die dag zou de luchtballon onze Corolla hebben geregistreerd in een zee van Corolla's, die vertraagde tot loopsnelheid en daarna tot kruipsnelheid, terwijl we ons naar het stadscentrum begaven. Langs de rivieroever stonden half verwoeste en half afgebouwde panden in een allegaartje van ruw beton en verroeste wapening, de getinte ramen vies van de kebabaanslag, de winkels op de begane grond stonden op soort bij elkaar: telefoons, goud, potten en pannen. Omar parkeerde bij de Mandawi-bazaar, we stapten uit en liepen een overdekte wirwar van eenkamerkledingwinkels in, waar in elke zaak een winkelier stond met in de ene hand een telefoon en in de andere een vliegenmepper. We gingen onze migrantenoutfits kopen.

Op het Afghaanse platteland droeg de bevolking traditionele tunieken en wijde broeken; als je je anders kleedde kon dat ongewenste aandacht trekken. In het centrum van Kabul zag je daarentegen veel mannen in jeans of colberts. Daar zat een klasse-element in: sommige jonge professionals haalden hun neus op voor 'jurkendragers' van hun eigen leeftijd. Maar zowel de rijken als de armen wisten dat ze zich als ze naar Europa gingen moesten kleden zoals de mensen daar.

Omar en ik liepen naar het goedkope deel van de bazaar, in de openlucht en in de stank van de rivieroever. De kleding hier kwam uit fabrieken in Bangladesh en Cambodja, waar de lonen het laagst waren. Het waren dezelfde spullen als in koopjeswinkels als H&M en Gap, die de onverzadigbare westerse behoefte aan fast fashion bevredigden. Hoewel de stijl hier de trends in Londen en New York volgde, was hij door de afstand overdreven: fleur de lis in neonkleuren op een pastelkleurig ruitpatroon, superlatieven gespeld met glitters, en rupsen van decoratief maaswerk. Ik bekeek het kaartje aan de katoenen broek met pied-de-poulemotief, geprint op elegant, zwaar karton:

BAROBRRY
Ever Since The Ending Of
The Epoch In Which The Grandee Toilette
Prevailed The Convenients
Succinct And Function Modem
Fashion
Tide Have Changed The Visage
Of The Men's Apparel And Their Life

Vorm en betekenis zijn van elkaar losgekoppeld; imitatie van merkkleding werd een vorm op zich. Er stond een rek met CK-riemen: Cal Kreian en Calwine Klam. We kochten hemden met bloempatronen en jeans met een versleten look, stapten weer in de Corolla en reden naar de Bush-bazaar, een slordige groep winkels opgetrokken uit gerecyclede transportcontainers. Deze gestandaardiseerde stalen kisten behoorden tot de belangrijkste logistieke innovaties van onze tijd. Ze hadden de loonkosten van de wereldhandel sterk gedrukt, waardoor de consumptie een steeds kosmopolitischer karakter had gekregen. Zonder die containers had Amazon niet bestaan. De Bush-bazaar, genoemd naar de drieënveertigste president van de VS, was kort na de invasie van 2001 ontstaan en verkocht vooral voorwerpen die van legervoertuigen waren gevallen. Inmiddels was het aanbod echter meer divers met onder meer geïmporteerde cosmetica, kampeerspullen en tweedehandskleding waarvan de stof vaak van een betere kwaliteit was dan het nieuwe spul dat we in de Mandawi-bazaar hadden gezien.

In de jaren zestig vond de antropoloog Louis Dupree het amusant dat Afghanen rondliepen in overtollige Amerikaanse uniformen, compleet met medailles uit de Tweede Wereldoorlog.[6] Destijds werd 95 procent van de Amerikaanse kleding in de Verenigde Staten gemaakt, tegenwoordig komt 90 procent uit het buitenland.[7] Daardoor maken veel kledingstukken een rondreis over de aarde. Wanneer je gebruikte kleding aan een plaatselijke liefdadigheidsinstelling schenkt wordt die doorgaans als bulk teruggverkocht aan ontwikkelingslanden.

We liepen een van de containerwinkels in die zich had gespecialiseerd in gebruikte T-shirts en grasduinden in de universele overvloed waar Amerika voor stond. Er waren shirts voor softbaltoernooien en familiebijeenkomsten, voor steden waar mensen feestten op het strand, en voor steden waar ze hielden van de koloniale geschiedenis. Er waren shirts met christelijke engelen, fastfoodmerken, een BARACK THE VOTE-T-shirt, een shirt van de National Rifle Association en een shirt waarop stond TELL YOUR BOOBS NOT TO STARE AT MY EYES. Er waren kubusvormige stapels XXL- en XXXL-shirts in maten waar geen enkele Afghaan die ik kende in paste, behalve een enkele, of misschien een paar krijgsheren. 'In Amerika zijn de armen dik en de rijken dun', vertelde ik Omar, die zijn hoofd vol ongeloof schudde.

De witte ruis van het Engels verspreidt zich over de hele planeet. Ik was op eigen houtje naar het hart van de Hindu Kush gegaan en had daar thee gedronken met wit bebaarde ouderen die gebreide mutsen met een Playboy Bunny erop en Johnnie Walker-sweatshirts droegen. Tijdens mijn eerste bezoek in 2008 bracht ik een avond in een chaikhana in Ghor door met discussiëren over het al dan niet zondig zijn van dansen. Mijn metgezel legde uit dat ayatollah Khomeini in zijn geschriften dansen noch uitdrukkelijk verbood noch uitdrukkelijk toestond. Halverwege ons gesprek zag ik dat hij een trui droeg met een karikatuur van een dandy die met een wandelstok zwaaide, waar, zonder dat hij dit wist, MARLBOROUGH DANCE CENTER boven stond.

Ik kocht in de Bush-bazaar een geel Lucky Charms-T-shirt. Omar koos een zwart shirt uit met een Harley onder de Stars and Stripes, en eronder LAND OF THE FREE. Daarna snuffelde ik door wat Narwe Face-spullen en ging voor een backpack van dertig liter. Op weg naar buiten stopten we om ons te vergapen aan een collectie messen in een glazen kast, van zakmessen met een pincet tot zwarte stiletto's met een springveer.

'Moeten we die aanschaffen?' vroeg Omar. Ik keek op van de kast. We zouden ons al snel moeten zien te redden op gevaarlijke plaatsen.

'Jij hebt al eerder messengevechten geleverd, hè? Hoeveel mensen heb je trouwens neergestoken?'

'Veel. Ik weet het niet precies. Tien, of meer.' Hij begon de littekens op zijn armen en in zijn hals te tellen. 'In Iran, in Pakistan, in Afghanistan... Laat maar. Het was zelfverdediging, ik moest wel.'

We gingen zonder wapens weg.

'Presto! In een handomdraai, zogezegd, was ik een van hen geworden. Mijn gerafelde, versleten jasje was het kenteken en het kenbaar maken van mijn klasse, die hun klasse was.'[8]

In het begin van zijn exposé *The People of the Abyss* uit 1903 hult Jack London zich in tweedehandskleren en gaat naar de sloppenwijken van Londen, waar hij zich mengt onder 'een nieuw en ander ras mensen, kort van gestalte en met een ellendig of door bier opgeblazen uiterlijk'. Het boek was onmiddellijk een bestseller. Een recensent uit die tijd schreef: 'De jonge Amerikaanse schrijver heeft zich verdiept in de mensen van het grote East End met methoden die een ontdekkingsreiziger ook zou kunnen toepassen bij het bestuderen van de kenmerken van een wilde stam in donker Afrika.'[9]

Soms laat het oog dat we op anderen richten onszelf zien. Victoriaanse journalisten en maatschappijhervormers noemden hun undercovermissies naar de sloppenwijken 'een Haroen ar-Rashid doen', naar de kalief die incognito gerechtigheid doet geschieden in *Duizend-en-een-nacht*.[10] Sir Richard Francis Burtons racistische vertaling van de Arabische volksverhalen verscheen in 1885, toen hij al beroemd was vanwege zijn reizen buiten de grenzen van het Britse Rijk. De beruchtste tocht van deze officier en virtuoze linguïst was zijn reis naar Mekka: hij was, vermomd als pelgrim en met een Afghaans paspoort, de voor niet-moslims verboden, heilige stad Mekka binnengedrongen, en had onderweg schetsen gemaakt van inneembare Ottomaanse vestingen. 'Ze haten en verachten Europeanen,' rapporteerde hij vanuit Egypte, 'maar ze verlangen nog steeds naar Europees bewind.'[11]

Toch was zo'n 'vermomming' niet iets wat alleen imperialisten deden. Jamal al-Din al-Afghani, die pleitte voor pan-islamitisch verzet tegen de koloniale machten, en wiens mausoleum op het terrein van de universiteit van Kabul staat, kwam echt uit Iran. Toen hij zich, met tulband, als een soennitisch geestelijke presenteerde aan het Ottomaanse hof, wilde hij zijn sjiitische afkomst verbergen.[12] De Afghanen zelf schreven ook over je uitgeven voor iemand van een andere sekte of etniciteit, vooral in de jaren negentig, in de tijd van de krijgsheren, toen je bij een controlepost kon worden vermoord als je tot de verkeerde groep behoorde. 'Ik observeerde ze nauwlettend', herinnerde Ali Akbari zich in *The*

Illegal Journeys, zijn memoires over zijn emigratie naar Europa.[13] 'Ik deed na hoe zij hun gezicht wasten.' Hij probeerde voor een soenniet door te gaan, 'maar ik maakte een paar fouten. Ik had hun manier van bidden verward met de manier waarop mijn familie bad.' De militiemannen van de Hazara in Kabul hadden een sjibbolet: als ze door het gangpad van een bus liepen, hielden ze een bolletje gedroogde yoghurt, *quroot* in het Dari, omhoog. Veel Pasjtoe-sprekers konden de uvulaire plofklank, *qaf*, niet uitspreken. Zij werden uit de bus gehaald.

Ik werkte aan mijn uitspraak. Ik had geoefend op mijn alter ego, een jonge man van bescheiden afkomst uit Kabul, zesentwintig in plaats van mijn eigen eenendertig, zodat ik minder uit te leggen had. Ik nam mezelf op en vergeleek mijn stem met de banden die Omar voor me had opgenomen:

'Ik heet Habib. Ik kom uit Kabul, uit Shahr-e Nau. Welnu, als u Kabul kent, ik kom uit Qala-e-Fathullah. Ik woonde daar met mijn moeder, broers en zus in een huurhuis. De huur? Zesduizend afghani's per maand. Ik werkte in een restaurant aan het Haji Yaqub-plein, maar we hadden het niet breed. Zoals iedere andere vluchteling ben ik uit mijn land vertrokken en via de smokkelaarsroute gekomen.'

Ik werd geholpen door het feit dat er in Afghanistan heel veel talen en dialecten werden gesproken, en dat er zoveel mensen met een vreemd accent uit ballingschap waren teruggekomen. Al jarenlang had ik de gewoonte om vanwege mijn eigen veiligheid op te gaan in mijn omgeving. Doorgaan voor een Afghaan had me er op mijn beurt van bewust gemaakt dat ik, als een Aziatisch gezicht in het buitenland, me moest gedragen conform mijn eigen westerse identiteit als ik de privileges daarvan wilde benutten. De Amerikaanse ondertoon van mijn stem, de wijze waarop ik oogcontact maakte, de kleren die ik droeg – dat waren werktuigen die de wereld konden veranderen. 'In dit opzicht is doorgaan voor een ander een universele voorwaarde', schreef Asad Haider.[14]

Ik vroeg Afghaanse vrienden of ze mijn mimicry beledigend

vonden, maar het scheen niemand iets uit te maken. 'Het hangt van je bedoelingen af', vertelde een journalist me. Ik denk dat sommigen het zelfs beschouwden als een verbetering als ik de taal van Hafez leerde spreken, als ik in kleermakerszit kon zitten en brood breken, als ik de rituelen van de islam kende – '*Afarinet*,' zeiden ze dan. Goed zo.

Hoe dan ook, er was geen andere manier om illegaal de reis te maken met Omar. Als de autoriteiten ons arresteerden en ontdekten dat ik een westerling was, zouden we van elkaar gescheiden worden. Onze smokkelaars zouden me misschien ontvoeren voor losgeld. Omar zou ook in gevaar zijn. Door die messen in de Bush-bazaar was ik echter gaan nadenken over de grenzen van wat ik bereid was te doen, dus ik stelde een regel in: ik zou alleen liegen of de wet breken als dat voor onze veiligheid nodig was en als ik daarmee niemand anders kwaad zou doen.

Terwijl we zaten te wachten op Omars Turkse visum, zagen we op een avond op tv brandende gebouwen, boze mensenmassa's in de straten en een tank die zich een weg baande door het verkeer alsof het om een rally van monstertrucks ging, behalve dat er nu mensen in die auto's zaten. Er was een mislukte poging tot een staatsgreep gedaan in Turkije. 'Dat klinkt niet goed', zei Omar.

Een paar weken later kwam hij bij me langs, zijn gezicht was asgrauw. De tussenpersoon had hem zijn paspoort en geld teruggegeven. De Turkse ambassade had alle visumaanvragen opgeschort tot na de coup. Omar zou niet naar Istanbul kunnen vliegen. We zouden toch door de woestijn moeten trekken.

7

De smokkelaar had gezegd dat hij hem in Paghman zou treffen, een dal net buiten Kabul dat geliefd was bij picknickers. Omar reed de Corolla langzaam over een uitgesleten voor toen de vallei met haar steile hellingen in zicht kwam. Het grootste deel van de rit was hij stil geweest, nog steeds van streek omdat hij geen visum voor Turkije kreeg. Hij had ernaartoe willen vliegen, op de veilige manier, maar het was al eind augustus en er was nog maar weinig tijd voor het winter was. We moesten voor plan B gaan: meer dan tweeduizend kilometer over land reizen van Kabul naar Istanbul. Daarvoor hadden we de juiste smokkelaar nodig.

Er wordt tegenwoordig op maar weinig mensen meer afgegeven dan op een smokkelaar. Volgens westerse politici ligt hun hebzucht aan de wortel van de migratiecrisis. Matteo Renzi, de premier van Italië, noemde hen 'de slavenhandelaren van de eenentwintigste eeuw'.[1] Uiteraard zien de smokkelaars dat anders. 'Eerlijk gezegd zijn de mensensmokkelaars degenen die de vluchtelingen het meest helpen', schreef Dawood Amiri, die in de gevangenis zat vanwege zijn rol in een fatale bootramp vlak bij de Australische territoriale wateren.[2]

In Afghanistan, waar de mensen al twee generaties op de vlucht waren voor oorlog, had iedereen wel een kennis of vriend die hem in contact kon brengen met een *qachaqbar*. Ook de smokkelaars waren niet terughoudend. Nadat een wederzijdse vriend ons aan elkaar had voorgesteld, zei Karim dat we naar Paghman moesten komen, waar we hem troffen terwijl hij toezicht hield op de aanleg van een buitenzwembad. De grote man met zijn dubbele kin, krullend haar en pinkringen nodigde ons uit voor de lunch. We zaten samen op een terras en luisterden naar het geluid van de rivier beneden ons. Ik was bang dat hij zou merken dat ik een buitenlander was en liet vooral Omar het woord voeren. Karim was een Pasjtoen uit de streek, maar hij had een partner in Nimroz in het zuiden die relaties had met Beloetsjische stammen die mensen door de woestijn naar Iran brachten.

Zonder grenzen zouden er geen smokkelaars zijn. In Omars kinderjaren konden Afghanen makkelijk Iran in- en uitgaan zonder meer te betalen dan wat steekpenningen voor de bewakers bij de grensovergang. Maar in de jaren negentig scherpte Iran de grensbewaking aan en begonnen Afghanen korte voettochten te maken bij de grensstad Zahedan. Ze betaalden een smokkelaar toen ongeveer honderdvijftig dollar om hen naar Teheran te brengen.[3] Daarna bouwde Iran een vierenhalve meter hoge muur bemand met gewapende bewakers, en waren de migranten gedwongen verder de woestijn in te trekken via Pakistan, door afgelegen gebieden die werden beheerst door mensenhandelaren en opstandelingen. De langere, levensgevaarlijke route naar Teheran kostte nu zevenhonderd dollar of meer. Toch waren er vorig jaar meer mensen dan ooit de grens overgestoken, en de waarde van hun doortocht werd geschat op meer dan vijfhonderd miljoen dollar. Mede door de muur van Iran had die handel zich geconcentreerd in de handen van bendes die konden investeren in uitrusting, steekpenningen en mankracht – de ondernemers in geweld.

Bij een schotel geurige *karahi* van schapenvlees legde Karim uit dat de smokkelaars in zijn gebied werkten onder de bescherming van een machtige voormalige commandant van de moedjahedien, een politicus die indien nodig kon bemiddelen bij de politie in Kabul en in ruil daarvoor geld en andere diensten kreeg. Hij zei dat we ons geen zorgen moesten maken, hij had zijn eigen twee zonen vorig jaar ook via die route gestuurd. Ze woonden nu in Duitsland. 'De weg door Nimroz is niet zo erg,' zei hij. 'Maar ren niet weg als de politie je aanhoudt. Ga niet rennen, want dan schieten ze.'

We bedankten hem en zeiden dat we erover zouden nadenken. Weer terug in Kabul hadden we nog gesprekken met enkele andere smokkelaars. Omar zocht wanhopig naar iemand die ons kon helpen als we in de grensstreek in moeilijkheden zouden komen. Op een gegeven moment hoorde hij over Agha Sahib, een Afghaan die in Iran woonde en het vorige jaar een van Omars neven naar Turkije had gestuurd. Ze spraken met elkaar via Viber, een gratis versleutelde telefoon-app. De smokkelaar beweerde dat hij de Iraanse bewakers bij de officiële grensovergang in Nimroz kon omkopen, zodat we niet de omweg door de woestijn hoefden te maken. Hij vroeg dertienhonderd dollar per persoon om ons helemaal naar Istanbul te brengen, een redelijke prijs, die we vooruit als borg moesten betalen. Omar was dolgelukkig dat we de woestijn in Pakistan konden vermijden. Het leek mij een beetje te mooi om waar te zijn, maar we hadden geen betere alternatieven.

'Ik dacht dat de grens daar potdicht zat', zei ik tegen Omar.

'Er is altijd een smokkelweggetje.'

Op de dag van vertrek bracht Omar de Corolla naar de markt voor tweedehandsauto's in Kot-e-Sangi, waar hij er ondanks de gehavende staat drieduizend dollar voor kreeg. 'Het was een mannenauto', vertelde hij me naderhand, en keek er ongelukkig bij. Dat was het enige afscheid – zijn gezinsleden waren al weg en zijn geliefde zat opgeborgen achter haar vaders muren. Voor de tweede keer in zijn leven stond Omar op het punt een vluchteling te worden.

De bus naar Nimroz zou in de vroege uurtjes vertrekken. De avond ervoor legde ik de tuniek en wijde broek klaar die ik in de grensstreken zou dragen, en propte de jeans en het shirt uit de Bush-bazaar in mijn backpack. Ik deed er wat gedroogd fruit en noten bij voor het geval we in de woestijn zouden stranden, en ook een tourniquet en verbandgaas vanwege de schietgrage grenswachten. Het risico om undercover te reizen was nu veel groter. De smokkelaarsbendes waren beruchte ontvoerders en hadden banden met de Taliban.[4] Als ze erachter kwamen dat ik een westerling was, was ik miljoenen dollars waard voor hen. Ik maakte me nog meer zorgen om de Iraanse autoriteiten. Hoewel de politie hardvochtig kon optreden bij een arrestatie, werden Afghaanse migranten meestal gedeporteerd zonder verdere straffen.[5] Maar als de Iraniërs beseften wie ik was, zou ik waarschijnlijk van spionage worden beschuldigd. Enkele Amerikanen die waren opgepakt toen ze in 2009 over de grens met Irak trokken, zaten een paar jaar in de gevangenis voordat de sultan van Oman met succes onderhandelde over hun vrijlating.[6] Ik had Omar uitgelegd dat hij, als de Iraniërs mij zouden ontmaskeren, moest beweren dat we elkaar onderweg waren tegengekomen en dat hij moest ontkennen dat hij mijn ware identiteit kende. Anders zou hem hetzelfde lot als mij wachten.

Maar hoe zouden ze het kunnen weten? Afghaanse migranten reisden vaak zonder papieren – die konden worden afgenomen door overvallers of de politie – en Omar en ik zouden allebei onze paspoorten in Kabul achterlaten. Ik haalde de goedkope smartphone tevoorschijn die ik voor de tocht had gekocht en ging er zorgvuldig doorheen, ik verwijderde mijn belgeschiedenis. Ik keek hoe laat het was, Omar zou me pas om middernacht oppikken. Na al die maanden wachten was het nauwelijks te geloven dat we vannacht zouden vertrekken. Ik douchte, daarna ging ik voor de spiegel staan: de Iraniërs hadden mijn vingerafdrukken niet. Ik had geen tattoos, ik was besneden. Huid is een opaak oppervlak. Taal kon ons verraden.

Mijn Samsung ging over, het was Omar.

'Wat is er?'

'O, niets bijzonders. Is het een probleem als er nog enkele andere mensen met ons meegaan?'

'Wat?'

'Vind je het goed dat Malik en Elham met ons meegaan?'

Malik was de verlegen buurjongen met de gek geworden vader. Elham was een neef van Omar van moederszijde. Hij legde uit dat hij had aangeboden hun het geld te lenen dat de verkoop van de Corolla had opgeleverd, zodat zij naar Turkije konden gaan. Beiden stonden Omar heel na, en ze waren te vertrouwen, maar het was zo op het laatste nippertje, op zijn zachtst gezegd. Ik onderdrukte mijn ergernis en bedacht dat het Omars beslissing was, niet de mijne.

'Jij mag het zeggen', antwoordde ik.

Uiteindelijk zat alleen Malik op de achterbank toen Omar om middernacht in een taxi arriveerde. Ik ging naast hem zitten en we vertrokken. Toen ik hem begroette probeerde hij te glimlachen, maar hij kwam niet verder dan een angstige grimas. Ik vroeg me af of mijn aanwezigheid als buitenlander bemoedigend was. Waarschijnlijk niet. Of dacht hij dat ik een of andere bijzondere manier had om ons uit de moeilijkheden te halen? Malik was natuurlijk al door de woestijn getrokken en hij kende de beproevingen die ons wachtten.

Omar en Malik waren stil toen we door de lege straten raceten en hun stad achter ons lieten. Ik ademde gelijkmatig in een poging mijn hartslag omlaag te krijgen. Nu zouden de maanden van voorbereiding en geduld op de proef worden gesteld. Als je er klaar voor was, kon het besef van gevaar je zintuigen zo op scherp zetten dat alle andere emoties werden uitgeschakeld, waardoor er een zekere rust over je kwam.

We waren op weg naar Company, een buurt aan de westelijke rand van de stad. Daar was het startpunt voor reizen naar het zuiden via de nationale ringweg, snelweg nr. 1, die eerst in zuidelijke richting boog, naar Kandahar, en dan weer terug naar het noorden ging, naar Herat. Langs de hoofdweg van Company, waarvan het asfalt was verpulverd door het vrachtverkeer, stonden goedkope hotels die *mosafarkhana* werden genoemd. Daarachter lagen graslanden en slachthuizen voor vee, een labyrint van aarden muren bij een kloof die droop van het slachtafval.

We betaalden de chauffeur en stapten uit, liepen langs families die een berg bagage bewaakten en langs dorpelingen die zakken graan en blikken kookolie telden. Je kon de andere migranten die op weg waren naar Iran eruit pikken aan de hand van hun backpacks. De mosafarkhana waren verlicht met slingers gekleurde lampjes, waaronder verkopers bij kraampjes zaten die waren volgestapeld met noten en sigaretten, anderen drentelden met bladen vol portemonnees en gebedskralen rond tussen de voorbijgangers. Handelaren in buskaartjes schreeuwden de namen langs snelweg nr. 1: Wardak, Ghazni, Zabul, Kandahar, Helmand, Nimroz, Herat. Bedelaars bewerkten de menigte, sommige trots en al ouder, andere verwilderde junkies: 'Ik bid voor u, reizigers! Gezegend zij uw reis, moslims!'

Er waren veel busondernemingen die over snelweg nr. 1 pendelden, maar we kochten kaartjes van Ahmad Shah Abdali, aangemoedigd door de betrekkelijk modern uitziende bus die voor de deur geparkeerd stond, een Mercedes 0404, een model uit 1991. Toen de poorten om één uur 's nachts opengingen voegden we ons bij de mensenmassa die zich een weg vocht naar het terrein met de bussen. Er stonden meer dan tien glimmende 404's met de binnenverlichting aan, die naar verschillende bestemmingen zouden gaan. Maar waar was de bus naar Nimroz? 'Achteraan op het terrein', vertelde een medewerker ons.

Daar vonden we een rij afgetakelde Mercedes 0303's, een model uit 1974. De kapotte voorruit van onze bus ging voor een groot deel schuil achter een sticker met de tekst MASHALLAH, en bij de deur zat een plakplaatje dat een biologisch gevaar vormde. Op de zijkant stond in het Duits:

KINDERPARADIJS
DOBLER REIZEN

en een adres in Nedersaksen.

De busconducteur, een gedrongen man met een terugwijkende haarlijn, doorzocht onze backpacks en schreef er vervolgens onze stoelnummers op met een markeerstift. 'Waar zoekt hij naar?' grapte Omar, die, zoals ik zag, een extra duffelse jas bij zich had. 'Wie neemt er drugs en wapens mee naar Kandahar?'

Dat was zoiets als uilen naar Athene brengen.

Om veiligheidsredenen mochten de bussen van de autoriteiten niet voor drie uur 's ochtends vertrekken. We probeerden rechtop zittend in onze stoelen wat te doezelen, terwijl straathandelaren en bedelaars heen en weer liepen door het gangpad en de macht van God en energiedrankjes aanriepen. Intussen druppelden er meer passagiers binnen, voornamelijk jonge mannen met backpacks.

Ten slotte gingen de lichten in de bus uit. Er klonk een koor van op toeren komende motoren, daarna volgde een hoop getoeter. De bussen vertrokken en masse, te beginnen met de nieuwere 404's. Toen we over de smalle baan rammelden, kwamen er ook bussen bij van de parkeerterreinen van de andere busondernemingen, en vormden ze samen een enkel donderend konvooi. De chauffeurs wedijverden om een goede positie. Ze noemden dit deel *buzkashi*, naar de nationale sport waarbij ruiterteams vechten om het koploze karkas van een geit. Op de brug over het ravijn kreeg de vloot bussen meer snelheid, passeerde het elektriciteitsnetwerk en dook de duisternis is.

Afghanistan als natie leek binnen haar grenzen niet zozeer een compact en samenhangend geheel, maar eerder een middeleeuws rijk, waarin de dunne lijnen van overheidsgezag zich langs wegen en dalen uitstrekten tot in anarchistisch gebied. Langs snelweg nr. 1 reikte het gezag van de overheid doorgaans niet verder dan de steden, dat was vooral 's nachts zo. In de landelijke gebieden konden de mannen die je met geweren gebaarden te stoppen om het even wie zijn, politie, bandieten, opstandelingen of een combinatie daarvan. De Taliban arresteerden mensen bij hun mobiele controleposten, en soms executeerden ze degenen die ze ervan verdachten voor de regering te werken. IS vermoordde mensen domweg omdat ze sjiiet waren, dat wil zeggen: als ze eruitzagen als een Hazara. Snelweg nr. 1 kende vele gevaren. Er waren natuurlijk de bermbommen, en de buschauffeurs waren berucht om hun roekeloze rijgedrag. De chauffeurs rustten de zware Duitse motor uit met een extra versnelling zodat ze honderddertig kilometer per uur konden halen op de tweebaanssnelweg, terwijl ze met brullende motor bomkraters en tankwagens ontweken. De chauffeurs legden de rit van vijftien tot twintig uur in één ruk af, vaak met behulp van hasj of amfetamines.

Bij het aanbreken van de dag reden we de rotsachtige dalen van de provincie Ghazni binnen, we passeerden twee zwartgeblakerde geraamten van bussen, elk met een steenstapel ernaast die was versierd met vlaggen. Hier waren drie maanden geleden drieënzeventig mensen omgekomen, toen de bussen frontaal op een tankwagen waren gebotst.[7] De verwrongen chassis waren zo log dat niemand de moeite nam ze weg te slepen als oud ijzer. De hele weg naar Herat kwam je langs zulke memento mori's, sommige al lang verwaarloosd, andere waar de hopen glasscherven nog niet door de wind waren verwaaid.

Toen het daglicht de cabine in stroomde, pepten de passagiers zichzelf weer op met energiedrankjes en snufjes *naswar*, een bijtende lokale pruimtabak die aan de binnenkant van de lip wordt geduwd. Ik bietste een Pine van Omar en luisterde naar het goedmoedige geplaag in het gangpad.

'Je zult verbaasd staan van Turkije', zei een ouder kind. 'Welke slechte gewoonten heb je?'

'Ik heb geen slechte gewoonten, behalve hasj roken', zei iemand anders.

'Je komt daar moeilijk aan hasj, maar er is veel drank. Zeg niet dat je het niet zult proberen totdat je in de verleiding bent gebracht.'

'Tja, als het aan mij ligt, heb ik geen keus.'

Het werd warmer en het gepraat verstomde. De volgende provincie, Zabul, was desolaat, een vlakke duotoon van geelbruin en bruin. Aan de noordelijke horizon waren gekartelde toppen te zien waar de hooggelegen valleien in de zomer werden beweid door nomaden en hun kuddes, waar de dunne lucht geurde naar bloemen die in de herfst zouden worden bedekt door sneeuw, waarvan het smeltwater in het voorjaar de vlakte zou voeden.

De dorpen volgden elkaar sneller op toen we tegen de middag

Kandahar naderden. De chauffeur opende het portier voor straatventers toen we langzamer gingen rijden. Een kind kwam met onvaste stapjes het gangpad af met een blad vol zilverkleurige zakjes sap, en sprong weer van de bus toen die enkele kilometers verderop afremde voor een gat. Bij het naderen van de stad reden we langs open terrein waar honderden tenten stonden: Kuchinomaden die uit de bergen waren afgedaald met vetgemeste schapen voor de verkoop. Een dieplader stond stil op de harde ondergrond terwijl een gezin en hun vee aan boord klommen, de magenta jurken van de vrouwen verbleekten in het felle licht.

De naam Kandahar zou afstammen van Sikandar, de Perzische naam voor Alexander de Grote, die hier drieëntwintighonderd jaar geleden een stad had gesticht.[8] Honderd jaar later breidde keizer Asoka zijn boeddhistische koninkrijk zo ver uit dat het reikte van Kandahar tot Bangladesh. Archeologen hebben vlakbij een edict van hem ontdekt, geschreven in het Grieks en Aramees en daarna in de lokale talen. Het stenen tablet vertelde over de bekering van de keizer tot het pacifisme na zijn verovering van Kalinga: 'Honderdvijftigduizend personen werden gevangengenomen en gedeporteerd, en honderdduizend anderen werden gedood, en bijna net zoveel mensen stierven op een andere wijze. Daarna werd hij gegrepen door spijt en medelijden, en leed hij vreselijk.'[9]

In de stad Kandahar bromden de riksja's op de rotondes. Het moet zeker achtendertig graden zijn geweest, en de bomen hingen slap van het stof. We passeerden een aanplakbord met een afbeelding van een jongensachtig uitziende man in het uniform van een luitenant-generaal: Abdul Raziq, de grenscommandant over wie ik een reportage had gemaakt tijdens de eerste gezamenlijke reis van Omar en mij.[10] Raziq kon maar beter niet te weten komen dat wij hier waren. Hij was geen fan van mijn werk, hoewel het niet veel invloed had gehad op zijn carrière: hij had promotie gemaakt en de leiding gekregen over de politiemacht van de hele provincie, en hij en zijn maatjes waren enorm rijk geworden. Hij werd naar de ogen gezien door de elite in Kabul, maar was ook een volksheld voor degenen die de Taliban haatten. Zijn foto hing in taxi's en bij controleposten in het hele land. Na zijn promotie had de VN gemeld dat 'functionarissen in de provincie Kandahar het niveau van bruut geweld hadden geïntensiveerd, alsmede het gebruik van marteling en een wrede, inhumane of vernederende behandeling'. Een paar jaar geleden was een hoge Amerikaanse generaal gefotografeerd met zijn arm rond Raziq, beiden breed glimlachend.

Het was lunchtijd, maar ondanks de protesten van de passagiers weigerde de chauffeur te stoppen. We bleven naar het westen rijden, en later die middag staken we de rivier de Helmand over, waar de weg die naar het zuiden aftakte naar de provinciehoofdstad door de Taliban was afgesneden. Ik zag nog een bekend gezicht op een aanplakbord: commandant Hekmatullah, het districtshoofd van de politie dat vorig jaar was gedood door een bermbom. Posters van helden werden posters van martelaren en de inkt ervan vervaagde tot lichtblauw in de zon. Ik had Hekmatullah in 2014 ontmoet tijdens de alle records brekende opiumoogst van dat seizoen, die meer dan verdubbeld was sinds het jaar 2000.[11] Hij was zo vriendelijk enkele van zijn mannen met me mee te sturen zodat ik langs de buitenranden van zijn district kon reizen waar de papavervelden begonnen die zich uitstrekten tot diep in de droge woestijngronden; ze werden ontgonnen met geslagen putten en pompen, die steeds vaker op zonne-energie werkten.[12]

Honderd jaar geleden, na tientallen jaren paniek over immigranten uit Azië en opiumholen, had het Congres de eerste wet aangenomen waarin drugs werden verboden, de Harrison Narcotics Tax Act uit 1914. Sindsdien had de oorlog tegen drugs wereldwijd grote gevolgen gehad. Onder Amerikaanse druk had eerst Iran en daarna Turkije de verbouw van opium verboden, in de jaren zeventig waren Afghaanse boeren de wereldmarkt gaan bevoorraden, en onder de moedjahedien was de productie flink op stoom gekomen.[13] Tijdens de reis die ik twee jaar geleden maakte, logeerde ik bij een boer in Marja in de oude door de Amerikanen aangelegde kanaalzone zodat ik de *nisht*-oogst kon volgen, wanneer er uit het hele land arbeidsmigranten kwamen om op de akkers te werken.[14] Elke olijfkleurige bol werd 's avonds met de hand geplukt, daarna 's morgens afgeschraapt voor het sap. Een goed gewas kon drie keer, of vaker, worden geoogst. Helmand was een droog gebied. In de jaren vijftig financierden de Verenigde Staten twee kolossale dammen zodat de nomaden zich langs de rivier konden vestigen. Nu staan de woestijnen in bloei dankzij duizend Chinese zonnepanelen. Deze bedrijfstak verbruikte water, kunstmest en mensen: zonen werden als drugsezels gearresteerd in Iran en veroordeeld tot ophanging, dochters werden verpand bij slechte oogsten. Maar als een leven goedkoop kan zijn, moet het een monetaire waarde hebben. Mijn gastheer had me wat van zijn gewas laten zien, een polyurethaan zak met iets wat eruitzag als stroop. Ik tilde de basketbalgrote massa op en ademde de grasachtige geur in, dacht aan de μ-opioïde-receptor ervan. De Afghaanse boer zou het voor een paar honderd dollar verkopen aan een plaatselijke handelaar. Tegen de tijd dat zijn oogst via de smokkelaarsroute werd getransporteerd en per gram als heroïne werd verkocht in Europa, zou hij meer dan honderdduizend dollar waard zijn.

In de provincie Nimroz verliet de bus snelweg nr. 1 en nam de weg naar het zuiden naar Zaranj. We bevonden ons nu aan de uiterste rand van het Hoogland van Iran. Naast ons lag de Dasht-e Margo, wat 'woestijn des doods' betekent, een vlak uitgestrekt gebied van basalt waar de temperatuur in de zomer kon oplopen tot boven de vijftig graden.[15] Het was half zeven toen we in de provinciehoofdstad Zaranj arriveerden en de ondergaande zon kleurde de zandduinen aan de rand van de stad oker. Het had ons vijftienenhalf uur gekost om de bijna duizend kilometer vanaf Kabul af te leggen. De bus stopte bij een controlepost van de politie en reed vervolgens de remise in. Er doken steeds meer straathandelaren op terwijl de passagiers met stijve benen uitstapten.

Bastani, bastani! Een jongen schreeuwde het Iraanse woord voor een ijsje. Een andere hield een kluwen amuletten met inscripties uit de Koran omhoog. Malik en ik meesmuilden, maar Omar kocht er een en hing hem om zijn nek.

We liepen naar de hoofdstraat, langs hokjes van geldwisselaars met slordige stapels Iraanse rials. De twee verdiepingen tellende gebouwen waren opgetrokken uit ongeverfde B-2-blokken, hun neon uithangborden kregen een aura in de schemering. De westenwind die door de laan blies deed stukjes plastic opwaaien.

Nu moesten we het safehouse zoeken. Omar belde het nummer dat Agha Sahib, onze smokkelaar in Iran, hem had gegeven en kreeg een routebeschrijving. We propten ons in een riksja – een motorfiets met een op het chassis vastgelaste cabine – en vertrokken met een schok. We reden de weg af en stopten een paar kilometer verderop vlak bij het grootste plein van de stad.

'De vorige keer heb ik ook ergens hier in de buurt gelogeerd', merkte Malik op.

Verderop langs de weg zwaaide een man in een zachtpaars gewaad naar ons en toen we dichterbij kwamen stelde hij zich voor als de beheerder van ons safehouse. Hij was een Pasjtoen en was zo te zien ergens in de dertig. We volgden hem door een open poort en een steegje, waar al vier tieners met backpacks stonden te wachten. We liepen door een lage deur rechts het safehouse binnen, een ommuurd pand rond een smal erf. De grootste kamer, van ongeveer twaalf meter lang, had houten balken onder een laag plafond van leem en stro. De andere kant van het vertrek werd afgescheiden door een muur van ongeveer een meter hoog en diende als keuken; daar zwaaide een ruig uitziende kok in een kobaltblauw gewaad de scepter.

De beheerder nodigde ons uit onze tassen neer te zetten en het ons gemakkelijk te maken. Hij zei dat we deel uitmaakten van een groep die Arya heette. We moesten die naam onthouden. Zo wisten de verschillende groepen langs de route wiens *mosafarin*, of reizigers, we waren, wanneer ze ons als een pakketje doorgaven. Ze werden per reiziger betaald door de oorspronkelijke smokkelaar, Agha Sahib, die het geld dat wij vooruit hadden betaald zou incasseren zodra we in Turkije waren.

'Haal alles wat je nodig hebt in de bazaar: water, eten', zei de manager tegen ons. 'De smokkelaars kunnen je over een uur bellen om te vertrekken, of misschien bellen ze morgenvroeg.'

We zetten onze backpacks in een hoek. Ik gluurde naar de vier tieners, afgaand op hun accent kwamen ze uit het oosten en ze zagen eruit als dorpsbewoners. 'Vraag hem welke route we nemen', zei ik, gebarend naar de beheerder. Omar kwam aangeslagen terug.

'Hij zegt dat we door Pakistan gaan.'

Omar pakte zijn mobieltje en belde Agha Sahib in Iran.

'Hij zegt dat de rechtstreekse weg op dit moment gevaarlijk is, daarom sturen ze ons via Pakistan. Dat is veiliger', vertelde Omar Malik en mij. 'Wat doen we?'

Ik keek naar Omar, die bleek zag alsof hij op het punt stond ziek te worden. Ik vond dat we moesten doorgaan. We hadden ons leven al op het spel gezet om Nimroz te bereiken. De omweg door de woestijn was voor mij geen onoverkomelijk bezwaar. Ik had het half en half verwacht, maar Omar duidelijk niet. Hij had de smokkelaar geloofd, maar dat was wensdenken van zijn kant. Ik kon zien dat hij overwoog om ermee op te houden.

'Wat kunnen we doen?' antwoordde ik. 'We hebben geen keus.'

'Als jij het doet, doe ik het ook', zei Malik.

'Het komt goed', zei ik. 'Oké?'

Omar knikte weifelend. Ontdaan gingen we even zitten. Toen schoot me te binnen dat we wat geld moesten wisselen en voorraden moesten kopen. Ik vroeg Omar of hij met me meeging, en we lieten Malik achter om op onze bagage te passen.

'Ik vertrouwde Agha Sahib', zei Omar, zodra we op straat waren. 'Hij zei dat hij ons regelrecht naar Iran zou brengen.'

We liepen verder naar het stadscentrum. Zaranj had zich de afgelopen tien jaar enorm ontwikkeld, niet alleen door de handel in mensen en drugs, maar ook door de legale invoer van brandstof en cement. Een Afghaanse vriend van mij had hier in de jaren negentig gewerkt, toen het een onbeduidend gat was. Hij had me verteld dat de winkeliers er nog nooit van knoflook hadden gehoord. Nu hingen de winkels waar we langs kwamen vol met backpacks en skibrillen, handig tijdens een zandstorm. Omar kocht een paar zilverkleurige sneakers voor Malik, die geen fatsoenlijke schoenen had, en daarna wisselden we honderd dollar om in Iraanse rials; we kregen er meer dan drie miljoen rials voor. De kinderen in de kiosk raadden ons aan de helft in biljetten van een half miljoen te nemen. Die waren makkelijker in je broeksband te verbergen of aan de binnenkant van je zool te lijmen.

Iets verder naar het westen lag de grens met Iran, met de officiële grensovergang via de Zijdebrug. Sinds de Iraniërs de muur hadden gebouwd, liep de smokkelaarsroute naar het zuiden, naar Pakistan, waar de honderdtwintigdaagse wind de hele zomer het zand deed opstuiven tot een ondoordringbare mist. De regio stond bekend onder de naam Beloetsjistan, en het Beloetsjische volk werd verdeeld door grenzen. Ze waren verstrikt in de drugs- en spionageoorlogen van het drielandengebied, en werden afwisselend onderdrukt en ingelijfd door de staat. De Beloetsjen waren degenen die de reizigers door het zich verplaatsende woestijnzand leidden.

Er waren nog meer reizigers aangekomen in het safehouse. We gingen voor het avondeten aan een lang plastic tafelkleed op het tapijt zitten, terwijl het kokshulpje achter ons aan kwam en stukken naan en kommen met kippenbouillon neerzette. Naderhand toen Malik de sneakers paste, tilde ik de extra duffelse jas op die Omar had meegenomen. Het leek wel of hij vol stenen zat.

'We zouden ieder maar één tas meenemen', zei ik. 'Wat zit hier trouwens in?'

Omar deed hem open. Hij had de inhoud van zijn badkamerkastje meegenomen: een borstel, een familieverpakking shampoo, eau de toilette en diverse lotions.

'Waarom heb je deze troep meegenomen?' vroeg ik. Malik lachte. 'Haarlak?' Ik rukte de spuitfles uit de tas. 'Shampoo?'

'We hebben shampoo nodig, broer.'

'Nee, Omar.' We vochten om de haarborstel en daarna griste hij een van de flessen eau de toilette terug.

'Dit is duur spul.'

'Je zult hier echt spijt van krijgen. Neem zo weinig mogelijk mee', zei Malik, die zijn nieuwe sneakers paste. 'Je moet dagenlang lopen.'

Nadat we ons hadden ontdaan van de extra duffel en het grootste deel van Omars schoonheidsproducten, herverdeelden we onze spullen tot onze backpacks elk ongeveer evenveel wogen.

Er kwamen twee mannen binnen met een bundel over hun schouder.

'Zijn jullie reizigers van Sayed Ahmad?' vroeg de grootste van de twee in het Dari. Hij was vlasblond, had een bloempotkapsel en een brede grijns.

'Nee, we horen bij Arya.'

'Nou ja, let in elk geval op mijn tas, ja?'

Na twintig minuten kwam hij terug en liet zich nonchalant naast ons neervallen. Hij verkondigde dat het de zevende keer was dat hij illegaal naar Iran ging.

'Wauw. Hoe vaak ben je teruggestuurd?' vroeg Omar.

'Zes keer.'

'Is dat niet gevaarlijk?'

Hij lachte. 'Het is de gevaarlijkste route die er is. Je speelt met je leven, broer. Je bent overgeleverd aan dieven en de politie. Een mensenleven heeft geen waarde voor hen.' Met zijn lijzige, noordelijke manier van praten begon hij aan een uiteenzetting van de gevaren die ons wachtten: auto-ongelukken, schietpartijen, omkomen van dorst in de woestijn, en mishandeling door de Pakistaanse politie, waarbij vergeleken zelfs de Iraniërs mild leken, volgens hem.

'De Pakistaanse politie?' schreeuwde Omar. 'De Pakistaanse politie!' herhaalde hij, en zijn blik schoot heen en weer tussen Malik en mij.

'De Pakistaanse politie staat aan de grens te wachten. Ze doorzoeken je zakken en je tas en nemen alles wat hen bevalt.'

'Alles wat hen bevalt?'

'En jij durft niets te zeggen. Eén woord en ze slaan je alsof je een hond bent.' De man stond op en greep mijn schouder. 'Broer, we zijn een soort voetbal die over het veld wordt getrapt. Of we in het doel terechtkomen, is een kwestie van geluk.' Hij lachte weer en ging naar buiten.

'Negeer het maar, hij is een kletskous', zei ik.

'En die Pakistaanse politie dan?' antwoordde Omar. 'Ik had niet verwacht dat we naar Pakistan zouden gaan.'

Het was niet zo slim om zoiets te zeggen in het safehouse.

'Kom, we steken een rokertje op', zei ik.

Omar en ik stonden op en liepen naar het lege stuk grond aan het eind van het steegje. Ik stak onze sigaretten aan en we stonden daar even zwijgend. Op het dak van ons safehouse zagen we de silhouetten van onze smokkelaars, ze nipten van hun thee en hielden een oogje in het zeil.

Ik probeerde te bedenken wat ik kon zeggen om Omar over te halen met ons mee te gaan. Hij was ooit voor bijna alles in geweest, maar met het voortschrijden van de tijd vond ik hem minder happig om risico's te nemen tijdens onze gezamenlijke opdrachten. Hij was er al te vaak maar net goed vanaf gekomen en had te veel doden gezien. Natuurlijk was het anders wanneer je het voor het geld deed in plaats van voor de eer, maar op mij hadden de zich steeds weer voordoende hachelijke situaties juist het tegenovergestelde effect. Iets had het 'emotie-opnameapparaat' uitgeschakeld, zoals Robert Graves het noemde.[16] Ik besefte dat ik waarschijnlijk beschadigd was, maar op dat moment leek het nuttig voor mijn werk in landen als Afghanistan en Syrië. Ik meende dat ik gevoel en rede kon scheiden. En het was natuurlijk, maar niet rationeel, om je angst de kop in te drukken als het tijd was om te handelen.

Omar sprak het eerst. 'Die weg is te gevaarlijk, broer. Ik heb nooit naar Pakistan willen gaan.'

'We zijn al in Nimroz. Het is te laat om terug te keren.'

'Het is niet te laat. We zijn nog steeds in Afghanistan. We kunnen teruggaan naar Kabul.'

'Ik ga niet terug.'

Malik dook op vanuit de diepe schaduw van het terrein en kwam bij ons staan. 'Luister, Omar, elk gevaar dat hij noemde, heb ik gezien. Je maakt je zorgen om de Pakistaanse politie? Wanneer je de grens oversteekt, staat de politie te wachten. Ze tellen het aantal mensen in de vrachtwagen en ze tellen het aantal bankbiljetten dat de smokkelaar in hun hand stopt. Dat is alles. We zijn door drie controleposten van de politie gekomen en ik ben met geen vinger aangeraakt.' We konden amper het wit van zijn ogen zien. 'Maak je niet druk over politie of dieven. Maak je er druk over dat de vrachtwagen kan kantelen. Maak je er druk over hoe gevaarlijk de rit is, mijn God, je gaat wegen op die zo hoog liggen dat je naar beneden kijkt en denkt: hoe ben ik hier terechtgekomen?'

'Dank je, Malik', onderbrak ik hem. 'Hij heeft gelijk, Omar, dat gepraat van die vent was *kos-e-sher*. Hij zat alleen maar wat op te scheppen. Vergeet hem, oké?'

Omar knikte aarzelend. Het was moeilijk om in zulke situaties objectief het risico in te schatten, en zelfs als je dat kon, nam je de beslissing of je het wel of niet zou doen met je onderbuik. Je keek gewoonlijk naar de angst van een ander om te zien of die groter of kleiner was dan de jouwe. We moesten vertrouwen uitstralen voor elkaars bestwil.

Terug in het safehouse besefte ik dat we waren vergeten om water te halen. Ik vroeg Malik om met me mee te gaan naar de bazaar. 'Malik, jij hebt deze weg eerder afgelegd', zei ik toen we de straat af liepen. 'Honderden mensen doen dit elke dag. Zo gevaarlijk is het niet.'

'Het is voor 99 procent gevaarlijk', antwoordde hij, 'maar ik ben bereid te gaan als jij gaat. We zijn in Nimroz en we kunnen niet teruggaan. Wat moeten we dan tegen onze familieleden zeggen? We zullen lafaards lijken.'

'Luister, Omar is bang. Hoe zal hij reageren de eerste de beste keer dat het gevaarlijk wordt? Jij moet hem geruststellen.'

Maar na terugkomst zag ik tot mijn wanhoop dat Omar diep in gesprek was met de vlasblonde man uit Kunduz, die zulke sterke verhalen had verteld over de verschrikkingen die voor ons lagen. Ze lagen naast elkaar op hun zij, hun handen onder hun kin en hun gezichten dicht bij elkaar, als twee jongens tijdens een logeerpartijtje. Ik kon het gezicht van de vreemdeling niet zien, maar Omar leek zich helemaal te laten meeslepen.

Ik ging naast hen zitten.

'Neem wat naan, die is heel lekker', zei de man. Hij draaide zich om en legde een groot stuk op mijn backpack.

'Nee, dank je, ik heb al gegeten.' Hij bleef aanhouden, dus scheurde ik er een klein stukje van af, dat aan mijn gehemelte bleef plakken. Ik moest een flesje water openen om het weg te spoelen.

'Waar kom je vandaan, mijn vriend, uit welke plaats, van wat voor mensen?' vroeg hij.

'Kabul.'

'Waar in Kabul?'

'Shahr-e Nau. Waar kom jij vandaan?

'Kunduz.'

'Uit de stad?'

'Uit de stad. Ben je er geweest?'

'Ja.' Een voorval tijdens onze laatste opdracht daar bleef door mijn hoofd spelen, ongevraagd. Onze fotograaf en ik waren op een nacht met een Afghaanse speciale eenheid op patrouille langs de patstelling aan de frontlinie. Er was een open stuk weg dat we rennend moesten oversteken, maar de sluipschutters van de Taliban waren volgens de soldaten alleen overdag actief. Ik holde enkele meters achter Vic, toen ik de rondjes van lichtspoormunitie op heuphoogte op hem gericht zag, daarna voelde ik ze rondom mij knallen. De sluipschutter gebruikte een PKM, een licht machinegeweer. Een paar seconden later hadden we dekking. 'Ze hebben een vizier met nachtzicht, die *kos-e zan*', spuwde de sergeant van de troep er verontschuldigend uit. Het had weinig gescheeld, maar we waren er zonder kleerscheuren vanaf gekomen.

'Ik heb twee favoriete steden in Afghanistan', vervolgde de onbekende. 'Kabul en Mazar. Ben je in Mazar geweest? Daar kun je de hele nacht uitgaan, zonder dat iemand je lastigvalt.' Hij glimlachte dromerig. In de stad Kunduz waren de straten leeg na het invallen van de duisternis.

'Wat voor schoolopleiding heb je?' vroeg hij, na weer een pauze. Ik keek hem aan. Zijn hoofd was opzijgedraaid en tegen zijn handpalm gedrukt.

'Tiende klas', zei ik. 'En jij?'

Hij zuchtte. 'Nee, ik heb geen opleiding.' Zijn lukrake vragen maakten me zenuwachtig, alsof hij voelde dat er iets vreemds aan mij was. Was ik paranoïde? Moest ik niet paranoïde zijn? Het zaadje van de angst was ontsproten.

'Ik ga een sigaret roken', zei Omar, terwijl hij opstond. 'Ga je mee, Habib?'

Ik kon aan zijn gezicht zien dat hij een besluit had genomen.

'Luister, ik heb van begin af aan gezegd dat ik niet door Pakistan wil gaan. Dit is mijn straf omdat ik die verdomde smokkelaar vertrouwde.'

'Omar, we zijn hier samen naartoe gekomen om naar Iran te gaan.'

'Ik ga niet naar Pakistan. Dat doe ik niet.'

'Je wist van tevoren welke gevaren er waren. Heb je niet naar Maliks verhaal geluisterd? Je bent nu alleen bang omdat het gevaar voor je ligt.'

'Er is een verschil tussen gevaar dat je overkomt en gevaar dat je uit vrije wil opzoekt. Waarom zouden we ons leven riskeren? Wat moet je met Europa als je dood bent?'

'Dit is de smokkelaarsroute, natuurlijk is die gevaarlijk! Wat had je anders verwacht? Dat had je moeten bedenken voordat we in die bus stapten.'

'Ik kan mijn leven niet op het spel zetten, broer. Jij moet jouw leven ook niet riskeren. Het is het niet waard.'

'Je laat Malik en mij in de steek. Wat voor een vriend ben jij?'

Hij keek omlaag naar zijn voeten. Ik voelde een ijzige woede in me opkomen. We liepen zwijgend terug naar het safehouse. Ik knipperde met mijn ogen in het zwakke tl-licht en vroeg vervolgens Malik om mee naar buiten te gaan.

'Omar gaat terug naar Kabul', zei ik.

Malik schopte woedend tegen een steen. '*Lanati*! Door hem ben ik hier. Hij vroeg me om mee te gaan. Wat is dat voor een man?' We stonden daar en keken naar de aarden muren om ons heen. 'Mijn moeder heeft me gesmeekt niet te gaan. Mijn broer heeft me gesmeekt niet te gaan. Ze waren vreselijk van streek. Hoe kan ik ze nu onder ogen komen?'

Ik had nog een laatste troefkaart. Ik stelde me voor dat Omar ons niet zonder hem zou laten verdergaan. 'Malik, als je nog steeds wilt gaan, ga ik met je mee.'

'Ik kan niet zonder hem gaan. Ik heb het geld niet om naar Turkije te gaan. Ik heb net genoeg voor Iran.'

'Maak je niet druk om dat geld. Ik betaal wel.'

'Maar ik ben hier vanwege Omar. Ik dacht dat we samen zouden gaan. Ik dacht dat we met zijn drieën zouden zijn, en dan zou het niet zo erg zijn. Met zijn drieën kun je samen onder ogen zien wat er gebeurt.'

'Het zal ook lukken met zijn tweeën. Je hebt dit eerder gedaan. Het is niet zo gevaarlijk.'

Hij wendde zich naar me toe, zijn gezicht zag grauw in het lamplicht. Hij stond te trillen. 'Het is zo gevaarlijk dat je niet eens kunt ademhalen.' Hij schudde zijn hoofd. 'Ik weet wat er met ons gaat gebeuren. Ik ben bang. Ik ben nog banger dan Omar. Maar ik ben moedig. Hij niet, de klootzak.'

'Malik...'

Hij richtte zich op. 'Nee. Ik ga terug naar Kabul.'

Ik keek hem na toen hij terugliep naar het safehouse. De tocht was een fiasco. Misschien zou Omar nooit weggaan uit Afghanistan. Ik had bijna een jaar op hem gewacht. Verblind door razernij overwoog ik om alleen te gaan. Ik stond daar een tijdje, een en al beroering in mijn binnenste, tot mijn woede veranderde in schaamte. Ik dacht aan Omars vraag: waarom zouden we ons leven wagen? Mijn antwoord was heel wat minder steekhoudend dan het hunne.

Ik ging weer naar binnen. Omar en Malik hingen in een hoek.

De andere migranten sliepen, ze lagen te rusten voor de komende reis. De tieners lagen zij aan zij naast elkaar, met hun sjaals over hun hoofd en bovenlichaam.

Het was elf uur. De bus naar Kabul vertrok over vier uur. Omar belde onze smokkelaar in Iran en zei dat we weggingen. Een van ons moest een dringende familiekwestie afhandelen, zei Omar, maar we zouden over een dag of twee, drie terugkomen naar Nimroz. We sjorden onze backpacks vast. Op dat moment werd de vreemdeling uit Kunduz wakker en keek ons met half toegeknepen ogen aan. 'Huh... wat?' Toen we naar de deur liepen, brulde hij: 'Hé, waar gaan jullie naartoe?'

'Kabul', antwoordde ik, hem boos aankijkend. Hij keek teleurgesteld. Had hij ons het beste gewenst of juist niet?

Op het smalle erf werden we tegengehouden door de smokkelaars op het dak. 'We zijn over een paar dagen terug', herhaalde Omar, terwijl hij naar de schaduwen boven ons keek.

'Ik mag zeker wel eerst even bellen, hè?' zei een van hen. Het was de beheerder van het safehouse. Het was een retorische vraag, maar hij voegde er verontschuldigend aan toe: 'Zodat ze niet kwaad op me worden dat ik het niet heb verteld.'

De potige kok versperde de uitgang.

'Drie van Arya', hoorden we de beheerder zeggen. Even later: 'Oké.' En tegen ons: 'Hoeveel zijn er nog over?'

Malik keek naar binnen en telde de lichamen. 'Elf.'

We wrongen ons langs de kok die ons in het steegje volgde. 'Hé!' We draaiden ons om. 'Jullie moeten betalen voor het avondeten.'

We dokten wat contanten. Gekalmeerd liep hij met ons mee naar de poort, en vertelde ons waar we buskaartjes konden kopen. We liepen achter elkaar de weg op.

'Wacht.' Hij boog zich naar voren, het licht van de straatlantaarn viel over zijn harde trekken. 'Luister. Ik vertel jullie dit omdat ik een Beloetsj ben. De weg is nu erg slecht. Laatst zijn er twintig mensen omgekomen. Die kerels sturen alleen mensen erover voor de commissie. Ik ben geen Afghaan, ik ben een Beloetsj! Zij zijn Afghanen en zij doen dit hun eigen mensen aan. Kom terug na het Suikerfeest. Dan is de situatie beter, als God het wil.'

We namen een riksja terug naar de remise en wachtten. De bus was maar halfvol en ik nam een stoel voor mezelf. We vertrokken en reden naar het noorden. Buiten, achter mijn raam, lag de Woestijn des Doods ondergedompeld in duisternis, maar daarboven hing een drone of satelliet die naar beneden keek. Kon die de mensen zien die de weg waren kwijtgeraakt in de woestenij?

Onze bus zou opnieuw door de slagvelden van het zuiden rijden, maar ik was te moe om me er druk om te maken. Toch kon ik niet slapen; hevige gewetenswroeging begon aan me te knagen. In plaats daarvan luisterde ik naar de andere passagiers die zachtjes zaten te praten in het gangpad. Sommigen waren gedeporteerd vanuit Iran, opgepakt aan de grens of tijdens razzia's tegen migranten. Anderen waren van plan geweest over te steken, maar hadden de moed verloren. Een man met een kromme rug en een baard vol witte strepen zei dat hij een boer was uit een streek in Baghlan ten noorden van Kabul die door de Taliban werd beheerst. Zijn tienerzoon had werk willen gaan zoeken in Iran en toen hij hem daar geen toestemming voor wilde geven, was de jongen met enkele vrienden weggelopen naar Nimroz. Daar hadden ze een overeenkomst met een smokkelaar gesloten op basis van hun toekomstige loon, een heel gebruikelijke regeling. Maar er was ruzie tussen verschillende bendes, en een rivaal had de tieners ontvoerd en in een hut in de woestijn opgesloten. Toen de vader en de verwanten van de andere jongens daarachter kwamen, hadden ze zich verenigd en waren ze samen naar Zaranj gegaan, waar ze de eerste smokkelaar dwongen om zijn auto en een stuk land te verkopen als losgeld voor de jongens. De weggelopen zoon was nu veilig aan het werk in Iran, en de vader kon naar huis gaan.

Nadat hij het hele verhaal had verteld, viel de man in slaap met zijn voorhoofd tegen de rug van de stoel. Hij werd uren later wakker in Zabul, met een merkteken op zijn voorhoofd, net als vrome mensen bij een gebed.

8

Het was tijd voor plan C. Op het vliegveld van Kabul wilde Omar per se mijn bagage naar het controlepunt dragen, waar twee politiemannen passagiers fouilleerden. We rookten samen een laatste sigaret, zonder oogcontact te maken. Het was een week na onze mislukte reis naar Nimroz. Als Omar niet bereid was om dwars door de woestijn te gaan en hij zonder een visum niet per vliegtuig naar Turkije kon, was er maar één mogelijkheid: hij kon een Iraans visum gaan halen en dan legaal naar Teheran. Daarna kon hij zich door smokkelaars naar Turkije laten brengen. Dat had hij tot nu toe niet gedaan, omdat hij niet in zijn eentje door de bergen wilde lopen. Zelf kon ik niet naar Iran. Als ik al een visum kreeg, zou de overheid iemand aanwijzen om me te begeleiden en in de gaten te houden. Maar nu wilde Malik wel met hem mee, omdat Omar hem geld kon lenen. Ik zou op mijn eigen paspoort naar Turkije vliegen en dan bij de grens met Iran Omar en Malik opwachten. Als ze de grens eenmaal over waren zou ik me bij hen aansluiten en zouden we ons in Istanbul bij Maryam en de anderen voegen. Natuurlijk was er altijd een kans dat Omar en Malik zouden worden gepakt en naar Afghanistan teruggestuurd.

Toen het tijd was om afscheid te nemen, draaide ik me om naar Omar en zag ik op zijn gezicht eens te meer de angst om achtergelaten te worden. We omhelsden elkaar.

'Oké, broertje van me, tot binnenkort', zei hij, en grijnsde erbij.

Met mijn tassen over mijn schouder sloot ik me aan bij de andere passagiers die naar de terminal liepen. Een mengeling van tederheid en spijt spoelde over me heen. Ik had Omar al mijn excuses aangeboden over mijn gedrag in Nimroz. Ik deed alsof deze reis mijn zoveelste opdracht was, en ik bepaalde hoe het ging. Maar als ik als journalist met Omar mee wilde – en dat was mijn reden om dit undercover te doen – moest ik hem zijn eigen beslissingen laten nemen. Toch kon ik moeilijk objectief zijn over mijn vriend, en al helemaal niet als zijn leven gevaar liep, net als het mijne. Ik had me nog nooit zo onzeker gevoeld over mijn rol.

Toen we eenmaal in de lucht waren, haalde ik diep adem en leunde achterover in mijn stoel. De rust in de cabine maakte een eind aan mijn spanning. In de uren die voor me lagen kon ik mijn gedachten ordenen. Ik zette het scherm voor me aan en drukte op een knopje, tot ik zag waar ons vliegtuig zich boven de aarde bevond. De namen van steden gleden langs. Als kind was ik hevig geboeid geweest door wereldbollen en atlassen, en als we aan het zeilen waren of ergens kampeerden leerde mijn vader me om te gaan met een kompas. Ons vliegtuig zou bij Bakoe de Kaspische Zee oversteken, via een route die op het scherm een gebogen lijn was, maar in werkelijkheid een rechte lijn over een bol. Bij de mercatorprojectie van een bol oppervlak op een vlakke kaart krijg je altijd vertekening, zodat de tropen klein ogen, en Noord-Amerika en Europa enorm groot. De ruimte lijkt wel stabiel, maar net als de tijd kan ze uitdijen en weer inkrimpen, al naar gelang je route. Ik legde de 3540 kilometer van Kabul naar Istanbul in zes uur af. In mijn raampje werd de stad steeds groter, een web van licht dat de hele horizon vulde, doorsneden door de Bosporus, de navel van de wereld.

Ik had twee uur de tijd op de Atatürk-luchthaven, maar ik was niet van plan om in Turkije te blijven. Ik had besloten mijn laptop en andere spullen, waaronder mijn tweede paspoort, naar het huis van een vriend in Italië te brengen en ze daar na de reis weer op te halen. Ik zou daar logeren en de dag daarop terugvliegen naar Turkije. Het was moeilijk te zeggen hoelang ik aan de grens op Omar en Malik zou moeten wachten, maar ik wilde daar wel klaarstaan.

Toen we in Istanbul uitgestapt waren, volgde ik de pijlen naar roltrottoirs en roltrappen tot ik bij de incheckbalie van Turkish Airlines was voor mensen die eerste klas of businessclass reisden, of economy, maar dan zo vaak het vliegtuig pakten dat ze dezelfde status hadden. Er was een twee verdiepingen hoog atrium, met een zwevende trap ertussen. Ik liep omlaag naar het buffet, pakte een versgebakken pide, schonk me bij de tap een glas Efes in en nam plaats op een bank. Daar keek ik naar een rij schermen met nieuws en sport uit verschillende tijdzones, waarop de seconden allemaal tegelijk wegtikten. Om me heen haalde het personeel afval weg en verdween dan achter deuren die toegang gaven tot onderling door liften en gangen verbonden werkruimten – een tweede luchthaven, vervlochten met de eerste.

Turkish Airlines was de maatschappij met het grootste aantal internationale bestemmingen ter wereld,[1] en Istanbul was een van de drukste hubs die er waren. Buiten kon ik de witte stabilisatoren zien van vliegtuigen die in een rij op het asfalt stonden. Net een rij zeilen. Toen de filosoof Michel Serres door zo'n ruit keek, zag hij moderne boodschappers: 'Engelen van staal met daarin engelen van vlees en bloed die engelen van berichten versturen door engelen van lucht.'[2]

Ik was vaak via Istanbul gevlogen, vooral nadat ik over de oorlog in Syrië was gaan schrijven.[3] Hiervandaan was het maar een korte binnenlandse vlucht naar Antiochië of Gaziantep. Net over de grens daar werden steden in puin gegooid door artillerie en vliegtuigbommen en vonden mensen bij duizenden de dood. Het geweld was overgeslagen naar Turkije: nog maar twee maanden geleden hadden mannen met bomgordels en automatische geweren een aanslag gepleegd op deze luchthaven. Er waren vijfenveertig doden gevallen en passagiers waren door de terminals gevlucht en tussen de vliegtuigen terechtgekomen.[4]

Toen het tijd was om aan boord te gaan van het vliegtuig naar Italië voegde ik me tussen de stroom mensen uit zes continenten die door de gangen liepen, gekleed in stilettohakken en sandalen, boardshorts en witte moslimgewaden, baarden die bij een popster konden horen, maar net zo goed Taliban, hipster of Hezbollah konden zijn. Turkish Airlines vloog niet op Triëst, maar wel naar Venetië, en dat lag in de buurt. Ik had geen visum nodig om de Europese Unie binnen te komen en in de Aeroporto di Venezia Marco Polo keek de politieman even op zijn scherm en zette toen zonder iets te vragen een stempel in mijn paspoort, ongetwijfeld omdat er achter mijn naam geen vinkje stond. Grensautoriteiten maken steeds vaker gebruik van automatisch profileren, zoals risico-inschatting aan de hand van vooraf doorgestuurde passagiersgegevens, zodat vertrouwde reizigers meteen door mogen lopen, terwijl de rest grondiger wordt bekeken.[5] 'De snelheid van de een is een logisch gevolg van de traagheid van de ander', legt Tim Cresswell uit.[6]

Ik nam de trein naar Triëst en logeerde bij mijn vriend. De volgende dag bleek de goedkoopste vlucht terug naar Turkije te vertrekken van Ljubljana, vanuit Triëst een eindje met de bus. Mijn uiteindelijke bestemming was Van, een stad bij de Iraanse grens. Toen we in Istanbul landden, moest ik weer naar de transferbalie, maar anders dan de vorige dag zou ik via immigratie moeten om bij de terminal voor binnenlandse vluchten te komen. Het was nog vroeg toen we landden en er was niemand. Ik was halverwege de afzettingslinten toen een gezette man haastig op me af kwam en zijn politiekaart liet zien. Hij pakte mijn paspoort, keek daar met gefronste wenkbrauwen naar en zei dat ik mee moest komen.

Ik had nog nooit iets over Turkije geschreven en dus vroeg ik me af of dit iets te maken had met wat ik over Syrië had geschreven. Ik wist dat de situatie nog gespannen was na de poging om een staatsgreep te plegen, vijf weken eerder, wat Omar zijn visum had gekost. Er waren een paar honderd doden gevallen. Ook het hotel waar president Erdoğan verbleef was aangevallen, maar hij had weten te ontsnappen en achteraf had hij dat 'een geschenk van God' genoemd.[7] In de maanden die volgden werden vijftigduizend mensen gearresteerd en soms werden ze ook gemarteld.[8]

De politieman nam me mee naar een krappe verhoorruimte, waar nog twee geüniformeerde mannen zaten, een magere knul in een spijkerbroek en een lange, vlassige baard en een oudere man, klein van stuk en met een dikke buik. Hij was duidelijk de baas, maar omdat ik geen Turks sprak, vertaalde de jonge knul het zo goed mogelijk, maar niet goed, in het Engels.

Ze lieten me mijn bagage uitpakken, terwijl ze vragen stelden over wat ik in Turkije kwam doen. Toen ik zei dat ik naar Van wilde, een stad in Koerdisch gebied, veroorzaakte dat enige opwinding.

'Maar in Van is het heel gevaarlijk', zei de knul. 'Waarom Van?'

Ik legde uit dat ik bezig was aan een boek over Afghaanse migranten, en dat ik ook een beetje als toerist wilde rondkijken bij het Vanmeer en de Ararat, wat nog waar was ook, omdat ik misschien een tijdje zou moeten wachten op Omar en Malik.

De oudere man rookte een sigaret en bladerde door mijn paspoort. Bij elke pagina werd zijn frons dieper. Elke keer dat ik zei dat ik niks misdaan had, legde hij een dikke vinger tegen zijn lippen om me het zwijgen op te leggen.

'Wat is uw geloof?'

'Bij mij in de familie zijn ze christelijk.'

'Waarom alleen maar moslimlanden?' zei hij, terwijl hij mijn van vele stempels voorziene paspoort omhooghield. Ik staarde hem aan en probeerde mijn lachen in te houden. Dachten ze dat ik me bij IS aan wilde sluiten? Ze hadden me niks gevraagd over mijn journalistieke werk. Hadden ze op hun camera's gewoon een man gezien die er vaag Midden-Oosters uitzag en in de juiste leeftijdscategorie viel en besloten die aan de tand te voelen?

'Ik ga niet alleen maar naar moslimlanden. En bovendien ben ik journalist. Ik ga daar voor mijn werk heen.'

'Waar is uw perskaart dan?'

Daar hadden ze een punt. Die had ik niet bij me, en allerlei andere dingen ook niet. De knul zei dat ik mijn leeggehaalde Samsung open moest klappen. Dat deed ik, en hij wierp er een snelle blik op.

'U hebt al uw contactpersonen gewist', schreeuwde hij. 'U bent een leugenaar. U wil niet zeggen wat de echte reden van uw bezoek is. U wordt uitgewezen.'

Ik smeekte hem om me te googelen, maar dat wilde hij niet vertalen en zijn baas bulderde geagiteerd dat ik moest vertrekken, zwaaiend met zijn hand, alsof hij klappen wilde gaan uitdelen. Verbijsterd liep ik achter de zwaargebouwde politieman aan naar buiten. Het had allemaal nog geen tien minuten geduurd.

Hij nam me mee naar de vreemdelingenbewaring, waar ze een balie met veiligheidsmensen hadden. Daar zeiden ze dat er pas de volgende ochtend een vlucht naar Ljubljana vertrok. De politieman deed handschoenen aan, fouilleerde me en nam mijn telefoon en paspoort in beslag. Hij wilde dat ik documenten in het Turks ondertekende, maar toen ik dat weigerde, haalde hij zijn schouders op en bracht me naar een cel.

Die had een laag plafond en ongeveer dertig ligstoelen met een papieren dek erover. Hij leek nog het meest op de wachtkamer van een tandarts, maar dan met een deur die alleen vanbuiten open kon. Achteraan kwam je via een gangetje bij een wc en een douche. Er hing een niet-rokenbordje, maar de helft van de mensen in de cel zat toch te roken.

Ik keek naar de betaaltelefoon naast de deur. Er hing een lijst naast met de nummers van ambassades erop. Misschien kon ik toch nog iets regelen. 'Aan de balie kun je een telefoonkaart kopen', zei een Arabische man in een wijde mantel, die naar me had staan kijken. Ik klopte op de deur tot een bewaker opendeed, gaf hem twintig lira, kreeg daar een kaart voor terug en probeerde een paar keer om een vriend in Kabul te bellen, die goede diplomatieke contacten had. Maar om de kaart te kunnen gebruiken moest je door een ingewikkeld menu heen, en ik kreeg hem niet aan de praat. Toen de Arabische man mijn frustratie zag, was hij zo aardig om me zijn eigen gsm te lenen. Ik wist mijn vriend in Kabul te bereiken, en ook een paar contactpersonen in Istanbul, maar er kwam een week vakantie aan vanwege het Suikerfeest en mensen zaten niet meer achter hun bureau. Ik probeerde de Canadese consul in Ankara, die verontschuldigend reageerde, maar net zo behulpzaam bleek als de telefoonkaart. Uiteindelijk plofte ik maar op een van de stoelen neer.

'Het is verstandig om vast op een stoel te gaan zitten voor het in de middag druk wordt', zei de man, die ook plaatsnam en zich voorstelde als Abu Haroun. Hij was tenger, met de geschoren snor en de ruige baard van een conservatieve moslim. Hij sprak vloeiend Engels, met een Amerikaans klinkend accent, maar zei dat hij uit Jemen kwam en in Saoedi-Arabië was opgegroeid. Hij had jarenlang in Istanbul gewoond, met zijn vrouw en kinderen, maar zes maanden daarvoor was hij als pelgrim naar Saoedi-Arabië gegaan en daarna wilden de Turken hem er om de een of andere reden niet meer in laten. En de Saoedi's ook niet. In Jemen heerste een verwoestende burgeroorlog, dus daarheen konden de Turken hem niet uitwijzen. Dus sindsdien zat hij hier. Hij kwam niet meer weg.

'Zit u al zes maanden hier?'

'Volgens mijn advocaat ben ik er binnenkort uit, insjallah', zei hij met een flauwe glimlach. Er hadden hier meer dan tien Jemenieten vastgezeten vanwege visumproblemen, maar hij was de laatste. Hij was een oudgediende in de vreemdelingenbewaring. De anderen wachtten alleen maar op de volgende vlucht naar waar ze vandaan gekomen waren. Een paar zaten te wachten op een vliegtuig nadat ze uit een ander land waren uitgewezen. Eerst waren we maar met acht mensen, maar dat aantal liep in de loop van de dag op, zoals Abu Haroun al had voorspeld. De meesten kwamen uit het Midden-Oosten of Afrika, al was er ook een Chinees bij, en een Rus die Oekraïne niet in mocht. Toen een Nigeriaan werd binnengelaten, deed hij een rondje en drukte iedereen de hand. Hij vertelde me dat de Amerikaanse immigratiedienst in Chicago hem de toegang had geweigerd en dat hij nu weer op weg was naar Lagos, waaruit hij twee dagen daarvoor was vertrokken.

Op mij na leek niemand erg verontwaardigd dat hij hier vastzat. Mijn eigen boosheid ging algauw over in wanhoop. De hele onderneming zou nu vast op niks uitlopen. We kwamen rokend en naar het plafond starend de dag door. Ik dacht verlangend aan de Efes is de businessclasslounge boven ons. De cel waarin de vrouwen en kinderen vastzaten lag naast de onze, en mannen praatten met hun vrouw door hard te schreeuwen. Soms ging de betaaltelefoon over. Meestal belde dan een familielid. Ik werd er een keer bij gehaald omdat ik Frans sprak. De vrouw aan de andere kant wilde iemand spreken die er niet meer was. Dat zei ik ook. 'Maar hebben ze hem naar Frankrijk gestuurd of naar Kameroen?' Niemand die het wist.

Ik had een paperback bij me, *Beloved* van Toni Morrison. Als ik kalm genoeg was om te lezen, ging de tijd sneller voorbij en verdween mijn misère naar de achtergrond. 's Nachts zaten we te snurken in onze stoelen. In de ochtend, in het zwakke licht van een lamp met EXIT erop, maakte een bewaker me wakker voor mijn vlucht. Ik kreeg mijn spullen terug, op mijn paspoort na, dat hij in een plastic zakje aan iemand van de bemanning overhandigde. Nadat de andere passagiers aan boord waren gegaan, werd ik naar een stoel achterin gebracht. Toen we in Ljubljana landden, stond een Sloveense politieman me op te wachten.

'Wat is er gebeurd?' zei hij toen we in zijn kantoor waren gaan zitten.

'Volgens mij moet Turkije op dit moment weinig van buitenlandse journalisten hebben.'

Hij knikte meewarig en zette een stempel in mijn paspoort. Ik was weer in de EU.

In Triëst deed ik zo lang mogelijk over mijn derde glas in het Caffè San Marco en dacht na over mijn probleem. Omar en Malik hadden een Iraans visum gekregen en waren al in Teheran. Binnen niet al te lange tijd zouden ze een poging wagen om met mensensmokkelaars de grens over te steken en dan Istanbul te bereiken. Maar ik mocht Turkije niet meer in. De zaak rechtzetten zou maanden duren, als het al zou lukken. En zoveel tijd hadden we niet meer, want de winter kwam eraan.

Voor het eerst in mijn leven had ik een idee van wat de grens voor zoveel andere mensen betekende: een muur tussen jou en iemand van wie je hield. Terwijl ik in mijn eentje in het café zat vroeg ik me af wat ik moest doen. Ik kon gewoon hier in Europa op Omar blijven wachten en dan voor mijn boek reconstrueren wat voor reis hij achter de rug had. Er even van uitgaand dat hij het zou halen. Ik wist dat ik in Nimroz te ver gegaan was en dat ik mijn professionele afstandelijkheid aan het kwijtraken was. Ik wist dat ik gokte met mijn leven en mijn vrijheid, op een manier die sommige mensen niet konden begrijpen. Maar ik kon Omar niet in de steek laten. Ik moest Turkije binnen zien te komen. Ik had een plan D nodig.

Eerder dat jaar waren de grenzen in de Balkan dichtgegaan, waardoor tienduizenden vluchtelingen klem waren komen te zitten in Griekenland en Bulgarije. Daar leefden ze in smerige, heel gewelddadige kampen. Ik had gehoord dat ze in sommige gevallen smokkelaars hadden betaald om ze terug te brengen naar Turkije. Ik kon me voordoen als een Afghaan die naar zijn familie in Istanbul terug wilde.

Maar toen ik alles nog eens op een rij zette, bedacht ik dat ik het beter in mijn eentje kon doen. Afghaanse migranten noemden dat 'chocolati', want gratis de oversteek wagen was zoet, als snoepgoed. Met Google Maps en een beetje geluk wisten sommige vluchtelingen ook zonder smokkelaars een route door Europa te vinden, vooral als je daarvoor alleen maar officiële grensovergangen hoefde te omzeilen. Maar als je door afgelegen gebieden zonder paden wilde lopen, waar gepatrouilleerd werd en hekken waren, moest dat met een kompas of gps.

Op mijn laptop keek ik naar topografische en satellietkaarten, op zoek naar een manier om via de zachte onderbuik van Fort Europa naar binnen te komen. Sinds de Europese Unie de vluchtweg via de Griekse eilanden had afgesloten, probeerden veel migranten het via Bulgarije. Met steun van de EU waren de Bulgaren bij de grens een stevig hek aan het bouwen, compleet met scheermesprikkeldraad.[9] Maar voor zover ik dat online kon nagaan, was dat nog niet tot de Zwarte Zee doorgetrokken, waar de grens door de Strandzha liep, een ruig, dunbevolkt natuurreservaat. Ik besloot daar over te steken.

De volgende dag liep ik onder de sombere arcades het busstation van Triëst binnen, langs borden in het cyrillisch die goedkope tickets aanboden naar het vaderland van veel mensen die daar werkten en ik kocht een kaartje naar Sofia, de hoofdstad van Bulgarije. We reden over het plein, bij de haven vandaan, langs hoge stenen gebouwen, in de richting van de groene heuvels. Tot de Eerste Wereldoorlog was Triëst de voornaamste haven geweest van de Oostenrijks-Hongaarse dubbelmonarchie. Nadat ontdekkingsreiziger en spion Richard Francis Burton hier was aangesteld als Brits consul besteedde hij zijn laatste jaren aan het vertalen van de *Duizend-en-een-nacht*, en als hij en zijn vrouw, Lady Isabel, zich 'slapjes en niet erg lekker' voelden, reden ze over deze weg naar het Karstplateau waar het Slavische achterland begon.[10] In die tijd kon je helemaal tot aan Transsylvanië doorreizen zonder het veeltalige keizerrijk te verlaten. Dat veranderde door de Grote Oorlog, waarin miljoenen de dood vonden voor nieuwe naties, met als bijproduct de moderne vluchteling,[11] die, in de beroemde woorden van Hannah Arendt, 'het recht om rechten te hebben' ontbeert.[12]

In onze tijd is de wereld verdeeld in natiestaten. Er zijn filosofen die betogen dat naties zich bezig moeten houden met realpolitik, omdat ze co-existeren binnen een fundamenteel gewelddadige anarchie; anderen dromen over een gemenebest van democratieën waarin oorlog achterhaald is geworden. 'Aangetoond kan worden dat dit concept van federalisme,' schreef Immanuel Kant in 1795 in zijn door oorlog verscheurde continent, 'dat zich geleidelijk aan zal verbreiden tot het alle staten omvat en zo tot blijvende vrede leidt, haalbaar is en objectief uitvoerbaar.'[13]

Het dichtst bij zijn visioen van vrede is nog wel de EU gekomen, door een vorm van op vrijhandel gebaseerd kosmopolitisme. De eerste aanzet was in 1951, met het oprichten van de Europese Gemeenschap voor Kolen en Staal, een gemeenschappelijke markt om de kolen- en staalsectoren van Frankrijk en Duitsland tot één geheel te smeden en dus oorlog om praktische redenen onmogelijk te maken.[14] Toen deden zes landen mee; inmiddels zijn dat er zevenentwintig. In 2012 kreeg de EU de Nobelprijs voor de Vrede. 'In de afgelopen jaren heeft het Europese project aangetoond dat het mogelijk is dat volken en naties tot elkaar komen, ongeacht grenzen', zei de voorzitter van de Europese Commissie bij de ceremonie. 'Dat het mogelijk is om de verschillen tussen "wij" en "zij" te boven te komen.'[15]

We reden verder naar het oosten, Slovenië in, waar de bergen mosgroen oprezen tegen de steeds donkerder wordende violette hemel. Ik ging op vakantie, zei ik tegen mezelf. Mijn spiegelbeeld werd zichtbaar in de ruit toen de wereld aan de andere kant zich verloor in vage vormen: straatverlichting, viaducten, afritten. Als het donker is, ziet elke busreis er hetzelfde uit. De parkeerterreinen met hun oranje verlichting hadden net zo goed in Ontario kunnen liggen, onder een laag sneeuw, als ik voor de kerst van de universiteit terugging naar de buitenwijk die voor mij de opmaat was van het echte verhaal, dat nog moest komen. 'Ik wil een leven leiden alsof ik in een roman woon', schreef Gérard de Nerval in *Voyage en Orient*.[16] Het glas voelde koel aan tegen mijn voorhoofd.

We waren zonder te stoppen van Italië naar Slovenië gereden. De andere taal op de verkeersborden was het enige bewijs dat we een landsgrens waren overgestoken. Maar toen we bij Kroatië kwamen, stopten we wel. De passagiers stapten uit om hun paspoort te laten stempelen. We lieten de Schengenzone, het hart zonder grenzen van Europa, achter ons. Van de vele verdragen die de EU kent, leren vluchtelingen er op zijn minst twee kennen: Schengen en Dublin,[17] met vier dagen tussenruimte getekend in de zomer van 1990, het ene in een wijnstadje in belastingparadijs Luxemburg, het andere in de hoofdstad van Ierland, dat ooit de helft van de bevolking is kwijtgeraakt door hongersnood en emigratie.[18] De twee verdragen maken duidelijk wat de essentie is van de spanningen die zich bij mondialisering voordoen: dat kapitaal en goederen zich vrijelijk kunnen bewegen, maar mensen niet.[19] Door het Verdrag van Schengen zijn grenscontroles tussen lidstaten afgeschaft: vrij baan voor vrachtwagens, geld en inwoners. Het Verdrag van Dublin heeft voor een specifieke groep personen opnieuw grenzen ingesteld door te stipuleren dat asielzoekers asiel moeten aanvragen in het eerste land van de EU waar ze aankomen en daar moeten blijven tot er over hun geval is beslist. Bootvluchtelingen die in Italië aan land komen, om een voorbeeld te noemen, mogen niet doorreizen naar Frankrijk of Oostenrijk, en als ze worden opgepakt, kunnen ze worden teruggestuurd. In feite is door dit verdrag een bufferzone geschapen voor de rijkste EU-landen: Duitsland wordt omsloten door andere lidstaten. De overlast die de vluchtelingen veroorzaken komt voor het grootste deel terecht bij de landen rondom de Middellandse Zee en in de Balkan, die het harde schild vormen van Fort Europa. Dublin is de prijs die ze betalen voor de rijkdom van Schengen.

Na nog eens vijf uur schenen er sterke lampen door de ramen. We waren bij de grens met Servië. Kroatië had zich in 2013 bij de EU aangesloten, maar wachtte nog op toelating tot de Schengenzone. Servië hoorde bij geen van beide, maar popelde om erbij te horen. Serviërs hoefden al geen visum meer te hebben als ze een bezoek wilden brengen aan Schengenlanden. In ruil daarvoor was Servië overgegaan op een strenger immigratiebeleid en betere grensbewaking, een goed voorbeeld van wat de externalisering van de EU-buitengrens wordt genoemd.[20] Dublin is net iets ouder dan Schengen. Je bij de EU aansluiten houdt in dat je een muur optrekt tegen wie zich daarbuiten bevindt. Voor Polen zich bij de Schengenzone mocht aansluiten moest het een streep zetten door het beleid om Oekraïners zonder visum toe te laten, en datzelfde gold voor Spanje, dat Marokkaanse seizoenarbeiders zonder visum toeliet. Om die reden begonnen in de jaren negentig de eerste bootjes de Middellandse Zee over te steken, een kort reisje naar de overkant van de Straat van Gibraltar. *Harragas* werden ze genoemd, 'zij die branden',[21] want eerst kwamen ze over de weg, dan gingen ze het water op en dan verbrandden ze hun papieren. Spanje had de grensbewaking opgevoerd en nu maakten mensen die van Afrika naar Europa wilden oversteken een langere tocht: van Libië en Egypte naar Italië en Malta. De belangrijkste grens van de Europese Unie was de Middellandse Zee. De zee was een slotgracht tussen twee continenten die qua welvaart enorm uit de pas liepen, en dat verschil werd alleen maar groter.[22] Het 'grensindustriële complex' regelde schepen en observatiedrones, terwijl EU-diplomaten migratieverdragen afsloten en veiligheidsprojecten regelden die tot diep in Afrika en Azië reikten. De zogenoemde vluchtelingencrisis van Europa was beter te begrijpen als je die zag als crisis van dit grenssysteem. En die crisis was weer het gevolg van de Arabische Lente, waardoor de bewakers aan de zuidkant van de Middellandse Zee waren omgevallen: Ben Ali, Hosni Mubarak en vooral Moammar al-Gadaffi, die in Rome een keer naast de Italiaanse premier had gestaan en had gewaarschuwd: 'Het zou wel eens zo kunnen zijn dat Europa morgen niet meer Europees is en zelfs dat het zwart is, want er willen miljoenen naar binnen.'[23]

Toen het dag werd, klom onze bus tussen de bergen door en reed Bulgarije binnen, waar we voor de laatste keer door Immigratie moesten en weer de EU binnenkwamen. Ik wisselde wat euro's voor levs: Bulgarije was een van de recentste lidstaten, maar was nog niet tot de monetaire unie of tot Schengen toegelaten. Ik stapte in een trein die door het dal van de Maritsa reed, tot waar dat zich verbreedde tot golvend akkerland, met in de dorpen kerken met rode torenspitsen. De zomer was voorbij, het graan stond goudgeel op de akkers, aan het eind van de dag zetten de stralen van de zon achter ons het gewas in brand.

Ik had een afstand van elfhonderd kilometer afgelegd, van de kust van de Adriatische Zee naar Burgas, een havenstad aan de Zwarte Zee. De volgende ochtend ging ik met een forenzenbusje langs de kust naar Sinemorets, een badplaatsje in de buurt van de Turkse grens. Daar liep ik langs dichtgetimmerde ijssalons naar het hotel dat ik online had weten te vinden. De receptioniste keek niet al te vriendelijk: één man, buiten het seizoen. Misschien wel een sekstoerist. Terwijl ik incheckte vroeg ik naar de fietsen die ik op hun website had gezien.

‘We hebben een paar fietsen die gasten kunnen gebruiken’, zei ze. ‘Maar zorg wel dat u altijd uw paspoort bij u hebt, vooral in de buurt van de grens. U weet vast wel dat er problemen zijn met buitenlanders die Bulgarije binnen willen komen.’

Ik verzekerde haar dat ik daar alles van wist, nam mijn sleutel mee en liep naar mijn kamer. Ik zette mijn rugzak op het bagagerek, logde in op het net en keek op WhatsApp. Geen berichten.

‘Waar zitten jullie?’ schreef ik aan Omar.

Toen ik de volgende ochtend wakker werd, had hij teruggeschreven: ‘Morgen gaan we naar de grens.’ Het werd tijd om de omgeving te verkennen. Ik fietste het plaatsje door en zette koers naar het zuiden.

Sinemorets vormde de zuidelijke punt van een halvemaan badplaatsen langs de Zwarte Zee. Vroeger werd deze regio de Rode Rivièra genoemd. Hier kwam de communistische elite.[24] Er kwamen toeristen van beide kanten van het IJzeren Gordijn, maar vooral Oost-Duitsers, die stiekem van plan waren om via Turkije naar het Westen te vluchten.

In die tijd werden grensmuren geassocieerd met totalitaire staten. Dit soort fysieke barrières zag je niet veel, want ze kostten een hoop geld en waren niet bestand tegen militair geweld of vastberaden smokkelaars.[25] Waar ze wel goed voor waren, was een mensenmassa tegenhouden. Tijdens de Koude Oorlog was voor het Westen de Muur de grens tussen de mensen die vrij waren en de mensen die dat niet waren, en mensen die de grens wisten over te steken waren vluchtelingen.

Ik fietste door een landschap van akkers en bos, met in de verte een paar schuren, terwijl de heuvels steeds hoger werden. Zo arriveerde ik bij de grenszone, tweehonderdvijftig kilometer breed en drie kilometer diep, aangegeven door een weg die parallel liep aan de Turkse grens. In de communistische tijd mocht je hier alleen met een speciale vergunning komen en waren er hekken en mijnenvelden. Volgens onderzoekers zijn meer dan honderd mensen die naar het Westen wilden vluchten door grenswachten doodgeschoten. Maar een grensmuur is alleen maar effectief als er ook mensen bij betrokken zijn en aan de Bulgaarse kant werden de bewakers bijgestaan door een netwerk van informanten in de dorpen.[26] In de badplaatsen werden de badgasten in het oog gehouden door een multinationale operatie: vanaf 1964 was hier in de zomermaanden een groep medewerkers van de Stasi actief.

In 1989 viel de Muur en ging Oost-Europa over op het kapitalisme. Bulgarije haalde de hekken en de mijnenvelden weg. 'De theorie was indertijd dat het ondemocratisch was om dat soort dingen langs een grens te hebben', zei een voormalige minister.[27] Toch leek het wel of de brokstukken van de Muur als drakentanden waren gezaaid, want sindsdien zijn er alleen maar barrières bij gekomen. In 1989 waren er in de wereld maar vijftien grenzen versterkt met muren of hekken. In 2016 waren het er al bijna zeventig, en nog meer zaten in de planning of er werd aan gewerkt.[28] Vooral na de aanslagen van 11 september 2001 zijn er veel muren en hekken gebouwd. Om de veiligheid te vergroten, wordt erbij gezegd, maar in de praktijk zijn ze een scheidslijn tussen arm en rijk.

Toen Bulgarije zich in 2007 aansloot bij de EU kwamen er weer hekken, dit keer om mensen buiten de deur te houden. Dezelfde bewakers die eerst jacht hadden gemaakt op de eigen burgers maakten nu jacht op migranten, die vaak klappen kregen en werden beroofd en dan werden teruggestuurd naar Turkije.[29] Later in dat najaar werd niet ver van Sinemorets Ziaullah Wafa, een ongewapende Afghaan van negentien, door grenstroepen doodgeschoten.

Ik minderde vaart toen ik bij de grenspost kwam, waar een bewaker voertuigen inspecteerde die de zone wilden verlaten. Ik zag het prikkeldraad, haaks op de weg, door de akkers en dan het bos in. De bewaker en een militair met een kalasjnikov reageerden niet toen ik langs hen heen fietste, gekleed in een korte broek en een kleurig bloemetjeshemd. Ik reed nog een kilometer of drie door tot ik bij de plaats Rezovo was, vernoemd naar de rivier die in het Strandzhagebergte de grens tussen de twee landen is. De dichtstbijzijnde plek waar je Turkije binnen kon komen was vijftig kilometer verderop, maar bij de monding van de rivier was er een plek waar je kon kijken naar de enorme Turkse vlag die aan de overkant wapperde. Twee stellen van middelbare leeftijd stonden foto's te nemen. Het waren Bulgaren, zo te zien oud genoeg om zich het IJzeren Gordijn te kunnen herinneren. In die tijd, schreef Kapka Kassabova, 'was de grens een bijna mythisch iets, wat je niet kon benaderen of zien'.[30]

De volgende paar dagen fietste ik rond en wandelde in de buurt van de grens over bospaden. Elke middag dook ik na terugkomst de Zwarte Zee in. Het brakke water beet in de schrammen die de bramen op mijn benen hadden achtergelaten. 's Avonds at ik in een barbecuetent in het dorp. Om een uur of negen kwam een pantserwagen aanrijden. Daar stapten een paar mannen van de gendarmerie in ME-uitrusting uit, onderdeel van de extra troepen die bij de grens werden ingezet. Een keer keek een van hen oplettend naar mij en mijn zeebaars. Misschien vroeg hij zich af of hij te veel door de bossen had gezworven en nu overal Afghaanse vluchtelingen zag.

Ik wachtte op bericht van Omar en Malik dat ze veilig in Istanbul waren aangekomen. Maar Omar reageerde niet op berichten van me. Ik belde Maryam, maar die had ook niks gehoord. Omar en Malik zaten ergens in de bergen met hun smokkelaars. Ik wilde niet langer wachten, omdat er een depressie met veel regen in aantocht was. Ik verifieerde of ik haar adres goed had opgeschreven en zei dat ik er over niet al te lange tijd zou zijn, al ging ik niet in detail.

'Misschien sta ik binnenkort voor je deur.'

'Moge God je vergezellen', zei ze. 'Ik bid voor je.'

Ik keek of ik alles had: drie liter water, euro's, Turks geld, een mes, een kompas en mijn Samsung, met kaarten van het gebied die ik had gedownload. Net als bij de meeste smartphones zat er ook een gps op. Ik gooide mijn zwembroek weg en ging vroeg naar bed, met in mijn hart de kalmte die na een beslissing over je komt.

De volgende ochtend checkte ik uit en nam een taxi naar Silistar, een populair strand net ten noorden van het grensgebied. Toen ik me op de achterbank liet zakken werd er op de radio een bekend nummer gedraaid. Ik kon mijn oren niet geloven. Het was een van de favoriete nummers van Omar, 'Hero' van Enrique Iglesias. Het begint langzaam, alleen de schorre stem van Enrique, met een gitaar, maar aan het eind hoor je bekkens, violen en een piano en schreeuwt hij het uit:

I can be your hero, baby, I can kiss away the pain
I will stand by you forever,
You can take my breath away

De taxi reed de parkeerplaats op. Het grind knarste onder de banden. Ik hees mijn rugzak op mijn schouders en liep naar het strand, langs de eerste badgasten die al op hun handdoek lagen en klauterde tegen de rotsen aan het zuidelijke eind van het strand op. Ik had deze route al verkend. Langs de rotsige kust liep een naar jeneverbes geurend pad. Na een half uur kwam ik bij een rotspunt waar de omheining langs de grensstrook tot aan de zee doorliep. Ik liep het bos in en trok een spijkerbroek en bergschoenen aan. Toen liep ik door de struiken heen tot ik het punt vond dat ik zocht: een geplette koffer en twee sportschoenen in een kindermaatje.

Hier begon de grenszone. Ik sloop door het struikgewas, tot ik een onverharde weg bereikte. Aan mijn kant stond een hek van roestig gaas. Aan de overkant zag ik een nieuwer hek, bijna vier meter hoog, met bovenop prikkeldraad. In het midden van de weg liep nog een derde hek, met horizontale draden, net als bij een veekering. Om de vierhonderd meter stond een telefoonpaal met een camera erop. Onderaan de dichtstbijzijnde paal, buiten zicht van de camera, had iemand – ongetwijfeld een smokkelaar – een gat in de omheining geknipt.

Ik kroop door het gat aan mijn kant, keek of er een auto aankwam, kroop halverwege de weg onder de veekering door en bereikte via het gat aan de andere kant het stille duister van het bos. In de communistische tijd zagen vluchtelingen soms het begin van de grenszone aan voor de eigenlijke grens en werden zo een makkelijke prooi voor de bewakers aan de andere kant. Ik wist natuurlijk dat ik door de hele zone heen moest, naar de oever van de Rezovo. Op mijn telefoon keek ik welke kant ik op moest en koerste toen landinwaarts, in de richting van een breed stuk grasland. Aan de andere kant stond een paard naar me te kijken. Ik vond een onverharde weg door het bos die ik al op de satellietkaart had gezien – een smal bruin lint dat helemaal naar de rivier liep. Zo te zien was het hoge gras dat hier en daar in de weg groeide onbeschadigd, maar ik ging bijna in een grote hoop paardenvijgen staan. Misschien waren er wel bereden patrouilles. Ik besloot dwars door het bos te lopen, op mijn kompas.

In het struikgewas wemelde het van gretige bruine teken en wolken steekmuggen zwermden om mijn hoofd. Ik smeerde mezelf in met een insectenwerend middel en zette een breedgerande hoed met een muskietennet op die ik in een sportwinkel in Sinemorets had gevonden. Toen ik koers zette naar het zuiden vroeg ik me af hoe ik in deze uitmonstering op anderen zou overkomen. Als een verdwaalde toerist? Een Bulgaar die op jacht was naar wetsovertreders? Een smokkelaar die bij de rivier zijn klanten op ging halen?

Het golvende eikenbos werd doorsneden door steile kloven. Onder het afgevallen blad zag ik snoepverpakkingen en plastic flesjes. Op een open plek was het gras in een brede strook geplet, alsof het door een plotseling opkomende stroom water was platgewalst, maar ik zag dat de strook zich niets van de zwaartekracht aantrok en omhoog en omlaag liep. Hij moest zijn gemaakt door naast elkaar lopende mensen, een rivier van migranten.

Na een paar uur begon het terrein omlaag te gaan. In het zuidoosten hoorde ik een geluid dat klonk alsof daar zware machines aan het werk waren. Dat maakte me nerveus. Inmiddels kon ik de aardse geur van de rivier ruiken. Ik volgde de helling, langs nog meer platgetrapte flesjes met Turkse opschriften, tot ik bij een weg langs de Rezovo kwam. Door tussenruimten in het struikgewas kon ik het groene water zien.

Toen ik de weg op liep, schrok ik me te pletter. Twintig meter verderop, half verscholen in het struikgewas, stond een grijsgroene politietent. Ik schoot terug, de doornstruiken in, dook in elkaar en luisterde. Niks. Ik had geen politiemensen gezien. Maar vanaf de weg kon iedereen me zien. Ik moest aan de andere kant van de rivier zien te komen, en snel ook.

Nu kon ik niet meer terug. Ik was uit Turkije gezet omdat ze me een gevaar vonden voor de nationale veiligheid. Dan kon ik me beter voordoen als een Afghaan zonder papieren, want die liet de politie meestal lopen. Ik haalde een fles Bulgaarse *mastika* uit mijn rugzak, nam een ferme slok en begon meteen te kokhalzen – de drank smaakte naar benzine met anijssmaak. Ik goot de drank in een kuil en probeerde die aan te steken om zo mijn paspoort te verbranden, maar de vlammen gingen steeds uit. Geërgerd sneed ik met mijn mes de bladzijden los en stak die aan. Ik staarde naar de vlammen die de kleurige zegels en visumstempels verteerden. Een paar jaar werk als journalist. Maar ik had te veel pagina's tegelijk op de vlammen gegooid en nu smeulde het vuur. Vooral met de dikke kaften had het moeite, en nu hing er een witte rookpluim boven de weg. Ik griste de pagina's uit het vuur en legde ze met verzengde vingers een voor een weer terug, zodat ze netjes opbrandden.

Mijn hoofd tolde van de rook en de mastika. Ik trok mijn spijkerbroek en hemd uit en deed ze met mijn rugzak in een vuilniszak, die ik vol lucht blies en toen dichtknoopte. In mijn onderbroek, met de vuilniszak in mijn hand, liep ik door de doornstruiken. Aan de rand van het water bleef ik even staan. Toen smeet ik de zak zo ver ik kon het water in en sprong erachteraan.

Het water voelde zo koel aan dat ik mijn hoofd er even helemaal in liet zakken, waar het donker was. Toen ik weer boven kwam, pakte ik de dobberende vuilniszak en trok die al zwemmend met me mee. De Rezovo was hier maar dertig meter breed en toen ik halverwege het kalme water was, was het net of ik in een doodstil meer zwom. Ik kon het ijzer in het rivierwater proeven en het water was even groen als de bomen om me heen.

Aan de Turkse kant was de oever hoger. Ik hield me vast aan een glibberige boomstronk, smeet de vuilniszak omhoog en klauterde er door de modder achteraan, een donker stuk bos in. Daar trok ik mijn kleren weer aan. Toen ik achterom keek naar waar de rivier liep, zag ik alleen maar bos.

Het licht begon van kleur te veranderen. Ik keek op mijn horloge: vijf uur. Mijn plan was om me gedeisd te houden tot de maan opkwam en dan naar İğneada te lopen, een badplaats waar in de ochtend een bus naar Istanbul ging. Ik vond een plekje achter een omgevallen boom en ging liggen.

Mijn ademhaling en hartslag werden weer normaal. De geluiden van het bos kwamen terug in lagen krekelgesjirp en vogelzang. Een eekhoorn buitelde langs een stam omlaag en schold me uit. Ik hoorde het geklepper van een overvliegende patrijs, de roep van een fuut en wat klonk als een gestoorde vos. De stukken hemel tussen het gebladerte werden grauw en toen onzichtbaar. Mijn ledematen voelden alsof ze in de aarde wegzonken. Toen ik mijn ogen sloot, zag ik de vlammen die mijn paspoort verteerden.

Ik schrok van een ritselend geluid, dicht bij mijn oor. De eekhoorn, dacht ik, maar toen hoorde ik een duidelijk herkenbaar *miauw*. Ik schoot overeind en keek zonder iets te zien om me heen. Een kat? Hier? Het was inmiddels zo donker dat ik mijn handen niet kon zien. Ik tastte naar een stok die ik eerder had zien liggen en legde die over mijn borst. Het moest een droom geweest zijn. Of was ik gek aan het worden?

Het duister was net een zware deken. Ook de dieren lagen eronder. Zo lang ik in het bos bleef kon niemand me vinden. Mijn gevoel voor tijd zeeg ineen naar één punt. Mijn laatste bezoek aan Bulgarije dateerde van acht jaar terug, toen ik al liftend was gestrand en de nacht in het open veld had moeten doorbrengen. Ik was nat van de dauw wakker geworden. In die tijd had ik geleerd in de open lucht te slapen. Toen ik later, in het najaar, in Afghanistan arriveerde, was ik naar de antieke plaats Balch gegaan, waar de soefi-mysticus en dichter Rumi vandaan kwam. De avond daarvoor had ik te veel hasj gerookt met de jongens in hotel Aamo en was ik panisch gaan slapen. Maar de volgende ochtend stapte ik in Mazar in mijn nieuwe *perahan tunban* in een taxibusje en keken de andere passagiers volledig door me heen.

Balch werd in de Oudheid door de Grieken Bactra genoemd en stak toen als hoofdstad van Bactrië Babylon naar de kroon. Alexander de Grote was op weg naar India in het huwelijk getreden met Roxane, een plaatselijke prinses. Aan het begin van de dertiende eeuw was Rumi voor het leger van Dzjengis Khan uit naar Anatolië gevlucht, waar hij *fana* had gedoceerd, 'vernietiging', een toestand waarbij het ego en de vergankelijke wereld worden weggevaagd en alleen de goddelijke essentie overblijft. 'Wend u af van het bestaan naar het niet-bestaan als u God zoekt en tot hem behoort', had hij geschreven.

In het dorp was ik bij de archeologische plaats uitgestapt en hetzelfde plateau op gelopen waar de profeet Zarathustra had gepredikt. De stad was door de tijd verwoest; het enige wat ervan over was, was de hoge rand waar ooit de muren hadden gestaan.

'Hij wijst alles af wat door de zintuigen wordt waargenomen en vestigt zijn troon op het onzichtbare.'

Later, soezerig van de warmte, vond ik een park waar een paar arbeiders lagen te pitten. Ik wilde verdwijnen, ging in het gras liggen en viel in slaap, de zon op mijn keel.

'Zijn liefde is onmiskenbaar en zijn geliefde is in het verborgene.'

In de scheppingsmythe komt kennis op ballingschap neer. Je komt te weten dat je niet terug kunt naar waar je vandaan komt. Toen ik op die reis voor het eerst kennismaakte met armoede en oorlog, voelde ik veel verdriet over het lijden van anderen, maar zag ik later pas dat ik ook medelijden met mezelf had dat ik in zo'n wereld leefde.

'Het gezicht dat je liefhad; waarom ben je vermoeid geraakt toen de jeugd heenvlood?'

Als we ons vereenzelvigen met de gebrokenheid van de wereld gaan we op zoek naar een manier om daar iets aan te doen. Maar ik was mijn geloof kwijtgeraakt en voelde me niet langer verbonden met de geschiedenis. Naar mijn idee was mensen terzijde staan de enige solidariteit die ik te bieden had.

'Als de geliefde kon worden waargenomen zou iedereen liefde kennen.'[31]

Nu was ik alleen in de wildernis. Deze tocht met Omar was zo chaotisch geworden dat ik niet meer snapte wat ik deed. Ik was moe en ik voorzag alleen maar ellende bij wat ons nog te wachten stond. Maar in dit bos kon ik niet blijven. Er werd op me gewacht.

Op de boomstam tegenover me verscheen een gele vlek. Toen ik me omdraaide zag ik dat de maan glanzend opkwam. Ik bleef nog een uur zitten. Toen vertrok ik, mijn stok in mijn hand. De maan was bijna vol en scheen als een straatlantaarn omlaag. De bomen waren zwarte vlekken aan de rand van de weg.

Het was een kilometer of vijftien naar İğneada. Op een kam, met zicht op het zuiden, rustte ik even uit. Ik kon de lichtjes van de plaats zien, als een snoer lampjes tussen het donker van de zee en het binnenland. Het kostte me een uur om de buitenwijken te bereiken, waar een paar honden even naar me blaften. Ik gooide de stok weg. Een lange brug liep over een uitloper van de zee heen. Aan de andere kant lag een camping, voor het grootste deel leeg. Rillend ging ik onder een boom zitten. Het enige wat ik aan kleren aanhad, was een T-shirt en een windjack. Het laatste uur voor de dageraad was altijd het koudste.

Toen het net licht was, stak ik de weg naar het strand over. Aan de horizon dook een rode rafel op, die breder werd en smolt. 'Red sky in the morning, sailors take warning', zong ik, terwijl ik het dorp in liep.

İğneada was een driehoek van kebabtenten en hotels rond de plek waar de weg naar het binnenland uitkwam op de kustweg. In het busstation vroeg ik in mijn haperende Turks om een kaartje naar Istanbul. De vrouw achter de balie wilde mijn *kimlik* zien.

Mijn identiteitskaart. Ik haalde mijn schouders op. Ze keek me even aan en gaf me toen toch maar een kaartje.

In een van de winkels at ik een kom linzensoep en daarna ging ik in een cafetaria zitten, met uitzicht op de bushalte. Ik rookte aan een stuk door en dronk gloeiend hete glaasjes thee. Een auto van de Jandarma stopte voor het busstation. Twee politiemannen stapten uit en gingen naar binnen. De vrouw had natuurlijk gebeld. Ik kon geen kant op. Ik probeerde me voor te bereiden op wat er zou gebeuren. De vrouw zou naar buiten komen en me aanwijzen. Ik zou zo kalm mogelijk blijven zitten als ze naar me toe kwamen en om mijn papieren vroegen. Ik was een Afghaan zonder reisdocumenten, een vluchteling, een *mülteci*. Ze zouden me arresteren. Wat er ook gebeurde, ik zou geen Engels gaan spreken.

Maryam had inmiddels wel haar ochtendgebed voor me opgezegd, en dus had ze voor Omar en mij ook de *Ayat al Kursi* opgelezen, het beroemde Troonvers uit de Koran. Ze heeft me een keer uitgelegd dat de kracht van de tekst beschermende muren op kan trekken om een geliefde, doorzichtiger dan lucht en sterker dan staal. De symmetrisch opgezette tekst leidde haar door de attributen van de goddelijkheid van de enige ware god, die eeuwig binnen zichzelf bestaat, die niet door slaap wordt overmand, aan wie alle dingen in de hemel en op aarde toebehoren, wiens wil het universum draagt, die weet wat er in de toekomst en in het verleden ligt, omdat er niets gebeurt tenzij hij het wil, wiens troon eeuwig zal zijn, moeiteloos in stand gehouden door de hoogste en grootste god.

De politiemannen kwamen weer naar buiten. Ik keek hoe ze wegreden en zakte onderuit in mijn stoel. Buiten kwamen er steeds meer passagiers bij elkaar staan en toen ze in begonnen te stappen rekende ik af, liep erheen en liet mijn kaartje zien.

Pas in de middag bereikten we Istanbul. Ik zag hoe de heuvels plaatsmaakten voor fabrieken en winkelcentra en begon me wat beter te voelen. Ik was uit de gevarenzone en zat niet in een cel.

Maar ik liep wel het risico dat het allemaal op niks zou uitlopen. Ik moest Omar zien te vinden. En ik beloofde mezelf dat we dan niet meer gescheiden zouden raken.

Van het busstation in Istanbul nam ik een taxi naar het adres dat Maryam me had doorgegeven en liep de trap op naar de tweede verdieping. De deur stond wijd open. Toen ik klopte, kwam Omars zusje Farah de hal in lopen.

'Wat kan ik voor u doen?' zei ze. En toen herkende ze me en begon te lachen.

9

In Istanbul was geen spoor te bekennen van Omar en Malik. Het laatste wat Maryam had gehoord, was dat ze op een veilig adres aan de Iraanse kant van de grens zaten en binnenkort de bergen zouden oversteken. Hun telefoons stonden uit, dus we konden alleen maar afwachten.

Het gezin had een driekamerappartement gehuurd boven een aantal naaiateliers in Zeytinburnu, een arbeiderswijk in het westen van Istanbul. Omars vader had een eigen kamer; Maryam, haar jonge neefje Suleyman, Farah en Shireen, een vriendin van Farah uit Kabul, deelden de andere twee kamers. Ze hadden ze in Afghaanse stijl ingericht, met kussens en matten op de vloer. 's Avonds zat iedereen in de woonkamer naar Bollywoodfilms te kijken.

Toen we de eerste avond samen zaten te eten rondom een op de grond uitgespreid tafelkleed, vertelde ik dat het me de nodige moeite had gekost om Turkije binnen te komen en dat ik uiteindelijk illegaal het land binnen was gekomen door zwemmend een rivier over te steken. Als Omar arriveerde, zouden hij en ik ons door smokkelaars naar Europa laten brengen. Maar ondertussen mochten ze tegen niemand zeggen hoe ik heette. Voortaan was ik Habib, een Afghaan.

'Habib. Dat is een goede naam', zei Maryam met een glimlach en de anderen knikten dat ze dat ook vonden.

Ze stelden geen vragen en ik wist niet wat ik verder nog moest zeggen. Misschien gingen ze ervan uit dat ik wist wat ik deed en hadden ze er alle vertrouwen in. En mensen die oorlog en vervolging hebben meegemaakt verdelen daarna de wereld niet vaak meer in keurig afgepaste categorieën zoals 'legaal' en 'illegaal'. Hoe het ook zij, mijn komst was een welkome afleiding van de verveling en de stress die hen kwelden omdat ze hier, aan de rand van Europa, klem zaten.

Overdag bleef Jamal uit de buurt van Maryam en zat hij op zijn kamer video's te kijken op zijn telefoon, terwijl Suleyman en Shireen, die twintig was, net als Farah, in een restaurant in de buurt werkten. Als Maryam ging bidden in de moskee, bleef ik alleen achter met Farah, die nog op zoek was naar werk. Ze vertelde over de maanden dat ze in Turkije had gezeten voor haar moeder daar was gearriveerd, eerst in Istanbul en toen samen met Shireen in Eskişehir, een stad in het Aziatische deel van Turkije, in afwachting van hoe de Verenigde Naties zouden beslissen over hun asielaanvraag.

Farah was de jongste van de twee zusjes. Ze had de brede jukbeenderen van haar moeder en ook haar lange, glanzende haar. Nu ze geen hoofddoek meer droeg, borstelde ze het 's ochtends een uur voor ze de deur uitging. In Iran had ze in haar kindertijd de bijnaam *boshke-ye khanda* gehad, grappenmaker, en naar buiten toe was ze nog steeds opgewekt, maar ik had op WhatsApp en Facebook haar profielafbeeldingen gezien: een bloedend hart met pijlen erdoor en het silhouet van een neerslachtig meisje, met 'WHY ME??' erboven.

Net als de rest van Maryams kinderen droomde Farah over emigreren naar het Westen. En net als haar jongere broer Zia had ze een hoog cijfer gehaald voor haar examen Engels, alleen was er niet genoeg geld geweest om naast hem ook haar in het buitenland te laten studeren. In plaats daarvan had ze een goedbetaalde baan in Kabul weten te vinden bij een buitenlandse ngo die taalcursussen gaf en was ze gaan sparen, met de gedachte dat ze dat geld een keer zou kunnen gebruiken voor een smokkelaar als de Taliban ooit Kabul innamen.

Toen ontmoette ze Haris. Een jaar eerder, toen ze nog in Afghanistan woonde, had hij haar via Facebook een bericht gestuurd. Hij had haar op de trouwvideo van een vriend gezien, zei hij. Net als haar oudere zus moest Farah weinig hebben van het traditionele huwelijk, maar Haris vond ze aardig, want die maakte haar aan het lachen. Toen ze uiteindelijk toestemde in een ontmoeting, bleek hij net zo knap te zijn als op de foto, met een dikke haardos in de stijl van Ahmad Zahir. Hij had een baan als journalist en droeg snelle pakken. Hij begon haar 's ochtends naar haar werk te brengen en stak dan vaak verhalen af over de machtige mensen die hij had ontmoet.

Beide gezinnen waren blij toen ze besloten zich te verloven. Maar de ochtend na het feest verscheen hij in tranen bij haar huis. Hij moest iets bekennen: hij was niet helemaal eerlijk tegen haar geweest. Ze wist al dat hij in financiële problemen verkeerde. Zijn vaders geldwisselkantoor was afgebrand en ze waren hun klanten veel geld schuldig. Nu vertelde Haris dat hij een verhouding had gehad met een oudere, gescheiden vrouw, die had beloofd zijn schulden af te betalen als hij met haar naar Turkije vluchtte. Maar haar ex-man, die commandant van de moedjahedien was geweest, was erachter gekomen. Hij en zijn handlangers hadden Haris ontvoerd en hem afgetuigd tot hij had beloofd de vrouw nooit meer te zien.

Dat was allemaal gebeurd voor hij Farah had ontmoet, zei Haris en nu lag het achter hem. Hij wilde alleen maar open kaart met haar spelen. Ze vergaf hem, en ze namen zich voor dat ze nooit meer geheimen voor elkaar zouden hebben. Ze begon hem te helpen met honderd of tweehonderd dollar per maand en het duurde niet lang voor ze niet meer kon sparen.

Ze was in die tijd niet bij haar volle verstand, zou Farah later beseffen. Haar oudere broers hadden er alleen maar minachting voor, maar net als haar ouders geloofde ze in zwarte magie en de amuletten die magiërs konden maken met lokken haar en vlees dat haram was. Ze had zelf bij een vriendin haar *khar mohra* of ezelsteen gezien, een versteende klier uit de hersenen van bepaalde dieren uit Bangladesh. Je kon de harde kraal op de vingertop leggen en dan een klakkend geluid maken, net als tegen een dier, en dan ging hij vanzelf draaien. Als je zo'n khar mohra op de juiste manier gebruikte, kon je iemand tot je slaaf maken.

Elke ochtend gaf Haris haar onderweg naar haar werk een flesje water en zei dat ze dat op moest drinken. De rest van de dag was het net of er een laag watten tussen haar en de wereld zat. Een paar keer nam hij haar mee naar een enge mollah, die bezweringen zong terwijl de wereld om haar heen tolde. Het waren spreuken om haar te beschermen, vertelde Haris.

Farah was geen vrolijke jonge vrouw meer. Ze was gedeprimeerd en lichtgeraakt en maakte permanent ruzie met haar moeder en Omar. Ze had zelfs geen contact meer met haar beste vriendin Shireen. Ze hadden samen gevoetbald in de vrouwencompetitie in Teheran. Shireen, klein, fel, met brede schouders en een pixiekapsel, was een van de beste spelers en alle andere meisjes wilden vriendinnen met haar zijn, maar zij liet haar keus op Farah vallen. Ze deelden alles met elkaar, positief en negatief. Ze hadden zelfs op hun onderarm dezelfde rij littekens gemaakt. Toen Farah niet meer langskwam, was Shireen heel verdrietig, maar ze ging ervan uit dat Farah te gelukkig was met haar verloofde om nog contact te hebben met haar. Maar op een dag liepen ze elkaar tegen het lijf en zag Shireen hoe verdrietig haar vriendin keek. Ze keek naar Farahs pols. Wat was er gebeurd met de gouden armbanden die ze altijd droeg?

Gegeneerd liet Farah haar eerst beloven het niet door te vertellen en toen zei ze dat Haris ten einde raad was. Zijn vaders schuldeisers bedreigden hem. Ze had hem al haar salaris gegeven en dus had ze haar armbanden verkocht.

Met hulp van Shireen kwam Farah tot het inzicht dat Haris haar gebruikte. De laatste druppel was wel dat hij ter gelegenheid van Eid, het Suikerfeest, zijn moeder en zijn zussen een prachtige jurk gaf, terwijl hij en Farah hadden besloten elkaar niets te geven. Ze verbrak de verloving. Wekenlang probeerde Haris om het goed te maken. Hij zwoer dat hij nooit van een ander zou houden. Hij wachtte haar buiten haar werk op en liet zien dat hij met een mes haar naam in zijn onderarm had gesneden. Op een dag trok hij haar in zijn auto, trok zijn pistool, zette dat tegen zijn hoofd en tierde dat hij zich voor zijn kop zou schieten.

Ze aarzelde, en misschien had ze wel toegegeven als ze via Facebook niet had ontdekt dat hij nog steeds een relatie had met de ex-vrouw van de moedjahediencommandant. Toen ze dat tegen Shireen vertelde, nam haar vriendin haar in haar armen om haar te troosten.

'Zonder jou kan ik niet leven', zei Farah.

'En ik niet zonder jou.'

'Maar hier leven kan ik niet. Ik wil weg.'

Ze besloten samen naar Europa te vluchten en daar een nieuw leven te beginnen. Het was eind 2015 en de grens was nog niet gesloten. Ze hoefden alleen maar Turkije binnen zien te komen en vandaar met een bootje over te steken. Maryam, die zelf ook weg wilde, gaf haar wat geld, en Omar ook. Shireen kreeg hulp van haar familie. Ze gaven bijna tienduizend dollar aan een bemiddelaar die beloofde visa voor Turkije te regelen, ook al was het razend druk op het consulaat. Maar na een aantal weken had de man pas één visum, voor Farah.

De meisjes hadden al vliegtuigtickets gekocht. Farah moest naar Istanbul, voor haar visum verliep. Ze ging naar een goedkoop hotel om daar op Shireen te wachten. Maar het Turkse visum kwam niet. Uiteindelijk regelde Shireen een Iraans visum, zodat ze naar Teheran kon. Ze loog tegen haar familie en zei dat ze meteen door zou vliegen naar Istanbul, want ze wist dat ze nooit toestemming zou krijgen om in haar eentje de tocht over de bergen te maken.

Grenzen zijn vaak gewelddadige plaatsen en vrouwen die ze illegaal oversteken lopen gevaar van de kant van smokkelaars en grenswachten en andere migranten. Van de kant van mannen. Verkrachting is de prijs die sommige vluchtelingen betalen om te ontsnappen. Hoe rauwer de grens, hoe groter het risico. Het profiel van de typische illegale migrant – een gezonde jongeman – wordt vaak gebruikt als rechtvaardiging van strenge grenscontroles, maar is in feite het gevolg van dat strenge toelatingsbeleid.

Als je arm bent, is mobiliteit een mannelijk privilege.

Maar toch. Shireen had steevast kort haar en kon in Afghanistan soms doorgaan voor een jongen, en nadat ze in Teheran was geland, ruilde ze haar jurk en hoofddoek in voor een spijkerbroek en een hemd. Ze waren al halverwege de bergen toen haar groep doorkreeg dat ze een vrouw was. Daarna voelde ze de blikken van de smokkelaars. Op de laatste dag probeerden die haar te scheiden van de rest. Ze zeiden dat ze verzwakt was en dat ze haar op een paard zouden zetten, maar ze begon te schreeuwen en te jammeren en uiteindelijk trokken de andere Afghanen één lijn en weigerden om zonder haar verder te gaan. Zo heeft ze veilig Istanbul weten te bereiken.

De twee vriendinnen waren weer samen, maar het wonder was voorbij. Het was inmiddels maart, en de grenzen waren dicht. Ze hadden niet genoeg geld meer om zich naar Duitsland te laten smokkelen. Als Farahs visum verliep, zaten ze hier illegaal. Maar ze had een idee. Farah had gehoord dat je via de Verenigde Naties legaal in het Westen kon worden geherhuisvest. Als je aan bepaalde voorwaarden voldeed, mocht je emigreren naar een land als de Verenigde Staten of Canada. Het viel niet mee om op de lijst te komen, maar ze dacht dat twee ongetrouwde Afghaanse vrouwen wel een kans maakten. En terwijl hun aanvraag in behandeling was zouden zij en Shireen een tijdelijke verblijfsvergunning in Turkije aanvragen. Ze namen de nachtbus naar Ankara.

Elk jaar ontvluchten miljoenen mensen huis en haard om aan oorlog te ontkomen. Meestal gaan ze niet naar een ander land, maar naar een andere stad of streek of een kamp, in de hoop dat ze snel weer terug kunnen. Wie toch zijn eigen land ontvlucht, komt meestal niet ver. Meer dan 80 procent van de vluchtelingen op de wereld wordt in de eigen regio opgevangen, waar ze door grenzen en humanitaire hulp van rijke landen kunnen en moeten blijven. Uit dit stuwmeer van vluchtelingen neemt het Westen af en toe een slok. Van de meer dan twintig miljoen vluchtelingen die er in 2015 wereldwijd waren, zijn er ongeveer honderdduizend geselecteerd en naar een nieuw leven gevlogen, voor het overgrote deel in de Verenigde Staten, Canada en Australië.[1] Vluchtelingen een nieuw bestaan bieden is een vrijwillig, humanitair gebaar – het staat los van de wettelijke verplichtingen die elk land volgens de Conventie van Genève heeft jegens mensen die aan de grens asiel vragen –, maar het functioneert ook als 'soft power', omdat zo een regionale crisis kan worden opgelost, zoals An Open Shore for an Open Door heeft gedaan voor de Vietnamese bootvluchtelingen.[2] Bovendien kunnen landen die de Conventie wel hebben ondertekend, maar het asielzoekers vrijwel onmogelijk maken om er te komen, zoals Australië, wijzen op hun herhuisvestingsprogramma. Dat is toch het bewijs dat ze voldoen aan hun verplichting om vluchtelingen bij te staan? Op die manier verwordt het recht op asiel tot een kans om een legale status te verwerven. Dat wordt wel vergeleken met aansluiten in een rij wachtenden, maar eigenlijk komt het neer op een loterij.

In 1979, tijdens de naweeën van de oorlog in Vietnam, bood het Westen een op de twintig vluchtelingen een nieuw bestaan.[3] In 2015 was dat een op de tweehonderd. Maar of je als vluchteling veel kans maakte, was afhankelijk van het land waar je vandaan kwam en vanuit welk land je je aanvraag deed. Toen Farah en Shireen in het voorjaar van 2016 naar Ankara vertrokken, leefde in Turkije de grootste groep vluchtelingen van de hele wereld. Het waren er drieënhalf miljoen: Syriërs die de burgeroorlog waren ontvlucht, Afghanen, Irakezen, Iraniërs en vele anderen. Maar van al die mensen kon niemand asiel aanvragen, omdat Turkije om historische redenen alleen asielzoekers uit Europa erkent, en die zijn er nagenoeg niet. Niettemin was Turkije met zijn grote informele economie en niet erg strenge politie in die tijd een relatief goede plek voor vluchtelingen. Syriërs hadden van de Turkse overheid een tijdelijk beschermde status gekregen. Bij andere nationaliteiten had Turkije het hele proces gedelegeerd aan de UNHCR. Het uitgangspunt daarbij was dat mensen die als vluchteling werden erkend uiteindelijk in een ander land zouden worden geherhuisvest, en jarenlang was dat ook gebeurd. Maar nu bezweek die aanpak door de enorme groei van het aantal vluchtelingen, een gevolg van de oorlogen die de regio teisterden.[4]

Tussen 1995 en 2010 had het kantoor van de UNHCR in Turkije meer dan 35.000 Irakezen en Iraniërs een officiële status als vluchteling gegeven.[5] Ze waren vrijwel allemaal naar het Westen gegaan. Maar veel Afghanen wachtten nog op herhuisvesting omdat de landen waar ze heen wilden niet bereid waren hen op te nemen. Door de enorme toestroom stopte de Verenigde Naties met registreren. Toen mensen hun mond dichtnaaiden en voor het kantoor van de UNHCR een hongerstaking begonnen werd die beslissing teruggedraaid, maar de stapel aanvragen werd steeds hoger, omdat er nog steeds grote groepen Afghanen het land binnenkwamen.[6]

Met haar schouder tegen Shireen geleund zat Farah in de bus naar Ankara. Ze dacht na over het gesprek dat hun daar wachtte en vroeg zich af welke woorden een deur zouden openen naar een nieuw leven voor haar en haar vriendin.

'In een vluchtelingenkamp draait alles om het verhaal dat je hebt', schreef Dina Nayeri, die als kind uit Iran was gevlucht. 'Elke dag weer wordt van een vluchteling verwacht dat ze zich onderscheidt van de opportunist, van de economische migrant.'[7]

Vroeg in de ochtend bereikte de bus Ankara, maar toen Farah en Shireen bij het kantoor van de UNHCR kwamen stond er al een lange rij. De meeste mensen kwamen uit Afghanistan en Iran. Aan het eind van de rij stond een jonge Afghaanse man, gladgeschoren, met een kind op zijn heup. Ze begroetten elkaar en toen bekeek hij haar wat beter en zei: 'Wat is jouw verhaal?'

Farah wist wat hij bedoelde. Dat verhaal moest het antwoord bevatten op een vraag: 'Waarom ben je weggegaan?' Ze zou het moeten vertellen aan een vreemde, die dan zou bepalen of ze een echte vluchteling was of niet. Maar wat moest ze zeggen? In één verhaal kun je niet een heel leven uit de doeken doen.

‘Het is niet de stem die het verhaal bepaalt,’ heeft Italo Calvino geschreven, ‘het is het oor.’[8] Volgens de definitie uit 1951 was een vluchteling iemand die een gegronde vrees mocht koesteren voor vervolging in zijn thuisland op grond van ras, godsdienst, nationaliteit, politieke overtuiging of het behoren tot een bepaalde sociale groep. Tijdens het gesprek om te bepalen of iemand al dan niet de status van vluchteling kreeg, zou worden gekeken of er een ‘samenhangend en geloofwaardig verhaal’ was, dat aantoonde dat er reden was voor ‘gegronde angst voor vervolging op individuele basis’.[9] Oorlog en andere collectieve ellende waren niet voldoende. Bij medewerkers van ngo’s die in Turkije actief waren was bekend dat Afghanen moeite hadden om met een goed verhaal te komen. Dat kwam door culturele factoren zoals eerbaarheid, maar ook door een gebrek aan opleiding. Zo kon een analfabete Afghaanse boer, die was gevlucht uit een streek waar de Taliban de baas waren, waar zijn zonen konden worden gedwongen om bij de Taliban te gaan en zijn dorp kon worden gebombardeerd, zeggen dat de reden dat hij en zijn gezin waren gevlucht, de laatste factor die hen tot dat besluit had gebracht, was dat de oogst was mislukt en dat ze niets te eten hadden. Anders gezegd: ze waren om economische redenen gevlucht. ‘Elke pijn gaat voorbij, alleen de pijn van de honger niet’, is een Afghaans spreekwoord.

Het goede antwoord op de vraag waarom je gevlucht bent is: omdat ik daartoe gedwongen werd. Omdat ik geen keus had. Maar wat betekent het om in onze wereld vrij te zijn? De vluchteling is het negatieve beeld van de vrijheid, de illustratie bij het verhaal over de vrijheid dat we onszelf vertellen.

De uit 1951 daterende definitie was toegesneden op de communistische vluchteling, maar sinds het einde van de Koude Oorlog wordt ze anders ingezet. In zekere zin is ze verruimd, want in het Westen valt nu ook vervolging op grond van gender en seksualiteit eronder. Maar naarmate het aantal aanvragen groeit, valt een steeds kleiner percentage asielzoekers onder de bescherming van de Conventie. Het is gewoon een kwestie van vraag en aanbod.

Om een voorbeeld te noemen: tussen 2015 en 2017 verachtvoudigde het aantal Afghanen dat in Zweden asiel aanvroeg. In 2015 werd 74 procent van de aanvragen toegekend, in 2017 nog maar 38 procent.[10] Afghanen werden de helft minder waard.

Als ongehuwde Afghaanse vrouwen hadden Farah en Shireen vrijwel zeker asiel gekregen als ze in Canada hadden weten te komen. Ze hadden ook een goede kans gemaakt in veel Europese landen en in de Verenigde Staten,[11] maar in Ankara dongen ze mee naar een minuscuul aantal plaatsen. Als ze geen uitzonderlijk overtuigend verhaal paraat hadden, maakten ze geen enkele kans.

Farah besefte dat enigszins en in haar gedachten was haar verloofde van een dwangmatige stalker veranderd in een angstaanjagende Talibancommandant. Haar ouders hadden haar willen dwingen om met hem te trouwen, dat had ze geweigerd en nu wilde hij haar vermoorden. Toen ze dat tegen de jonge Afghaan vertelde, zei hij: 'Daarmee kom je er niet.'

'Waarom niet?'

'Zie je die Iraniërs?' Hij wees naar de voorkant van de rij waar een groep zich had verzameld rond een jongen die lachend uit het kantoor was gekomen, alsof hij goed nieuws had gehoord. 'Die gaan allemaal naar Canada of de Verenigde Staten. En daar kom je alleen binnen als je christen bent of gay.' Hij wierp een blik op Shireen. 'Zal ik je een goede raad geven? Als jullie naar Canada willen, moet je zeggen dat je lesbisch bent.'

Farah en Shireen keken elkaar aan en begonnen te lachen. Maar tijdens het lange wachten dachten ze wel over de suggestie van de man na.

'Als het nou de enige manier is om daar te komen?' zei Farah.

'En we er dan samen heen mogen? We proberen het gewoon. Doen?'

Op het laatste ogenblik werden ze het eens. Ze werden naar binnen geroepen voor een kort voorgesprek. Farah ging als eerste naar binnen. Ze voelde zich licht in haar hoofd toen ze achter een Iraanse vrouw van de UNHCR aan liep. Ze besloot om beide verhalen in te zetten. De vrouw knikte plichtmatig toen ze over haar gedwongen verloving begon – dat had ze vast vaker gehoord – maar toen Farah zei dat ze lesbisch was en hier samen met haar partner was, kreeg ze meer belangstelling. Ze haalde er een collega bij voor overleg en Farah hoorde haar lhbti zeggen. Misschien zou het lukken, dacht ze.

Shireen had iets soortgelijks meegemaakt. Gelukkig hadden ze haar niet al te veel details gevraagd. En als je naar het tweetal keek, zagen ze er niet eens zo ongeloofwaardig uit. Farah kleedde zich als een gemiddelde Afghaanse jonge vrouw, maar Shireen was in Turkije mannenkleren blijven dragen. Ze vond het wel grappig om met haar korte haar, namaakleren jack en stoere manier van lopen voor een jongen te worden gehouden. En anders dan Farah had ze bepaald geen belangstelling voor jongens. Door de manier waarop Shireen met haar gender omging, ging ze tegen alle traditionele opvattingen in en in eigen land zou dat tot problemen hebben geleid.

Nu Farah en Shireen naar de Verenigde Naties waren gegaan, mochten ze van de Turkse overheid blijven tot er over hun status werd beslist, maar alleen in de stad die hun werd toegewezen. Asielzoekers mochten doorgaans niet in een metropolis als Istanbul of İzmir gaan wonen. De VN stuurde hen naar Eskişehir, een groene universiteitsstad in Midden-Anatolië. Meestal mochten Afghanen daar niet komen, maar volgens de VN was hun status 'kwetsbaar'. De Conventie van 1951 zegt daar niets over, maar de mate van kwetsbaarheid, bepaald door factoren als gezondheid, identiteit en maatschappelijke positie, wordt tegenwoordig door de VN en gastlanden gehanteerd om asielzoekers al dan niet prioriteit te geven bij herhuisvesting.[12] De antropoloog Didier Fassin heeft betoogd dat die humanitaire logica een uitvloeisel is van 'een nieuwe morele economie, die meer waarde hecht aan lijden dan aan arbeidsvermogen en compassie belangrijker vindt dan rechten'.[13] Postindustriële samenlevingen hebben immigranten niet meer nodig als werkkracht en laten zich nu door menslievende afwegingen leiden bij het bepalen wie ze toelaten en wie niet. Toen Theresa May, tussen 2010 en 2016 minister van Binnenlandse Zaken van het Verenigd Koninkrijk, in 2015 pleitte tegen het toelaten van asielzoekers, zette ze hen weg als 'de rijksten, fortuinlijksten en sterksten'.[14]

Bij hun aankomst in Eskişehir hadden Farah en Shireen geen idee hoe ze aan onderdak moesten komen, maar een Iraanse jongen die ze in een park tegenkwamen bood aan hen te helpen en binnen een paar dagen hadden ze een flatje gevonden en werkten ze als afwasser in een restaurant in het voetgangersgebied, waar in het weekend veel studenten kwamen.

De andere vluchtelingen die ze in de stad tegenkwamen waren allemaal Iraans. De meisjes van de bediening deden onaardig tegen hen, omdat ze uit Afghanistan kwamen, en sommige anderen ook, maar er waren ook aardige mensen bij, zoals de jongen in het park. In Iran heerste geen burgeroorlog, maar Iraniërs maakten toch een betere kans om asiel te krijgen dan Farah en Shireen omdat de overheid in hun land repressief was én een vijand was van het Westen. Sommige vluchtelingen uit Iran waren christen. In Iran was altijd al een christelijke gemeenschap geweest, maar als je als moslim was geboren, mocht je niet tot het christendom overgaan. Onder de vluchtelingen in Turkije waren westerse zendelingen actief; als je je liet dopen hoefde je misschien niet met een bootje naar Griekenland te gaan.[15] Maar ze hoorden dat Iraanse lesbiennes, homo's en transgenders de beste kansen maakten. Een van hen was een homoseksuele mollah die in het geheim huwelijken had gesloten tussen mensen van hetzelfde geslacht en die zomer op de BBC zijn verhaal had mogen doen, nadat hij uit zijn land was gevlucht.[16] Farah hoorde dat er in Ankara een advocaat zat die voor een paar duizend dollar een gouden 'verhaal' schreef om bij de VN mee aan te komen.

De hele lente wachtten Farah en Shireen op het telefoontje dat alles zou veranderen. In mei vloog Maryam met Suleyman naar Turkije en voegde zich bij de meisjes. Maar ze had het niet naar haar zin in Eskişehir. Hun flatgebouw lag nogal geïsoleerd, er waren geen winkels in de buurt en de bushalte was twintig minuten lopen, heel pijnlijk voor haar knieën nu ze steeds meer last kreeg van haar diabetes. En er was niemand met wie ze in haar eigen taal kon praten. Ze voelde zich doof en gehandicapt. In de moskee gingen de plaatselijke vrouwen expres een eind bij haar vandaan zitten. Het duurde niet lang voor Maryam ook Farah ongelukkig maakte.

'Waarom heb je me hierheen gehaald?'

'Heb ik niet gedaan. Je bent zelf hierheen gekomen.'

Toen hoorde Farah dat haar vader onderweg was uit Kabul. Het flatje in Eskişehir was te klein; haar ouders konden er niet tegen om samen in één kamer te zijn. Maryam wilde naar Istanbul, want daar zaten andere Afghanen en konden ze op zoek gaan naar een smokkelaar. Ze waren er inmiddels achter dat de politie niet moeilijk deed over immigranten zonder papieren, als je je maar gedeisd hield. Farah en Shireen overlegden. Als ze uit Eskişehir vertrokken, zette de VN misschien de hele procedure stop. Maar ze hoorden al maanden niets, terwijl hun Iraanse kennissen wel op allerlei ambassades werden uitgenodigd. Binnenkort zou ook Omar uit Afghanistan komen en hij zou dan heus wel een manier verzinnen om met zijn allen naar Europa te gaan. En dus namen ze in juni met hun weinige bezittingen de bus naar Istanbul. Drie maanden later belde ik bij hen aan.

10

Niet lang nadat ik op het vliegveld van Istanbul was opgepakt, waren Omar en zijn vriend Malik met een binnenlandse vlucht van Kabul naar Herat gegaan. Vandaar hadden ze een taxi genomen naar de Iraanse grens. Ze hadden hun toeristenvisum laten zien en waren doorgereisd naar de stad Mashhad, waar ze de nacht hadden doorgebracht in een hotel in de buurt van het heiligdom van Imam Reza, dat per jaar door twintig miljoen pelgrims wordt bezocht.

De volgende dag namen ze de bus naar Teheran, een reis van tien uur. Het was Eid al-Adha, het Offerfeest, als moslims vieren dat Ibrahim (Abraham) bereid was zijn zoon te offeren, maar dat de engel hem dat belette. Er zou een paar dagen feest worden gevierd, met veel familiebezoek over en weer, en hun smokkelaar zei dat ze pas verder konden als dat achter de rug was. Om de tijd door te komen slenterde Omar met Malik door het park en verwonderde zich over hoe modern de stad op hem overkwam in vergelijking met de indrukken die hij in zijn jeugd had opgedaan. Het viel hem op dat jonge stelletjes vlak naast elkaar zaten. Blijkbaar waren ze niet bang voor de religieuze politie. Wat was het heerlijk om 's avonds met je geliefde een ommetje te maken. Als Laila hier was, zou hij een ijsje voor haar kopen. En wat was het hier goedkoop! Hij nam twee torenhoge hoorns voor zichzelf en Malik en hun avondmaaltijd bestond uit een dertig centimeter lang stokbrood met kip.

Niemand viel hen lastig. Dankzij hun lichte huid en ronde ogen konden ze voor Iraniërs doorgaan en Omar beheerste nog het dialect uit Shiraz dat hij in zijn jeugd gesproken had. Bovendien hadden ze een visum in hun paspoort. Er bevonden zich ongeveer drie miljoen Afghanen in Iran,[1] en hun situatie was al even divers als die van de Mexicanen in Amerika. En ze waren niet allemaal illegaal zoals de magere jongens die op straathoeken prullaria en kauwgom verkochten, van merken die hij zich nog wel herinnerde.

Bij zonsondergang ga ik de warme adem van de weg in.
Ik ben te voet gekomen, te voet zal ik gaan.
De betovering van de ballingschap wordt deze avond verbroken.
En het lege tafelkleed zal worden opgevouwen.[2]

Mohammad Kazem Kazemi, een Afghaanse vluchteling en een vooraanstaand auteur en dichter, woont in Iran en heeft daar in de jaren negentig zijn gedicht 'Terugkeer' gepubliceerd, als een bitter vaarwel, voorafgaand aan een ingebeeld vertrek. Het gedicht, in brede kring gelezen, werd aanleiding tot enig zelfonderzoek onder Iraanse intellectuelen over het lot van de Afghanen in hun midden, de vluchtelingen die kort na de Islamitische Revolutie van 1979, hetzelfde jaar waarin de Sovjet-Unie Afghanistan was binnengevallen, met open armen waren ontvangen. Maar toen ayatollah Khomeini in 1989 overleed, was zijn 'Islam zonder grenzen' een islamitisch regime in één land geworden, waar Afghaanse vluchtelingen steeds minder welkom waren.[3] Hun recht om overal te komen en te werken werd ingeperkt; ze mochten alleen bepaalde soorten werk doen, doorgaans ongeschoold en laagbetaald en moesten een vergunning aanvragen om binnen het land te mogen reizen.[4] 'Afghaans tuig' kreeg de schuld van misdaad en ziekten; de Iraanse immigratiedienst voerde razzia's uit en wees massa's Afghanen uit naar hun door oorlog verscheurde land. Maar er was nog steeds vraag naar hun arbeidskracht en dus staken elk jaar honderdduizenden migranten illegaal de grens over.[5] In Iran leidden ze een onzeker bestaan, uitgebuit door aannemers en sloopbedrijven, boerderijen en abattoirs.

En als jij op je binnenplaats feestviert, buurman
Zul je ons niet meer horen huilen
De vreemdeling zonder een cent is vertrokken
En ook het meisje dat nog nooit een pop heeft gehad.[6]

Er waren Iraniërs die zich solidair verklaarden met de migranten, stemmen die luider opklonken als zich tragische gebeurtenissen voordeden, zoals toen een man minstens drieënveertig vluchtelingenkinderen wist te verkrachten en vermoorden voor de politie hem te pakken kreeg, omdat hun verdwijning maar weinig aandacht had getrokken.[7] Maar de immigratiewetten van Iran werden toch steeds strenger. In 2004 verbood de overheid Afghaanse vluchtelingen om naar school te gaan en te studeren. Een paar dagen voor Omar in Teheran aankwam, hadden de autoriteiten in Shiraz illegale migranten in kooien gestopt en die in een park neergezet. Veel in Iran geboren Afghanen, die het risico liepen om te worden uitgewezen naar een land dat ze niet kenden, besloten naar het Westen te gaan. Toen een jaar daarvoor de grens met Europa was opengegaan was al een gestage stroom vluchtelingen op gang gekomen. Dat werd nu een woeste stortvloed. Hele gezinnen lieten alles in de steek en trokken te voet de bergen over, naar de Turkse grens.

Na het Offerfeest haalde de smokkelaar Omar en Malik met een busje op. Ze reden ongeveer achthonderd kilometer naar het noordwesten, naar een onderduikadres aan de rand van de stad Maku, vlak bij de grens. Als ze geluk hadden zou de tocht maar een dag of twee in beslag nemen, maar ze moesten wel het Zagrosgebergte door. De vorige winter waren de smokkelaars door de plotselinge toestroom van vluchtelingen hoger gelegen passen gaan nemen, omdat het anders te druk werd, en na aankomst in Turkije hadden verhalen de ronde gedaan over bevroren lijken naast het pad, gezinnen die bejaarde familieleden hadden moeten achterlaten in anderhalve meter hoge sneeuw, en een jonge moeder die op de vlucht voor de politie struikelde en haar kind in een kloof had laten vallen.

Om vier uur in de ochtend werden ze door de smokkelaars wakker gemaakt. Het was nog donker toen ze de bergen in reden. Onderweg pikten ze twee Pakistanen op. Toen ze waren uitgestapt volgden ze het pad, tot ze op een hele groep wachtende migranten stuitten, bewaakt door mannen met pistolen in hun broeksband.

De smokkelaars waren Koerden en behoorden dus tot een volk dat over vier landen verspreid is. Het Zagrosgebergte was eens de oude, poreuze grens tussen het Ottomaanse en het Perzische Rijk geweest, maar de grenzen tussen Turkije, Irak en Syrië waren na de Eerste Wereldoorlog opnieuw getrokken door de Fransen en de Britten. In de bloedige eeuw die volgde werden er mijnenvelden gelegd en werden de grenzen gemilitariseerd. En toch ging het grensverkeer door: benzine en sigaretten, verboden cassettes en kranten, en mensen die op de vlucht waren voor eerwraak, staatsgrepen en genocide.[8] Dat alles was het werk van de *qaçaxşî*, de smokkelaars, die in veel bergdorpen kostwinner waren. Maar de Afghaanse opium werd de hoofdprijs voor de smokkelaars. In de jaren tachtig waren hun heroïnelaboratoria Europa gaan bevoorraden, via Bulgarije. De Bulgaarse maffia betaalde de Koerden met wapens en vandaag de dag loopt een van de belangrijkste handelsroutes nog steeds door deze bergen.[9]

Omar en Malik zaten in elkaar gedoken om het niet al te koud te krijgen. Er kwamen steeds meer migranten bij, tot de groep rond de tachtig mensen telde. Hij bestond voor het grootste deel uit Pakistanen, jonge mannen met sneakers en rugzakken, die via de zuidelijke woestijn Iran binnen waren gekomen en al weken op reis waren. Toen het licht genoeg was om iets te zien liepen ze in een lange rij achter de smokkelaars aan, door roodachtige heuvels met hier en daar plukken vegetatie en puntige rotsblokken, over een pad dat lag bezaaid met lege sigarettenpakjes. Af en toe bleef iemand even staan voor een selfie. Onder hen gloeide de nevel in het dal op van het ochtendlicht.

Na twee uur stevig klimmen kwamen ze bij een kam. Toen ze daaroverheen waren konden ze in een smal dal kijken. Er liep een weg doorheen, met scheermesprikkeldraad erlangs. Dat was de Turkse grens. De smokkelaars zeiden dat ze hier moesten wachten. Ze stuurden een verkenner omlaag. Na een half uur kwam de man schreeuwend terug. 'Wegwezen! Politie!'

Terwijl ze tegen de helling op klauterden, kwamen Turkse militairen de bocht om rennen. De snelle Malik liep voorop en ging ervan uit dat Omar achter hem liep. Toen hij het geknal van vuurwapens hoorde, kromp hij in elkaar en draaide zich om. Achter en onder hem zag hij een groep migranten die niet zo snel waren geweest als hij. Ze stonden met hun handen in de lucht en werden bewaakt door gewapende militairen. Omar stond er ook bij. Hij keek op, zag Malik en gebaarde met zijn handen: 'Ga maar.'

Drie Turken, hun lompe wapens in de hand, waren op weg naar Malik en dus liep hij verder omhoog. Op de kam stonden de smokkelaars, met stenen in hun handen.

'Allahu akbar!' Ze smeten de stenen naar de militairen. Die bleven staan om de projectielen te ontwijken, waardoor de rest van de migranten kon ontsnappen.

Omar keek Malik na tot hij over de kam was verdwenen. De drie soldaten kwamen weer naar beneden. Een van hen was geraakt door een steen en liep te vloeken. Ze lieten de mensen die ze hadden gepakt teruglopen naar de weg, over het prikkeldraad heen, Turks gebied in, waar de rest van de patrouille stond te wachten naast een Cobra-pantserwagen. Ze zetten iedereen op een rij.

'Türkçe? Türkçe?' schreeuwde een van hen. Toen niemand iets zei, gooide hij het over een andere boeg. 'English?'

'Ik spreek Engels', zei Omar.

'Afghaans?' vroeg de man.

'Ja.' De militair wees naar de rest van de groep. 'Pakistanen', zei Omar.

De militairen droegen iedereen op om zijn armen naar voren te steken. Een van hen pakte een gevlochten stuk kabel, een ander een plastic buis en daarmee liepen ze langs de rij en mepten de migranten op hun armen en borst. Hoe harder die schreeuwden, hoe meer klappen ze kregen.

'Pakistan? Pakistan?' zeiden de Turken. 'No Turkey! No Turkey!'

'No Turkey! No Turkey!' herhaalden de migranten, en smeekten in het Urdu om genade.

Toen Omar aan de beurt was, probeerde hij het niet uit te schreeuwen terwijl de venijnige klappen op zijn armen terechtkwamen. Ze liepen door naar het volgende slachtoffer. Daarna werden ze gefouilleerd en werden telefoons en geld afgepakt. Omar was de enige met een paspoort en de leider van de patrouille bekeek het.

'Turks visum?'

Omar schudde zijn hoofd.

'Iraans visum?'

Hij knikte.

'Waarom Turkije?'

'Moeder Istanbul, vader Istanbul.'

De militair zag de amulet dat Omar in Nimroz had gekocht om zijn hals hangen en nam het tussen zijn vingers. Het Troonvers was erop geschreven. 'Koran?'

Omar knikte. De man gaf hem zijn paspoort terug.

De militairen begeleidden de groep een eindje verder omlaag, waar een minibus kwam aanrijden. Een man in burger stapte uit, praatte even met de commandant en gebaarde toen met zijn arm naar de Iraanse kant van de grens. De militairen legden houten schotten over het prikkeldraad en joegen toen met gevloek en trappen de migranten terug in de richting van Iran.

Omar en de anderen renden tot ze uit het zicht van de militairen waren. Uiteindelijk zagen ze in de verte een Iraanse grenspost. Omar sprak een beetje Urdu en zei dat ze hoger de bergen in moesten, maar anderen wilden zich laten oppakken. Uiteindelijk gingen er maar twee Pakistanen met hem mee.

Het was inmiddels midden op de dag en zinderend heet. Ze zochten zich een weg tussen de rotsen door. Omar vroeg zich af of hij het verkeerd had aangepakt. Ze konden worden ontvoerd door concurrerende smokkelaars of doodgaan van dorst. Opeens hoorde hij dat hij van boven werd aangeroepen.

'Bij wie horen jullie?' Het was een smokkelaar.

'Bij Musa.'

De man zei dat ze nog wat verder moesten klimmen en leidde hen terug naar de rest van de groep. Malik rende naar hem toe en omhelsde hem.

'Ik kan niet meer, Malik,' zei Omar. Hij ging zitten, hijgend van uitputting. 'Ik ga terug.'

'Dat kan niet. We moeten door.'

Het kostte hun drie pogingen voor ze het haalden. Ze liepen een tweede keer het dal in en weer werden ze door de Turkse militairen achtervolgd, maar dit keer wist iedereen weer Iran in te komen. Aan het eind van de middag meldde hun uitkijk dat de militairen waren teruggekeerd naar hun basis. De groep liep omlaag naar het prikkeldraad en stak dat over. Rennen, zeiden de smokkelaars. Ze moesten de andere kant van het dal zien te bereiken. Omar struikelde over de met zwarte rotsblokken bezaaide helling. Zijn longen stonden op ontploffen. Toen hij struikelde, nam Malik zijn rugzak over en renden ze samen de helling op. Bovenaan lieten ze zich neerploffen.

De groep was er niet best aan toe. Veel migranten waren op de vlucht voor de soldaten hun rugzak kwijtgeraakt, en niemand had water. Maar voortgejaagd door de smokkelaars struikelden ze verdwaasd verder. Het pad leidde via een aantal bochten naar een gortdroge hoogvlakte. In de verte konden ze huizen zien. De Iraanse smokkelaars droegen hen over aan een groep plaatselijke Koerden.

Vlak voor de zon onderging bereikten ze een dorp, en toen het donker was, werden ze met auto's naar de stad Doğubayazıt gebracht. Nu ze in Turkije waren, leken de smokkelaars zich minder zorgen te maken over de politie. De vorige zomer was de wapenstilstand tussen Koerdische rebellen en de regering verbroken en had het leger zijn campagne tegen de rebellen hervat.[10] In de bergen rondom Doğubayazıt, vanwaar je op een heldere dag de top van de Ararat kon zien, werkten Turkse eenheden samen met regeringsgezinde milities. Mensen smokkelen was niet zo serieus, en geen bedreiging voor de nationale veiligheid.

Hun schuilplaats was een gebouw van maar één laag, voorzien van vuile tapijten en dekens, en een smerige hurkplee. De deur zat op slot en werd bewaakt door een Koerd met een pistool. Tot ze hadden betaald voor de reis zaten ze hier gevangen. Toen Omar Maryam belde, barstte ze van pure opluchting in tranen uit. Hij zei tegen haar dat ze zijn vriend in Kabul moest bellen, die hun geld vrij zou maken. Nu moesten ze alleen nog wachten tot de Koerden hun aandeel kregen.

En als ze niet konden betalen? In het gebouw werkten drie jongens, onder dwang. Ze kookten en maakten schoon tot hun familie aan het benodigde geld wist te komen. Je kon proberen te ontsnappen door een ruit in te slaan, maar daar kreeg je spijt van als een rivaliserende smokkelaar je te pakken kreeg. De bendes kaapten geen klanten van elkaar, want dat was slecht voor de zaken, maar loslopende migranten waren vogelvrij. Een Afghaan kon duizenden dollars opbrengen en als je in de bergen werd vermoord, zou niemand je lichaam vinden.

Twee keer per dag werden mensen wier geld binnen was gekomen naar het busstation gebracht en naar het westen gestuurd. Elke avond namen anderen hun plek in. Soms waren het Afghaanse gezinnen met kleine kinderen, maar meestal waren het Pakistanen. Die maakten minder kans om asiel te krijgen dan de Afghanen, maar na een paar jaar goed werk hadden ze hun reis wel betaald.

'Europa is rijk', grapte een van de Pakistanen. 'Weet je dat je zelfs in Athene tweehonderd euro per dag kunt verdienen?'

'Echt waar?' zei Omar. Hij had gehoord dat Griekenland in een financiële crisis zat. 'Hoe dan?'

'Door je door vier Griekse kerels te laten neuken. Die betalen vijftig dollar de man.'

De anderen schaterden het uit.

Net als in een oorlog bestond het leven van een migrant vooral uit wachten, met af en toe momenten van doodsangst, en het bestaan in de schuilplaats was ellendig. Alles wat ze te eten kregen was een dunne soep van aardappels en brood, twee keer per dag. Omar raakte steeds meer dingen kwijt. Toen hij onder de douche vandaan kwam, bleek zijn broek gestolen. Toen werd zijn shampoo gejat. Een keer keek hij uit het raam en zag hij dat een Afghaanse jongen – die permanent aan zijn gebedssnoer had zitten frunniken en over het geloof had zitten praten – in een busje stapte met Omars North Face-schoenen aan zijn voeten. Omar bonkte schreeuwend op de gesloten deur, maar het haalde niets uit.

Na drie dagen zeiden de smokkelaars dat het geld binnen was gekomen en werden hij en Malik in het busje gezet. Tot zijn verbazing zag hij dat het busstation maar een steenworp van de schuilplaats was. Er stond al een grote groep migranten te wachten. De politie viel hen niet lastig. De troepen die rond de stad gelegerd lagen, letten alleen maar op Koerdische separatisten.

Als laatste belediging stouwden de smokkelaars de bus zo vol dat de migranten om de beurt in het gangpad moesten staan. Maar op de lange rit naar Istanbul kwamen ze zonder problemen langs de controleposten. Terwijl het Anatolische platteland voorbijgleed, dacht Omar aan de jongen die hij was geweest, prullaria verkopend op straat in Iran, de man zonder land die hij was geworden en de liefde die hij achter had moeten laten. Haar gezicht was hem tot steun bij zijn tocht.

11

Ik zag hoe Omar en Malik aanvielen op de schotel eieren, paprika's en tomaten die Maryam had gemaakt. Ze waren mager en gebruind, en nog steeds een beetje vuil. Omar vertelde zijn broer in Zweden over de ellendige reis die hij achter de rug had. Hij had zijn telefoon op speaker gezet. 'Vergeet 't maar, Khalid Jan. We hebben geen voeten meer over.' Hij veegde met een stuk brood de pan uit. 'Ze hebben ons geslagen, ons geld gestolen... Nee, de Turken... Ja, we hebben behoorlijk klappen gekregen, dat vertel ik je nog wel eens. Hoe gaat het met je? En met je kind?'

Maryam glimlachte naar me en ik grinnikte terug. Nu we herenigd waren, begon ik me wat hoopvoller te voelen over onze reis. Maar ik moest een manier zien te vinden om Europa binnen te komen.

Ik ging een eindje lopen met Omar en Malik, over de belangrijkste straat van Zeytinburnu, de 58ste Boulevard, waar een rij winkels met gestreepte zonwering tot aan de zee liep. Omar vertelde dat hij in de bus vanaf de grens een smokkelaar had gesproken die een betrouwbare indruk maakte. Die zou over een paar dagen bellen, als hij van de reis was bekomen. We slenterden langs viswinkels, geldwisselkantoortjes, theehuizen, kebab- en durumtenten en reisbureaus met borden in het Farsi en het Arabisch. De jongens verwonderden zich over de moderne uitstraling van Istanbul en hoe anders dan Kabul alles oogde, van de glimmende auto's (meer modellen dan alleen Corolla's) tot de vrouwen, die ongegeneerd op straat liepen te roken.

'Dit is nog niets,' zei ik. Ik wilde ze meenemen naar het centrum: Istanbul was een van de mooiste steden ter wereld. 'Wacht maar tot je de Istiklalstraat ziet.'

Als je maar geen problemen veroorzaakte kon het de politie niets schelen dat je geen papieren had, vooral in deze buurt. De mensen die we tegenkwamen spraken net zo vaak Dari en Oezbeeks als Turks. Zeytinburnu was het hart van de Afghaanse gemeenschap in Istanbul, dat met zijn vijftien miljoen inwoners een stad van migranten was: Afrikanen en Syriërs rondom de oude stad, Koerden in buurten waaruit de Grieken waren vertrokken.[1] Miljoenen toeristen kwamen elk jaar af op de paleizen en de imposante moskeeën, gebouwd door een rijk dat zich ooit had uitgestrekt van Boedapest tot Bagdad. Eeuwenlang had zich aan het Ottomaanse hof een multicultureel gezelschap opgehouden. Een slaaf kon het daar tot grootvizier schoppen. Toen de geallieerden dat rijk na de Eerste Wereldoorlog opdeelden, had Mustafa Kemal Atatürk – de Vader van de Turken – een nieuw land gesmeed, met één volk en één taal. Atatürk richtte zijn blik naar binnen; zijn streven was economische onafhankelijkheid. Maar na de verkiezingszege van Erdoğan en zijn behoudend-religieuze partij, in 2002, had Turkije een aantal neoliberale hervormingen in gang gezet waardoor het land een mondiale hub was geworden. Binnen twaalf jaar was de economie drie keer zo groot als daarvoor. Inmiddels wonen er in Istanbul tientallen miljardairs. In 2011 trok de stad elk jaar meer dan dertig miljoenen toeristen.[2] 'In de Ottomaanse tijd waren we een multicultureel land, met vele soorten geloof, etniciteit en cultuur', zei Abdullah Gül, een voormalig president. 'Nu is Turkije op weg om weer zo'n rijkgeschakeerd land te worden.'[3]

Het optimisme van die tijd bleek uit de hoop dat Turkije zich aan zou sluiten bij de Europese Unie. Nadat het land officieel het lidmaatschap had aangevraagd, had het de doodstraf afgeschaft, was overspel niet meer strafbaar en mochten minderheden in hun eigen taal publiceren.[4] Maar door de uitbreiding naar het oosten van Fort Europa waren de geschillen met Turkije versterkt. Toen Kroatië en Roemenië tot de Unie waren toegetreden, mochten Turken daar niet meer zonder visum heen. Het land was ook een belangrijke route geworden voor illegale immigranten naar de Unie. De EU weet dat aan het gemak waarmee Turkije visa gaf aan mensen uit veel landen in het Midden-Oosten en Afrika, ook als die niet op de 'witte lijst' van Schengen stonden.[5] In de eenentwintigste eeuw is mobiliteit – wie heeft het recht om te reizen – een zaak van het allergrootste belang geworden. Turkije was de poortwachter van Europa en de EU wilde dat die poort gesloten bleef. 'Maar als onze burgers elke dag weer worden geschoffeerd in de consulaten van de lidstaten van de EU,' zei een Turkse diplomaat, 'ga je je toch afvragen waarom we de EU zouden helpen met haar problemen.'[6]

Toen er massa's bootjes met emigranten op weg gingen naar de Griekse eilanden voor de Turkse kust, deden de Turken weinig om ze tegen te houden. In februari 2016 reisde de Duitse bondskanselier Angela Merkel naar Turkije om daar tot afspraken te komen. Een maand later werden die expliciet uitgewerkt in een overeenkomst. Turkije beloofde vluchtelingen, vooral Syriërs, tegen te houden. Als tegenprestatie zou het drie miljard euro krijgen en zou het Turken gemakkelijker worden gemaakt om een visum aan te vragen. Een open deur in ruil voor een afgesloten kust.

Tegelijkertijd maakte de EU bekend dat migranten niet meer van de eilanden af mochten en daar in kampen zouden worden opgevangen. Sinds deze overeenkomst werd er door de Turken actief gepatrouilleerd voor de kust en werden migranten gearresteerd. Op de Griekse eilanden werd Frontex, de organisatie die door de EU was opgezet om de grenzen van de Unie te bewaken, versterkt met patrouilleschepen, snelle reddingsboten en helikopters. Een vlooteenheid waarvan vier fregatten deel uitmaakten, lag klaar 'om illegale grensoverschrijding tegen te gaan'.[7] Voorlopig trok men aan weerszijden van de Egeïsche Zee één lijn en werd er jacht gemaakt op de bootjes die in de nacht de oversteek waagden.

De boulevard van Zeytinburnu eindigde in een cirkelvormig plein. Aan de andere kant daarvan zag je door een bouwplaats niets van de kust. Op de schutting om de bouwplaats heen waren affiches geplakt van glazen appartementen, hoog boven de grond, met daarin glimlachende stelletjes met een lichte huid. We liepen eromheen tot we een pad vonden dat naar een aan zee gelegen park liep. Een paar Afghaanse gezinnen klauterden over de vettige rotsblokken. Omar trok zijn schoenen uit, waadde tot zijn kuiten in het water, deed wat op zijn gezicht en hals en likte toen aan zijn handpalm. 'Het is zout!' Snel liep hij terug naar de kant. Malik en ik schoten in de lach.

Van de plek in het gras waar we zaten, konden we in de heiige verte grote schepen zien die op weg waren naar de Bosporus, hun dek hoog beladen met duizenden containers. Zeytinburnu betekent 'olijfkaap' en in het verleden konden vaartuigen die langs de kust naar het noorden voeren de met bomen bedekte heuvels zien. Nu was het hele gebied door de stad opgeslokt.

'Hoe ver is het van hier naar Europa?' vroeg Malik.

'Met zo'n schip een paar dagen.'

Hij zuchtte. Hij moest in Istanbul blijven om geld te verdienen voor het laatste deel van zijn tocht. Hij had iets gehoord over werken in een bakkerij. Het was hier makkelijk om aan zwart werk te komen – *çabuk çabuk*, Turks voor 'sneller, sneller'. Omar en ik zouden samen verdergaan. We moesten een knoop doorhakken: wilden we nog steeds met een bootje naar de eilanden? We hadden gruwelverhalen gehoord over de kampen, dat mensen er uit de vuilnisbak aten en dat er veel geweld was tussen de bewoners onderling en hen en de politie. De week daarvoor was Moria, het grootste en beruchtste kamp, op Lesbos, bij rellen in brand gevlogen.

Een alternatief was om met een vrachtschip mee te varen naar Italië. Of met een vissersschip of zelfs een zeiljacht. Maar dat kostte veel meer geld, vier- tot vijfduizend dollar per persoon, en het was ook gevaarlijker. Als het schip zonk, zat je midden op zee, en als je werd gepakt, kon je toch nog in een Grieks kamp belanden.

Een mogelijkheid was ook nog de landroute via Bulgarije, zoals ik had gedaan. Daar kon je worden afgetuigd, of erger, door de politie of leden van een burgerwacht, en we hadden gehoord dat de Bulgaarse kampen net zo erg waren als de Griekse.

Ik vroeg Omar hoe hij het aan wilde pakken. Hij had Laila in Kabul achtergelaten en om die reden had hij haast, en de snelste en waarschijnlijk ook minst gevaarlijke manier om Europa te bereiken was een bootje. We hadden er allebei alle vertrouwen in dat we op de een of andere manier wel in Athene zouden weten te komen als we eenmaal op een eiland zaten. Overal waren smokkelaars actief. 'Jij mag het zeggen', zei ik.

Omar belde Yassin, de Iraanse smokkelaar uit de overvolle bus van de grens. De smokkelaar begeleidde die dag zijn eigen klanten, een Iraans gezin, en had geregeld dat die allemaal konden zitten, terwijl de rest om de beurt moest staan. Yassin zei dat we naar een fastfoodrestaurant aan de 58ste Boulevard moesten komen. Daar troffen we hem in de patio. Hij was gebruind, had vooruitstekende tanden, die door het vele roken bruin waren uitgeslagen, en had een houndstoothhemd aan. Aan zijn voeten staken loafers in Gucci-stijl. Er waren nog drie anderen bij. Ze stonden op en drukten ons de hand. Tussen theeglazen en een paar overvolle asbakken lag een serie voortdurend rinkelende telefoons.

'Ik vond het heel goed zoals jij voor dat gezin zorgde', zei Omar. 'We zoeken iemand die ons naar een eiland kan brengen.'

'Mijn werk is mensen uit Iran naar Turkije brengen', zei Yassin. 'En ik hoop dat je me aanbeveelt bij je vrienden in Afghanistan. Wat die boot betreft, misschien kan de man tegenover je je helpen.'

Zijn metgezel, die de mouwen van zijn frisse witte hemd over zijn stevige onderarmen had gerold, keek op van zijn telefoon en glimlachte. Hij stelde zich voor als Hajji, een Oezbeek uit Sar-e Pol, in het noorden van Afghanistan. 'Ik ben meer dan tien jaar geleden naar Turkije verkast, toen ik zeventien was', zei hij. 'Nu ben ik eigenlijk een Turk.'

'Toen zei hij tegen iedereen dat hij naar Canada wilde', lachte Yassin.

'Daar kom ik heus nog wel terecht.' Yassin kreeg een telefoontje en Hajji stak zijn verkooppraatje af.

We hadden een goede tijd uitgekozen. De Turken voerden de laatste tijd minder patrouilles uit. Hij wist niet goed waarom, maar de week hiervoor had hij een paar boten naar de andere kant weten te sturen. En de Grieken waren er niet meer zo op gebeten om mensen op de eilanden te houden. Een gezin dat hij daar had weten te krijgen, mocht de volgende dag door naar Athene, en een ander gezin vijf dagen na aankomst.

Hajji opende Google Maps op zijn smartphone en zoomde in op een satellietbeeld van de Griekse eilanden voor Turkije. We zouden op een veilige plek in İzmir wachten tot de boot klaar was. Hij liet boten alleen varen als het goed weer was. Dan was het veilig. Het was maar een klein eindje naar het Griekse eiland Chios, zei hij, terwijl hij met zijn vingertoppen de kaart verder uit elkaar trok. Het was een half uur in een rubberboot en maar tien minuten met een speedboot.

'Wat is het verschil?' vroeg Omar.

'Vijfhonderd euro voor een rubberboot en negenhonderd voor een speedboot', zei Hajji. Als we een rubberboot zouden nemen was er een kansje dat een Turkse patrouilleboot ons zou onderscheppen. Maar ook dan zouden we maar maximaal een week in de cel worden gezet. Daarna zouden we worden vrijgelaten. En dan konden we weer een poging wagen. We konden het net zo vaak proberen als we wilden en we hoefden pas te betalen als het was gelukt. 'Ik draag alle risico's en kosten.'

Maar niet het risico op verdrinken, dacht ik.

'De situatie op Chios is goed', ging Hajji verder. Hij stuurde geen mensen naar Samos en Lesbos, want vandaar was het moeilijker om in Athene te komen.

'En als we op de eilanden blijven steken?' vroeg Omar.

'Dan haal ik jullie daar wel weg. Vroeger, toen ze strenger waren, kon ik voor twaalfhonderd euro vervalste Bulgaarse papieren regelen.' Hij glimlachte. 'Nog één dingetje. Ik heb gehoord dat Canada zestienduizend vluchtelingen uit Griekenland wil opnemen. Niet alleen Syriërs, maar ook Afghanen. Ik zou maar opschieten.'

Hajji's twee makkers aan tafel, net als hij met een keurig hemd aan en schoenen met hoge hakken aan hun voeten, waren klanten aan het organiseren. Sommigen waren net de Iraanse grens overgestoken, andere gingen naar İzmir.

'Hoe gingen de zaken vorig jaar?' vroeg ik.

Hij grijnsde. 'Hou daar alsjeblieft over op. Het was een gekkenhuis. Per week stuurde ik vijfhonderd mensen de zee over. Drie boten per dag. De Turkse politie doet niks meer als je eenmaal in het water ligt. Alleen aan de wal moet je uitkijken. Ik had een vriend bij de politie die me op de hoogte hield. Maar boten waren te duur. En er was bijna niet aan te komen. Plus dat er nog vechtpartijen zijn geweest met Turkse smokkelaars over de beste stranden. Ik heb er een paar klop gegeven. En ook een paar politiemannen in burger. Die zeiden: "Waarom deel je nou klappen uit aan ons?" En ik zei: "Wisten wij veel dat jullie van de politie waren."' Hij lachte. 'Uiteindelijk gaven ze ons onze eigen sector.'

Yassin kwam teruglopen en stelde voor om een eindje te gaan lopen. Omar en ik drukten Hajji de hand en zeiden dat we nog van ons zouden laten horen.

'Doe maar via Viber of WhatsApp', zei hij. 'Niet de telefoon.'

We liepen met Yassin over het plein, waar mensen marktkramen aan het opzetten waren. Hij had een knechtje bij zich om gesprekken aan te nemen, een bebaarde jongen in een driedelig blauw pak, die ons zijn pakje Parliaments aanbood.

'Hoeveel vroeg hij?' zei Yassin, terwijl hij ons van vuur voorzag. 'Vijfhonderd? Dat is te veel.'

Hij gaf Omar een ander nummer dat hij kon bellen. De smokkelaar die opnam zei dat hij het voor vierhonderdvijftig deed en wilde een afspraak maken.

'Vergeet Hajji nou maar', zei Yassin. 'Ik heb een paar mensen naar hem toe gestuurd en die zijn opgepakt. Ik heb 'm vandaag naar de mond gepraat omdat hij een paar klanten van me zou helpen en hij goed voor die mensen moet zorgen. Maar hij doet het alleen maar voor het geld. Zo zit ik niet in elkaar. Ik zal nooit iemand verraden, voor een miljoen nog niet. Toen ik jullie leerde kennen, zag ik zo dat jullie echte kerels zijn. Vandaar dat ik met jullie wilde werken.'

Hij pakte Omar bij diens elleboog terwijl we door het drukke verkeer de straat overstaken.

'Wil je iets voor me doen?' zei hij toen we aan de overkant waren. 'Zou je je vrienden in Kabul kunnen bellen en die over mij inlichten?'

De çabuk çabuk-winkels lieten de deur openstaan, zodat de wind wat verkoeling bracht en terwijl ik naar de flat terugliep zag ik het blinken van de scharen waarmee jonge migranten aan tafels zaten te werken. Kringels rook dwarrelden om de naakte peertjes die erboven hingen. Ze deden naaiwerk om de tocht naar Europa te kunnen betalen, maar daar konden jaren overheen gaan. Was het beter om op een terras te zitten en daar plannetjes te bedenken met smokkelaars en hasjhandelaren?

Onder de migranten in Zeytinburnu deden geruchten de ronde dat de grens weer open zou gaan. Als dat al een keer was gebeurd, kon het toch nog een keer? Maar niemand wist wanneer dat zou gebeuren.

Zes maanden waren voorbijgegaan en Farah had nog steeds niets van de VN gehoord over een tweede gesprek. 's Avonds keek ze mistroostig naar de reclame op Facebook: 'Zo regel je een visum voor de Verenigde Staten of Canada.' Ze ging op zoek naar items over Justin Trudeau, de jeugdige premier, die zo vaak aardige dingen zei over mensen welkom heten in Canada. Misschien kon ze hem wel een brief schrijven over de oneerlijke omstandigheden van Afghanen in Turkije.

'Als jij de premier van Canada was, zou je dan een e-mail van mij lezen?'

'Tuurlijk', zei ik. 'Al was het alleen maar omdat hij van jou was.'

Ze schoot in de lach. 'Zo bedoelde ik het niet.'

Maryam en Jamal mochten enige hoop koesteren dat het hun zonen in Europa zou lukken om hen legaal Europa binnen te krijgen. Maar voor Farah, Shireen en Suleyman, een tiener nog, was er maar één manier: dezelfde route die Omar en ik wilden nemen. Tijdens het avondeten vroeg Maryam aan Omar wat smokkelaars rekenden. Later vertelde hij me dat zijn moeder had gevraagd of de meisjes en Suleyman met ons mee konden.

'Wat heb je gezegd?' zei ik verbaasd.

'Dat mijn zus niet mee kan, omdat er dan niemand meer is om voor mijn ouders te zorgen. En Shireen gaat niet zonder Farah. Maar misschien kan Suleyman wel mee. Ik weet het niet goed.'

'Echt waar?'

'Misschien pakt de politie ons minder hard aan als we een kind bij ons hebben.'

'Volgens mij wordt het lastiger met hem erbij. Maar de beslissing is aan jou en je familieleden. Ik wil me er niet mee bemoeien.'

Ik had te doen met Suleyman, die hier geen leeftijdsgenoten kende. Voor ik uit Kabul vertrok, was ik naar het dorp gegaan waar zijn vader Ismail woonde. Hij liet me de verschillende druivenrassen op zijn akker zien. Ze waren bijna rijp. 'Misschien zou ik zelf wel gegaan zijn, als ik jonger was geweest', zei hij en zijn gezicht plooide zich in een glimlach. 'We zijn nooit naar school geweest. Het valt niet mee om de moed op te brengen om te vertrekken als je niks over de wereld weet.'

Een boer die zijn oudste zoon laat vertrekken – zoveel respect had hij voor een opleiding. Dat was de reden dat hij Suleyman in Kabul had ondergebracht bij Maryam en meer dan een jaarinkomen had uitgegeven aan een visum voor Turkije. Maar de scheiding was niet zo ingrijpend als die een paar jaar eerder zou zijn geweest. Op een avond in Istanbul belde Ismail via Viber – het dorp had inmiddels mobiel internet – en op Maryams tablet zagen we het korrelige gezicht van de boer, die lachte toen zijn zoon antwoordde: 'Ja, vader, het gaat goed met me. Nee, vader, ik ga nog niet naar school.'

Hoe kon dat ook? Ze moesten allemaal werken. Hij miste een heel schooljaar. Maar hij was slim. Bij het bedienen in restaurants had hij al wat Turks opgepikt. Istanbul was duurder dan Kabul. Maryams zonen in Europa stuurden haar geld om de huur te kunnen betalen, en ik droeg ook bij, maar de financiële problemen hadden de spanningen die in het appartement hingen er alleen maar erger op gemaakt. Soms foeterde Maryam op Shireen dat die te veel warm water verbruikte of een lamp aan liet, en dan liep de ruzie uit de hand, tot het meisje zei dat ze naar de politie zou gaan om zich het land uit te laten zetten. Dan ging ze met haar rugzak voor de deur zitten, terwijl de arme Farah beurtelings haar vriendin en haar moeder smeekte om het bij te leggen. Jamal op zijn beurt was weer boos dat de meisjes geen hoofddoek droegen en ook als het donker was de straat op gingen. Maar veel gezag had hij niet, en Maryam peperde hem dat keer op keer in door de deuren naar de andere kamers af te sluiten als ze hem alleen liet. Ze wist dat hij niets tegen haar zou durven doen. Dan zouden haar kinderen hem eruit gooien.

Om er even uit te zijn maakte Jamal 's avonds wandelingen, en soms ging ik met hem mee. We liepen langs een blinkend nieuw winkelcentrum in de buurt, het Olivium Outlet Center. De oude man zette kleine schuifelstapjes, terwijl mensen met grote tassen in hun hand hem ontweken. Door het harde werken was zijn rug weinig meer waard. In Kabul kon hij met zijn fiets nog wel ergens komen, maar hier was hij nagenoeg aan zijn huis gebonden. Onze gesprekken gingen over dingen waarvoor we beiden belangstelling hadden, zoals de grote tankslagen uit de Tweede Wereldoorlog, maar uiteindelijk begon hij toch over wat hem dwarszat.

'Die vrouw heeft de Koran in de ene hand en het boek van de duivel in de andere. Het is een gekkenhuis.' Hij vertelde ook dat tijdens een ruzie Shireen zich met een stuk glas had opgesloten in de badkamer en had gedreigd haar polsen door te snijden. 'Ik heb de deur moeten forceren. Enig idee wat er zou zijn gebeurd als ze dat had gedaan? Dan zou ik zijn opgepakt. De Turken houden niet van dat soort scènes. Het zijn kalme, ordelijke mensen. Ik had in Kabul moeten blijven. Maar ik wilde niet alleen zijn.'

Zijn hele leven was Jamal door onbekende gebieden gejaagd. En nu had hij niets meer, niet eens het respect van zijn kinderen. Ze verweten hem dat hij hen niet in Amerika had weten te krijgen. Maar zijn familie wilde Maryam daar niet hebben. 'Kies twee van je kinderen uit', zei zijn broer in Californië een keer over de telefoon. 'De twee oudste jongens. We zoeken hier wel een vrouw voor je.' Maar Jamal was niet gegaan.

Het had geen zin om daar nu spijt van te hebben. Als hij over het verleden nadacht, daalde er een wolk pijn over hem neer. 'Ze heeft de kinderen tegen me opgezet', zei hij toen we weer bij de voordeur stonden. 'Als ik tegen Khalid mopperde omdat hij rookte, nam ze het voor hem op en zei dat ik dat ook deed. Nu rookt hij een pakje per dag. Omar ook.' Zijn sigaret trilde toen hij zijn hand ophief. 'Ik wilde niet dat zij net zo werden als ik.'

Hij liep de trap op, langzaam. Ik pakte mijn telefoon, ging zitten en tikte in wat hij net had gezegd. Als ik internet had, e-mailde ik elke avond mijn aantekeningen aan mezelf en wiste ze daarna van mijn telefoon. Ik wist dat ik daar een keer een samenhangend verhaal van zou maken. Maar de verhalen van de oude man waren onsamenhangend, en details uit Iran en Pakistan liepen door elkaar heen. Het kostte moeite om er een logisch geheel van te maken.

Toen ik klaar was, stak ik een sigaret op. Het was al laat, maar ik kon nog steeds naaimachines horen zoemen.

Omar en ik praatten ook met andere smokkelaars, maar Hajji stond ons toch het beste aan. In elk geval had hij beloofd ons naar Chios te sturen. We wilden in geen geval in Moria terechtkomen, het kamp op Lesbos. Omar belde Hajji op. Die zei dat als we het geld hadden we die avond nog naar İzmir konden vertrekken.

Omar en Maryam praatten er nog een laatste keer over, toen Suleyman aan het werk was, en besloten dat de jongen in Istanbul zou blijven. Omar en ik gingen samen met Jamal naar de geldwisselaar die Hajji ons had aangeraden. Het was een donker zaakje, net achter de boulevard, naast een Afghaans restaurant. Het rook er naar linoleum en in de hoek stond een troebel aquarium met een dikke goudvis erin. Drie mannen stonden achter een vitrine met stoffige gsm's. Dit was een *sarof*, of een *hawala*, als je de Arabische term wilde gebruiken, onderdeel van een informeel systeem om geld over te maken waarvan veel mensen binnen de diaspora gebruikmaakten, vergelijkbaar met het Chinese *fei ch'ien.*[8] Je kon een sarof binnenlopen en voor weinig geld een bedrag overmaken naar Kabul, Dubai of New York, of elke andere plek waar handelaren actief waren. Informele transfersystemen zoals hawala kennen geen regels en zijn grotendeels onzichtbaar voor de autoriteiten. Ze worden gebruikt door militanten en handelaren, smokkelaars en goede doelen en zijn van wezenlijk belang voor mensen zonder papieren, die meestal geen gebruik kunnen maken van echte banken. Er gaat geen tastbaar geld van het ene land naar het andere; de *hawaladar* benutten contacten met handelaren en doorgaans wordt er afgerekend via het financieren van geïmporteerde goederen. Daardoor gaat er een geldstroom van migranten terug naar hun vaderland in de vorm van goederen, of dat nu tweedehandsauto's of blikken bakolie zijn.[9] Op die manier had een groot deel van het Afghaanse platteland tijdens de burgeroorlog het hoofd boven water weten te houden.[10]

Omar liep naar de balie en zei dat Hajji ons had gestuurd. De man erachter pakte een dik kasboek met handgeschreven aantekeningen erin, telde de euro's die Omar neerlegde en noteerde vervolgens de naam van Hajji, het bedrag en toen Jamals naam en telefoonnummer. Op een stukje papier zette hij een code van vijf cijfers, zette er zijn telefoonnummer bij en vouwde het dicht.

'Dit is je *ramz*', zei hij. 'Niet aan andere mensen laten zien. Als je in Europa bent, laat je familie dan ons bellen en de ramz doorgeven. Of geef hem aan de smokkelaar. Als er iets misgaat, als je wordt gearresteerd, bel ons, nog voor je je familie belt, dan kunnen we het geld blokkeren. Als de smokkelaar zegt dat jullie Europa hebben weten te bereiken, proberen we jullie te bereiken. Als er problemen zijn, hebben jullie drie dagen om dat aan ons door te geven. Als we niets horen, geven we het geld aan hem.'

Omdat de sarof gevestigde bedrijven zijn, die met aanzienlijke bedragen werken, kunnen migranten en smokkelaars op deze manier zaken doen, ook als ze elkaar niet vertrouwen. Zij zijn een essentieel element binnen het systeem. Dit bedrijf rekende 6 procent van het bedrag dat aan hen werd toevertrouwd, of we het nu haalden of niet. De man gaf het papiertje aan Jamal, die er even naar keek; in zijn grote hand leek het kleiner te worden. Vroeger kon een ramz een in tweeën gescheurd bankbiljet of polaroidfoto zijn en werd hij over de post verstuurd. Nu gebeuren transacties in realtime.

Omar belde Hajji en zei dat het geld geregeld was.

'Om acht uur vanavond gaat er een bus naar İzmir. Ik haal jullie om zeven uur op van het plein.'

Op de terugweg kwamen we langs het restaurant waar Shireen en Suleyman werkten. In hun rode bedrijfskleding kwamen ze naar buiten, en aan Suleymans gezicht te zien hoopte hij dat we hem mee zouden nemen.

'Het gaat niet gebeuren, Suleyman', zei Omar zacht.

'Waarom niet?' flapte de jongen eruit. Toen wist hij zich te beheersen. Omar klopte hem op zijn schouder. Zijn beurt zou nog wel komen.

In het appartement stopten we onze weinige bezittingen in onze rugzakken. Omar besloot zijn Afghaanse paspoort achter te laten, omdat dat onderweg kwijt kon raken of gestolen kon worden. Ik had geen reisdocumenten. De anderen hingen om ons heen en probeerden opgewekt te kijken. Het was tijd om eens te meer afscheid te nemen. 'Ik ga een mooi plekje zoeken in Europa,' zei Omar, 'en dan kijk ik wat de beste manier is voor jullie.'

'Moge God jullie beschermen', zei Maryam. We omhelsden elkaar en liepen de trap af.

'Ga water halen!' riep Jamal toen we bij de deur stonden. Farah rende naar boven en kwam met een volle kan terug. Hij gooide het water achter ons aan, om ons geluk te brengen en een snel weerzien te bewerkstelligen.

We hesen onze rugzak op onze schouders. Het begon al donker te worden. De oude man wilde per se met ons mee hinken, eerst tot de hoek van de straat en toen tot de volgende. 'Het hoeft echt niet, vader', zei Omar keer op keer. Uiteindelijk bleef Jamal staan en keek hij ons na terwijl we in de menigte verdwenen.

12

Er stopte een taxi en de passagier zwaaide naar ons. Het was Hajji. We gooiden onze rugzakken op de achterbank en stapten in. Terwijl de taxi invoegde draaide de smokkelaar zich om en gaf me een aantal plastic zakjes met een groenig poeder erin. Naswar, ingevoerd uit Afghanistan.

'Wil je dat meenemen naar İzmir?' zei hij. 'Daar zijn ze erdoorheen en ze willen graag nieuwe voorraad.'

Met enige tegenzin stopte ik de zakjes in mijn rugzak. Ik wist dat het maar tabak was, maar een ander zou misschien wel denken dat het drugs waren.

Esenler, het grootste busstation van Istanbul, was een enorme zeshoek van parkeerterreinen met de terminal zelf helemaal bovenin. Bij de oprit werden we tegengehouden door twee politiemannen met machinepistolen. Toen ze onze bagage zagen, begonnen ze Hajji vragen te stellen. Die gaf in vloeiend Turks antwoord.

'Het zijn Afghanen', zei hij kalm.

De politiemannen keken nog een keer naar Omar en mij en toen knikten ze naar de chauffeur. We reden door over de hellingbaan, tot we helemaal bovenaan kwamen. Daar waren loketten waar je kaartjes kon kopen, en eettentjes.

'Jullie hebben geen papieren, dus ik moet de kaartjesverkoper wat geld geven', zei Hajji. Hij zei dat we moesten wachten in de hal, waar op de tv een Turkse soap te zien was. Twintig minuten later kwam de kaartjesverkoper ons ophalen. Hij nam ons mee naar een bus, die met draaiende motor klaarstond. Hajji was nergens meer te bekennen. De andere passagiers waren al ingestapt en terwijl Omar en ik helemaal achterin plaatsnamen reed de bus weg.

We reden over de tweede hangbrug over de Bosporus, het Aziatische deel van Turkije in, met onder ons op het donkere water de lichtjes van veerboten en plezier vaartuigen. Rechts van ons zagen we de verlichte overspanning van de andere brug, die nu was omgedoopt tot Brug van de Martelaren van 15 juli. Tweeënhalve maand eerder hadden tanks van opstandige militairen de brug geblokkeerd, maar ze waren tegengehouden door woedende burgers. Daarbij waren vierendertig doden gevallen. Maar nu leek er niets aan de hand te zijn. Langs de weg regen de reclameborden en megawinkelcentra zich aaneen. Het kostte ons twee uur voor we door de buitenwijken heen waren. 'Dit moet een van de grootste steden ter wereld zijn', mompelde Omar. 'Hoeveel groter dan Kabul, denk je?'

De hele nacht reden we door Klein-Azië heen, de plek waar twee werelddelen elkaar raakten en migratiepatronen uit het verleden als leylijnen over elkaar heen lagen. Het verleden hier ging drie millennia terug, tot de tijd dat de stad İzmir, toen nog Smyrna geheten, werd gesticht door Griekse kolonisten, die later zij aan zij met de Atheners strijd leverden tegen de Perzen.

'Wees niet bang voor het leed dat binnenkort over u komt', had de profeet Johannes gezegd tegen de leden van de kerk in Smyrna, nadat hij zijn *apocalypsis*, zijn openbaring, had gekregen. De Seltsjoeken veroverden Smyrna, de kruisvaarders plunderden het, Timoer Lenk maakte het met de grond gelijk. 'Heel weinigen van hen die zich in zee geworpen hadden, brachten het er levend vanaf', schreef Abbé de Vertot.[1]

Toen de stad uitgroeide tot een bloeiende haven voor de handel met Europa, werd hij door de Ottomanen 'het goddeloze Smyrna' genoemd, omdat er zoveel christelijke kooplieden zaten, en ook Sefardische Joden, die de vervolging in Spanje waren ontvlucht. Na de Eerste Wereldoorlog viel het Griekse leger, daartoe aangemoedigd door Groot-Brittannië,[2] Smyrna binnen. De Grieken wilden de stad opnemen in Megali Idea, een Groot-Griekenland, dat een groot deel van het grondgebied van het oude Byzantium zou omvatten. Na drie jaar verbitterde gevechten en massaslachtingen door beide partijen werden de Grieken verdreven door Atatürk en zijn nationalisten, die een miljoen Grieken uitwezen die tot dan in Turkije hadden gewoond.[3] Ook Turken die in Griekenland hadden gewoond vertrokken in wat wel de 'Bevolkingsuitwisseling' is genoemd. Henry Morgenthau, een Amerikaanse diplomaat in Thessaloniki, was getuige van deze barre overtocht over de Egeïsche Zee. 'De mensen die in Griekenland aan land kwamen, waren er onbeschrijflijk slecht aan toe. Ze waren alles wat maar drijven kon op gejaagd', schreef hij. 'Wie de tocht over zee had overleefd, belandde op een open strand, bezaaid met afval, klappertandend van koorts, zonder dekens of zelfs warme kleding, zonder iets te eten en zonder geld.'[4]

Veel vluchtelingen kwamen terecht op eilanden als Lesbos en Chios, die als kort daarvoor van een gletsjer afgekalfde ijsbergen vlak voor de Turkse kust liggen en makkelijk met een bootje kunnen worden bereikt. Toen de nazi's Griekenland binnenvielen, wisten verzetsstrijders zo naar Turkije te ontkomen. Na de militaire staatsgreep in Turkije, in 1980, vluchtten Turkse dissidenten naar de eilanden. Een decennium later begonnen bootjes de golven over te steken. Ze voerden mensen mee die op de vlucht waren geslagen voor oorlog, mensen die thuisloos, stateloos, rechteloos waren. Aan de rand van de beboste heuvels van Turkije waren genoeg plekken om een bootje te verstoppen en op het smalste punt lag er maar anderhalve kilometer tussen Turkije en de Schengenzone met zijn belofte van vrede.

De dag daarop kwamen we vroeg in de ochtend bij het busstation van İzmir aan. We moesten een paar uur wachten voor Hajji's partner, een Koerd, in een witte Hyundai arriveerde. Hij sprak maar een beetje Farsi, maar uit zijn gebaren maakte ik op dat hij de naswar wilde hebben. Ik gaf hem de zakjes en hij gebaarde dat hij het in een vloeitje wilde rollen en in zijn mond steken. Nee, geen papier, gebaarde ik terug, gewoon een plukje in je mond doen, achter je onderlip. Aan zijn opwinding te zien dacht hij dat het een soort verdovend middel was. Ik deed voor wat er gebeurde als je er te veel van nam – misselijkheid en duizelingen –, wat zijn opwinding alleen maar leek te versterken.

We reden naar de stad. Daar klom de weg steil omhoog naar een kam waar je uitkeek op de haven. De huizen werden kleiner en havelozer naarmate we hoger kwamen. We stopten bij een smalle steeg, waar de smokkelaar iemand belde. Een pezige man op teenslippers liep de weg op en nam de naswar mee, minus het pakje dat de Koerd had ingepikt. In het Dari zei hij dat we met hem mee moesten en dus pakten we onze rugzakken en liepen de steeg in. Hij tikte op de deur van de schuilplaats, een Afghaanse jongen deed open en we stapten naar binnen. Onze ogen moesten wel wennen aan het halfduister van het piepkleine huisje.

We deden onze schoenen uit en gingen op een bed zitten terwijl hij haastig een pakje opende en een flinke prop in zijn mond stopte. 'Een paar dagen geleden had ik niks meer', zei hij na een tijdje, zijn stem gesmoord door het speeksel. Hij leunde achterover en lachte opgelucht. Zijn vrouw, praatgraag en met een breed, rond gezicht, kwam de keuken uit met een schaal thee, schapenkaas en vladebrood en zo gebruikten we de maaltijd.

Net als wij zaten zij te wachten op een boot. De man heette Sardar en hij kende Hajji al jaren. Hij vertelde dat hij kledingwinkels had gehad in Istanbul en Kabul en ooit welgesteld was geweest. Maar door een langdurige zenuwaandoening en de economische ineenstorting in Afghanistan was daar weinig van over. Hij had geen vertrouwen in de toekomst van zijn land en al evenmin in die van Turkije. Er kwam een tweede staatsgreep aan, daar was hij zeker van, en dan zou er burgeroorlog uitbreken.

En dus had hij de afgelopen jaren zijn familieleden via smokkelaars naar Europa gestuurd. De meesten waren in Duitsland en Zweden terechtgekomen. Toen een jaar geleden de grens openging had hij zelfs een eigen opblaasboot gekocht en die volgeladen met vrienden en familieleden. De boot had hem in Istanbul vijfduizend euro gekost en hij had nog eens drieduizend uitgegeven aan transport en smeergeld om hem in İzmir te krijgen, het belangrijkste vertrekpunt voor de grote emigratiegolf naar Europa.[5] Daar was het een pandemonium. Op de pleinen wemelde het van mensen met reddingsvesten aan. Turkse televisieploegen deden live interviews met mensen die achter hen door de branding draafden, naar de bootjes.

Sardars eigen vertrek had door zakelijke besognes vertraging opgelopen, maar nu gingen ze zelf ook. De jongen was de broer van zijn vrouw. Hij was een paar weken daarvoor uit Afghanistan aangekomen. Vanuit Griekenland wilden ze over zee naar Italië, misschien wel in een container, en dan verder naar Duitsland. Als ze werden gesnapt en in Italië hun vingerafdrukken werden afgenomen, zaten ze daar conform het Verdrag van Dublin vast, maar het was niet de ergste plek om asiel aan te vragen, zei Sardar. De Italianen zetten Afghanen zelden over de grens, en je kreeg redelijk snel een verblijfsvergunning.

'Daar wil ik heen', zei Omar.

Hajji had ook aan hen beloofd dat ze naar Chios zouden gaan. Het allerbelangrijkste, zei Sardar, was om niet op Lesbos terecht te komen, waar een week geleden rellen waren uitgebroken en ook brand had gewoed. Sardar had extra betaald voor een speedboot, maar eerder had hij al een keer pech gehad. Een week eerder waren ze al halverwege toen een groot oorlogsschip opdook, met daarop een zoeklicht dat de nacht in dag veranderde. De schipper maakte een scherpe bocht om weg te komen, maar toen hield een Turkse patrouilleboot met gewapende militairen hen aan. De Syriërs mochten aan land gaan, maar de Afghanen werden naar een detentiekamp gebracht. Daar viel het wel mee, zei Sardar. De kamers waren schoon en er waren douches met warm water. De bewakers lieten een Turkse mollah binnen die een heel verhaal afstak om hen niet nog een poging te laten wagen. 'Waarom zou je naar een ongelovig land gaan? Blijf hier, in Turkije.'

Na vier dagen werden ze losgelaten. Sardar en zijn familieleden gingen meteen terug naar İzmir. 'Soms moet je het gewoon een paar keer proberen. Het is een hele onderneming.'

'Had je niet in het water kunnen springen om aan de Turken te ontsnappen?' vroeg Omar.

'Het is zout water. Daar ga je binnen een paar minuten dood aan.' Sardar liet ons de witte vlekken op zijn spijkerbroek zien. 'Moet je kijken wat een paar druppels met mijn broek hebben gedaan.'

We wisten niet wanneer we zouden vertrekken. Misschien dezelfde avond al, had Hajji gezegd, maar ik wist dat er dagen of zelfs weken overheen konden gaan, afhankelijk van het weer en de politie. We zouden op het allerlaatste ogenblik worden gewaarschuwd, dus we moesten altijd klaarstaan. Maar Sardar zei dat de boten naar Chios pas vroeg in de ochtend vertrokken. Omar en ik gingen even slapen en toen we weer wakker werden besloten we iets te gaan eten. Sardar droeg zijn jonge zwager op om met ons mee te gaan, omdat hij een beetje Turks sprak. We liepen naar beneden, de straat af, tot we bij een restaurantje kwamen, waar het personeel pennen met geroosterd vlees op vladebrood legden, met ernaast kruiden en uien, donker van de sumak. We bestelden drie porties kebab en cola.

'Dit is een Koerdische buurt', zei de jongen toen we gingen zitten. 'De politie komt hier niet.'

Net op dat moment liep een politieman van middelbare leeftijd naar binnen. Zijn radio en pistool kwamen op ooghoogte voorbij. We zwegen en keken op ons bord. Maar hij kwam alleen maar kebab halen. Het vlees was lekker: er zat net genoeg vet in het gehakt om de smaak van de komijn en de chili op te nemen.

Daarna gingen we in een park zitten, aan de rand van een steile rotswand, met uitzicht op de stad, wit en uitgestrekt, met in het midden een groep blinkende wolkenkrabbers. De baai liep verder naar het westen, lang en cyaanblauw. Omar deelde sigaretten uit. In een winkeltje had hij voor zestig cent een pakje gekocht. Op het filter stond Calboro.

'Misschien stuurt Hajji ons wel allemaal tegelijk', zei de jongen.

Omar en ik keken elkaar aan. Kregen we een gratis upgrade

naar een speedboot? Het idee om samen met Sardar over te steken stond me wel aan. Hopelijk zou Hajji goed voor hem zorgen.

Omar en de jongen verbaasden zich over hoe mooi en modern Turkije was, hoe rustig de mensen waren, dat het niemand iets kon schelen als je een minirok of een hidjab droeg of een café of een moskee binnenliep. Zou Afghanistan op een dag ook zo zijn? Misschien een generatie later, zei Omar honend. Als je hier aan de nodige papieren kon komen, kon je een behoorlijk bestaan opbouwen, maar aan de andere kant had Sardar dat allemaal gehad en nu wilde ook hij naar Europa.

In de baai was de zon in opaalglazen scherven uit elkaar gevallen. In de haven zagen we stapels containers, met daarnaast portaalkranen, als reusachtige galgen. Een grijs oorlogsschip liep net de haven binnen, tussen de tankers en veerboten door. Ik vroeg me af of het onderdeel was van de NAVO-eenheid die smokkel tegen moest gaan. Daar maakten Griekse en Turkse vaartuigen deel van uit, en ook een Canadees fregat, de Charlottetown.[6]

Op zo'n zonnige dag kon je je moeilijk voorstellen dat in 1922 alle kades zwart zagen van Grieken die probeerden te ontkomen aan het leger van Atatürk, terwijl de Griekse wijk van Smyrna in vlammen opging. Soms reisden die migranten door als ze Griekenland hadden bereikt. 'Hij had ternauwernood de tocht in een klein bootje naar Athene, aan de andere kant van de Egeïsche Zee overleefd, en vandaar reisde hij door naar Ellis Island', schreef admiraal James Stavridis over zijn grootvader, een onderwijzer uit Smyrna, in *Destroyer Captain*, zijn memoires. Zeventig jaar later voerde Stavridis het bevel over een Amerikaans oorlogsschip dat een miljard gekost had en nu de haven van İzmir binnen voer, en verwonderde hij zich over de tocht die zijn grootvader had gemaakt. 'Wat een verbijsterende historische ironie.'[7]

In het kleine huis begonnen we *fis kut* te spelen, een Afghaans kaartspelletje dat een beetje op hartenjagen lijkt, maar we hadden pas een paar potjes gespeeld toen Sardars telefoon ging.

'Pak jullie spullen, ze staan buiten te wachten', zei hij. Dus Hajji stuurde ons niet tegelijk met hem. Maar het was pas zes uur in de middag, te vroeg voor de boten naar Chios.

'Dan gaan jullie naar Lesbos!' riep zijn vrouw, maar ze zei niets meer toen ze de gechoqueerde uitdrukking op ons gezicht zag.

Verward raapten Omar en ik onze spullen bij elkaar en liepen naar de straat, waar een Arabische knul zat te wachten achter het stuur van de witte Hyundai. Hij bracht ons naar een moskee in de buurt, waar we overstapten in een taxi, bestuurd door een nerveuze Turk die een doodlopende straat in reed en toen met rokende koppelingsplaten achteruit moest, tot we de hoofdweg wisten te vinden en via de nodige haarspeldbochten naar de stad reden. De zon was net onder; İzmir spiegelde zich ambergeel in het water. Omar bleef Hajji bellen. Toen de smokkelaar uiteindelijk opnam vroeg Omar of hij ons naar Lesbos stuurde.

'Nee, jullie gaan naar Chios', zei Hajji geruststellend.

Ik wist niet wat ik ervan moest denken. Misschien hadden Sardar en zijn vrouw het bij het verkeerde eind over de vertrektijden.

In het centrum was het razend druk. We stopten voor een hotel en stapten uit. Ik zocht het op: het Suzuslu, drie sterren. Forenzen haastten zich langs ons heen. Nog twee smokkelaars arriveerden, overlegden met onze chauffeur en zeiden toen dat we in een leeg busje dat daar stond moesten gaan zitten. De geur van leer begroette ons toen we de schuifdeur opendeden. Er zaten speakers tegen het plafond, voor de ruiten hingen gordijntjes en er was een minikoelkast. Het was een feestbusje, dat in het laagseizoen ook ander werk aanpakte. 'Niet gek', zei Omar, terwijl hij zijn hand over de glanzende armleuning liet glijden.

Een andere Turk, lang en met een baard, ging achter het stuur zitten. Hij sprak een beetje Engels, maar zei dat hij niet wist waar we heen gingen. We reden naar een woonwijk en parkeerden. We wachtten een half uur en toen gleed de deur open en stapte een serie jonge mannen in, de een na de ander, tot ze boven op elkaar zaten, hun hoofd schuin tegen het dak. Omar en ik, helemaal achterin, zaten klem achter een massa knieën en ellebogen.

De mannen spraken Arabisch. Ik stelde wat vragen in het beetje Arabisch dat ik kende. De man die bij mij op schoot zat, zei dat ze uit een dorp in de buurt van Aleppo kwamen, in het noorden van Syrië. Ik was daar voor mijn werk weleens geweest. Ze wisten niet naar welk eiland ze gingen en dat kon hun ook niet schelen. Ze waren alleen maar blij dat ze na twee weken weg konden uit hun schuiladres. 'Vijftien dagen!' zei een vriend van hem.

'Zijn hier nog meer Afghanen?' riep iemand voorin in het Farsi, met een Iraans accent. 'Blijf maar bij ons in de buurt.'

De chauffeur wachtte tot de escortauto er was. Die moest tien minuten eerder dan wij vertrekken, zodat hij ons kon waarschuwen als er controleposten van de politie waren. Toen we de grote weg op reden, zag ik tot mijn schrik dat we in de richting van Çanakkale reden. Dat betekende Lesbos.

'Bel Hajji nog eens', zei ik tegen Omar. 'Maak je nou maar geen zorgen', zei die. 'Zo meteen keren ze om.'

Daar snapte ik niks van, maar wat konden we doen? We zaten klem, letterlijk. Het busje ging van de weg af en stopte op de parkeerplaats van een gesloten tankstation. De escortauto voor ons had panne, legde de chauffeur uit, en dus moesten we wachten. Hij zei dat we de ramen en gordijnen dicht moesten doen en smeerde hem, ongetwijfeld bang dat hij met ons door de politie zou worden gesnapt.

In het busje werd het algauw verstikkend heet. De Syriërs fluisterden met elkaar in het donker. Mijn gewrichten begonnen te steken en de ledematen van mijn knokige buren priemden in mijn nieren. Ik voelde een golf van misselijkheid opkomen en deed mijn ogen dicht. Als kind had ik nachtmerries gehad over klem zitten in het hete donker, in het hart van de aarde bijvoorbeeld. Toen ik deze tocht aan het voorbereiden was, had ik in de krant gelezen over eenenzeventig migranten die de vorige zomer in Oostenrijk in een koelwagen waren gestikt, en had ik me voorgenomen om zelf nooit in zo'n situatie te belanden.[8] Nu dacht ik aan wat die man in Nimroz ons had verteld: dat we net een voetbal zijn die op het veld in het rond wordt geschopt. Het was een duizelingwekkend gevoel om jezelf toe te vertrouwen aan criminelen. Juridisch of moreel kon je nergens verhaal halen. Je kon jezelf alleen maar verwijten maken dat je je in een dergelijke positie had gemanoeuvreerd.

Zo ging er een uur voorbij. Het was bijna tien uur toen de chauffeur weer instapte en we verder reden, nog steeds in noordelijke richting. Het was al een tijdje duidelijk dat Hajji ons voorloog. Omar belde hem voor de zoveelste keer op. Ze maakten ruzie en toen zei Hajji dat hij de telefoon aan de chauffeur moest geven. Dat gebeurde, via een wirwar van ledematen.

'Oké', gaf Hajji toe toen de telefoon weer bij Omar terug was. 'Jullie gaan naar Lesbos, maar wat is daar mis mee? Het is een prima eiland.'

'We willen niet opgesloten worden in Moria!' zei Omar.

Hajji zei dat hij ons terug zou laten brengen naar İzmir als de anderen waren afgezet en verbrak de verbinding.

'Wat moeten we doen?' fluisterde Omar. Onze hoofden waren vlak bij elkaar.

'Wat kúnnen we doen?'

'Niks. Helemaal niks.'

Na drie kwartier gingen onze auto en nog twee andere van de doorgaande weg af en volgden we een aantal landweggetjes door olijvengaarden en slapende dorpen. Er was steeds minder ander verkeer. We reden een helling af, belandden in de smalle straatjes van een kustplaats,018Bademli, en reden vandaar een dennenbos in. De koplampen werden uitgezet. Op het strand sprong iedereen uit de auto's, behalve Omar en ik. We bleven zitten en probeerden uit te leggen dat we terug wilden naar İzmir.

'Weg! Weg!' siste de chauffeur. 'Politie! Politie!'

Een gedrongen smokkelaar gaf een ruk aan mijn arm en trok me de auto uit. Achter mij bleef Omar protesteren, tot de man een pistool trok. Toen was het met zijn verzet gedaan. De auto's reden weg. De inzittenden bleven achter, plus twee Arabische smokkelaars en een niet opgepompte rubberboot.

Omar belde Hajji.

'Ze hebben ons hier gedumpt.'

'Wat? Oké, ik stuur wel iemand.' De verbinding werd verbroken.

'Vergeet het maar', zei ik. 'Hij gaat heus niet iemand sturen.'

'De *khar kos lauda*!'

Verbijsterd gingen we op de grond zitten. Wat konden we doen, behalve ervandoor gaan, het bos in? Misschien werden we dan wel neergeschoten. We gingen naar Lesbos, of we het nu leuk vonden of niet.

'Hier', zei Omar, en hij gaf me een lege vuilniszak. Ik deed mijn rugzak erin en knoopte hem dicht. We bevonden ons aan het eind van een lange, smalle inham, waar de weg vlak langs een met gras begroeide heuvel liep en dan weer terugboog, het bos in. In het donker zag ik dat er rond de veertig mensen in het lange gras zaten. Er waren ook vrouwen en kinderen bij, soms heel jong. Het waren vooral Arabieren, al zaten er ook een paar Afrikanen bij. De meesten hadden een zwemvest om; sommigen hadden een binnenband.

'Waar zijn onze reddingsvesten?' zei Omar.

In de schuilplaats was gezegd dat we die konden kopen, maar ook al hadden we elk vijfendertig dollar betaald, nu hoorden we dat ze allemaal al waren uitgedeeld. Ik was niet van plan er een punt van te maken, maar Omar werd woest en begon te schreeuwen dat hij zonder zwemvest niet in de boot ging. De smokkelaars brachten hem tot bedaren en even later kwam een van hen één zwemvest brengen.

'Meer zijn er niet.'

Ik zei tegen Omar dat hij het aan moest pakken.

Terwijl wij stonden te ruziën met de smokkelaars kwamen de twee Iraniërs uit onze auto naar ons toe, duidelijk om iets te vragen. Eén boog zich over me heen terwijl ik met mijn rugzak bezig was en stelde met zijn zware Teheraanse accent steeds dezelfde vraag, alsof hij niet verstond wat ik zei.

'Ben jij een Afghaan?'

'Ja.'

'Ben jij een Afghaan?'

'Ja!'

'Ben jij een Afghaan?'

Ik sprong overeind en schreeuwde: 'Ik zei toch dat ik een Afghaan ben! Ben je doof?'

Omar trok ons uit elkaar. De andere migranten staarden ons geschrokken aan.

'Ja, we zijn Afghanen', zei Omar. 'Alles kits.'

'Wij gaan zeggen dat we ook Afghanen zijn, snap je? Hoe heet de president van Afghanistan?'

Ik liep weg en probeerde mijn kalmte te herwinnen. Er zijn twee presidenten, dacht ik, en toen schoot ik in de lach. De Iraniërs wilden zich voordoen als Afghanen, en de Griekse autoriteiten kwamen wel eens met zulke vragen aan. Hopeloos. Maar ik had mijn zelfbeheersing verloren. Ik had niet tegen hem moeten schreeuwen.

Omar en ik liepen naar het strand. Daar hadden we meer kans om weg te komen als er politie kwam. De smokkelaars hadden ons verboden te roken, maar we staken er toch een op en deelden die, met onze hand om de gloeiende punt heen, en staarden naar het zwarte oppervlak van de inham.

'Ben je er klaar voor?'

'Ja, broer.'

Fluff, fluff, fluff. De smokkelaars waren de rubberboot met een voetpomp aan het oppompen. Af en toe reed er een auto over de halfverharde weg en dan zweeg iedereen, dook in elkaar en was in het licht van de koplampen heel even een rij silhouetten te zien.

Hoeveel mensen hadden deze route al genomen? Ik was er zeker van dat wij niet de eersten waren en ook niet de laatsten zouden zijn. Onze voorgangers hadden net als wij achtergelaten wat ze niet konden dragen. Hier op het strand hadden ze om hetzelfde gebeden: een veilige overtocht.

Een groep vluchtelingen kwam de helling af, met de groen met witte zitbanken van de boot op hun schouders. De rest groepte samen terwijl ze de boot zelf in het water lieten zakken en de smokkelaars de buitenboordmotor erop plaatsten. Ze duwden hem het water in tot dat tot hun middel kwam en gaven de man die zou sturen nog wat laatste aanwijzingen. Dat was gewoon een vluchteling die ze hadden uitgekozen. Waarschijnlijk kreeg hij de overtocht voor niets, want opblaasboten maakten maar één reis. Toen de smokkelaars ons wenkten, pakten we onze bagage en renden naar voren.

Het koude water tegen mijn benen deed me schrikken. Toen ik bij de boot was, hees ik me omhoog, over het piepende rubber heen, en vond een plekje aan de bakboordkant. Omar ging naast me zitten.

'Een voor een', zei de smokkelaar in het Arabisch. De mannen gingen op de zitbanken zitten, met het gezicht naar binnen. De vrouwen en de kinderen kwamen in het midden, gewoon op de bodem. Bijna vijftig mensen zaten op elkaar gepropt in een bootje van met rubber overtrokken canvas, nog geen acht meter lang.

Het startkoord werd aangetrokken en de motor kwam grommend tot leven. De smokkelaars gaven de boot een zet, de stuurman zette de motor in de versnelling en achter ons verscheen een lange, golvende v. Op een eiland bij het begin van de inham stonden stenen gebouwen en houten huisjes in mauve en groene tinten: een luxueus vakantieoord. Het liep tegen middernacht en als een gast nog zo laat buiten zou zijn geweest zou hij ons gezien hebben: nog vlak bij de kust, een bootje met ineengedoken mensen dat het duister in koerste.

Toen we om de laatste rotspunt heen draaiden zagen we aan de horizon een strook lichtjes: Lesbos, een kilometer of vijftien bij ons vandaan. De zee omsloot ons toen we ons steeds verder van het land verwijderden. De boot begon op en neer te gaan met de golven, die kort na elkaar kwamen, alsof het kort daarvoor gestormd had. Afgezien van de planken op de vloer had het bootje geen structurele versteviging en dus slingerde het bij elke golf op en neer, zodat we tegen elkaar aan gesmeten werden. Het bootje was lachwekkend onzeewaardig, een uit zijn krachten gegroeid stuk zwembadspeelgoed, dat elk ogenblik kon bezwijken.

We moesten de Griekse wateren zien te bereiken voor de Turken ons te pakken kregen, maar de stuurman, een jonge Syriër met vierkante kaken en een spoor van een baardje, gaf weinig gas, hoe hard de passagiers ook riepen dat hij op moest schieten. Misschien hadden de smokkelaars hem gewaarschuwd dat hij het bootje niet te zwaar moest belasten. Hij stond half voorovergebogen, nogal instabiel, en bewoog de helmstok heen en weer. Elke keer dat we in het dal van een golf doken riep hij als een brulboei God aan: '*Ya Rab*! *Ya Rab*!' Naast hem maakten zijn vrienden ook de nodige herrie: Arabische kreten over vertrouwen hebben en Turkije ontvluchten en nog meer dingen, die ik niet verstond.

Een Iraaks kind met een bos krullen zat met haar ouders voor me, op het rubber. Toen de golven hoger werden, sloeg haar hoofd steeds tegen mijn knie, dus ik stak mijn hand uit en legde die om haar hoofd. Haar moeder leek het niet te merken; zo te zien zou ze zo meteen wel eens over kunnen geven. Het was te donker om de gezichten van de andere passagiers te kunnen zien, maar toen ik naar hun gefluister en gekerm luisterde, besefte ik dat iedereen om me heen doodsbang was. Naast me voelde ik hoe gespannen Omar op elke golf reageerde. Het was de eerste keer dat hij ooit op zee was geweest, en dat gold voor veel anderen in het bootje ongetwijfeld ook. Wat we niet kennen, jaagt ons nog de meeste angst aan. Voor mij was het anders. Ik was vlak bij een oceaan opgegroeid. De angst die ik voelde, was van een heel andere soort. Ik stelde me voor hoe het zou zijn als het water plotseling koud naar binnen stroomde en repeteerde in mijn hoofd wat ik dan zou moeten doen. Ik kon uitstekend zwemmen, dus ik zou het wel redden. Ik zou Omar helpen, maar omdat ik geen zwemvest had moest ik snel bij de anderen vandaan zien te komen, want ik wilde niet klem komen te zitten in een door paniek bevangen worstelende groep mensen. We zouden bij de rest vandaan zwemmen en afwachten. Wie verdrinkt, doet dat stilletjes; je hebt lucht nodig om te kunnen gillen. Daarna zou het een kwestie van tijd zijn. Ik had gehoord dat de zwemvesten vaak nep waren en vol water liepen. Ook als het ons lukte om te blijven drijven, zouden we uiteindelijk omkomen van dorst en kou, ook al was de zee in deze tijd van het jaar waarschijnlijk warm genoeg om een nacht in het water te kunnen overleven. Halverwege was het nog acht kilometer naar Lesbos en er waren ook stromingen. Dat zou een lange zwemtocht worden. We konden beter bij elkaar blijven en op redding wachten. Als die kwam.

Het hoofd van het meisje rustte warm tegen mijn hand en ik besefte dat ze in slaap was gevallen. De maan was nog niet opgegaan en sterren dansten in de facetten van de golven. Rode en groene lichtjes knipperden langs de hele kust. We waren de slotgracht van Europa aan het oversteken. De Middellandse Zee is de dodelijkste grens op aarde. Sinds 2000 zijn hier meer dan dertigduizend migranten omgekomen, en dat zijn alleen nog maar de bewezen gevallen.[9] 'De natuur schoont het slagveld op', had Jason De León geschreven over de woestijn van Sonora en de gieren daar, tussen de Verenigde Staten en Mexico.[10] Als een lichaam verdwijnt kan er veel moeilijker om een dode worden gerouwd. Vandaar de afschuw bij veel culturen voor verdrinken, en de geesten die aan de kust staan te wachten.

Het marineschip verscheen geruisloos, als in een droom, het hoekige silhouet zwart tegen het middernachtelijke blauw. Het was een NAVO-fregat, een meter of achthonderd bij ons vandaan, en het volgde een koers die parallel lag aan de onze. Het zal ons op de radar gezien hebben, of anders met infraroodapparatuur. We wachtten zwijgend af terwijl het dichterbij kwam. Toen het verblindende zoeklicht aanging, begonnen mensen te schreeuwen, te huilen en te bidden. Tegenover mij sloeg een kleine Eritreeër een kruis. Toen we naar elkaar keken, vingen zijn irissen het felle licht.

'Tempo, *sharmuta*!' schreeuwde een Arabische jongen naar de stuurman, maar die weigerde nog steeds om meer snelheid te maken.

Eerder had ik ver achter ons een rood met blauw licht zien flitsen, van een schip dat langs de Turkse kust voer. Het fregat veranderde van koers en voer naar de plek die door het zoeklicht werd beschenen. Daar zagen we een zodiac, ook een opblaasboot, en niet veel groter dan de onze, maar veel stijver en zeewaardiger. Op de zijkant stond SAHIL GÜVENLIK. Het fregat had vast de Turkse kustwacht gealarmeerd en die was gekomen om ons terug te halen.

Voor in de boot stonden twee Turken met zaklampen, maar voor zover ik kon zien zonder wapens. De passagiers bleven even stil en ik verwachtte dat we zonder verzet mee zouden gaan. Toen de Turkse boot dichterbij kwam, begon een van de Turken te roepen: 'Motor uit! Motor uit!'

Maar in onze boot kwamen mensen overeind en schreeuwden: 'No Turkey! No Turkey!'

Toen ramden ze ons hard, midscheeps. Een golf zeewater kwam in ons bootje terecht en ik sloeg voorover, tegen de vrouw met het kind aan. De Turken probeerden hun zijkant langs de onze te krijgen. Dan konden ze aan boord komen en het roer overnemen. Maar onze stuurman gaf gas en we gleden schokkerig bij hen vandaan. Er werd gefloten en gejuicht.

Het marineschip had zijn zoeklicht uitgezet en was in het donker verdwenen.

De kustwacht was met een bocht om ons heen gevaren en kwam toen weer onze kant op, sneller dit keer. Ik moest vlug overeind komen om niet te worden geplet toen ze ons raakten. De Turken probeerden onze voorkant terug te duwen, in de richting van Turkije, maar onze stuurman gaf nu vol gas. Boven het geraas van de buitenboordmotoren uit hoorde ik ledematen tegen de zitbanken bonken en het water langs de boot sissen. Een van de Turken probeerde een lijn om onze buitenboordmotor te gooien, maar de Syriërs maakten hem los en deelden ook een paar klappen uit. De andere Turk haalde naar hen uit met een bootshaak, die een van de zitbanken raakte. Onze stuurman gaf vol gas en we schoten weg, onder luide kreten van 'Allahu akbar'.

Later kwam ik te weten dat we op dat moment de Griekse wateren hadden bereikt. De Turkse boot maakte een cirkel om weer op ons af te komen toen een paar honderd meter bij ons vandaan een grotere boot zijn aanwezigheid verried door zijn deklichten aan te doen. De passagiers staarden ernaar, terwijl onze stuurman gas terugnam.

'Dat zijn Grieken', zei iemand.

'Nee, het zijn Turken', schreeuwden anderen. 'Verder!' Het schip kwam snel op ons af en zette ons vol in het licht.

'Laat ze de kinderen zien!'

De moeder van het meisje met de krullen kwam overeind. Gesteund door de anderen tilde ze haar kind hoog op. Het meisje hief haar betraande gezicht op naar de lichten. Ik hoorde een zoemend geluid. Toen ik me omdraaide, zag ik de boot van de Turkse kustwacht op ons afkomen.

'Kijk uit!'

Ze raakten ons zo hard dat we weg werden gekaatst. De moeder en haar kind vielen tussen een groep anderen in. Probeerden ze ons tot zinken te brengen? Weer maakten ze een cirkel, maar dit keer schoof het andere schip, een grote kotter, tussen ons bootje en de Turken in. Die gaven hun pogingen op. We waren nog steeds met volle snelheid op weg naar Lesbos, maar de zwarte driehoek van de voorplecht van de kotter verscheen hoog naast ons. Stevige zeelui met een pistool op de heup stonden langs de reling en schreeuwden in het Engels.

'Motor uit!'

We konden niet ontsnappen, maar toch werd er aan boord geruzied. Moesten we ons overgeven? Toen zagen we de verlichte vlag op de achterplecht. Een rood kruis op een blauw veld. Noorwegen.

'Dat is de Griekse vlag!' schreeuwden mensen aan boord en begonnen te juichen. Onze stuurman zette de buitenboordmotor uit en het schip kwam langszij. De emigranten bleven geagiteerd 'No Turkey! No Turkey!' roepen naar de Noren. Die probeerden ons te kalmeren. Omar liep naar de achterkant van ons bootje en praatte daar in het Engels met onze redders. Die verzochten iedereen om te gaan zitten en rustig te blijven. Uiteindelijk werden we een voor een aan boord gehesen, de vrouwen en de kinderen het eerst. Daar werden we gefouilleerd en naar het open dek aan de voorkant gestuurd.

De naam van het schip was Peter Henry von Koss. Het maakte als reddingsvaartuig deel uit van Frontex. Toen het koers zette naar Lesbos sneed de wind door onze kleren, die doorweekt waren geraakt van het zeewater. Dankzij de deklichten kon ik voor het eerst de rest van de groep onderscheiden. De angst op hun gezicht begon te verdwijnen en maakte plaats voor uitgeputte vreugde: ze hadden gegokt, hun leven tegen de zee, en ze hadden gewonnen. Wat er nu ook gebeurde, we hadden Europa gehaald.

De Noren kwamen aanlopen met thermische dekens voor de gezinnen. Voor de kinderen hadden ze zelfs knuffels met een zwemvest om.

'Jullie zijn aardiger dan de moslims', zei een van de Syriërs in het Engels. In zijn stem klonk nog woede door over het optreden van de Turken.

Een politieman met een vriendelijk gezicht telde ons en gaf toen via de radio door hoeveel mensen aan boord waren en uit welke landen ze kwamen. Toen hij Omar zag, ging hij op zijn hurken naast hem zitten.

'Bedankt voor je hulp. Hoe komt het dat je zo goed Engels spreekt?'

'Ik heb voor de coalitiestrijdkrachten in Afghanistan gewerkt. Maar ik moest vluchten voor de Taliban.'

De Noor legde uit dat Omar maanden zou moeten wachten in het kamp, terwijl ze iedereen natrokken. Er wilden ook veel mensen naar Europa omdat ze een beter bestaan wilden opbouwen, zei hij, en in Europa was niet voor iedereen plaats. Die mensen wilden de plek innemen van echte vluchtelingen zoals hij.

'Volgens mij maak jij een goede kans om hier een nieuw leven te beginnen. Je gedraagt je als een Europeaan. Je bent kalm en beheerst. Waarom was iedereen zo uit zijn doen? Dat komen we niet vaak tegen.'

Omar zuchtte. 'Door dat gevecht met de Turken.'

De Noor vroeg hoeveel hij had betaald voor de reis. Terwijl de politieman het antwoord noteerde, zei hij: 'De smokkelaars vermoorden indirect mensen door ze met die onveilige bootjes over te laten steken. Die groene van jullie, bijvoorbeeld. We hebben meegemaakt dat die halverwege leeglopen. Dan belanden de mensen in het water en vallen er doden.'

'Wat gebeurt er als we in Lesbos aankomen?'

'Dan gaan jullie naar Moria.' De Noor fronste zijn voorhoofd. 'De Grieken zullen lang niet zo aardig zijn als wij.'

We stonden te rillen toen we in Mytilene, de voornaamste havenstad van Lesbos, arriveerden. Het was vier uur in de ochtend. De emigranten stonden in een rij langs de reling om naar de stenen gebouwen langs de haven te kijken. 'Kijk, een moskee', zei een van de Iraniërs en wees naar een verlichte kerktoren.

De Griekse politie stond ons op te wachten toen we met stijve benen van boord gingen. De Noren hadden onze bagage al aan wal gebracht en toen ik mijn spullen wilde pakken greep een van de Grieken me bij mijn arm, trok me weg en blafte tegen ons dat we in rijen van vier moesten gaan staan. Toen we dat hadden gedaan legde een politieman in het Engels uit dat het registratiebureau tot de ochtend gesloten was en dat we dus in de haven moesten wachten. De gezinnen werden naar een tent gebracht en de rest ging naar een lege bus.

Omar en ik zaten samen op een bank voorin. Hij viel ondanks de harde bank meteen in slaap, maar ik bleef rechtop zitten in mijn natte spijkerbroek, te gespannen om mijn ogen dicht te doen. Mijn telefoon was droog en de accu deed het nog, en dus schreef ik op wat er was gebeurd. De wereld bewoog om me heen, alsof ik nog in het bootje zat. De gezichten die ik in het donker had gezien, zag ik nog steeds voor me. Maar ik voelde geen vreugde, alleen maar zorgen over wat ons de volgende dag zou wachten, want dan werden we overgebracht naar het beruchtste kamp van Europa. Toen ik voor het eerst overwoog om met Omar mee te gaan was de grens nog open en verwachtte ik dat we onopgemerkt aan land konden komen en dan verder konden gaan. Ik wilde niet in een ambtelijke molen belanden. En als we nu eens niet weg zouden kunnen komen uit Moria?

Om acht uur reed een andere bus voor, gevolgd door een Nederlandse arrestantenwagen. We stapten over en reden door de straten van Mytilene, langs een muur waarop NO NATO NO FRONTEX was gekalkt, en toen naar het noorden, langs de kust. Na een paar kilometer draaiden we landinwaarts en reden door golvende olijfgaarden. We zagen een paar ME'ers met kakiuniformen aan en kwamen toen bij een complex met bewakingstorens en scheermesprikkeldraad langs de buitenkant.

DEEL III
Het kamp

13

Op elk eiland kijken de mensen naar de zee. Op Lesbos bracht het voorjaar kleine bootjes. Als je aan de noordkant op de rotsen langs de kust ging staan kon je ze aan zien komen uit Turkije, stippen die steeds groter werden tot je de felgekleurde zwemvesten kon onderscheiden en het hoge gieren van de motoren kon horen, en daarna de kreten van de mensen aan boord als ze door de branding kwamen. Ze landden op het strand als ze geluk hadden, op de rotsen als dat niet het geval was.

De bootjes arriveerden als berichten over verre oorlogen. Het ene jaar bracht er meer dan andere jaren. In 2014, toen Syrië brandde, kwamen er meer dan 40.000 aan op de Griekse eilanden. Zoveel waren er nog nooit gekomen.[1] In de winter, als het hard waaide, waagden alleen echt wanhopige mensen de oversteek. Maar het volgende voorjaar, in 2015, toen het weer warmer begon te worden, werd duidelijk dat dit een jaar zou worden zoals er nog nooit was geweest.

In maart kwamen bijna achtduizend mensen op de eilanden aan, een ongewoon hoog aantal. In april waren het er twee keer zoveel, en de aantallen bleven oplopen. In de maand juli waren het er vijfenvijftigduizend. Inmiddels was ook tot de rest van de wereld doorgedrongen dat er een crisis gaande was. De media trokken naar Lesbos. Fotografen liepen rond over stranden die oranje zagen van de weggegooide zwemvesten. Hun camera's legden vast hoe migranten zich huilend van vreugde op de stranden stortten, God dankten, een selfie namen en dan begonnen te lopen. In het overbelaste registratiebureau deelden de Griekse autoriteiten formulieren uit waarin de vluchtelingen werd gelast uit Griekenland te vertrekken en lieten ze daarna aan boord gaan van de veerboot naar Athene, waar ze op weg gingen door de Balkan, Europa in.[2]

In augustus kwamen honderdduizend mensen op de eilanden aan, de meesten op Lesbos. Een meerderheid bestond uit Syriërs, en er waren ongewoon veel vrouwen en kinderen bij, omdat duidelijk werd dat je veilig verder kon reizen als je eenmaal de vaste wal had bereikt.[3] In december was een op de drie migranten minderjarig. Niet iedereen haalde het: dat jaar verdronken of verdwenen achthonderd migranten, tweehonderdzeventig van hen kinderen.

Het was een pandemonium op de stranden. Op sommige dagen leek het wel of het einde van de wereld was aangebroken: 'En de zee gaf de doden in die zee terug.'[4] Lijken spoelden aan zonder hoofd, zonder ledematen. Andere lichamen waren volledig gaaf, alsof ze sliepen. De namen die vissers aan plekken langs de kust gaven veranderden, zou een inwoner later schrijven. Een rotspunt die eerst Zeehond had geheten, werd omgedoopt tot Oude Man. Sommige mensen wilden geen vis meer eten: ze zeiden dat die 'zich hadden volgevreten aan de lijken van verdronken migranten.'[5]

Op 2 september stapte een gezin van vier bij de Turkse kust in een bootje. Het waren Syrische Koerden uit de stad Kobani, waar drie maanden eerder meer dan tweehonderd mensen waren vermoord door IS. Heel vroeg in de ochtend, toen het nog donker was, kapseisde hun bootje in de ruwe zee. De moeder en haar twee zoontjes verdronken. Bij zonsopgang werd een van de kinderen, Alan Kurdi, of Aylan, zoals hij door de hele wereld werd genoemd, op het strand gevonden. Een Turkse fotograaf legde hem vast: een kind, voorover gevallen op het zand zoals doodvermoeide peuters soms doen, zijn rode T-shirt omhooggeschoven zodat je zijn witte ruggetje kon zien, een golfje naast zijn voorhoofd. Hij had zijn schoenen nog aan.

Die zomer werden er heel wat foto's genomen van verdronken

kinderen, maar misschien kwam het door de engelachtige rust die het beeld uitstraalde dat het viral ging op Facebook en Twitter. Per uur werden meer dan vijftigduizend tweets met de foto verstuurd en uiteindelijk zou hij twintig miljoen mensen bereiken. ‘Wat is er gebeurd met Aylan Kurdi?’ was een van de meest aangeklikte berichten op Google, naast ‘Wat is de oorzaak van de migrantencrisis?’[6] Zijn lichaam verscheen in heel Europa op de voorpagina’s van kranten. ‘Een beeld dat ons geweten choqueert’, kopte *El País* in Spanje. *The Sun*, een Britse boulevardkrant waarin vijf maanden daarvoor een columnist nog had geschreven over ‘migranten die nog het meest doen denken aan kakkerlakken’, kondigde een campagne aan om geld voor hen in te zamelen, met als titel ‘Voor Aylan’. De meest gelezen sensatiekrant van Duitsland, *Bild*, zette het lichaam van het kind op een verder geheel zwarte pagina. ‘Deze foto is een aansporing aan de hele wereld om er eindelijk eendrachtig voor te zorgen dat er nooit meer een vluchtelingenkind omkomt. Want wie zijn wij, en wat zijn onze waarden eigenlijk waard als wij toelaten dat dit gebeurt?’[7]

De Chinese kunstenaar Ai Weiwei bezocht het strand op Lesbos en liet zich op het strand fotograferen in dezelfde houding als het kind. Toen de auteur Karl Ove Knausgård in Berlijn een prijs in ontvangst nam, zei hij dat hij zo geschokt was geweest door het beeld dat hij aandacht was gaan besteden aan de vluchtelingencrisis, die voor hem tot dan deel had uitgemaakt van ‘de onafgebroken stroom berichten over autobommen in Irak of schietpartijen in Amerikaanse scholen’.[8] Senator John McCain, die had gezegd dat Amerika troepen naar Syrië moest sturen, poseerde in het Congres met een foto van de dode peuter.

Een dood kind veroorzaakte een wonder. Twee dagen na Aylans dood stelden Duitsland en Oostenrijk hun grenzen open voor duizenden vluchtelingen die klem zaten in Hongarije en lieten die met treinen en bussen doorreizen naar het noorden. Andere landen volgden, zodat door de Balkan iets tot stand kwam wat wel ‘een humanitaire corridor’ is genoemd. Op Twitter werd #refugeeswelcome trending topic. In München werden migranten welkom geheten door juichende menigten en kregen ze chocola toegestopt. In Wenen boden spoorwegmensen aan om voor niets over te werken. Op 10 september poseerde de Duitse bondskanselier Angela Merkel voor een selfie met een Syrische asielzoeker. Haar 'Wir schaffen das' werd een gevleugelde uitdrukking.[9]

De grens was open. Op de stranden van Lesbos werkten politiemensen, anarchisten, toeristen en zendelingen zij aan zij om migranten door de branding heen te helpen en door te sturen naar Europa. In oktober kwamen tweehonderdduizend mensen op de Griekse eilanden aan, met op één dag een piek van tienduizend. In veertien maanden waagden een miljoen mensen de oversteek. Het was de grootste verhuizing over zee die ooit was voorgekomen.[10]

Maar toen de winter dichterbij kwam en de golven ruwer werden, veranderde ook de stemming in Europa. 'Het is nu wel anders dan een maand geleden, toen veel gewone mensen kwamen klappen als er vluchtelingen arriveerden', zei in oktober een politieman in een grensstad. De meeste Duitsers hadden het besluit van Merkel om de grenzen open te stellen gesteund. Inmiddels vond een meerderheid dat dat een vergissing was geweest.[11] Sterker nog, de Europese leiders deden hun uiterste best om de stroom migranten een halt toe te roepen: Oostenrijk, Hongarije en Slovenië legden langs hun grens met de Balkan versperringen van scheermesprikkeldraad aan.[12]

Op 13 november vielen negen mannen met automatische wapens en zelfmoordvesten doelen in Parijs aan. Er vielen honderddertig doden. Twee van deze terroristen, bleek later, waren via de Griekse eilanden Europa binnengekomen door zich als vluchteling voor te doen. Op oudjaarsavond in Keulen werden op het overvolle plein voor het treinstation honderden vrouwen seksueel gemolesteerd en beroofd door groepen mannen.[13] Op 1 januari had de politie van de stad nog gezegd dat de 'uitbundige' avond 'grotendeels vreedzaam' was verlopen. Drie dagen later, geconfronteerd met de steeds groter wordende verontwaardiging op sociale media, zei het hoofd van de politie dat er wandaden 'van een volstrekt andere dimensie' hadden plaatsgevonden en dat de verdachten van Arabische afkomst waren. *Bild* waarschuwde voor 'op seks beluste meutes in heel Duitsland'. Het Franse satirische weekblad *Charlie Hebdo* publiceerde een tekening van de verdronken jongen met als titel 'Migrants' en als onderschrift 'Wat zou er van de kleine Aylan zijn geworden als hij volwassen was geworden?'[14]

Het antwoord, onder twee achter een doodsbange vrouw aan rennende mannen: 'Een billenknijper in Duitsland.'

'We moeten de buitengrenzen van Schengen veiligstellen', zei Wolfgang Schäuble, de Duitse minister van Financiën, tegen de pers.[15] Eerst werden de landsgrenzen afgesloten met prikkeldraad en grenspolitie. Op 18 maart werd het verdrag tussen de EU en Turkije om de boten tegen te houden bekendgemaakt. Asielzoekers die toch de Griekse eilanden wisten te halen, zouden daar worden vastgezet in 'hotspots' en verder de molen in gaan. De hoeksteen van deze aanpak zou Moria worden, het grootste kamp, op Lesbos.

Onze bus reed door het hek van Moria en stopte bij een ook met prikkeldraad omgeven tweede gebouw.[16] Door het raampje zag ik een rij functionarissen staan met een klembord in hun hand, soms met een VN-hesje aan. Toen ik samen met de rest uitstapte, merkte ik dat ik onvast op mijn benen stond. Ik hóéf dit niet te doen, zei ik tegen mezelf. Ik kon gewoon in het Engels roepen dat ik journalist was en dat ik door een mensensmokkelaar was belazerd, zodat ik nu op Lesbos stond. Als ik dat deed, zou ik worden gescheiden van Omar. En als de smokkelaars hoorden dat er tussen de migranten een spion had gezeten, liepen hij en de rest van de groep misschien nog gevaar ook. In het kamp kon er van alles gebeuren. Ik bleef waar ik was.

Toen ik door het hek liep, deed een vrouw een papieren armband met een serienummer erop om mijn pols. We werden naar een wachtruimte gebracht – houten banken in een canvastent –

en daar in taalgroepen onderverdeeld. De Arabieren vormden de grootste groep, en daarna een aantal mensen uit Eritrea, die Tigrinya spraken. Omar en ik gingen bij de Iraniërs zitten. Tolken in hesjes vertaalden voor een Griekse beambte. De man legde uit dat onze vingerafdrukken zouden worden afgenomen en we medisch zouden worden onderzocht. Daarna werden we doorgestuurd naar het hoofdkamp. De volgende vijfentwintig dagen mochten we niet naar buiten. Als de registratie rond was, mochten we de rest van het eiland bezoeken, maar we mochten pas vertrekken als we een eerste gesprek hadden gehad over onze asielaanvraag. En we mochten niet doorreizen naar andere landen in Europa. Deden we dat wel, dan konden we worden teruggestuurd naar Turkije.

Eerst werden de Eritreeërs opgeroepen voor registratie. Daarna waren de Afghanen aan de beurt. De twee Iraanse jongens hadden toch maar besloten om zich niet als Afghaan voor te doen, dus alleen Omar en ik betraden de administratieve ruimte. In een grote pot in het midden stonden drie door de wind gehavende dennen met een witgekalkte stam. We moesten de in Egeïsch blauw geschilderde containers waarin de kantoren zich bevonden tegen de klok in langs. De eerste stap was het 'vaststellen van de nationaliteit'. Een medewerker van Frontex, de grensbewakingsdienst van de EU, zou proberen vast te stellen of we echt Afghanen waren.

Omdat sommige nationaliteiten een voorkeursbehandeling kregen, probeerden Iraniërs of Pakistanen zich soms als Afghanen voor te doen, net als Marokkanen zeiden dat ze uit Syrië en Ethiopiërs dat ze uit Eritrea kwamen. Veel mensen reisden zonder documenten, net als Omar en ik, en verder kon je in Turkije makkelijk aan vervalste papieren komen. Vandaar dat de mensen van Frontex en hun tolken met vragen kwamen over het land dat de mensen tegenover hen zeiden te hebben verlaten. Eerst waren dat simpele vragen over de vlag of over geld, maar toen de migranten dat eenmaal doorhadden – er waren zelfs smokkelaars die lijsten met vragen en antwoorden verkochten – kwamen er vragen over bekende plaatsen in hun land, over het aantal cijfers en letters op nummerborden of de prijs van bloem. Het probleem was dat veel vluchtelingen hun hele leven buiten hun land hadden gewoond. Een Afghaan die in Teheran was opgegroeid, praatte met een Iraans accent, en waarschijnlijk wist hij minder van Kabul af dan ik. Beslissingen vielen snel en werden nauwelijks toegelicht. Er konden fouten worden gemaakt.

Omar ging als eerste. Ik ging buiten op een bank zitten. Kinderen uit ons bootje waren met speelgoed in de weer, terwijl een paar hondjes rondsnuffelden. Het liep tegen negenen en het personeel kwam binnen, mokken koffie in de hand. Nederlandse gevangenbewaarders en Griekse kustwachtofficieren. Twee mannen in broeken met veel zakken praatten naast het kantoortje waar vingerafdrukken werden afgenomen met elkaar in het Frans, en staken de ene sigaret na de andere op. En verder de bekende ngo's: Mercy Corps, ActionAid, Save the Children. De medewerkers van die ngo's waren jonger dan de overheidsmensen. Ze deden me denken aan de jongelui die ik zo vaak in Kabul had meegemaakt: slanke heupen, dure schoenen en een betrokken blik in de ogen. De mensen uit mijn bootje dwaalden verdwaasd tussen hen door, hun papieren in de hand. Op een paar containers hingen affiches waarop een witte hand een bruine hand uit het water trekt, met de tekst UN ARRÊT ICI: hier houdt het op.

Een bebrilde man met stekelhaar in een Frontex-uniform kwam het kantoor uit. 'Afghaan?'

Ik liep achter hem aan naar binnen en we gingen aan een ronde plastic tafel zitten. Het bloed bonkte in mijn oren. Er zat al een verveeld kijkende Afghaanse tolk van middelbare leeftijd. We begroetten elkaar in het Farsi. Hij vertaalde terwijl de Frontex-man een aantal simpele vragen doornam. Geen documenten? Geen probleem. De Frontex-man wilde vooral het beetje Dari oefenen dat hij had opgepikt.

'*Az kuja hasti*?'

'*Ma az Kabul umadom*.'

'Waar in Kabul?' vroeg de tolk scherp.

‘Qala-e-Fathullah.’

‘Oké’, zei de officier en hij krabbelde iets onderaan het formulier.

‘Is dat alles?’ vroeg de tolk verrast.

‘Dat is alles’, zei de officier, en hij keek me glimlachend aan. ‘*Khoda hafez*.’

‘Zeg hem maar dat ik hem heel dankbaar ben’, zei ik, en ik liep met mijn formulier naar buiten, knipperend met mijn ogen tegen het felle zonlicht. Ik was dus officieel geregistreerd. Ik ging op de bank zitten en rookte een sigaret. Ik voelde me ontdaan van alle emotie. Het begon warmer te worden en terwijl ik mijn natte broek liet drogen, vroeg ik me af hoe het Omar was vergaan.

Frontex bleek hem interessanter te vinden dan mij. Een Belgische onderzoeker hoorde hem toevallig in het Engels vertellen dat hij als tolk voor de NAVO had gewerkt en vroeg of hij een praatje wilde komen maken in een andere container. Een Griekse politieman kwam erbij zitten.

Het vriendelijke duo gaf hem koffie en het wifiwachtwoord en kwam toen met vragen over de smokkelaar. Wat ze vooral wilden weten was hoe de betaling werkte. Als Omar wilde kon hij hun telefoon gebruiken om zijn contactpersoon te bellen en door te geven dat het bootje was aangekomen. Kon hij hun het nummer van de smokkelaar geven?

Omar praatte mee, maar hield zijn kaarten tegen de borst. De smokkelaars gebruikten valse namen en wisselden voortdurend van telefoon, zei hij, en dus had hij niet de moeite genomen het nummer uit zijn hoofd te leren. De Belg en de Griek zeiden dat hij wel een poosje in het kamp zou moeten blijven en dat ze hem wel als tolk konden gebruiken. Hij zei dat hij erover na zou denken.

Toen hij weer buiten stond, voegde hij zich bij me in de rij voor het kantoor waar onze vingerafdrukken zouden worden afgenomen. Een belangrijke functie van de hotspots was om migranten op te nemen in de European Asylum Dactyloscopy Database of EURODAC.[17] Het Verdrag van Dublin stipuleerde namelijk dat asielzoekers asiel moesten aanvragen in het eerste EU-land dat ze betraden, en dan daar moesten blijven. Daar werden de vingerafdrukken voor gebruikt. In de praktijk betekende dat het eerste land waar je gepakt werd. Daarom was het belangrijk om met je smokkelaar onder de radar te blijven tot je je eindbestemming had bereikt. Er waren zelfs migranten die hun vingertoppen verbrandden of verminkten, zodat ze niet gescand konden worden. Want als je later asiel aanvroeg in Duitsland, om maar wat te noemen, en ze bij EURODAC vingerafdrukken vonden waaruit bleek dat je was gearresteerd in Italië of Bulgarije, kon je daarheen worden teruggestuurd. Maar niet naar Griekenland, omdat in 2011 het Europese Hof voor de Rechten van de Mens had bepaald dat de leefomstandigheden daar te bar waren.[18] De EU stelde pogingen in het werk om daar wat aan te doen, maar voorlopig hoefde Omar nergens bang voor te zijn. Ik liet hem voorgaan.

Door de open deur zag ik hoe een van de Fransen die ik eerder had gezien met latexhandschoenen Omars vingertoppen en daarna de palm van zijn hand tegen het glas van een Crossmatch-scanner duwde. Voortaan kon Omar door de overheid worden gelezen. In 2003, toen EURODAC met haar werk begon, mocht de database alleen voor zaken rond asielaanvragen worden gebruikt.[19] Maar dat gebruik werd in 2015 verruimd. Daarna mochten politie en veiligheidsdiensten er gebruik van maken 'bij ernstige misdaden en terrorisme'. Zo had de politie de vingerafdrukken weten te achterhalen van twee van de mannen die aanslagen hadden gepleegd in Parijs. Ze waren op het eiland Leros aan land gekomen en hadden zich voorgedaan als vluchtelingen. Hun identiteit was nooit achterhaald.[20] Inmiddels was EURODAC gekoppeld aan andere databases.[21] Dit enorm uitgebreide systeem zou alle bezoekers aan de EU in de gaten houden. Op het scherm van de Fransman zag ik lijntjes met elkaar versmelten tot een beeld van Omars vingertoppen, en toen piepte het apparaat om aan te geven dat het was gelukt.

Vernieuwingen komen net zo vaak tot stand in de periferie als in het centrum: het maken van vingerafdrukken is bedacht door koloniale bestuurders in het toen nog door de Britten bestuurde India en later overgenomen door Scotland Yard.[22] In onze tijd zijn technologieën als biometrie, drones en geautomatiseerde massasurveillance eerst op het slagveld gebruikt, daarna aan de grens en uiteindelijk in elke stad.[23] In Afghanistan waren mijn vingerafdrukken en mijn irissen vastgelegd door het Amerikaanse leger voor ik *embedded* mee mocht met eenheden.[24] Nu maakten ze deel uit van een enorme hoeveelheid gegevens die daar en in Irak was verzameld en werd gedeeld met de FBI en met Homeland Security.

Toen ik aan de beurt was, liep ik naar voren, tot ik tegenover de Fransman stond, die zijn camera zo positioneerde dat hij een foto van me kon nemen. Er waren nog geen foto's van me genomen sinds ik hieraan was begonnen, maar ik vroeg me af of na de aanslagen in Parijs de Europeanen hun gegevens in het geheim vergeleken met die van de Amerikanen. En als ze mijn ware identiteit niet ontdekten, zou Habib, mijn alter ego, dan door mijn leven blijven spoken? Als vlees werd omgezet in nullen en enen, kon je dubbelganger altijd in de cloud blijven. Maar ik kon hier onmogelijk onderuit zonder mijn vriend in gevaar te brengen.

De Fransman pakte me bij mijn pols. De scanner lichtte groen op.

'Biopolitieke tatoeage', noemde de filosoof Giorgio Agamben het.[25]

De man drukte mijn hand tegen het glas.

'Broer, stel dat ze erachter komen dat je een Canadees bent. Zou dat even leuk zijn', zei Omar, toen we tijdens de lunchpauze terugliepen naar de hangar. Hij lachte. Ik keek hem aan door de nevel van mijn vermoeidheid en probeerde na te gaan of hij gek geworden was. Misschien was hij alleen maar blij dat hij nog leefde. Ik grinnikte ook maar.

Door de omheining zagen we de mensen in het hoofdkamp langslopen. Ze hadden een ratjetoe van geschonken kleding aan. Toen een paar Afghanen ons zagen begonnen ze naar ons te roepen.

‘Salam! Hoeveel Afghanen zaten er in jullie groep? Nog gezinnen bij?’

Ze waren op zoek naar familieleden die ook zouden oversteken. Geliefden van wie ze niets meer hadden gehoord. Namen en signalementen die ons niets zeiden.

We gingen in de schaduw van de hangar zitten, samen met de twee jonge Iraniërs uit de boot. Ze hadden drie landgenoten uit een andere boot ontmoet, die een dag eerder waren aangekomen, maar nog steeds niet geregistreerd waren. Ze waren goedgehumeurd, vooral Firouz, een Iraanse Koerd van in de zestig, klein van stuk, maar heel vitaal, met een peper-en-zoutsnor en borstelige wenkbrauwen.

‘Maak je geen zorgen, jongens. Binnenkort zitten we in Athene’, zei hij, terwijl hij plaatsmaakte op een paar stukken karton, zodat Omar en ik naast hem konden komen zitten. ‘We hebben het allemaal dik voor elkaar.’

Ook zij bleken door Hajji op de boot te zijn gezet. ‘Dan is alles toch geregeld?’ zei Firouz. ‘Hij kent een man die ons van het eiland weg kan halen. Twaalfhonderd euro de man. Als we eenmaal in het hoofdkamp zitten, kopen we een Griekse simkaart en bellen we hem op. Als jullie genoeg geld hebben, gaan we samen naar Athene.’

De lunch bestond uit een kartonnen bakje met rijst, linzen en pitabrood. Onze eerste echte maaltijd sinds de kebabs in İzmir. Daarna kon ik mijn ogen niet meer openhouden. Omar en ik vielen beiden in slaap op de vloer van de hangar en toen we wakker werden waren de kantoren weer open en waren we ons plekje in de rij kwijt. Het was donker tegen de tijd dat we bij de medische post waren. Een Afghaanse vrouw en haar tienerdochter stonden buiten te wachten, beiden met hetzelfde fijngevormde, langwerpige gezicht. Ze kwamen uit het hoofdkamp, waar ze een paar maanden hadden vastgezeten.

‘Hoe is het daar?’ vroeg ik.

‘Vreselijk. Vreselijk’, zei de moeder. ‘Er zitten daar mensen uit zoveel verschillende landen. En dat is nog maar een van de problemen. Veel Afrikanen ook. Maar zal ik je eens iets vertellen? Tijdens onze overtocht zat ons bootje vol Afrikanen. En die waren zo aardig voor de gezinnen. Ze droegen onze bagage naar het strand en mepten de Turkse kustwacht van ons af.' Ze giechelde. 'Dus ik zeg: God zegene de Afrikanen. Moge hun handen geen pijn doen.'

Haar dochter ging zonder haar moeder naar binnen voor een gesprek met de psycholoog.

'Dus jij komt rechtstreeks uit Afghanistan?' vroeg de moeder. Ze hadden als vluchteling in Iran gewoond.

'Ja, uit Kabul.'

'Vandaag de dag praten de jongeren allemaal zoals jij', zei ze plagerig. Op grond van mijn uiterlijk ging ze ervan uit dat ik ook een Hazara was. '*Sahist, sahist*. Jemig, wat een Kabuli-accent. Wat is er gebeurd met je Hazaragi?'

Het medische onderzoek was niet meer dan een vragenlijst. Ik zat in een stoel, terwijl een Griekse arts van Doctors of the World een checklist doornam. Ik verstond soms de termen niet die de Iraanse tolk gebruikte voor woorden als 'recept' en hij leek geen Dari te kennen, omdat hij nijdig steeds herhaalde wat hij zei tot ik erachter was wat hij bedoelde. Ja of nee: Heb je ernstige ziekten? Gebruik je medicijnen? Psychologische problemen? Ben je gemarteld, misbruikt of aangerand?

De arts zei dat ik de volgende mocht laten binnenkomen.

De moeder en haar dochter waren er niet meer, maar op de bank buiten de politiecontainer zat wel een rij somber kijkende jonge mannen. Later kwam ik te weten dat dit de nachtelijke vangst was van mannen die stiekem op de veerboot probeerden te komen.

Toen Omar en ik terugkwamen in de hangar zagen we dat de anderen de procedure hadden afgerond en waren doorgestuurd naar het hoofdkamp. Maar voor ons was het te laat, zei de politieman. Wij moesten de nacht aan deze kant doorbrengen.

Buiten hoorden we muziek en getrommel. Over de weg liepen drommen mensen. Een jongetje kwam op ons af en schreeuwde:

'Waar zijn de Ethiopiërs?' Hij had twee vrouwen bij zich en in zijn hand had hij zo te zien een fles drank. Een politieman stuurde hem weg.

Een andere kampbewoner, heel mager, met een ruim T-shirt aan zodat zijn tatoeages zichtbaar waren, liep op ons toe en vroeg of we sigaretten en simkaarten wilden kopen. Hij stelde zich in het Engels voor als Abu Adam, uit Palestina. Ik vroeg hoe het was in het kamp.

'Je wordt er belazerd voor één euro', zei hij. 'De eerste dag zat ik nog daar, net als jullie nu. Ik heb een vent tien euro gegeven voor een simkaart. Nooit meer teruggezien. Niemand vertrouwen, oké? Zelfs mij niet, ook al vertel ik dit nu aan jullie.'

Hij wierp ons een zijdelingse blik toe en verdween in de massa andere migranten. Doodmoe liep ik terug naar de hangar.

Het begon weer koud te worden. Een jonge Amerikaan kwam langs met een doos fleecedekens, marineblauw, met SAMARITAN'S PURSE erop. Omar en ik wikkelden ons erin, gingen op stukken karton liggen en vielen algauw in slaap.

14

Toen het dag werd, gingen de mussen op de wieken. Onder hen verwarmde de zon de tenten die tussen het prikkeldraad waren opgezet. Bij het hek van de hotspot stonden Omar en ik met onze rugzakken op onze schouders en in onze hand de slaapzakken die we net hadden gekregen van een medewerker. Hij had erbij gezegd dat we een tent moesten ophalen bij EuroRelief, een ngo in het hoofdkamp, een eindje heuvelopwaarts.

We staarden geschokt naar het smerige schouwspel voor ons. Langs de modderige grindweg lagen de geblakerde karkassen van containers en UNHCR-shelters die een week geleden bij de brand waren verwoest. Overal eromheen waren oranje-met-blauwe tweepersoonstentjes opgezet. Het hele terrein was ermee bezaaid, en daarboven waren weer dekzeilen gespannen, met touwen en palen. De stank van rioolwater hing in de lucht. Toen we de heuvel op liepen keken we in opengeritste tenten, waar mensen in hun slaapzak wakker begonnen te worden en geeuwend hun schoenen aantrokken. Anderen liepen al langs ons heen naar beneden, op weg naar de toiletten.

De vrachtwagen van EuroRelief stond halverwege de heuvel, tegenover de grote tent waar de maaltijden werden opgediend. Omar liep naar een jonge vrouw in de kleding van een mennoniet, met bijpassende bonnet op, en legde in het Engels uit dat we net waren aangekomen. Ze nam onze registratieformulieren aan en ging haar laptop halen.

Terwijl we stonden te wachten, probeerde een groep anderen de aandacht van de medewerkers te trekken. Ze zeiden dat ze bij de brand hun tent en kleren waren kwijtgeraakt, maar kregen te horen dat tenten alleen werden uitgegeven aan nieuwkomers zoals wij en dat kleding alleen werd uitgedeeld op bepaalde dagen, en dan zo en zo laat.

'Jullie hebben anders gisteren wel schoenen uitgedeeld!' schreeuwde iemand.

De mennonitische vrouw kwam terug met twee Amerikaanse vrouwen in korte broek en een poloshirt. Een van hen had een tent in haar armen. 'Zij zoeken wel een plekje en helpen bij het opzetten', zei ze. Omar en ik liepen achter de twee vrijwilligers aan.

'Het kamp zit tjokvol', zei een van hen verontschuldigend. Aan hun accent te horen kwamen ze uit het Midwesten en aan hun opgepoetste voorkomen te zien waren het studenten. 'We hebben een plekje bij de wc's voor jullie, maar erg fijn is het daar niet.'

'We zitten het liefst in de buurt van andere Afghanen', zei Omar.

'Oké', zei ze. 'Dan kijken we even bovenaan.'

'Mag dat wel?' vroeg haar collega.

Ze haalde haar schouders op en we liepen verder naar boven. Tegenover de eettent stonden twee grote blokken noodwoningen, voor gezinnen, het ene wat hoger gelegen dan het andere. Ertussen liep een smalle strook grind, die eindigde bij een hek. Dit doodlopende stuk grond was net breed genoeg voor een rij rechthoekige UNHCR-shelters die de brand hadden overleefd, maar ook hier waren op alle mogelijke plekken tentjes opgezet. Uiteindelijk vonden we toch een plekje.

Toen de vrouwen bezig gingen met de tentstokken kwamen de bewoners kijken.

'Zetten ze er nou nog meer tenten bij?' mopperde een van hen in het Dari.

'Ja, maar wat valt eraan te doen?'

Omar begroette hen.

'Je moet je tent niet op die plek zetten', zei een magere man met grijs haar die met krukken liep.

'Waarom niet?'

De man wees naar een buis die uit een stenen muur stak. 'Dat is een afvoer. Er komt vies water uit.'

We pakten de tent en zetten hem tussen twee shelters in.

'Waarom spreek jij zo goed Engels?' vroeg een van de vrijwilligers.

'We hebben in Afghanistan als tolk voor de coalitie gewerkt', zei Omar. We liepen met hen mee naar de ingang van de doodlopende steeg.

Haar collega klopte op haar zakken. 'O god, ik ben mijn telefoon kwijt.'

Ze draafden terug en begonnen op de grond te zoeken. De man met het grijze haar liep op hen af.

'Ben je iets kwijt?' vroeg hij in het Dari. Hij haalde een iPhone uit zijn zak en gaf die aan de opgeluchte vrouw.

'Als het iemand anders was geweest zou ik hem hebben gehouden, bij God!' zei hij toen de twee Amerikanen waren vertrokken. Toen hij onze sigaretten zag, begon hij te stralen en dus gaf Omar hem er een. 'Ik heb in geen dagen gerookt', zei hij, terwijl hij gretig de rook naar binnen zoog. 'Ik ben helemaal door mijn geld heen.' Hij zat hier al vijf maanden, met zijn vrouw en zijn twee kinderen.

'Welkom in de gevangenis', gromde een lange knul met een verband over zijn adamsappel die net uit de shelter naar ons was gekomen.

'Kunnen we het kamp uit komen voor onze vijfentwintig dagen voorbij zijn?' vroeg ik.

'Daar achterin zit een gat in de omheining. Het kamp is niet het probleem. Het eiland, dát is het probleem', zei de jongen. Hij zat al vierenhalve maand in het kamp.

'Je komt het eiland niet af', zei een zware stem. Toen we ons omdraaiden, zagen we een man met een dikke walrussnor uit de andere shelter komen. Hij had maar één been. Met een kruk liep hij naar een plastic stoel en liet zich erin zakken. 'Er is maar één manier om hier weg te komen. Met een vrachtwagen. Zoek een vrachtwagen, met zout, hout of vuilnis, die naar Athene gaat en verstop je daarin. Dat is je enige redding.'

'Klopt', zei de man met het grijze haar. 'We hebben het allemaal geprobeerd en we hebben het allemaal opgegeven. Dat doen jullie ook als je eenmaal doorhebt hoe het werkt.'

'Maar we kennen een smokkelaar die zegt dat hij voor twaalfhonderd dollar documenten kan leveren', zei Omar.

De jongen met de verbonden keel snoof geërgerd en liep zijn shelter in.

'Lukt niet', zei de man met het grijze haar, terwijl hij een laatste trek van zijn sigaret nam.

'Jullie komen nooit van het eiland af', zei de man in de stoel.

We hadden trek, en onze buren waarschuwden dat we vroeg in de rij moesten gaan staan voor de lunch, en dus zetten we onze bagage in de tent en liepen de steeg – *kucha*, zeiden de Afghanen die er woonden – uit. Onze plek lag precies in het midden van Moria, dat op een helling lag. De hoofdingang bevond zich onderaan, naast de omheinde ruimte waar we de nacht hadden doorgebracht. Een grindweg liep met een bocht van de ingang omhoog, langs de terrassen en de eettent en dan weer omlaag naar een tweede omheinde plek waar de asielgesprekken plaatsvonden, naast het toiletgebouw.

Moria was berekend op tweeduizend mensen, maar er zaten er nu al vijfduizend, en elke week kwamen er honderden bij.[1] Het kamp was informeel in buurten verdeeld, aan de hand van taal en nationaliteit. Aan de andere kant van de weg die naar onze kucha liep zaten Arabieren, verderop vooral Afrikanen en aan de achterkant van het kamp had je Pakistaanse en Koerdische buurten. Er waren veel spanningen. Al maanden dreigde er een catastrofe uit te breken. De sanitaire voorzieningen waren volstrekt onvoldoende, er was te weinig te eten, en de politie bekommerde zich vooral om het gedeelte waar de UNHCR-medewerkers bezig waren.[2] 's Nachts lieten ze de mensen aan hun lot over, en er hadden zich verkrachtingen en berovingen voorgedaan.

In de week voor onze komst hadden Arabische en Afrikaanse bewoners geprobeerd een hongerstaking te organiseren, maar de Afghanen hadden niet mee willen doen. De problemen waren ontstaan tijdens het middageten. Gezinnen kregen dan voorrang. Ik hoorde twee versies van wat er gebeurd was. De eerste was dat de hongerstakers alleen maar hadden verhinderd dat de Afghaanse vrouwen de tent in gingen, de tweede, van de vrouwen zelf, luidde dat ze waren beledigd en de bladen met eten uit hun handen waren geslagen. Er ontstond een vechtpartij. Die liep uit de hand, tot massa's mensen elkaar met stenen bekogelden. De politie en de UNHCR-medewerkers trokken zich terug op het binnenterrein, dat van stevige hekken was voorzien, niet zozeer om mensen op te sluiten, maar om ze buiten de deur te houden. Relschoppers gooiden brandende lappen op elkaars tenten en de vlammen verbreidden zich snel over het kamp, terwijl de bewoners, die voor het overgrote deel niets met het geweld te maken hadden, het kamp ontvluchtten.[3] Het werd donker. Oranje vlammen laaiden hoog op en verteerden tenten en eigendommen. De brandweer kwam net op tijd om het binnenterrein te redden. Op de een of andere manier waren er geen doden gevallen, maar de bewoners leefden nu in de modder.

Het zou nog een uur duren voor de mannen te eten kregen, maar er stond al een lange rij voor de eettent. Het eten was een van de voornaamste probleempunten in Moria: het was erg slecht, en er was ook niet genoeg. Het was erg zetmeelrijk, pasta bijvoorbeeld, of aardappels, met een extraatje, zoals een appel of pitabrood. Soms zelfs bonen of een beetje vlees, als je er op tijd bij was, voor alles op was. Er was gewoon niet genoeg te eten en dat maakte mensen ongeduldig en agressief. Meestal hield de politie toezicht op de rij, maar vandaag waren ze niet op komen dagen. Er waren een paar mensen van de gemeente, maar daar luisterde niemand naar. Er werd geduwd, geschreeuwd en geruzied, omdat mensen een plekje in de rij wilden vrijhouden voor vrienden die nog moesten komen, terwijl achterin werd gefloten en gejoeld. De rij voor ons werd steeds langer.

Omar en ik gaven het op en gingen naast een van de medewerkers van de gemeente staan, een Griek met lang haar, zoals een metalfreak. Hij voorzag ons van een vuurtje.

'Is het altijd zo?' vroeg Omar, terwijl hij naar de chaos keek.

'Soms.'

Inmiddels was dan eindelijk de politie gearriveerd. De agenten schreeuwden naar ruziezoekers dat die uit de rij weg moesten.

'Wat doet de politie als er niet wordt geluisterd?' vroeg Omar.

'Dan vallen er klappen. Maar zit daar maar niet over in. Jullie zien er vreedzaam uit.'

De onzekerheid en de hulpeloosheid van in een rij staan en maar moeten afwachten of je iets krijgt wat je hard nodig hebt – het kan je tot een ander mens maken. In het Australische detentiekamp op Papoea-Nieuw-Guinea staan de bewoners de hele dag in de rij, voor eten, de wc, de dokter, de telefoon, sigaretten en zelfs malariapillen. 'De macht berust bij de rijen, en ze maken iets heel duidelijk: iedereen die zich in deze gevangenis verachtelijk en bot gedraagt, heeft een prettiger leven', schreef de Iraans-Koerdische schrijver Behrouz Boochani, die er vier jaar gedetineerd was. 'We zijn doodgewone mensen, opgesloten omdat we een veilige plek zochten. De grootste prestatie van deze gevangenis zou wel eens kunnen zijn dat ze haatgevoelens tussen mensen opwekt en manipuleert.'[4]

De eettent was voorzien van een logo met een duif op een olijftak; de maaltijden werden opgediend door Mensajeros de la Paz, een Spaanse groep, opgericht door een priester. Een van de eigenaardigheden aan het kamp in die tijd was dat het draaide op christelijke vrijwilligers, voor een groot deel Amerikanen, zoals de twee vrouwen die onze tent hadden opgezet. Vóór de crisis was het Griekse EuroRelief een niet erg bekende christelijke organisatie geweest. Ze waren de zomer daarvoor naar Lesbos gegaan om op het strand voor thee te zorgen.[5] Door de beelden die op de tv verschenen was er naar de eilanden een enorme stroom vrijwilligers getrokken, die allemaal hulp wilden bieden aan de vluchtelingen. Samaritan's Purse, een grote hulporganisatie, geleid door de prediker Franklin Graham, ging met EuroRelief samenwerken, waardoor er nog meer hulpverleners naar Griekenland vlogen. 'God heeft een plan,' schreven twee vrouwen uit Minnesota die in Griekenland waren gaan werken in hun blog, 'en misschien is een heel klein deel van dat plan wel om moslims tot Hem te laten komen door hun met een kop hete chai te laten zien dat Hij van hen houdt.'[6]

Er waren al rond de tachtig ngo's actief op Lesbos, maar er stroomden nog steeds zoveel vrijwilligers toe dat veel groepen geld rekenden als je voor hen wilde werken.[7] Toen de grens nog open was, hadden de ngo's mensen geholpen om naar andere Europese landen door te reizen. Nu die mensen hier vastzaten, hielpen ze hen daarbij. Toen Moria en de kampen op de andere eilanden na de overeenkomst tussen de EU en Turkije in detentiecentra veranderden, trokken de UNHCR en een aantal andere hulporganisaties zoals Artsen zonder Grenzen zich uit protest terug.[8] De Griekse overheid en de EU werden daardoor volledig op het verkeerde been gezet: ze hadden erop gerekend dat die ngo's basale voorzieningen als voedsel en medische zorg voor hun rekening zouden nemen. Misschien was het hele systeem wel ingestort als EuroRelief niet had besloten de belangrijkste voorzieningen in het kamp over te nemen. Een paar dagen later keerden Samaritan's Purse en ook andere ngo's terug. Moria was gered. En met Moria was ook het systeem gered.

Het hotspotsysteem van de EU bestond uit twee hoofdcomponenten: migranten werden bij aankomst geregistreerd en hun vingerafdruk werd afgenomen. Dat was dan ook bij Omar en mij gedaan. Verder zouden migranten die asiel aanvroegen in het kamp zelf de administratieve molen in gaan. De enige legale manier om in Athene te komen was de inleidende gesprekken goed doorkomen. Daarna mocht je door naar het vasteland voor de eindbeslissing. Als die negatief uitpakte, en als je uit een land kwam dat een 'overnameovereenkomst' had gesloten met de EU, zoals Pakistan, kon je daarheen worden uitgezet.

Elke ochtend verzamelde zich een drom mensen bij het omheinde terrein midden in het kamp, waar ook de wc's waren. Daar werden de toelatingsgesprekken gehouden. Ik sloot me aan bij de mensen die wachtten tot hun naam werd afgeroepen. Er waren een paar Syriërs uit het bootje bij. Misschien zou de hele procedure toch nog sneller gaan dan we hadden gedacht. 'Worden er Afghanen omgeroepen?' vroeg ik een Hazara-jongen naast me.

'Hoelang ben je al hier?'

'Ik ben net aangekomen.'

Hij schoot in de lach. 'Ik zit hier al twee maanden en ik heb nog niet eens m'n eerste gesprek gehad. Ze zijn net begonnen aan de Afghanen die vier maanden geleden zijn aangekomen.'

Onze buren in de steeg hadden dus gelijk. We zouden nooit van het eiland af komen, niet op de officiële manier. Ik keek toe hoe mensen hun papieren door de mazen van het hek overhandigden aan EU-medewerkers en hun tolken. Die waren in dienst van de EASO (European Asylum Support Office), de asielorganisatie van de EU. Net als Frontex kwamen ze uit allerlei lidstaten. De mensen in het kamp wilden asiel aanvragen in Griekenland, maar werden te woord gestaan door medewerkers van de EU, die bepaalden wat er in de hotspot gebeurde.[9] De Griekse regering, die op een haar na uit de eurozone was gezet vanwege haar schuldencrisis, liep nu het risico dat ze geen toegang meer kreeg tot de Schengenzone als ze geen toestemming gaf voor deze procedure.[10] 'Het is niet verplicht, maar in de praktijk is het zonder meer verplicht', had de Zweedse minister van Binnenlandse Zaken uitgelegd.[11]

De EU-medewerkers hadden bewakers bij zich, niet gewapend, maar zo te zien wel voorzien van steekwerende vesten. Die waren in dienst van de Britse multinational G4S – ik had in Irak en Afghanistan mensen van hen gezien.[12] Dit waren doodgewone Grieken in een vormeloos uniform, terwijl de EU-mensen keurige schoenen en vlotte pantalons droegen. De tolken gingen net zo gekleed als hun collega's, maar hadden het gezicht van de mensen buiten de omheining.

‘Wanneer ben jij uit Kabul vertrokken?’ vroeg ik de Afghaanse jongen.

‘Een jaar geleden.’ Hij lachte schamper en liet me de littekens op zijn polsen zien, lichte lijnen in zijn diepbruine huid. ‘In Iran zijn we ontvoerd door dieven.’

Toen de beambten alle namen voor die dag hadden afgeroepen, werd de teleurgestelde groep overblijvers snel kleiner. Ik zag dat er een vel papier aan de omheining was bevestigd, met daarop de achtentwintig nationaliteiten in het kamp. Er zaten hier mensen uit Afghanistan, Algerije, Bangladesh, Burkina Faso, Burundi, de Dominicaanse Republiek, Egypte, Eritrea, Gabon, Gambia, Ghana, Guinee, Haïti, India, Irak, Iran, Kameroen, Libanon, Libië, Mali, Marokko, Nepal, Niger, Nigeria, Pakistan, Palestina, Senegal en Syrië.

Sommige mensen uit ons bootje zouden eerder dan anderen uit het kamp mogen vertrekken. Bij de toelatingsgesprekken kregen de Syriërs voorrang, en voor huisvesting in de gezinsunits gold hetzelfde. In het algemeen werden ze door de politie en de hulpverleners met de nodige consideratie behandeld. Toen paus Franciscus in april op bezoek was geweest, nam hij in zijn vliegtuig alleen maar Syrische asielzoekers mee terug.[13] Afghanen zaten qua hiërarchie in het midden; mensen uit Marokko en Pakistan werden beschouwd als economische migrant, tenzij ze het tegendeel konden bewijzen. De bewoners van het kamp beconcurreerden elkaar om voedsel, onderdak en medische zorg, maar wat ze het liefst wilden, was uit het kamp vertrekken. Deze pikorde zorgde voor nog meer onderlinge tegenstellingen. De Syriërs mopperden op alle landgenoten die Europa binnen waren gestroomd toen de grenzen open waren gesteld om hen toe te kunnen laten. De Afghanen waren verbitterd dat de Syriërs meer sympathie kregen, terwijl de oorlog in hun land al decennia langer duurde, maar zeiden er meteen achteraan dat de Pakistanen geen echte vluchtelingen waren. Een Eritreeër vertelde dat hij neerkeek op de West-Afrikanen, die geen dictatuur waren ontvlucht, zoals hij. En de Pakistanen en Marokkanen zeiden weer dat iedereen in Turkije om dezelfde reden in een bootje was gestapt: een beter leven in Europa.

Ook in eigen land waren er vooroordelen geweest over huidskleur of geloof, maar in het kamp heerste nu een nieuwe logica, die een rechtvaardiging vormde voor hoe de wereld met hen omging. De migranten leerden met Europese ogen naar zichzelf te kijken.

15

Ik volgde Omar tussen de tenten op de heuveltop, onder waslijnen door en langs een groep kaartende Pakistanen. 'Hier is het!' riep hij. We hadden een van de uitgangen gevonden die gevangenen in de omheining hadden gemaakt. De gaten waren geen geheim; iedereen wist ervan, ook de politie, maar ze functioneerden als drukventielen voor het kamp. Omar en ik werden niet geacht Moria te verlaten tijdens onze eerste vijfentwintig dagen daar, maar toch doken we hier onder het rafelige gaashekwerk door en toen stonden we buiten, tussen een bosje schriele olijfbomen, terwijl we moesten uitkijken dat we niet in de poep onder onze voeten trapten. De gaten waren inmiddels zo'n instituut dat er foodtrucks stonden aan de toegangsweg die erlangs liep. We liepen de berg af naar de hoofdingang, waar vanuit weer andere busjes souvlaki of koffie werd verkocht. Een paar plastic tafels waren voorzien van stekkerdozen waaraan mensen hun telefoon konden opladen, want in het kamp zelf waren niet veel stopcontacten.

Het was een opluchting om buiten het prikkeldraadhek te staan, maar we waren nog steeds gestrand op Lesbos, ook al zaten we nu binnen het Schengengebied, dat zogenaamd geen grenzen had. Toeristen uit Frankfurt of Amsterdam die hun euro's op de Griekse eilanden kwamen uitgeven hadden geen paspoort nodig, net zomin als Amerikanen voor een reisje naar Miami. Met een identiteitskaart stapte je zo in de EasyJet naar zand, zon en ouzo. Maar de bootmensen mochten de eilanden niet verlaten, niet zonder hun eerste asielgesprek te hebben gevoerd. De politie en

Frontex hadden het vliegveld en de pont hermetisch afgesloten.

Volgens Firouz, de Iraanse Koerd die we op onze eerste dag in het centrale kampgedeelte hadden ontmoet, konden we via een smokkelaar van het eiland af komen. Toen Omar Firouz belde, vertelde hij dat hij al uit het kamp was ontsnapt en dat we hem in de stad moesten opzoeken. Omar en ik wachtten op de bushalte bij de hoofdingang tot er een gebutste stadsbus verscheen; we kochten een kaartje en namen plaats. Er was een speciale busdienst die rondjes reed tussen Moria en de haven; hij voerde ons landinwaarts door de dorre heuvels, langs een legerbasis en dan zuidwaarts naar de Baai van Gera. Daar stopten we bij een kleiner gezinskamp, waar een aantal vrouwen met kinderwagens instapten. Toen tuften we heuvelopwaarts langs verlaten autohandels, terwijl de baai achter ons in het zonlicht glinsterde. Daar, in de ondiepe lagunes van Lesbos, was Aristoteles ooit begonnen met het eerste systematische onderzoek naar het leven der natuur, waarbij hij betoogde dat de ziel niet losstond van het lichaam en dat we allemaal in een 'grote keten van het bestaan' met elkaar verbonden waren.

Via de heuveltop reden we de buitenwijken van Mytilene in. We passeerden apotheken met neonkruisen, garages, wedkantoortjes, dan het gemeentehuis en arriveerden in de oude vissershaven, ooit het hoofdkwartier van de Ottomaanse marine en nu de ligplaats van allerlei schepen van de Helleense Kustwacht en kotters van de Britse grenspolitie.[1] Helemaal aan het eind, achter de politiehaven waar onze Noorse redders ons naartoe hadden gebracht, lagen de kades voor de gigantische ponten die op Athene voeren. Onze laatste halte was het hoofdplein, met een standbeeld van Sappho, de dichteres van de liefde, wier poëzie slechts in fragmenten is overgeleverd:

Laat ik je dit zeggen
ook in de toekomst
zal men aan mij denken[2]

Het plein was omzoomd door cafés en we zagen Firouz en zijn twee reisgenoten voor een ervan zitten: Arash, gezet met een grote bos wit haar, de uitbater van het restaurant van een oliemaatschappij in Teheran, en Reza, een twintiger met een kuif vol gel, die daar werkte. Alle drie probeerden ze naar Duitsland te komen.

'Zitten jullie in het kamp?' vroeg Firouz. Hij trok een vies gezicht. 'Het is daar walgelijk.' Zijn vrouw, die al in Duitsland zat, had hem in contact gebracht met een nieuwe smokkelaar, een Egyptische vrouw, die een hotel had geregeld, iets waarvoor je normaal gesproken papieren nodig had, à veertig euro per nacht. De smokkelaarster vroeg net zoveel als Hajji, twaalfhonderd euro voor valse documenten en een vlucht naar Athene, en beweerde dat ze een beambte op het vliegveld kon omkopen om ze door de paspoortcontrole heen te loodsen. Ze wilde vierhonderd euro vooraf, maar Firouz maakte zich geen zorgen. 'Ze is beter dan Hajji. Het is 100 procent', zei hij terwijl hij de as van zijn Winston tikte. Hij en zijn vrienden zouden vertrekken zodra de vrouw klaar was, hopelijk eind deze week. Hij beloofde ons aan haar voor te stellen. 'Als je interesse hebt, probeer dan nog een paar klanten in het kamp te vinden, dan geeft ze korting', zei hij.

'Wat denk jij ervan?' vroeg ik Omar toen ze waren vertrokken.

'Volgens mij moeten we afwachten hoe het loopt', zei hij.

We keken het plein rond en zagen een paar migranten rondhangen. We hadden gehoord dat de politie je in de stad niet lastigviel en we hadden geen van beiden zin om terug te gaan naar het kamp, dus we liepen naar het pontstation, waar iemand SMASH THE BORDERS had geschilderd op de lange betonnen golfbreker. De vorige zomer hadden er duizenden vluchtelingen rond de terminal gekampeerd, wachtend op hun beurt om op de pont te stappen.[3] Bij een paar dichtgetimmerde reisbureaus hingen nog affiches in het Perzisch en het Arabisch, advertenties voor busreizen van Athene naar de Macedonische grens.

Aan de andere kant van de omheining ontdekten we een betonnen zwemplateau, met kiezelstenen en vol olievlekken, met houten kleedhokjes en een douche. Een paar Afghaanse jongens lagen er te zonnen en zwaaiden naar ons. Ik keek omlaag naar het troebele blauwe water. Mijn huid was bedekt met vuil uit het kamp, dus ik trok alles behalve mijn ondergoed uit en dook het water in. De twee jongens sprongen me achterna. Maar Omar, die in Afghanistan altijd als eerste in een zwembad of meertje dook, bleef in zijn boxershort op de rand van de pier staan.

'Kom op, wat is er?' riep ik, al watertrappend.

'Is het water zout?'

'Ja, het is de zee.'

'Ik heb nog nooit in zout water gezwommen. Brandt dat niet?'

Ik lachte en schopte mezelf naar achteren, liet het water over mijn neus en lippen lopen. Een minuut later sprong Omar erin en kwam hij glimlachend boven. Met zijn vieren zwommen we een eind de zee in en dobberden daar. Als je op je rug lag en de ene kant op rolde, zag je de rode rookkolom van de pont opstijgen. Aan de andere kant versmolten de lucht en de zee tot een bleke bol.

Na afloop spoelden we ons af in de openluchtdouche en strekten ons uit op het beton om op te drogen. Het was te zien dat de jongens al een tijd op het eiland zaten, want hun lijven waren mager en gebruind. Ali van zeventien, met berijpte blonde haarpunten, zei dat hij hier zes maanden was. Hij was maar een paar dagen nadat de eilanden in maart op slot gingen aangekomen en in die tijd kon je nog een valse asielkaart kopen, zo eentje die je kreeg als je je eerste gesprek had gevoerd, en op de pont naar Athene stappen.

'Die kostten honderdvijftig euro', zei hij. 'Maar we zouden binnenkort een gesprek krijgen, zeiden ze, dus ik dacht: waarom zou ik betalen? Later kostten de papieren driehonderdvijftig, toen zeshonderd, daarna duizend euro en nu werken ze helemaal niet meer.' De politie hield de pont scherp in de gaten. Als je het geluk had dat je naar Athene werd gestuurd, moest de VN iemand meesturen naar de haven om je te begeleiden.

'Van de politie mag je niet in de haven komen, maar hier vallen ze je niet lastig', vertelde Ali. Hij wees naar een paar dekens en slaapzakken die bij het hek lagen opgestapeld. 'Sommige jongens slapen hier.'

We beklommen de heuvel achter het plateau en de zon verwarmde onze huid. Bovenaan stond op een voetstuk met bas-reliëfs een bronzen vrouwenstandbeeld met een klassieke toga en ontblote borsten. Met haar rechterarm hield ze de toorts van de vrijheid hoog en ze keek uitdagend naar de Turkse kust, die je op een heldere dag als vandaag kon zien. Het was een van de vele monumenten op het eiland ter nagedachtenis aan de bevolkingsuitwisseling, toen de straten van Mytilene waren bezaaid met zieke en dakloze vluchtelingen.[4] Velen van hen vestigden zich hier op het eiland, waar hun dorpen nog steeds *prosfygika* worden genoemd, vluchtelingensteden.[5] Sommige mensen die Turkije uit werden gezet spraken niet eens Grieks; volgens het Verdrag van Lausanne uit 1923 werden mensen met harde hand gedeporteerd, puur op basis van hun geloof, een formalisering van de alchemie die Ottomaanse moslims en christenen omtoverde tot Turken en Grieken. In het laatste stadium stond deze etnische zuivering onder toezicht van de Volkerenbond. Tijdens de Conferentie van Lausanne stelde de poolreiziger Fridtjof Nansen, die hoge commissaris voor de vluchtelingen was geworden, een complete uitruil voor, waarbij de volkeren van het Nabije Oosten ontmengd zouden worden.[6] Dat jaar kreeg hij de Nobelprijs voor de Vrede.

De rest van de dag bleven we in de haven en om tien uur namen we de laatste bus terug naar Moria. Sommige passagiers waren zichtbaar aangeschoten. Alcohol was niet toegestaan in het kamp, hoewel je alles wat je wilde door de gaten kon meenemen. 'Ik zou ook wel iets te drinken lusten', zei ik een beetje spijtig tegen Omar toen onze bus naar de schijnwerpers bij de poort reed. 'We hadden iets moeten kopen.'

'Wacht hier, ik heb een idee', zei Omar en hij ging ervandoor. Toen hij terugkwam, had hij een bruine papieren zak bij zich en gebaarde hij dat ik hem moest volgen. We liepen verder langs de weg, de duisternis in. Hij toonde me twee grote blikken Alfa-bier.

'Waar heb je die vandaan?' vroeg ik.

'Uit de busjes.'

We liepen een eind en vonden een vlak plekje onder een paar olijfbomen. Daar trokken we de blikken open en gingen we zitten met uitzicht op de heuvels in het maanlicht. Achter ons klonken de ratelende generatoren uit het kamp. Was het een grote vergissing geweest om naar de eilanden te reizen? De omstandigheden waren veel slechter dan ik me had voorgesteld. Terwijl ik een blik op Omar wierp, vroeg ik me af of hij dacht dat ik geschift was omdat ik hier bij hem bleef.

'Het is a-koud, maar je wordt er a-warm van, brudder', zei Omar terwijl hij slurpte.

Ik verslikte me in mijn bier. Hij sprak verhaspeld Engels, als parodie op mijn nep-Afghaanse accent, dat ik bij hulpverleners gebruikte.

'Proost, brudder.'

'Proost.'

Om uit het kamp weg te komen maakten Omar en ik er een gewoonte van om 's ochtends de bus naar de stad te nemen. We vertrokken na het ontbijt en bleven tot laat. Als we geluk hadden, kregen we lunch of avondeten van een van de liefdadigheidsorganisaties die het Sapphoplein aandeden; op andere dagen kochten we voor een paar euro een pitabroodje. We hadden alleen de vijfhonderd euro die ik in mijn broek had genaaid en daar moesten we het een hele tijd mee doen. De bedoeling was geweest dat zijn moeder ons geld uit Istanbul zou sturen, maar op Lesbos was er geen hawala en we hadden geen van beiden documenten, dus we konden ook de Western Union niet gebruiken. Later, toen onze magen krompen, werd het sowieso moeilijk om in één keer een hele restaurantmaaltijd op te eten.

Het zwemplateau bij de haven was bezet door een bende Afghanen uit ons eigen gangpad. Ze hadden een tent opgezet en een paar dekens onder een bosje bomen gelegd en daar verdreven we de tijd met kaarten en het bedenken van manieren om van het eiland te komen. Het was een gemêleerde groep; hoewel Afghaanse migranten doorgaans reisden via netwerken die per geboortestad en etnische groep waren georganiseerd, en hoewel er vaak spanningen waren tussen soennieten en sjiieten, of tussen sprekers van Perzisch en Pasjtoe, trokken de Afghanen bij gewelddadige internationale rivaliteiten in het kamp één lijn.

Sommigen van de kucha-jongens werden door de politie gezocht vanwege hun rol tijdens de rellen en de daaropvolgende brand en bezochten het kamp alleen 's avonds laat via de gaten in het hek.

'Zij waren met meer en sloegen ons verrot, dus wij moesten wraak nemen', vertelde een van de jongens. 'We doopten een paar sjaals in brandstof, staken die aan en gooiden ze op de tenten van de Afrikanen. Nu weten ze dat ze ons met rust moeten laten.'

Eén man, die zijn door littekens doorkruiste stekeltjescoupe verborg onder een kibboetspetje, had vanwege een steekpartij al in de kampgevangenis gezeten, in afwachting van overplaatsing naar het vasteland. Tijdens de brand waren de bewakers gevlucht en hadden hij en de andere gevangenen de deur ingetrapt en waren ze zo ontsnapt. Hij kwam uit de achterbuurten aan de westkant van Kabul en ook in het kamp had hij veel moeite gehad om te overleven. Nadat hij een keer een stel Pakistanen met klappen en vloeken had weggejaagd, vroeg ik hem waarom hij steeds bij knokpartijen betrokken raakte.

'Jullie zijn hier nog maar pas', sneerde hij. 'Als je hier eerder was geweest, had je gezien hoeveel slaag de Afghanen van de Pakistanen hebben gehad. Het is nu rustig in het kamp, hè? Dat komt doordat ze sinds de brand bang voor ons zijn. Je kunt makkelijk in de rij staan voor eten, omdat wij hebben gevochten.'

Maar meestal vielen de mannen de andere vluchtelingen die kwamen zwemmen of vissen, met deegballetjes als aas, niet lastig. Het andere uiteinde van het plateau werd, volgens een stilzwijgende afspraak, gebruikt door bejaarde autochtonen. Verder waren er weinig bezoekers, maar een paar keer zag ik een witte auto met een vijfde deur langsrijden, met een bleke arm in het geopende zijraampje.

'*Ena! Ella!*' joelden de mannen.

'Die *mordegow* komt elke dag', zei de man met het kibboetspetje.

'Waarom?' vroeg ik.

Onze eenbenige buurman haalde zijn neus op. 'Als je hem je kont aanbiedt, geeft hij je vijftig euro, dat is de reden.'

'Dus het is waar!' riep Omar. Een paar van de jongens keken schaapachtig.

Elke avond vertrok de pont voor een tocht van twaalf uur naar Piraeus, de haven van Athene. In de loop van de middag verzamelden de migranten zich bij het hek om naar de laadklep te loeren. Hoewel je een geldig reisdocument moest laten zien als je een kaartje kocht, kon je dat voor een opgevoerde prijs ook op de zwarte markt krijgen. Maar de politie stond klaar bij de loopplank en controleerde doorgaans je papieren als die vermoedde dat je een migrant was. Afghanen en Syriërs, met hun lichtere huid en meer Kaukasische gelaatstrekken, hadden een betere kans om voor Griek of toerist door te gaan dan Pakistanen of Marokkanen, die het weer veel makkelijker hadden dan Eritreeërs en Senegalezen. De jongens moedigden Omar voortdurend aan om een poging te wagen.

'Je ziet er als een buitenlander uit', zei Ali, de jongen van zeventien, tegen hem. Ali was Hazara en had vrij Aziatische gelaatstrekken. 'En je spreekt goed Engels.'

'En ik dan?' vroeg ik.

Hij lachte en trok de hoeken van zijn oogleden omlaag. 'Sorry broer, jij bent net als ik.'

Als je niet voor wit kon doorgaan, bleven alleen de vrachtwagens over.

Op veel van de spelonkachtige autodekken van de pont stonden trekker-opleggercombinaties die vracht van en naar de eilanden transporteerden. Als je je roekeloos voelde, kon je onder een trailer kruipen en je vastklampen boven de wielas, net als Odysseus die onder de buik van een schaap ontsnapte aan de cycloop. Velen probeerden dat, vooral lenige jongens zoals Ali. Maar bij het inschepen werden de vrachtwagens doorzocht en het was makkelijk om iemand eronder te vinden. Je kon je beter in de vracht zelf verbergen, maar de parkeerplaats bij de haven werd te goed bewaakt. Je moest ergens anders op het eiland een vrachtwagen vinden en inbreken. Zagerijen, steengroeven en recyclinginzamelpunten boden goede kansen, aangezien de meeste vrachtwagens die daar stonden naar het vasteland gingen. Je moest soms een dag of twee wachten in de trailer voor hij in beweging kwam. Het kostte soms meerdere pogingen eer je Athene bereikte en elke keer liep je het gevaar om in zo'n stalen kist te worden verpletterd of te stikken.

In Iran en Turkije waren de Afghanen passieve reizigers geweest die door smokkelaars werden gekoeioneerd, maar hier op Lesbos waren ze spelers in wat ze in het Engels *the game* noemden, 'het spel'. We spraken de hele dag over het spel, over waar je vrachtwagens kon vinden of waar je het best een rolkoffer of rugzak kon kopen zodat je voor Europeaan kon doorgaan. Bij het vallen van de avond ging iedereen die niet meespeelde naar het hek om te kijken. Het instappen begon om zes uur. Eerst verschenen de pontconducteurs, met pasjes om hun hals. Zij controleerden de kaartjes. Een Griekse politieagent in uniform voegde zich bij hen, een andere bemande de poort en weer anderen liepen in de omgeving rond en schreeuwden tegen ons terwijl wij ons bij het hek verdrongen. De overheid had argusogen; een gespierde vent met een pens onder zijn hawaïhemd stond in de rij tussen zijn medepassagiers. De Nederlandse gevangenwagen arriveerde en spuugde forse bewakers met reflecterende hesjes uit. Zij brachten de gevangenen terug naar Moria. Ten slotte kwamen de *special forces* van de Helleense Kustwacht, die door de migranten commando's werden genoemd, vanwege hun camouflagepakken met over hun biceps opgerolde manchetten en hun kistjes. Ze deden rubberen handschoenen aan en haalden lange stalen zaklantaarns tevoorschijn.

Er klonk gerommel in de rij vrachtwagens terwijl de chauffeurs traag vooruitreden naar de oprit, waar de commando's onder de wagens porden en vrachtdeuren opentrokken. De passagiers defileerden langs de conducteurs: weinig toeristen in deze tijd van het jaar, maar volop ngo- en kampmedewerkers. Intussen werd het donker.

De migranten bij het hek leverden commentaar: wie vanavond een poging waagde, wie een koffer had gekocht en naar de kapper was geweest, wie sinds gisteren in een vrachtwagen zat.

'Waar ben je? Binnen?' fluisterde de man naast me in zijn telefoon. 'Hou je koest en klamp je aan iets vast, dan kom je er wel doorheen.'

We duimden voor de spelers. Morgen konden wij dat zijn.

'Daar gaat Jawad,' siste iemand, 'hij heeft een korte broek aan.' Een jongen die een rolkoffer achter zich aan trok verscheen uit het donker van de parkeerplaats en verdween behendig tussen de passagiers die de loopplank op liepen.

'Hij had een kaartje, hij heeft het gehaald... O.'

Twee agenten voerden hem bij zijn elleboog van de loopplank af. Zelfs aan boord van de pont was je niet veilig. Een Iraniër had het bovenste dek bereikt toen een agent in burger hem opmerkte.

Nog een kreun. De commando's trokken twee jongens onder een vrachtwagen vandaan. Ze gingen doorgaans niet hardhandig te werk, hooguit een klap op je kop als je te langzaam was, maar daarna ging je de Nederlandse wagen in. Als die vol zat, zeiden ze je soms gewoon om op te rotten: *fyge malaka.* Zolang je geen valse documenten bij je had, zat je in het ergste geval een of twee nachten vast in de kampgevangenis. De politie onderschepte soms wel twintig spelers of meer op één avond. Maar de echte vraag was hoeveel erdoorheen glipten. De lichten van de verdwijnende pont glinsterden in de vochtige avond terwijl uit zijn toeter een lange stoot klonk.

'Het eiland is een gevangenis,' schreef Christos Ikonomou in een van zijn korte verhalen over de Griekse economische crisis, 'en de zee vormt de spijlen.'[7]

Op een avond hoorden we Rage Against the Machine klinken uit een muziekinstallatie op het Sapphoplein; een paar honderd mensen waren bijeengekomen voor een demonstratie tegen wat ze 'fascisme' noemden, de xenofobe partijen uit Athene die op de eilanden aan populariteit wonnen. De groep overwegend jonge mensen marcheerde in een kringetje door het stadscentrum, langs de ijs- en ouzokarretjes, langs de zonnebrillenwinkels, en scandeerde in het Grieks en Engels: '*Say it loud, say it clear, refugees are welcome here!*'

Omar en ik keken vanaf een afstand toe; na afloop staarde hij onthutst naar enkele graffiti van tegendemonstranten: FUCK ISLAM.

Vanwege het mededogen dat ze de bootmensen de vorige zomer hadden betoond, waren de Griekse eilanders dat jaar genomineerd voor de Nobelprijs voor de Vrede. 'We verwelkomden de vluchtelingen omdat we zelf ook van vluchtelingen afstammen', verklaarde een bejaarde vrouw tegenover de pers.[8] Vorig jaar september, elf dagen nadat Alan Kurdi was verdronken, gaf de burgemeester van Lesbos met zijn collega's uit de vluchtelingensteden Parijs, Barcelona en Lampedusa een verklaring uit: 'Als we muren blijven bouwen, grenzen blijven sluiten en het vuile werk blijven uitbesteden aan andere landen, zodat die als gendarmes van onze grenzen functioneren, wat is dan onze boodschap aan de wereld?' schreven de burgemeesters. 'Wij, de steden van Europa, willen vluchtelingen welkom heten.'[9]

Er werden dat jaar volop prijzen uitgereikt voor het werk op Lesbos: de World Press Photo-prijs, de Pulitzerprijs, de Olof Palmeprijs en de Nansen Vluchtelingenprijs van de UNHCR. De Raad van Europa kende de Raoul Wallenbergprijs voor uitzonderlijke humanitaire prestaties toe aan Agkalia, een lokale solidariteitsorganisatie. 'Weet je, na de prijzen werden we zo ongeveer overal uitgenodigd, in Sofia, in Wenen, noem maar op', zou George Tyrikos-Ergas, een lid van Agkalia, later vertellen. 'Telkens wanneer we beginnen te praten over de oorzaak van de problemen, over oorlog en over hoe het Westen andere landen blijft leegroven, gaat de discussie van: "Ja, je hebt volkomen gelijk, maar dat ligt zo gecompliceerd. Laten we ons richten op vraagstukken als de huisvesting en herplaatsing van vluchtelingen."'[10]

De winnaar van de Nobelprijs zou op 7 oktober bekendgemaakt worden; zelfs in Moria hoorden we erover. In de wedkantoren op internet golden de Grieken als favoriet, dertien tegen acht.[11] De kranten publiceerden profielen van de twee inwoners van Lesbos die waren geselecteerd als symbolische kandidaten: een grootmoeder en een visser.

Maar de prijs ging naar de president van Colombia, omdat die een vredesverdrag met guerrilla's had gesloten.

Terwijl de aandacht van de wereld zich weer verplaatste, mochten de eilanders kampen organiseren voor de ongewensten van Europa. De grens zat dicht, maar de boten bleven komen. En de stemming op de eilanden sloeg om. De mensen in hun huizen, zoals John Steinbeck ooit schreef, 'voelden eerst medelijden, vervolgens afkeer en ten slotte haat jegens de migranten.'[12] Daden van individuen werden opgeteld bij de gezamenlijke rekening; de vluchtelingen kregen de schuld van diefstallen, van de drollen bij de haven en van seksistische scheldpartijen tegen politievrouwen. Bovendien hadden de eilanders het zelf ook zwaar. Er kwamen nauwelijks nog toeristen naar de populairste eilanden en Griekenland zat nog steeds in een diepe economische crisis.[13] Autochtonen en migranten gingen met elkaar op de vuist; het kamp op Chios werd met vuurbommen bestookt.[14] Dat najaar hingen sommige ouders kettingen om de poorten van een school om de kinderen van vluchtelingen buiten te sluiten.[15]

We zaten een keer 's ochtends in de bus toen Omar verstijfde en me aanstootte. Een Arabisch meisje met een baby in een kinderwagen, waarschijnlijk een Syrische, nam plaats; ze had Laila's dunne wenkbrauwen en haar huid was onder haar donkere sluier zo bleek als room. Omar fluisterde hees: 'Ze lijkt op haar. Sprekend op haar.'

We namen die bus elke dag behalve zondag, want dan vertrok

hij pas 's middags en liepen we de acht kilometer naar de stad. Onderweg passeerden we groepen Afrikaanse migranten, begeleid door christenen uit het kamp. In hun zondagse pak – nette overhemden en jurken, de vrouwen met hoeden als tropische vogels – kwamen ze de kerk uit gelopen. Op de kruising stonden Griekse matrones traktaten van Jehova's getuigen in het Perzisch, Urdu, Frans en Engels uit te reiken. Inmiddels hadden ze aan één blik genoeg om naar het juiste pamflet te grijpen.

Op het omslag van mijn Perzische traktaat stonden vlammen afgebeeld, maar in het binnenwerk stond dat God goed was en zijn kinderen nooit in de hel zou martelen.

'Weet je, dat geloven moslims ook', zei Omar tegen me terwijl we onze weg vervolgden. 'Ze geloven dat niemand eeuwig in de hel zal blijven, want God is genadig.'

'Dat is dan gunstig voor mij.'

'Maar je moet wel eerst boeten voor je zonden.' Hij lachte. 'Wees niet ongerust, broer, ik zal wel steunen dat je naar de hemel komt.'

'Dan ga ik wel via de smokkelroute.'

'Er is daar geen smokkelroute.'

'Er is altijd een smokkelroute.'

Firouz belde om te zeggen dat we naar het koffiehuis aan het Sapphoplein moesten komen. Naast hem zat de Egyptische, een gedrongen vrouw met hennakleurig haar en ogen die schuilgingen achter een Gucci-zonnebril. Ze bekeek Omar en mij oppervlakkig, terwijl Firouz voor haar in het Arabisch vertaalde, en zei toen dat ze ons als volgende zou sturen.

Later hadden we afgesproken met de drie Iraniërs in het park achter het theater. Ze hadden zich geschoren en nieuwe nette overhemden aangetrokken en drie identieke rolkoffers gekocht, het goedkoopste model. Ze lieten ons de papieren zien die ze van de smokkelaar hadden gekregen; Reza, de jongeman, had een Frans paspoort, maar de foto leek niet heel erg, wat hem zorgen baarde. Toen ik de naam hardop voorlas, bedankte hij me. Hij had niet geweten hoe je hem uitsprak.

'Maak je geen zorgen, het is 100 procent', zei Firouz tegen ze. 'Ze zullen je geen vragen stellen. Ze hebben een man op het vliegveld die ze omkopen.'

Firouz en Reza zouden diezelfde avond vertrekken. Arash' vlucht was de volgende dag. Ze waren zenuwachtig omdat de Griekse rechters soms zes maanden gevangenisstraf oplegden voor het gebruik van valse documenten, en dat betekende de gevangenis op het vasteland. Terug in het kamp zagen we hun vermoedelijke vliegtuig overvliegen terwijl de romp ervan het laatste licht opving. 'Stel je voor dat je daarin zit', mijmerde Omar.

's Ochtends belde hij Firouz op, die vertelde hoe alles gelopen was. De smokkelaar had ze op het vliegveld afgezet. Ze waren samen binnengekomen en door de controle heen gekomen, maar toen de beveiliger Reza's paspoort door de machine haalde, fronste ze en ging ze weg en kwam terug met een politieagent, die hen meenam naar een achterkamertje. Er kwam een andere agent die Frans tegen Reza sprak. Reza haalde alleen zijn schouders op, maar toen de handboeien om gingen, barstte hij in huilen uit.

'Het is niet erg', zei de agent troostend.

Hij nam hun valse papieren in beslag, fouilleerde ze en reed ze terug naar het Sapphoplein, waar hij hun handboeien losmaakte en zei dat ze moesten wegwezen. Dat was alles. Ze hadden geluk gehad. Of migranten wel of niet werden aangeklaagd leek af te hangen van hoe druk de agenten en de gerechtshoven het op een bepaalde dag hadden.

De Egyptische nam haar telefoon niet op. De Iraniërs waren achthonderd euro armer, plus de tweehonderd die het hotel had gekost. Firouz was zo kwaad dat hij naar het politiestation was gegaan om te klagen. Ze hadden hem in zijn gezicht uitgelachen.

Toen Omar ophing en mij het verhaal vertelde, merkte ik dat het hem zwaar viel. 'Dat betekent dat ik hier vastzit', zei hij. 'Misschien wel zes maanden lang.'

'We blijven hier niet', antwoordde ik. 'We vinden wel een uitweg.'

Hij glimlachte zonder iets te zeggen. We wisten dat ik op ieder moment maar één telefoontje hoefde te plegen om mijn paspoort terug te krijgen en te vertrekken.

Als we onze reisgenoten in het kamp tegenkwamen, glimlachten we vol herkenning naar elkaar, en deelden onze gedachten, ook al zeiden we niets. We voelden ons door de reis over het water met elkaar verbonden. Op een dag liet een Syrische jongen ons een video zien van het moment waarop we gered werden, dat hij met zijn telefoon had gefilmd. Het beeld vliegt met een ruk van het verblindende schijnsel van de Noorse kotter naar hem en zijn vrienden, met opengesperde ogen en dolgelukkig, het geluid rauw van de adrenaline. Ik ben een donkere vlek op de achtergrond. 'Zijn kracht was om te midden van hen te hebben bestaan alsof hij een native speaker was,' schreef Edward Said, 'en ook als heimelijke schrijver.'[16]

De muur zat ook in ons. Terwijl de bus 's ochtends boven de baai omhoogreed, keek ik van het ene vermoeide gezicht naar het andere tot mijn ogen vochtig werden, dus ik moest omlaagkijken naar de rij versleten sportschoenen. Het voelde alsof ik met een lamp op een spiegel scheen, hoe een liefhebbende God zich moet voelen, maar in mijn hart zei ik dat het maar medelijden was.

Wat maakte het uit wat ik voelde? Was ik maar een cameralens. Maar 's nachts kroop ik onze tent in en lag ik in mijn slaapzak, vertraagde ik mijn ademhaling en luisterde ik, op zoek naar lagen: Omar naast me, de lach van onze buurman, het gerinkel van lepels en de klank van water, dan een wijdere kring, tot ik bij de volmaakte stilte uitkwam en de vijfduizend zielen van Moria hoorde.

16

Voor *The Road to Wigan Pier*, zijn naargeestige portret van de Britse armoede in de jaren dertig, reisde George Orwell naar de mijnen en achterbuurten in het industriële noorden van Engeland. 'Het is een soort plicht om dergelijke oorden zo nu en dan te zien en te ruiken, vooral om ze te ruiken, zodat je niet vergeet dat ze bestaan', schreef hij. In plaats van medelijden bij zijn lezers op te wekken, deed Orwell een beroep op hun intellectuele eerlijkheid. Hij wilde hun iets over henzelf vertellen. De kolenmijn, met zijn gruwelijke omstandigheden, was het absoluut noodzakelijke tegendeel van onze bovengrondse wereld waar alles, van een ijsje eten tot het oversteken van de Atlantische Oceaan, afhankelijk was van deze fossiele brandstof. De ellendige huisjes die Orwell bezocht waren via een onzichtbare keten verbonden met de gerieflijke woonkamers van zijn lezers. Orwell was destijds een overtuigd socialist, maar zijn betoog was geen politiek standpunt, al dan niet radicaal. 'Die kun je niet negeren als je de beschaving die ze heeft voortgebracht accepteert.'[1]

Sinds onze komst op Lesbos was het zonnig weer geweest, maar op een middag in onze tweede week betrok de lucht en viel er motregen. 's Avonds begon het te gieten en de hele nacht hoosde het in golven tegen de dunne stof van onze tent, terwijl Omar en ik wakker lagen en we het water door onze slaapzakken voelden sijpelen.

's Ochtends zagen we dat het kamp in een beerput was veranderd. Van sommigen was de tent door de regen ingestort, terwijl anderen zich bevonden op het parcours van kolkende waterstromen. Mijn maag was van slag, dus ik ging naar de wc's, langs de gevangenen die al in de rij stonden voor het ontbijt. Naarmate ik afdaalde werd de geur sterker: rottende vuilnis, ongewassen lichamen en vooral poep die deed denken aan de linzen en uien van gisteravond. In de lagere delen van het kamp stonden smerige poelen tot enkelhoogte. Ik ging in de rij voor de mannen-wc's staan en stak een sigaret op. Terwijl ik inhaleerde, begon ik te hoesten en mijn hoofd bonsde; eerlijk gezegd had ik nooit veel gerookt, maar tijdens deze reis had ik Omars verslaving overgenomen en hij kon een paar pakjes per dag wegwerken. Sigaretten hielpen echt tegen de stank en de honger.

Eenmaal op de wc proefde je zelfs als je door je mond ademde het miasma nog. Eén peertje verlichtte de vloeren en muren die met vuil bedekt waren. Aan de linkerkant hingen wasbakken en zes spiegels, waarvan vier gebarsten. Op rechts was er een rij hokjes die waren vervaardigd van ruw plaatmetaal. Mijn schoenen piepten op het beton terwijl ik een van de hurk-wc's betrad. Er was geen papier, maar in de vuiligheid lag een rubberen slang. Ik deed de deur op slot en maakte mijn broek los, waarbij ik ervoor zorgde dat ik de stof tussen mijn knieën klemde, zodat hij de vloer niet raakte terwijl ik hurkte. Ik kreeg al kramp in mijn dijen terwijl ik mezelf naar het gat liet zakken.

'Effectieve grensbewaking is niet voor tere zieltjes', had de voormalige Australische premier Tony Abbott vorige maand gezegd tijdens een bijeenkomst van politici in het Lobkowicz-paleis in Praag. 'Je moet de overtuiging van hen die toegang eisen beantwoorden met de sterkere overtuiging dat jij het recht hebt om te weigeren.'[2]

Abbott prees de oplossing van zijn land, waarbij de marine asielzoekers op de Stille Oceaan onderschepte en overbracht naar afgelegen eilanden voor afhandeling buiten het vasteland. Daar wachtten ze dan jarenlang in kampen, gebeten door muskieten die dengue- en zikavirussen verspreidden.[3] Sommigen werden uiteindelijk naar nog een ander land gestuurd, maar ongeacht de verdiensten van hun asielaanvraag kreeg niemand toestemming om zich in Australië te vestigen. Het beleid, dat bij de meeste Australiërs populair was, had gewerkt; in 2013 kwamen er twintigduizend mensen aan; in 2015 niet één. Massale opsluiting was een van de antwoorden op massamigratie.[4]

'De Europese problemen zijn omvangrijker en de geografie is anders,' zei Abbott, 'maar met de juiste wil en organisatie is er geen reden waarom er geen vergelijkbaar succes kan worden behaald.'

Ik stond voor de wc-blokken te rillen en stak nog een peuk op. De rij was nu langer en kronkelde door droge plekjes tussen het rioolwater. Ik telde zeven mannenhokjes in het lagergelegen blok en nog eens twaalf heuvelopwaarts. Een derde blok was niet in gebruik: de waterleiding in het kamp stopte er vaak helemaal mee. Negentien wc's voor een paar duizend mannen, plus wat toiletcabines. De vrouwen hadden hun eigen toiletten, maar die waren na het donker niet veilig, net zomin als de velden buiten het hek.[5]

Ik liep heuvelopwaarts terug, terwijl mijn hoestje zich voegde bij het mij omringende koor. Mijn keel was schraal; ik had het gevoel dat ik iets onder de leden had. Er heerste een of andere luchtwegaandoening, mogelijk griep. Vooral de kinderen hadden opgezette ogen en monden. Er hadden schurft- en waterpokkenepidemieën in Moria plaatsgevonden; onze huid zat onder de insectenbeten en uitslag.[6]

'Massale internationale migratie is een reactie op extreme mondiale ongelijkheid,' schreef de econoom Paul Collier om uit te leggen dat er in de eenentwintigste eeuw nog meer menselijke beweging zal plaatsvinden naarmate de technologie het makkelijker maakt om te zien hoe alles elders is en daarnaartoe te reizen. 'Dat is de reden dat de beheersing van migratie, in plaats van een gênant overblijfsel van nationalisme en racisme, een steeds belangrijker instrument zal worden voor het sociaal beleid in alle welvarende landen.'

Als grenzen een onlosmakelijk nevenverschijnsel zijn van de ongelijkheid in de wereld, zoals sommigen als Collier, die voor zijn onderzoek in Afrika werd geridderd, denken, zal die kloof onvermijdelijk gedicht worden door de groei die het mondiale kapitalisme veroorzaakt. 'Massamigratie is dus geen onveranderlijk kenmerk van de globalisering', concludeerde Collier. 'Integendeel, het is een tijdelijke reactie op een lelijke fase waarin welvaart nog niet wereldwijd verspreid is.'[7]

Landen als China zijn inderdaad naar het Westen toe gekropen, maar andere zijn verder achteropgeraakt, met name in Afrika, waar medio eenentwintigste eeuw waarschijnlijk een kwart van de wereldbevolking zal wonen.[8] Als we het probleem in absolute zin bezien, aangezien slechts een piepklein deel van de extra gegenereerde rijkdom bij de armen belandt, zal het beëindigen van het soort armoede dat massamigratie bevordert ons bij gebrek aan radicale herverdeling dwingen de algehele omvang van de wereldeconomie vele malen te vergroten, en daarmee de consumptie van hulpbronnen en de productie van afval zoals broeikasgassen.[9]

Een warmere aarde betekent stijgende zeeniveaus. Een van de eerste landen die waarschijnlijk zal onderlopen zijn de Malediven, een laaggelegen eilandengroep in de Indische Oceaan. De voormalige president, Mohamed Nasheed, heeft uitgelegd dat als rijke landen hun CO_2-uitstoot niet drastisch reduceren de Malediviërs moeten vluchten en dat de westerse bevolking voor een keuze komt te staan: 'Als we in onze boten voor uw kusten verschijnen, kunt u ons binnenlaten. Of wanneer we in onze boten voor uw kusten verschijnen, kunt u ons doodschieten. Aan u de keus.'[10]

De grenskampen van de rijke wereld zullen een derde optie bieden.

Het islamitische festival Ashura vond plaats toen wij in Moria zaten en in het huizenblok boven ons gangpad hielden de bewoners uit Shia op de binnenplaats een *azadari*-ceremonie. Die was openbaar toegankelijk en een paar christelijke vrijwilligers kwamen kijken naar het ritueel, waarin wordt gerouwd om de dood van imam Hoessein en zijn volgelingen tijdens de Slag bij Karbala in 680. Die avond stond ik tussen de toeschouwers terwijl een stuk of honderd mannen zongen en één arm ophieven en zich met de andere op de borst sloegen, in afwisselende slagen. Daarbij verschenen er rode handafdrukken op hun blote huid, als een opgetekend collectief trauma.

Moria bevatte de fragmenten van een voormalige unie, van achtergelaten thuislanden en talen, en ondanks de wrede chaos van het kamp weefden mensen zichzelf hier opnieuw samen. De Afghaanse gezinnen die in de container hiernaast woonden, hadden familieleden en vrienden onder de kucha-bewoners en tijdens etenstijd gaven ze door het hek heen hun extra rantsoenen aan ons zodat wij niet in de rij hoefden te staan. Hun kinderen zwierven vaak in hun eentje over het gangpad, met toezicht en zonder vrees. Er waren twee kleine Hazara-meisjes die graag op de wal boven ons speelden. Met hun identieke zwarte pony's leken ze wel Japans. Vanuit mijn tent kon ik ze horen:

'Salam, leraar.'

'Salam. Iedereen krijgt tien dagen vrij vanwege Eid.'

'Echt waar? Heb ik ook vrij?'

Elke week arriveerden er honderden nieuwe vluchtelingen op Lesbos. Je kon nauwelijks nog over ons gangpad lopen, zo vol was het. Tenten kropen langs de heuvelwand omhoog, als in de sloppenwijken in Kabul. De boten landden 's nachts en 's ochtends zagen we de nieuwkomers nat en uitgeput in de ontvangstruimte zitten waar wij ook gezeten hadden. Als ze naar buiten kwamen stelden ze allemaal dezelfde vraag: 'Hoe komen we in Athene?'

Omar kwam terug van het ontbijt toen twee jonge Afghanen hem de weg naar de eetzaal vroegen. Zulmay was twintig, lang en slungelig. Zijn neefje Raja was elf en had de pruilende blik van een tienerzanger. Vijf dagen eerder waren ze in Turkije bij zonsopgang met zestien anderen in een speedboot gestapt. Hun houten schelpje was zo overbelast dat de boorden nauwelijks boven de golven uit kwamen. Gelukkig voor hen was de zee die dag vlak en kalm.

Ze kwamen oorspronkelijk uit Mazar-e-Sharíf, in het noorden van Afghanistan, en zaten zonder volwassenen in Moria. Raja's moeder – Zulmays tante van moederskant – had haar zoon aan zijn oudere neef toevertrouwd en hun opgedragen naar Duitsland te reizen, waar Raja's oudere broers al asiel hadden aangevraagd. Omdat de jongen niet met zijn ouders mee was, wilden de kampbestuurders hem als onbegeleide minderjarige behandelen, wat betekende dat hij in een slaapzaal in het centrale kampgedeelte zou worden opgesloten. Toen Zulmay met nadruk zei dat hij de rechtmatige voogd van zijn neef was, had de overheid hen vier dagen in de ontvangstruimte vastgehouden, in een poging Zulmay onder druk te zetten om de jongen op te geven. Een jonge maatschappelijk werkster ging naast Raja zitten, pakte zijn hand en koerde zachtjes dat hij moest meekomen naar de afdeling voor minderjarigen. Daar waren meer kinderen, zei ze, en bovendien werden er in Athene nieuwe huizen voor hen gebouwd. Ze beloofde dat hij daarheen gestuurd zou worden zodra ze af waren.

'En, wat heb je gezegd?' vroeg Zulmay.

Raja sloeg zijn armen over elkaar en tuitte verwend zijn lippen: 'Nee!'

Omar en ik lachten. Natuurlijk had de jongen geen weet van de zelfmoordpogingen op de afdeling voor minderjarigen, die in feite een gevangenis was; hij wilde gewoon niet van zijn neef gescheiden worden.[11] Ten slotte bond de overheid in en werd Zulmay als voogd van de jongen aangewezen. Hun tent had op een plek hoog op de heuvel gestaan, in een Pakistanenwijk, maar we hielpen hen verhuizen naar een plekje bij ons in de kucha.

Zulmay en Raja vroegen of ze met ons mee de stad in mochten, dus we stapten samen in de bus en wandelden toen van het

Sapphoplein naar het zwemplateau bij de pont. Het weer was opgeklaard en het vrijheidsbeeld straalde boven onze hoofden. De bende uit het gangpad was er niet en deze keer waren er meer Grieken dan vluchtelingen. We bekeken een groep bejaarde zwemmers terwijl zij zich rekten en strekten, een badmuts en zwembril opdeden en in het water sprongen, waar hun lichamen dartel werden.

Wij doken er ook in, behalve Raja, die niet kon zwemmen, ook al had zijn familie een huis aan de oever van de Amu Darja, bij de grens met Oezbekistan. Zijn moeder had haar jongste zoon te veel beschermd.

'Geen zorgen, ik leer het je wel', zei Omar tegen hem.

Toen we na afloop zaten op te drogen, arriveerde er een uilige oudere man op een fiets. Hij begroette de andere Grieken en toen hij het vrijwel lege plateau zag, stapte hij op Zulmay af, die het overhemd dat hij onder de douche had schoongespoeld stond uit te wringen.

'Dit is geen wasserij!' schreeuwde de man in het Engels.

Zulmay bloosde en stamelde: 'Het spijt me heel, heel erg.'

'Jullie pikken alle ruimte in en wij mogen hier niet eens zwemmen! Jullie moeten naar die kant gaan.'

Zulmay bleef zich excuseren en de Griek kalmeerde een beetje.

Omar schoot hem te hulp: 'Het spijt me, meneer. We komen hier alleen omdat we nergens anders terechtkunnen.'

'Ik weet dat als ik naar jullie land ging, ik niet overal zo zou mogen rondlopen.'

'Nou, meneer, in mijn land respecteren de mensen buitenlanders. Wij hebben geen probleem.'

'Nee, ik zou dat niet mogen omdat ik een christen ben. Ik ben een ongelovige. Ik bedoel jou niet, maar je hebt daar geschifte religieuze mensen.'

Omar stond met zijn mond vol tanden.

'Nu mogen wij hier niet komen zwemmen. Ik ben bang. Ik weet niet wat jullie van plan zijn. Er zijn een paar incidenten geweest en de mensen zijn bang. Jullie verbruiken hier een hoop water', zei hij en wees op de douches. 'Daar betalen wij voor. Wij betalen belasting. We hebben hier een economische crisis. Ik ben hoogopgeleid en ik ben al zes jaar werkloos.'

De man keek over zijn schouder naar de andere Grieken, die toekeken.

'Het is niet jullie schuld. Iemand achter jullie veroorzaakt deze problemen.' Hij gebaarde in oostelijke richting, naar de overkant van het kanaal. 'De Turken verdienen goudgeld aan jullie. Het is mensenhandel en dat is 200 procent illegaal.'

Hij zuchtte en keek naar Raja en mij.

'Zeg ze dat het niet persoonlijk bedoeld is. Ik weet niet of ze het snappen. Wij willen alleen maar een beetje respect. We zitten in feite in hetzelfde schuitje. We zitten allemaal klem tussen dingen die veel groter zijn dan wijzelf.'

Later, toen het mijn beurt was om te douchen, kwam de man naar me toe en keek hij hoe ik me inzeepte.

'Je mag hier geen zeep gebruiken', zei hij. Hij droeg een T-shirt van de Ridders van Rhodos.

Ik keek hem niet-begrijpend aan. 'No English.'

Hij schudde zijn hoofd en vertrok op zijn fiets.

Bij zonsondergang liepen we naar het oude kasteel boven de haven, waar een organisatie die No Border Kitchen heette gewoonlijk vanuit hun busje eten uitdeelde: kartonnen bekers met rijst en kikkererwten, gekruid met komijn en kruidnagel. Omar was bij onze eerste kennismaking onder de indruk geweest en had twee porties van de masalamix verorberd. 'Veel beter dan kampvoedsel', verklaarde hij. 'Misschien hebben ze morgen kip.'

'Omar, het zijn veganisten', zei ik.

'Wat betekent dat?'

'Dat ze alleen maar groenten eten.'

Hij schudde zijn hoofd en lachte. Vanaf dat moment noemde hij de groep No Border Chicken. Deze getatoeëerde en dreadlocks dragende groep overwegend Duitse activisten was de enige die we hebben zien zorgen voor de mannen die in de bossen onder het kasteel woonden: afgewezen Pakistanen en Arabieren die op de nominatie voor deportatie stonden. Laatst hadden de twee groepen het in de rij met elkaar aan de stok gekregen, maar nu we Zulmay en Raja meebrachten bleef iedereen rustig en was er genoeg eten voor een tweede ronde voor wie maar wilde. Omar haalde een derde ronde.

Het was een zachte avond, dus we besloten terug te lopen naar het kamp. In het afnemende pastellicht klauterden we onder de kasteelmuren en daalden we langs de toeristen in de visrestaurants af naar de oude haven. Toen we de grote weg bereikten, was het donker. Voor ons liepen andere groepen terug naar Moria, met schaduwen die met de passerende koplampen rezen en vielen.

Zulmay legde uit dat hij in Mazar medicijnen had gestudeerd en dat hij een klein jaar geleden, toen de grens openging, naar Europa was vertrokken. Hij had Turkije bereikt en had geprobeerd de oversteek te maken, maar tweemaal was zijn boot onderschept. Toen de grens dichtging, gaf hij het op en reisde hij terug naar Istanbul, waar hij een baantje in een restaurant vond. Toen kwamen Raja en zijn moeder ingevlogen uit Afghanistan. Zij kwam voor een behandeling van haar diabetes en had besloten haar zoontje te sturen naar zijn twee oudere broers, die al in Duitsland zaten. Haar man werkte bij de douane aan de Oezbeekse grens, een lucratieve baan, en ze boden aan Zulmays reis te bekostigen als hij Raja meenam. Onze nieuwe vrienden hadden dus geld voor een smokkelaar om van het eiland af te komen. Omar legde uit hoe moeilijk het was om legaal te vertrekken.

'De Syriërs en Irakezen staan vooraan in de rij voor asiel en de rest moet wachten', zei Omar. 'Er is hier geen gerechtigheid. Al het geklets in Europa over mensenrechten is gewoon bullshit.'

'Was er maar een brug of tunnel van dit eiland af', zei Zulmay.

'De enige route is per boot of per vliegtuig.' Omar zei dat hij niet gestoord genoeg was om onder een vrachtwagen te kruipen, maar hij overwoog een smokkelaar voor valse papieren te betalen, ondanks de kans op gevangenisstraf.

'We zijn bereid alles te proberen', zei Zulmay. 'Pas op, Raja. Niet op de weg lopen.'

Ik zei de jongen dat hij naast mij mocht lopen.

'Hoe gaat het ermee?' vroeg ik.

'Niet slecht, maar ik geloof niet dat een verwend kind het leven in het kamp zou aankunnen', zei Raja. 'Toen ik hier pas was en de mensen zeiden "Welkom in de gevangenis van Griekenland", wilde ik bijna huilen. Maar nu raak ik eraan gewend.'

Raja, zo ontdekte ik, was voor maar drie dingen bang: honden, katten en kippen. En van zijn moeder mocht hij niet in de Amu Darja zwemmen. Maar op de snelweg ten noorden van Mazar had hij honderd kilometer per uur in een auto gereden. Wat was het snelste dat ik ooit had gereden?

'Waarschijnlijk ook zoiets', zei ik.

'Wat voor auto had jij in Kabul?'

'Ik had geen auto. Omar bracht ons overal naartoe.'

De jongen zweeg even. 'Wanneer we Duitsland halen, gaan we het gezellig hebben, hè? Dan gaan we samen de toerist uithangen en grote diners eten. Hebben ze daar Afghaans eten? Je kunt mijn broers en de rest van mijn familie leren kennen.'

We volgden de weg landinwaarts door het dorp. In de verte zagen we de lampen van het kamp op de heuvel branden. Een jonge Duitse herder rende snauwend naar het hek toen we voorbijkwamen. Andere huizen waren verlaten, zomerhuisjes misschien, hoewel sommige oude stenen landhuizen uit de Ottomaanse tijd nauwelijks meer dan een ruïne waren.

'Dat huis ziet eruit alsof er djinns wonen', zei Raja. 'Zou jij daar naar binnen gaan?'

'Ik wel', zei Omar. 'Ik heb wel eens op een begraafplaats geslapen.'

Zulmay speelde muziek via de speaker van zijn telefoon, liefdesliedjes van Ahmad Zahir en Nasrat Parsa, daarna een klassieker van Farhad Darya, die we onder het lopen met stemverheffing meezongen:

Uit deze verbanning, uit dit rondzwerven,
Uit deze eenzaamheid, uit deze gevangenis,
Naar Kabul Jan, naar Kabul Jan, naar Kabul Jan, salam![12]

Op zaterdag troffen we op het Sapphoplein een stel activisten die folders in het Engels en Perzisch uitdeelden, waarin de EU en de Afghaanse regering ervan werden beticht dat ze vluchtelingen kochten en verkochten. De vorige winter, toen Omar en ik nog in Kabul zaten, was de Duitse minister van Binnenlandse Zaken op bezoek geweest en had hij met zijn Afghaanse collega een op tv uitgezonden persconferentie gegeven, tijdens welke ze allebei bijna aan het zicht werden onttrokken door een berg rozen, seringen en krokussen op tafel. Duitsland, zo beweerde Thomas de Maizière, wilde blijven en Afghanistan helpen, maar de Afghanen moesten in hun eigen land blijven zitten. Te veel van hen reisden uit economische motieven naar Europa. 'Vanuit menselijke optiek is dat begrijpelijk, maar het geeft ze geen recht op bescherming', zei hij.[13] Nu had de regering van president Ghani eindelijk onder veel druk de Joint Way Forward ondertekend en ermee ingestemd om Afghanen die uit Europa werden gedeporteerd terug te nemen.[14]

Toen later op de avond de restaurants rond het plein door mensen en muziek tot leven kwamen, verschenen de No Borders-jongeren met een paar Afghaanse families en begonnen ze leuzen te scanderen tegen de nieuwe overeenkomst:

'Zet de grens open!'

'Moria is een gevangenis!'

'Het is niet veilig in Afghanistan!'

We stonden met zijn vieren bij het standbeeld van Sappho en keken toe. 'We moeten zorgen dat het hele kamp samen gaat protesteren', zei Zulmay. Hij dacht even na en zuchtte toen. 'Nee, ze zullen ons nooit laten gaan. Dit is de beste manier om mensen ervan te weerhouden om te komen.'

Verhalen over de erbarmelijke toestanden op de eilanden hadden er al voor gezorgd dat migranten andere routes kozen, zoals de Griekse landsgrens met Turkije, maar voor ons was het te laat. We liepen naar het park achter het theater, waar migranten rondhingen en voor drie euro kochten we bij een kiosk anderhalve liter wijn en cola voor Raja. Terwijl we de fles doorgaven kwam Omar, die de laatste tijd somber was geweest, tot leven en begon hij te vertellen over zijn avonturen in Kabul, de hoge salarissen die hij vroeger bij USAID had verdiend, de keren dat hij blut was geweest en het meisje voor wie hij een reis rond de wereld zou maken.

'Het leven bestaat uit twee dagen, broers', zei hij met een zucht. 'De dag dat je wordt geboren en de dag dat je sterft.'

Een Eritreeër kwam naar ons toe gewankeld met bier in de hand.

'Wat voor man is jullie president?' schreeuwde hij in het Engels. 'Hij verkoopt jullie!'

'Je hebt gelijk!' Omar sprong overeind en gaf hem een hand.

Iedereen vervloekte bij toerbeurt president Ghani, die tegen de BBC had gezegd dat hij 'geen medeleven' had voor de migranten die 'onder de geringste druk wilden vertrekken'.[15]

'*Be namus*!'

'Zijn eigen kinderen wonen in Amerika, maar van hem moeten wij terug naar Afghanistan', bromde Zulmay.

Toen we de eerste fles op hadden, haalden we er nog een. Die ging er wel in. We haalden de laatste bus terug naar het kamp, waar ik in het Frans begon te praten tegen een geschrokken Kameroener. Ik legde hem uit dat ik Frans had geleerd van de militairen in Kabul. Zulmay hing aan een lus en observeerde me. Hij was de enige die ooit in mijn gezicht mijn verhaal in twijfel trok. Toen we een keer met zijn tweeën wandelden, had hij omzichtig gevraagd waarom mijn accent een beetje buitenlands klonk. Ik dekte de leugen af met een andere leugen die ik had voorgekookt: ik was in Maleisië opgegroeid, zei ik, waar mijn Afghaanse vader werk had gevonden, maar na zijn dood waren we teruggestuurd naar Kabul. Ik wilde niet dat de andere migranten dat wisten, vertelde ik. Ik had meer details paraat, maar dit voldeed voor Zulmay.

'Natuurlijk, nu is het logisch', zei hij opgelucht. Misschien had hij ergens het gevoel dat ik oprecht tegen hem was.

We werden opgevrolijkt door positief nieuws: onze vriend Yousef was ontsnapt. Yousef, een joviale Syriër met een scheve glimlach, probeerde zich weer te voegen bij zijn verloofde, die als vluchteling in Zweden zat. Toen Omar en ik hem in de haven leerden kennen, was Yousefs vierde ontsnappingspoging net mislukt: de eerste keer had hij geprobeerd de pont op te sluipen; daarna werden hij en een vriend in een vrachtwagen betrapt; vervolgens probeerde hij asielpapieren te vervalsen; en ten slotte was hij met een Bulgaarse ID aangehouden op het vliegveld. Gelukkig voor hem liet de politie Syriërs meestal weer vrij.

Op een dag kreeg ik bericht van Yousef: hij zat in Athene. Yousef sprak nauwelijks Engels, maar hij stuurde me een reeks emoji's die uitbeeldden hoe hij daar was beland. Hij had een kaartje voor de pont gekocht en opnieuw valse papieren geregeld. Maar toen het tijd was om in te stappen, begon het te gieten van de regen en hadden de agenten niet eens de moeite genomen naar buiten te komen.

Intussen was Omar hoog en laag op zoek naar een uitweg. In het kamp zaten genoeg mensen met geld, maar het lukte de smokkelaars slecht om ze van het eiland af te krijgen. De jongens uit het gangpad hadden een complot waarbij we ons in een vrachtwagen zouden verstoppen en dan de pont nemen; toen dat mislukte, praatten ze over een smokkelaar met een privéboot. Maar ook daarvan kwam niets terecht. De Iraniërs, ontmoedigd door hun mislukking met de Egyptische, hadden niets gevonden. Eén optie hadden we niet geprobeerd: Hajji, de smokkelaar uit Istanbul die ons in deze ellende had gestort. Tijdens onze derde week in het kamp besloot Omar met tegenzin de gok met hem te wagen.

'Ik verwachtte al een belletje van je', zei Hajji. Hij maakte excuses voor het kleine misverstand op het strand en zei dat hij een smokkelaar in Athene kende die ons weg kon krijgen met valse documenten à twaalfhonderd euro per stuk. Om het rendabel voor hemzelf te maken, wilde Hajji dat we minstens vier klanten bij elkaar kregen.

'We zijn met zijn vieren', zei Zulmay, toen Omar het had uitgelegd.

Omar en ik wisselden een blik van verstandhouding. Ik had al besloten dat valse papieren gebruiken een juridische grens was die ik niet moest overschrijden. Ons plan was dat ik een vriendin van me zou bellen die mijn eigen paspoort zou komen brengen, de echte pas die ik in Triëst had achtergelaten, zodat ik daarmee het eiland kon verlaten. Zodra Omar in Athene zat, zou ik hem als Matthieu achterna reizen en daarna zouden we weer samen ondergronds gaan. Het was nog een heel eind naar Italië.

'Habib komt niet', zei Omar.

Zulmay en Raja leken zo met mij begaan te zijn dat ik me schuldig voelde.

'Ik heb het geld nog niet geregeld,' zei ik, 'maar hopelijk krijg ik het binnenkort en dan kom ik achter jullie aan.'

Op een ochtend ontdekten we bij het wakker worden dat arbeiders voor het eerst verbeteringen in het kamp aanbrachten. Ze bevestigden klampen aan de bovenkant van het hek dat ons pad scheidde van het familiekamp, zodat er rollen prikkeldraad aan bevestigd konden worden.

In Moria gingen geruchten dat de gaten in de omheining gedicht zouden worden en dat het kamp op slot ging. Nu de Afghanen dankzij het nieuwe verdrag gedeporteerd konden worden, zouden al hun dossiers vermoedelijk binnen tien dagen worden afgehandeld; een paar mazzelaars zouden mogen doorreizen naar Athene, maar de rest ging terug naar Afghanistan. Een van de jongens in de haven beweerde dat hij in het holst van de nacht mysterieuze bussen had zien arriveren, vol vluchtelingen die op de pont werden gezet naar Kavala, in het noorden van Griekenland.

Nu de winter eraan kwam, probeerden mensen wanhopig uit

het kamp te ontsnappen. Sommigen betaalden smokkelaars om ze terug te brengen naar Turkije; er waren speedboten die hier klanten afzetten en weer anderen van het eiland oppikten. Op een dag zwierven er een paar jeugdige UNHCR-medewerkers met clipboards op ons pad die zeiden dat ze een volkstelling hielden. Blijkbaar wist niemand hoeveel mensen er precies in Moria zaten. Een paar van ons verzamelden zich rond een Iraans-Deense vrouw die Perzisch sprak.

'Waarom doen jullie dit?' vroeg Omar. 'Worden er mensen naar Athene gestuurd?'

'Nou, de winter komt eraan,' zei ze, 'dus we willen jullie prettige dingen geven.'

'Wat dan bijvoorbeeld?'

'Misschien wat warmere tenten en dekens en zo.'

Toen ze weg was, draaide Omar zich naar de anderen toe en lachte: 'Zulke beloften deden we ook toen ik voor de NAVO tolkte.'

De VN en de overheid hadden inderdaad een overwinteringsprogramma opgezet voor de kampen in Griekenland. 'Er wonen geen vluchtelingen of migranten meer in de kou,' zou minister Ioannis Mouzalas in januari het jaar erna verkondigen.[16] Diezelfde maand viel er ongewoon veel sneeuw op Lesbos, die de tentjes onder een dikke laag bedekte. Drie mannen zouden overlijden, gestikt in de dampen van de vuilnis die ze verbrandden om warm te blijven.[17]

Niemand leek eindverantwoordelijk te zijn voor Moria: de politie, de VN, de hulporganisaties, de vrijwilligers en Frontex behoorden allemaal tot afzonderlijke hiërarchieën. 'Als je die ketens zou onderzoeken, kwam je vast uit bij duizenden andere bazen. Allemaal herhaalden ze dezelfde mantra: "Opdracht van de baas"', schreef Boochani over de verzamelde menigte in zijn Australische kamp. Als niemand verantwoordelijk was, concludeerde hij, 'kan een gevangene met al zijn gevoelens van wanhoop weinig meer doen dan met zijn vuist op een containerwand rammen.' Geweld dat zich naar binnen richtte en omsloeg in 'een wonderlijk verlangen naar bloedvergieten, een eigenaardige drang tot zelfverminking'.[18]

Artsen zonder Grenzen zou de psychiatrische noodtoestand op de eilanden uitroepen en rapporteren dat er wekelijks zes tot zeven migranten naar hun kliniek op Lesbos kwamen vanwege psychische crises zoals zelfmoordpogingen, zelfverminking en psychoses.[19] Natuurlijk waren de mensen die hier kwamen al door oorlog en smokkelaars getraumatiseerd, maar in mijn ogen school er ook iets politieks in zulke daden, zoals de schreeuwen om zichtbaarheid die je in nieuwsberichten hoorde en die sinds de grens op slot zat herhaald werden: 'Waarom maken ze ons niet gewoon dood?' vroeg een vrouw. 'Maak me gewoon dood!' riep een vader tegen de politie. 'Schiet mij maar dood!'[20]

Toen we in de stad waren belde Hajji om te zeggen dat zijn mannetje uit Athene was aangekomen en hij ons over een uur zou treffen. Maar er zat een addertje onder het gras: Omar en Zulmay gingen die avond weg, maar Raja moest een paar dagen wachten zodat hij met een Iraans gezin kon meereizen en zich als hun kind kon voordoen. Zulmay steigerde, maar Hajji zei dat het te gevaarlijk voor hen was om samen te reizen, want iemand zou kunnen vragen waar de ouders van de jongen waren.

Zulmay keek beteuterd. 'Ik kan Raja hier niet alleen achterlaten', zei hij. Hij verwonderde zich even en keek toen mij aan. 'Habib, ik kan erop vertrouwen dat jij op hem past, hè?'

O, shit, dacht ik, maar ik zei: 'Natuurlijk.'

Hoe kon ik dat weigeren? Ik zat daar zogenaamd vast, zonder geld voor een smokkelaar. En Moria was sowieso geen plek voor een jongen alleen. Zulmay belde Raja's moeder, die weer in Afghanistan zat, en legde de situatie uit: Habib, een goede moslim en Afghaanse landgenoot, zou op haar kind passen tijdens de twee dagen dat ze van elkaar gescheiden waren. Zulmay luisterde een minuut en gaf toen de telefoon aan mij. 'Ze wil jou spreken.'

De stem van Raja's moeder, met ruis door de slechte verbinding, klonk uit de speaker.

'Hallo? Meneer Habib, bent u dat?'

We wisselden begroetingen uit.

'Weet u zeker dat u op mijn lieve Raja kunt passen? Ik maak me zoveel zorgen om hem.'

'Ja, natuurlijk kan ik dat, *khanom*.'

'God zegene u, u bent als een zoon voor mij. Beloof me dat u voor hem zult zorgen.'

'Dat beloof ik.'

Ik gaf de telefoon terug aan Zulmay.

'Dus het is geregeld', zei hij. 'Raja blijft bij Habib tot hij met het Iraanse gezin naar Athene reist. Je gaat Habib niet in de problemen brengen, hè, Raja?'

Raja schudde ontkennend.

Een paar uur later belde de smokkelaar uit Athene en zocht ik hem met Omar op in een nabijgelegen koffiehuis, waarbij ik me voordeed als potentiële klant. De smokkelaar zat op de patio met een leren jack aan, gespierd en met een kaalgeschoren hoofd. Hij kwam oorspronkelijk uit Herat, zei hij, maar woonde al tien jaar in Griekenland en had nu een officiële verblijfsvergunning. We kregen gezelschap van nog een klant van Hajji, een magere jonge Afghaan met een pony die over zijn voorhoofd viel. Hij had vijf maanden met zijn gezin op Lesbos gezeten en betaalde Hajji vijfenveertighonderd euro om hem in zijn eentje helemaal naar Duitsland te sturen, waar hij later zijn vrouw en kinderen naartoe zou halen.

De smokkelaar bestelde een rondje ijscappuccino's en flirtte in het Grieks met de serveerster. Hij liet een pakje Camel rondgaan. 'Ik geef jullie straks je vliegtuigtickets en documenten', zei hij.

'Gaan we vliegen?' zei Omar. 'En de pont dan?'

Hij schudde zijn hoofd: 'Te veel politie. Het vliegveld is beter dan de pont.'

De serveerster bracht onze drankjes. Toen ze weg was, legde de smokkelaar de plattegrond van het vliegveld uit en hoe de beveiligers hun koffers en documenten zouden inspecteren. Wanneer

Omar en de anderen in Athene aankwamen moesten ze hem bellen, dan zou hij iemand sturen om ze bij het vliegveld op te pikken en naar het onderduikadres te brengen. Omar en een vierde klant, een Iraniër die er niet bij was, zouden om zeven uur vliegen. Zulmay en de magere jonge vader zouden om tien uur met de tweede vlucht gaan.

De smokkelaar betaalde onze drankjes uit een stapel briefjes van vijftig en zei ons dat we in het park moesten wachten. Een half uur later kwam hij terug en gaf hij Omar een envelop met de boardingpasses en reisdocumenten. Hajji had Omar en Zulmay eerder gevraagd om hem pasfoto's van henzelf tegen een witte achtergrond te sturen en de valse passen leken van goede kwaliteit te zijn. Er was een Oostenrijks paspoort voor de Afghaan die naar Duitsland reisde, een Hongaarse ID-kaart voor de Iraniër, een Spaanse voor Zulmay en een kaart uit Litouwen met Omars tronie erop.

'Litouwen?' Omar keek mij aan.

Een van de blondere landen van Europa, dacht ik, maar ik hield mijn mond.

Ze hadden de rest van de dag om zich voor te bereiden. We waren al naar een van de Chinese winkels geweest waar ze goedkope kleding verkochten, die je kon herkennen aan de papieren lampionnen die buiten hingen. Dwalend tussen de rekken hadden Omar en Zulmay besproken welke kleding er het minst migrantachtig uit zou zien. Een gezette man van middelbare leeftijd met stekeltjeshaar volgde ons – een agent in burger. Was hij gewoon op zoek naar winkeldieven of vermoedde hij dat we een uitbraak voorbereidden? We verkasten naar een andere winkel. Daar koos Omar voor een strak zwart T-shirt en een zwarte spijkerbroek en ging hij zich te buiten aan een mooie rolkoffer. Zulmay kocht een hoody en besloot het bij zijn eigen rugzak te houden. Om hun imago te completeren, deden ze gel in hun haar en schoren ze zich.

In het park kleedden ze zich om. Omar was de hele middag bezig om de informatie op zijn identiteitsbewijs uit zijn hoofd te leren.

‘Dus, Vygaudas,’ vroeg ik hem in het Engels, ‘waar kom je vandaan?’

‘Ik kom uit Wilnius.’

‘Je moet Vilnius zeggen.’

‘Wilnius.’

‘Vilnius.’

‘Wilnius.’

‘Vilnius!’

‘Ik kom uit... Wwwilnius.’

‘Ja, dat is goed. Het zal wel lukken.’

We waren allebei zenuwachtig. Over een paar uur kon hij in Athene zijn of in de gevangenis zitten.

Toen het tijd was, liep ik met hem mee naar de taxistandplaats. We passeerden een rek met tweedehandspaperbacks in een winkel en ik kocht een Engelse vertaling van *Verslag aan El Greco* van Nikos Kazantzakis.

‘Hier,’ zei ik en gaf het boek aan hem.

We bleven bij de standplaats stilstaan en omhelsden elkaar: ‘Ik zie je weer in Athene, oké?’

Hij grijnsde en vertrok in zijn zwarte strakke kleding, met de rolkoffer achter hem aan. Ik wandelde terug naar het park en voegde me weer bij Zulmay en Raja. We zaten op het bankje te wachten. Na een half uur schatte ik dat hij nu wel door de controle heen moest zijn. Mijn telefoon zoemde. Het was een bericht van Omar: ‘Ze hebben ons betrapt.’

Het was maar tien minuten rijden naar het vliegveld langs de kustweg, waarvan we de lantaarns hadden gezien op de avond dat we in onze rubberen boot van Turkije wegvoeren. Bij de ingang betaalde Omar de chauffeur en met zijn koffer rolde hij door de automatische schuifdeuren. Het vliegveld van Lesbos was piepklein; in de zomer was het er druk door chartervluchten uit heel Europa, maar het was nu geen hoogseizoen. Omar zag het Iraanse joch vóór hem en ze maakten eventjes oogcontact. Het was nog vroeg, dus Omar ging naar buiten om te roken.

Toen ging hij door de beveiliging; een vrouw controleerde zijn boardingpass en identiteitsbewijs en gaf ze terug. Hij liep naar de vertrekhal en nam plaats in de overtuiging dat hij het had gehaald. Maar even later zag hij de Iraniër met twee agenten in uniform binnenkomen. Ze liepen zijn kant op en op dat moment typte hij zijn bericht aan mij: 'Ze hebben ons betrapt.'

Maar ze liepen hem met de jongen straal voorbij en verdwenen in een kantoor. Omar zat daar met de niet-opengeslagen paperback op schoot. De minuten tikten voorbij. Er kon worden ingestapt. Hij stond op, volgde de andere passagiers naar buiten, naar de bus die ze naar het vliegtuig op de startbaan bracht. Hij vond zijn stoel. Toen zag hij het Iraanse joch instappen, met een van de politiemannen achter hem en opnieuw zonk hem de moed in de schoenen. Maar de Iraniër ging vooraan in het vliegtuig zitten, de agent stapte uit en algauw waren ze aan het taxiën naar de startbaan. De jonge draaide zich om, zag hem en wierp hem een glimlach en opgestoken duimen toe. In zijn verwarring deed Omar alsof hij het niet zag. Terwijl ze over de startbaan stormden, tikte hij een tweede app: 'Ik zit in het vliegtuig, het is gelukt.'

Ik tuurde naar Omars tweede bericht. Was hij het echt of haalde de politie een truc uit? Een uur later belde hij vanaf het vliegveld in Athene om te zeggen dat hij op het punt stond in de trein te stappen.

'Hij is in Athene!' riep ik en ik sprong op van het parkbankje.

Zulmay straalde. 'Dus ik maak een kans', zei hij.

Algauw was het tijd dat Zulmay voor zijn eigen vlucht vertrok en mij en Raja op het parkbankje achterliet. Nu was ik verantwoordelijk voor het joch. Het was een ongemakkelijke toestand, maar ik hoopte dat hij en Zulmay gauw herenigd zouden worden in Athene, zodat ik Omar achterna kon reizen. Mijn bevriende koerier zat al met mijn paspoort op de pont naar het eiland.

'Maak je niet ongerust, Raja, als je bij mij blijft, eis ik gewoon losgeld van jouw familie en gaan we samen naar Athene', zei ik. Hij grijnsde.

Een jong Grieks meisje reed met losse handen voorbij op haar fiets en wierp een terloopse blik op Raja.

'Kun jij een wheelie doen?' vroeg hij. 'Ik wel.'

Mijn telefoon trilde. Het was Zulmay: 'Ze hebben me te pakken, bij God.'

Even was ik overdonderd. Maar ik hield mezelf voor dat misschien hetzelfde zou gebeuren als met Omar en dat Zulmay het uiteindelijk op een of andere manier zou redden. Hoe dan ook moesten Raja en ik de laatste bus terug naar het kamp halen.

Onderweg stopten we bij een gyroszaak, waar ik een pitabroodje met kip voor Raja en een groot blik bier voor mezelf kocht. Ik had geen honger. Ik zag hoe hij de patat eruit viste en vroeg me af wat ik me op de hals had gehaald. Toen de jongen zijn pita ophad, legde ik uit wat zijn neef had geschreven.

'Wees niet bang, Raja, ik weet zeker dat het goed met hem komt. En ik blijf bij je tot hij terug is.'

Hij knikte en keek naar de haven, naar de donkere ruimte waar de pont overdag lag aangemeerd.

Toen we bij het kamp aankwamen, zag ik een stel agenten bij de ingang, dus we liepen de heuvel op en glipten via de gaten naar binnen. Als zij wisten dat Raja's voogd was gearresteerd, was ik bang dat ze zouden proberen hem voor zijn eigen veiligheid op de kinderafdeling op te sluiten. Maar zolang ik er was, zou niemand dit joch wat aandoen. De sfeer in Moria leek meer gespannen dan anders; groepjes mannen stonden in de donkere ruimten tussen de schijnwerpers. In de kucha hoorden we dat er demonstraties en botsingen met de politie waren geweest nadat bekend was gemaakt dat de asielgesprekken opnieuw met twee maanden werden uitgesteld. Een stel Eritreeërs was gearresteerd.

Ik stopte Raja in bed in zijn tent en kroop toen in de mijne; het voelde wonderlijk ruim, zo in mijn eentje. Ik vroeg me af hoe het met Omar in Athene zou gaan, maar zijn telefoon stond uit. En wat was er van Zulmay geworden? Ik kreeg een hoestbui; mijn verkoudheid leek erger te worden.

We stonden vroeg op en reden met de bus de stad in. Ik nam mijn rugzak mee, voor het geval we die avond niet terug zouden komen. Er was geen nieuws en ik nam aan dat Zulmay in de gevangenis zat. Hij zou waarschijnlijk zes maanden krijgen. Ik wilde dolgraag naar Athene, maar ik kon Raja niet alleen achterlaten. Ik was in wezen voortvluchtig met een kind, maar ik had zijn moeder beloofd dat ik op hem zou passen. Sowieso leek het erop dat Hajji nog steeds van plan was Raja met het Iraanse gezin naar Athene te sturen.

De jongen bleef rustig onder dat alles. We zaten in het park terwijl hij telefoontjes van zijn moeder en Hajji afhandelde. 'Ze wil je zien', zei Raja en hij draaide de camera van de telefoon naar mij toe. Ik zwaaide en probeerde vertrouwenwekkend te glimlachen.

Hajji bleef via Viber maar wijdlopige voicemails voor Raja inspreken: 'Maak je geen zorgen, wees niet bang, ik krijg je hier wel weg. Het was Zulmays eigen schuld dat hij gepakt is, daar gaan al mijn kosten, maar vergeet het, jij gaat naar Athene en volgens mij zul je daar in je eentje zijn.' Hajji giechelde. 'Maar wees niet bang. Daarvandaan kunnen we je naar Duitsland sturen, als je daar naartoe wilt.'

Raja stak de telefoon omhoog en sprak zijn antwoord in: 'Geen probleem, Hajji, ik snap het, wat je ook zegt, jij weet het beter dan ik. Maar bel alsjeblieft mijn moeder om het aan haar uit te leggen.'

Om de tijd te doden gingen we een stuk door de haven wandelen en de oude tankers in de containerhaven bekijken. Verderop was een rondreizende kermis met attracties en daarnaast een Romakamp, met net zulke tenten als in Moria en een paar uitgewoonde sedans. Een klein meisje met een baby in haar armen liep langs ons, terwijl een bejaarde vrouw in een pot roerde die naar bonen en uien geurde.

Op een bankje vlakbij gingen we zitten. Een van de kleinere ongemakken van deze reis was dat ik Engels leesvoer moest afzweren, omdat dat niet bij mijn rol paste. Maar nu Omar en Zulmay weg waren, was ik bezweken en had ik in de stad een roman gekocht, *Dagen van verlating* van Elena Ferrante.

Ik was ongeveer halverwege toen ik opkeek en zag dat Raja op het bankje achteroverleunde en voor zich uit staarde. Het arme joch verveelde zich. Maar wat konden we samen doen? Ik had een idee.

Eerder was me een bord van een internetcafé bij het Sapphoplein opgevallen. Binnen troffen we een paars verlichte grot met rijen computers. Achter de toonbank stond een meisje in een anime-T-shirt te kletsen met een drietal gasten. Ze bekeek ons sceptisch terwijl we binnenkwamen.

'Hebben jullie ook computergames?' vroeg ik in het Engels.

Ze fronste en zwaaide met haar sigaret: 'We hebben er meer dan vijfhonderd.'

Het was lang geleden dat ik had gegamed. Er leken geen cd-roms meer te worden gebruikt. Alles ging via de cloud. Ik huurde twee computers naast elkaar voor ons en we maakten een keuze. Raja maakte amok in Los Angeles in een gestolen Lamborghini met een grofgebekte Lindsay Lohan-imitatie in de passagiersstoel, terwijl ik op taliban schoot met een SCAR met 7,62 mm NAVO-kogels in het magazijn.

Zo gingen er uren voorbij. De rokerige lucht brandde in mijn ontstoken longen. Ik zweette, hoewel ik rilde. Het werd laat en Hajji reageerde niet langer op Raja's appjes. Ik vond het niet veilig om hem naar Moria terug te brengen. Ik keek op mijn telefoon: mijn vriendin was met mijn paspoort op het eiland aangekomen. Ik wilde haar niet overvallen met Raja, maar ik kon de jongen ook niet fatsoenlijk in mijn eentje meenemen naar een hotel. Toch moest ik rusten; ik had het gevoel dat mijn hoofd van mijn romp zou vallen. Ik zat te piekeren wat ik moest doen toen Zulmay appte: hij was vrijgelaten.

Smokkelaars stuurden hun klanten gewoonlijk in groepen. Ik vermoed dat ze dat deden omdat sommige vluchtelingen op het vliegveld moeilijk de weg konden vinden, zodat je ervoor moest zorgen dat ten minste een van hen Engels sprak en wist wat hij moest doen. Maar het gevolg was dat als er één werd betrapt, de anderen meestal ook werden gesnapt.

Zulmay was door de controles heen gekomen en dacht dat hij buut vrij was toen hij achter hem iemand hoorde schreeuwen. Een politieagent verscheen en boeide hem ter plekke in de vertrekhal. Hij nam hem mee naar een kamer en vertrok, draaide de deur achter hem in het slot. En daar zat de andere Afghaan, de jonge vader met de pony.

'Heb jij me verraden?' vroeg Zulmay.

'Ik zweer bij God dat ik niets heb gezegd.'

Een agent in burger kwam binnen en vroeg Zulmay in het Engels waar hij vandaan kwam.

'Spanje', zei Zulmay.

De man lachte. 'Ik heb wel duizend mensen zoals jij betrapt.' Hij begon in het Spaans tegen Zulmay te praten.

Ze werden tot de volgende middag in een gevangenis gestopt en daarna naar de rechtbank gebracht. De andere Afghaan, die in Kabul voor buitenlandse ngo's had gewerkt en goed Engels sprak, vroeg de agent die hen begeleidde wat er ging gebeuren.

'Dat hangt van de rechter af, maar waarschijnlijk krijg je zes maanden.'

'Wat?' De Afghaan begon te smeken. 'U had beloofd dat u mij zou helpen!'

De agent haalde zijn schouders op. 'Zeg dat maar tegen de rechter.'

Hij was dus toch een verklikker, dacht Zulmay ziedend.

Ze werden naar de rechtszaal geleid, nog steeds met handboeien om. De rechter had een tolk, een vrouw wier Engels Zulmay slecht kon volgen. Vóór hen waren een jonge Afrikaanse man en een Griekse vrouw die de avond ervoor bij de pont waren gepakt. Na het aanhoren van de details van de zaak legde de rechter de man zes maanden gevangenisstraf op, terwijl de vrouw een jaar kreeg wegens smokkelen. Ze werden huilend de zaal uit geleid.

De rechter vroeg Zulmay om zijn handelwijze te verklaren. Hij antwoordde dat hij alleen maar zijn neef wilde weghalen uit de erbarmelijke situatie in het kamp, zodat ze naar hun familie in Duitsland konden. Hij vroeg de rechter hem geen gevangenisstraf op te leggen, omwille van Raja. De rechter gaf hem op zijn kop: hoe kon hij een kind op die manier achterlaten?

Zulmay liet zijn hoofd hangen, zoals hij voor de Ridder van Rhodos had gedaan.

Via de tolk verklaarde de rechter dat hij er rekening mee hield dat dit hun eerste overtreding was en dat ze uit een land kwamen dat door oorlog werd verscheurd. Hij legde ze ieder een gevangenisstraf van zes maanden en vijftienhonderd euro boete op, en als ze nog eens werden betrapt zouden ze een jaar gevangenisstraf krijgen.

Zulmay had het gevoel dat de ruimte ging tollen. Hoe moest het nu verder met Raja?

De andere Afghaan begon te kermen: 'Dat kunt u mij niet aandoen! Alstublieft, ik ben een activist voor de civil society.'

Die uitbarsting leek de rechter in verwarring te brengen en hij pleegde overleg met de tolk. Gegeneerd verduidelijkte zij dat ze voorwaardelijke straffen hadden gekregen. Ze gingen niet naar de gevangenis, tenzij ze opnieuw werden gepakt.

Die avond bracht de politie hen terug naar het kamp en liet hen vrij. Zulmay had in de kucha naar ons gezocht; ik zei hem naar buiten te komen en op de bushalte bij de poort te wachten, want ik zou Raja naar hem toe sturen. Het was een korte, rechtstreekse rit.

Samen met de jongen liep ik naar het Sapphoplein en daar wachtten we op de bus. Toen die verscheen, stapte Raja op de trede en draaide zich toen naar me om.

'Ga je niet mee?' zei hij verward.

'Niet nu meteen,' zei ik. 'Doe Zulmay de hartelijke groeten van me.'

'Tot gauw,' zei hij en glimlachte slaperig. Hij omhelsde me en stapte in. Ik rilde; de straatlantaarns leken te flakkeren. Ik wachtte tot de bus die de jongen naar Moria terugbracht uit het zicht was verdwenen.

DEEL IV
De stad

17

'Voordat jij kwam, waren de dingen gewoon wat ze waren,' schreef de dichter Faiz Ahmad Faiz, 'de weg precies een weg, de horizon recht, de grens van het zichtbare, een glas wijn was niet meer dan een glas wijn.'[1]

Omar keek naar het water in de diepte onder hem, terwijl de witte littekens daarop vervaagden in de avondschemer. Dit was de eerste keer dat hij boven zee vloog. Laila had zelfs nog nooit in een vliegtuig gezeten, maar ooit, zo beloofde hij zichzelf, zou hij haar op een vlucht naar Europa zetten en weghalen van de oorlog. Omars vliegtuig stak in een uur de Egeïsche Zee over. Zijn buik kromp ineen toen hij voelde hoe het vliegtuig daalde. Hij was ontsnapt van het eiland, maar vreesde dat er op het vliegveld in Athene politiecontroles zouden zijn. Als ze erachter kwamen dat hij in Moria had gezeten, stuurden ze hem vast terug. Hij tastte in zijn zak naar de plastic kaart. Hij was een Litouwer die Vygaudas heette.

Omar liep achter de andere passagiers aan het vliegveld uit, met de blik strak vooruit, door de schuifdeuren heen tot hij de koele lucht inademde en zag dat de avond was gevallen. Hij belde me op om te melden dat hij in Athene was aangekomen en ging toen op zoek naar de trein. Hij moest bij de luchthaven vandaan. Zijn telefoon ging: de smokkelaar. Omar moest naar het onderduikadres van de man in Athene komen, want ze wilden de Litouwse identiteitskaart terug hebben. Maar waarom zou hij die teruggeven? De smokkelaar zei dat hij van iemand anders was, maar dat sloeg nergens op, want Omars pasfoto stond erop. En hij had ervoor betaald. Waarschijnlijk wilden ze hem gewoon nog een keer documenten laten kopen om Griekenland uit te komen. Maar hij had de kaart hier in Athene nodig. Hij negeerde het telefoontje.

De borden wezen hem de weg, omhoog met de roltrap en over een voetgangersbrug heen. Hij kocht een kaartje uit de machine en toen de trein verscheen vond hij een plekje tussen de reizigers en de bagage. Niemand lette op hem. De smokkelaar bleef bellen tot de trein het centrum bereikte en ondergronds ging. Hij stapte over en toen zijn halte werd omgeroepen, Victoria, stapte hij uit.

Het Victoriaplein was het trefpunt van Afghaanse migranten in Athene. Omar klom de trap van het station op en zag een rechthoekig park van twee bij vier straten met in het midden, op een sokkel die onder de graffiti zat, een enorm bronzen beeld, bedekt met strepen duivenpoep, van een centaur die een tegenstribbelende, naakte vrouw ontvoerde. Op de houten bankjes eromheen zaten groepjes mannen in het Perzisch te kletsen. Omar deed navraag en vond algauw wat hij zocht: een *khobgah*.

De flatgebouwen rond Victoria zaten vol migrantenlogementen waar je voor vijf euro per nacht een plek op de bank of de vloer kreeg. Niemand vroeg naar je papieren. In het logement dat Omar vond waren een berg slippers en sportschoenen bij de deur, een gevlekt tapijt met daarop alleen een elektrische kookplaat en een kluwen telefoons rond een stekkerdoos, een onscherpe tv in de hoek, een wc die onder menselijk bezinksel zat, lucht vol sigarettenrook en lome gesprekken over smokkelaars en hun land van herkomst.

De bewoners waren Afghanen: twee gezinnen in de slaapkamers achterin en acht mannen in de woonkamer. Toen hij er aankwam lagen ze al in het gelid onder fleecedekens in het donker, sommige gezichten beschenen door telefoonlicht. Terwijl hij ging liggen, ging zijn Samsung. Deze keer nam hij op.

'Wat is er gebeurd? Waar zit je?' Het was de smokkelaar die hij op Lesbos had ontmoet, die met het kaalgeschoren hoofd.

'Ik ben naar het huis van een vriend in Athene gegaan. Sorry.'

‘We moeten de kaart terug hebben.’

‘In het vliegtuig werd ik bang dat de politie me zou pakken,’ antwoordde Omar, ‘dus ik heb hem op het toilet in de prullenbak gegooid.’

‘Echt waar? Ik geloof je niet. Waarom kom je niet hierheen?’

‘Morgen misschien,’ zei Omar en hij hing op. Toen zag hij een app van Hajji: ‘Zorg dat je me die kaart teruggeeft, anders loopt het niet goed met je af.’

Fuck you, dacht hij en hij zette zijn telefoon uit.

Toen hij wakker werd, verliet Omar de bedompte flat, liep hij naar het plein en zag hij de wijk in het daglicht, met groezelige flatgebouwen en gebarsten stoeptegels die naar urine stonken. Op de hoek was een Afghaans restaurant en verschillende Chinese winkels hadden plastic koopwaar in de etalage liggen. Dus dit was het beroemde Victoriaplein, dacht Omar. Onder Afghaanse migranten stond het bekend als een sleutel die net als Zeytinburnu in Istanbul een vreemde stad kon ontsluiten. Hij belde mij en hoorde toen dat Zulmay was gearresteerd en dat ik met Raja op Lesbos vastzat. Hij zou op mij moeten wachten, zei ik. Omar ging zitten op een van de parkbankjes, naast een bejaarde Griek. Dus Zulmay was de pechvogel, dacht hij. De kans was fiftyfifty geweest.

Hij belde Maryam om te melden dat hij veilig in Athene was aangekomen en verkende daarna het plein, rookte, zat op een paar verschillende bankjes, at een broodje, zwierf rond en rookte nog wat. Aan het eind van de middag verveelde hij zich zo erg dat hij een andere Afghaan vroeg of er een park of zoiets in de buurt was, een plek waar hij zich kon ontspannen en amuseren.

‘Bedoel je het Alexanderpark?’ zei de man. Hij wees naar het oosten. ‘Gewoon in die richting doorlopen.’ Omar stak een drukke kruising over en zag aan de rand van een uitgestrekte groene ruimte een ander reusachtig ruiterstandbeeld, ditmaal van koning Constantijn I, van wie de Afghanen aannamen dat hij Alexander de Grote was. Misschien hebben ze attracties in het park, net als in Iran, dacht Omar. Aan de andere kant van het standbeeld zag hij tenten tussen de bomen staan. Kampeerde daar een stel toeristen? Toen hij dichterbij kwam, zag hij dat de mensen daar, ongekamd en slonzig gekleed, een poeder rookten vanaf aluminiumfolie. Er stond een lange man op het pad en Omar bekeek hoe die een koop sloot.

'Wat verkopen jullie hier?' vroeg hij in het Engels.

'Heroïne en *shisha*', antwoordde de man met een zwaar accent. Shisha was methamfetamine.

'Wie koopt dat van jou?'

'Iedereen', zei de dealer, en bekeek toen Omars brede postuur. 'Wat ben jij, politie?'

'Zou ik Engels spreken als ik bij de politie zat?'

Met stomheid geslagen staarde de man hem aan en hij snauwde toen: 'Als je wilt kopen, koop dan, en ga anders weg, stel geen vragen.'

Omar wandelde verder over het pad en zag bergen vuilnis tussen de sjofele begroeiing liggen. Hij liep af op een stel jongemannen die Pasjtoe spraken en wisselde begroetingen uit. De mannen vertelden dat ze in Griekenland vastzaten sinds de Macedonische grens acht maanden geleden op slot was gegaan.

'Maar wat is er gebeurd?' vroeg Omar, die hun ingevallen gezichten zag. 'Hoe zijn jullie verslaafd geraakt?'

Ze keken elkaar aan en grijnsden.

'Ons geld is op, we hebben niets omhanden.'

'We hebben psychische problemen, broer.'

'Waar betaal je die drugs van?' antwoordde hij. Ze keken ongemakkelijk.

'God zorgt voor ons', antwoordde een van hen.

'We vinden het op een of andere manier. Sommige jongens stelen.'

Ze wezen naar een jongere Afghaanse jongen die dichtbij stond.

'Dat is een *kuni*. Hij verkoopt zijn kont.'

'Je bent nieuw hier, je zult het wel zien.'

Omar nam afscheid en liep verder het park in. Het was beschamend om zijn landgenoten zo te zien. Hoe bestond het dat zoiets in Europa gebeurde? Hij wist dat Griekenland in een economische crisis verkeerde, maar hij had niet gedacht dat Athene zo afgetakeld zou zijn. Daarmee vergeleken was Istanbul heel modern. Geen wonder dat migranten hier niet wilden blijven.

Hij nam plaats op een gebarsten bankje. De bosjes waren dikker in dit deel van het park. Vlakbij zaten nog een paar mannen, alleen of in paren, en sommigen loerden naar hem. In elk geval is het hier rustig, dacht Omar, terwijl hij een Winston pafte.

Een jonge trans vrouw – hij had eerder andere ontmoet in Pakistan, waar *hijra* van het derde geslacht deel uitmaakten van de traditionele cultuur – wankelde op hoge hakken naar hem toe en vroeg in het Engels om een sigaret.

'Wil je seks?' zei ze, nadat hij haar een vuurtje had gegeven.

'Nee, dank je', antwoordde hij somber.

De avond viel en hoewel er niet veel lantaarns waren, werd het drukker in het gebied. Sommige mannenstellen verdwenen in de bosjes en anderen namen hun plaats op de bankjes in. Een mollige Griek kwam naast hem zitten.

'Hallo. Waar kom je vandaan?' vroeg hij.

'Litouwen', zei Omar.

Dat leek de man niet te snappen. 'En, wat vind je lekker? Hou je van seks?'

'Natuurlijk houd ik van seks.'

'Ik kan je pijpen, als je dat wilt.'

Omar lachte. 'Nee, met een vrouw, bedoelde ik.'

De man vloog ervandoor. Het was inmiddels vrij donker en Omar besloot te gaan. Hij liep terug naar het Victoriaplein en verbaasde zich over sommige stellen die hij op straat passeerde: jonge vrouwen met haveloze mannen. Hij zag een meisje met haar benen wijd op de stoep zitten.

'Hallo', zei hij, maar ze staarde alleen voor zich uit.

Het was vroeg, maar hij voelde zich moe. Hij ging terug naar het logement.

Toen de bus die Raja naar Moria terugbracht de hoek om was gereden, belde ik de vriendin die mijn paspoort naar Lesbos had meegenomen. Het was te laat om die avond nog naar Athene te reizen, dus ze vond een plek voor ons in de stad bij een bekende van haar. Welk virus ik ook in het kamp had opgelopen, het was venijnig: ik rolde uitgeput van de rillingen en hoestbuien mijn bed in en werd midden in de nacht wakker met een kop als een opgeblazen ballon. De volgende paar dagen verstreken in een delirium dat ik me slecht kan herinneren, afgezien van pijnlijke visioenen van onmogelijke geometrische figuren en de hand van mijn vriendin op mijn voorhoofd terwijl haar stem mijn temperatuur verkondigde en meldde dat we na nog een paar graden naar het ziekenhuis zouden moeten. Maar ten slotte zakte de koorts.

Zodra ik kon lopen, popelde ik om naar Athene te gaan. Mijn vriendin maakte zich zorgen om mij, maar ik dacht dat ze misschien in de problemen zou raken als we samen reisden, dus ik ging in mijn eentje naar het vliegveld, bleek en gladgeschoren, oogcontact mijdend met een politieagent die ik uit het kamp herkende. Met mijn paspoort en ticket in de hand stapte ik het vliegtuig in.

In het Victoriapark omhelsden Omar en ik elkaar en vierden we heel even het feit dat we van het eiland ontsnapt waren. Maar nu moesten we besluiten wat de volgende stap werd. Ik keek het plein rond, naar rondhangende klantenlokkers voor smokkelaars. De straten van Athene waren niet erg veilig. Als de agenten Omar aanhielden en ontdekten dat hij uit Moria was ontsnapt, kon hij worden teruggestuurd of op het vasteland worden opgesloten. En ik had hem nog niet eens gewaarschuwd voor de fascistische vigilanten die de stad afschuimden. Tien minuten bij ons vandaan stond de Sint-Panteleimonkerk, waar de Gouden Dagenraad, die in zwarte hemden gestoken onder een swastika-achtig banier marcheerde, een anti-immigrantenrel had aangevoerd nadat een paar Afghanen een stadsbewoner bij een roofoverval hadden gedood.[2] We konden beter doorreizen naar de ondergrondse, maar eerst moesten we uitzoeken hoe. Het was een heel eind reizen naar Italië via de Balkan en ik was nog moe van mijn ziekte. We moesten uitrusten en nadenken.

'Ik heb de kaart nog', zei Omar. 'Misschien kunnen we daarmee een hotel in.'

'Welke kaart?'

Ik luisterde geschrokken terwijl hij uitlegde hoe hij aan de smokkelaars was ontkomen. De khobgah waren al behoorlijk schimmig, om niet te zeggen onverkwikkelijk; nu moesten we ook nog uitkijken voor Hajji en zijn kleerkasten. Een hotel zou niet gaan vanwege de politie, maar ik had een ander idee.

Bijna twee jaar geleden, in januari 2015, was ik voor de eerste keer in Athene, in verband met de parlementsverkiezingen. Doordat de Grieken proteststemmen uitbrachten tegen de harde bezuinigingen die na de schuldencrisis waren doorgevoerd, behaalde Syriza, een radicale socialistische partij, een verrassende overwinning. Het was een euforisch moment voor Grieks links, een periode van grote verwachtingen, en tijdens de feestelijkheden had ik een paar lokale No Borders-activisten leren kennen, precies het soort mensen dat met onze penibele situatie zou meeleven. Dus ik belde mijn vriend Nasim, een Afghaan die zich als vluchteling in Griekenland had gevestigd en vertelde hem dat ik net in de stad was gearriveerd en dat ik hem over iets belangrijks moest spreken. Hij zei me naar Exarchia te komen.

Die wijk was een anarchistisch bolwerk op maar een kwartier lopen, maar om er te komen moesten we de frontlinie oversteken. Bij het Archeologisch Museum hield een groep potige ME'ers de wacht bij een busje terwijl we voor hun neus langs de autonome zone in liepen. 'Elefthera Exarchia' noemden sommige bewoners die: 'Vrij Exarchia'. De wijk had een lange traditie op het gebied van radicale politiek en werd in 2008 een no-gozone voor de politie nadat die Alexandros Grigoropoulos, een jongen van vijftien, had doodgeschoten. In de stad vonden regelmatig demonstraties plaats en toen de wereldwijde financiële crisis het jaar erop Griekenland in een ergere depressie stortte dan die van de jaren dertig, werden die nog intenser.[3]

De gebouwen gingen schuil achter een wirwar van graffiti en affiches, die dichter werd naarmate we het centrale plein naderden. De muren waren een mededelingenbord voor de wijk, met aankondigingen van punkfestivals en collectes voor activisten die gevangenzaten; op sommige stonden portretten van antifascisten die waren gedood terwijl ze met de Koerden streden tegen IS, op andere stonden met spuitbus geschreven leuzen in het Grieks en Engels, zoals ALLE POLITIEAGENTEN ZIJN HUFTERS en GEEN MENS IS ILLEGAAL. Ten slotte bereikten we het Exarchiaplein, in feite een driehoek met schriele bomen; in de Griekse Oudheid betekende *plateia* een ruime vergaderplaats, een vierkant als het Tahrir-, Maidan- en Tiananmenplein of het Zuccotti Park. Een banier op een hoek verkondigde in het Engels: AIRBNB SUPPORTERS GO HOME, HIER VOEREN WIJ EEN KLASSENSTRIJD.

In Exarchia waren we veiliger. De vigilanten van de Gouden Dageraad wisten dat ze hier niet moesten komen en zelfs de politie kon er alleen op volle kracht binnenkomen, als die was voorbereid op rellen met jongeren die molotovcocktails gooiden en de straten verdedigden als middeleeuwse kasba's, die hier en daar zo nauw waren dat je van het ene naar het andere dak kon springen. Hier woonden de anarchisten; de wijk zat vol bezette panden, collectivistische cafés en kraakpanden, en er was zelfs een zelf beheerd park, Navarinou, waar een parkeerplaats was opgebroken en bomen waren geplant: *Sous les pavés, la plage.*[4]

We troffen Nasim in Steki Metanaston, een ontmoetingsplaats voor linkse groepen waaronder zijn eigen Diktyo, een netwerk van immigratieactivisten in heel Griekenland dat al decennia actief was.[5] Steki was gevestigd in een herenhuis met drie verdiepingen, een eindje van het plein aan een steil oplopende voetgangersstraat. Omar en ik beklommen de stoep naar de hoofdverdieping, waar een paar mensen aan gehavende tafels bij een bar zaten te roken, met in het drankkabinet een ratjetoe aan mokken, borrelglaasjes en glazen karaffen voor raki, de alomtegenwoordige sterkedrank van Griekenland. De kasten en muren waren bedekt met affiches en stickers, sommige van bezoekende skabands en syndicalisten uit het buitenland, en andere van de *kinema allilengyis*, de Griekse solidariteitsbeweging, een boeket van door vrijwilligers gerunde klinieken, voedselbanken, gratis scholen en andere plaatselijke initiatieven in antwoord op de economische crisis. Toen de bootjes vorig jaar aan wal kwamen, begonnen veel solidariteitsorganisaties vluchtelingen te helpen, in samenwerking met organisaties als Diktyo, en kwamen ze bijeen in iets wat de activisten domweg 'de Beweging' noemden.[6]

In de achterkamer, onder een pastelkleurige muurschildering die een bezoekende Zapatista-organisatie had gemaakt, was een vergadering gaande, en tussen de hoofden herkende ik Nasims krullerige zwarte kuif. Toen hij me zag, dook hij eruit en griste hij drie flesjes Alfa van de toog. We gingen zitten en proostten met ons bier, grijnsden naar elkaar. Eerlijk gezegd vond ik sommigen van de Atheense activisten een beetje intimiderend, met hun zure minachting voor de burgerij, maar Nasim en ik konden het prima vinden. Hij kwam uit Jaghori, een Hazara-gebied in centraal Afghanistan dat een uitzonderlijk brede en getalenteerde diaspora had voortgebracht, maar hij had zijn vaderland niet meer gezien sinds hij een kind was. Hij was opgegroeid als vluchteling in Iran en als tiener naar Turkije gevlucht. Pakweg tien jaar eerder was hij met drie vrienden op een rubberboot naar Lesbos gepeddeld. Inmiddels was hij helemaal gehelleniseerd en geradicaliseerd, een kettingrokende rakidrinker die vloeiend Grieks en Engels sprak en een van Diktyo's zichtbaarste woordvoerders was. Dat decennium van straatactivisme en zwaar leven had zijn tol geëist. Hij zag er ouder uit dan de pakweg dertig die hij was en droeg zijn gebruikelijke grimmige gelaatsuitdrukking terwijl hij ons verhaal aanhoorde. Maar toen ik hem vertelde hoe we de boot uit Turkije hadden genomen en in Moria waren beland, straalde zijn jongensachtige glimlach er weer doorheen.

'Je bent geschift', zei hij, grinnikend. Hij was zelf net terug van de eilanden, waar hij als vertaler had gewerkt voor een mensenrechtenorganisatie die de choquerende toestanden in de kampen documenteerde. 'Moria is echt rampzalig', vond hij.

Ik vertelde Nasim dat we onderdak nodig hadden terwijl we bedachten wat onze volgende stap zou worden. Konden we hier terecht? Vorig voorjaar had Diktyo met een paar andere organisaties een leeg hotel bij Victoria gekraakt, de sloten doorgeknipt en vluchtelingen uit de kampen en straten erin gehuisvest. Nu woonden er zo'n vierhonderd mensen in het kraakpand, een mix van activisten en migranten.[7]

Nasim fronste tegen zijn Marlboro en wreef over zijn voorhoofd, zijn ogen rood doorlopen van de vermoeidheid. 'Het probleem is dat er een lange wachtlijst is', zei hij. Gezinnen kregen voorrang. Maar ze hadden ook kamers voor vrijwilligers uit het buitenland die Athene bezochten. Op die manier kon hij ons binnen krijgen, maar dan zouden we wel moeten werken, keukencorvee en dergelijke.

'Kom morgenmiddag langs, dan schrijf ik jullie in', zei Nasim. Hij dronk zijn blikje Alfa leeg en ging terug naar de vergadering.

Het hotel stond op vijf minuten lopen van het Victoriaplein, een degelijk betonnen gebouw met acht verdiepingen, met aan de balkons een lappendeken van drogende was. Op een bord boven de stoep stond:

H
O
T
E
L

C
I
T
Y

P L A Z A

De wittebroodsweken van de linkse Syriza-regering en de Beweging hadden niet lang geduurd. Nog geen zeven maanden na de verkiezingen braken de kredietverleners van Griekenland, onder aanvoering van Duitsland, Syriza's weerstand tegen de bezuinigingen met het dreigement om Griekenland uit de euro te schoppen.[8] Daarna kwam de Europese vluchtelingencrisis; Syriza, dat had beloofd een eind te maken aan de massale opsluiting van migranten, zag zich gedwongen om Lesbos en de andere eilanden in gevangenissen te veranderen.[9] Diktyo en de andere activisten die Syriza hadden gesteund waren geschokt. Die afgelopen winter, toen de grenzen op de Balkan dichtzaten, zaten zo'n vijftigduizend vluchtelingen op het Griekse vasteland in de val. Velen van hen leefden op straat of in geïmproviseerde kampen, zoals het kamp bij het gesloten vliegveld Ellinikon, waar hele gezinnen sliepen onder analoge borden die nog steeds vluchten naar Londen en Frankfurt aankondigden.[10] Athene stond vol gebouwen die tijdens de economische crisis waren verlaten; in reactie op de humanitaire crisis die zich op de straten van hun stad voltrok, hadden de activisten de overheid getrotseerd en vluchtelingen geholpen om die te kraken. Inmiddels woonden er zo'n tweeduizend migranten in enkele tientallen kraakpanden in en rond Exarchia.[11]

City Plaza was het grootste en enige gebouw waarvan ik wist dat activisten en vluchtelingen er bij elkaar woonden. Tot nu toe had de overheid ze ongemoeid gelaten, ondanks de bezwaren van de eigenaar, een acteur wiens vader het inmiddels failliete hotel in 1974 had geopend.[12] De Griekse media waren een ander verhaal. Terwijl migranten de landswetten overtraden, schonden krakers iets nog heiligers, het privébezit, dus de migrant die kraakte was een betrouwbare boeman voor de conservatieve pers in Athene, die grotendeels in handen is van Griekse oligarchen. Als je de Griekse kranten mocht geloven, gebeurde er iets sinisters in het gekraakte hotel waar Omar en ik nu naartoe liepen.[13]

De ingang bevond zich aan een zijstraat. We zeiden de activisten die de beveilingsbalie bemanden dat we voor Nasim kwamen en liepen verder door de lobby, die was versierd met abstracte zeefdrukken en een marmeren fontein. Achter de balie rookten Nasim en verschillende in het zwart geklede Grieken sjekkies en onderhandelden ze met een Syrisch stel dat extra luiers wilde hebben. Toen hij ons zag, griste hij een sleutel van het rek en we volgden hem omhoog langs de eetzaal, die naar uien en gestoomde rijst rook, en daarna verder door het centrale trappenhuis. Nasim legde uit dat het kraakpand een democratisch collectief was, dat op basis van consensus werd gerund, waar iedereen moest werken, maar waar geen bazen waren, wat sommige mensen maar moeilijk konden bevatten. De belangrijke regels die je moest onthouden waren 'geen geweld' en 'geen alcohol' – dat laatste deels uit respect voor islamitische bewoners en ook gewoon om gedonder te voorkomen.

We klommen verder. Er waren twee liften, maar Nasim zei dat die buiten werking waren gesteld omdat de kinderen er voortdurend mee speelden. Er woonden bijna honderd vluchtelingenkinderen in het kraakpand en velen van hen waren verwilderd in het jaar dat ze met hun ouders naar smokkelaarsholen en over zee hadden gereisd. De kinderen, die graag in het trappenhuis speelden, renden ons in groepen voorbij, schreeuwend in het Dari en het Arabisch, en hun gekrijs weerkaatste tegen de betegelde oppervlakken.

Onze benen waren verzuurd toen we aankwamen op de zesde, op een na hoogste verdieping, waar de meeste vrijwilligers verbleven. Nasim deed onze kamer open, gaf ons de sleutel en zei dat hij ons later zou bijpraten over de corvees.

Omar en ik liepen naar binnen en legden onze rugzakken neer. De kamer was in gebroken wit geschilderd, afgewerkt met licht hout en had een eigen wc. Tussen twee eenpersoonsbedden in stond een nachtkastje. Een glazen schuifdeur gaf toegang tot een klein balkonnetje en we gingen naar buiten en keken neer op de straten die we kort daarvoor hadden afgeschuimd. We grijnsden tegen elkaar. De vorige bewoners hadden de kamer in wanorde achtergelaten, maar dit was de prettigste kamer waar we hadden verbleven sinds we Kabul hadden verlaten.

'Ik ga om een bezem vragen', zei Omar.

Na een paar nachten in een hotelbed voelde ik me beter. Hajji en zijn handlangers waren gestopt met bellen en Omar had genoeg zelfvertrouwen om naar het Victoriaplein te gaan en te informeren over de weg die voor ons lag. Ik bleef achter om me in de kamer te ontspannen en genoot van de eenzaamheid. De tocht door de Balkan zou ongetwijfeld afzien worden; het zou fijn zijn om een tijdje in het kraakpand te wonen, als de winter er niet zo gauw aankwam.

Er klonk een scherpe tik op de deur. Ik sprong overeind, deed open en zag een Afghaanse man van midden veertig, met de nette zwarte baard van een zeekapitein, gekleed in een spijkerjack en een camouflagebroek.

'*Fatiha*', zei hij nors en hij liep verder naar de kamer naast ons.

De Soera Al-Fatiha, het eerste hoofdstuk van de Koran, was Afghaans steno voor de gebedsdienst die werd gehouden na iemands overlijden. De man had aangenomen dat ik ook een vluchteling was. Omar en ik waren een dubbelzinnig duo in Plaza. Alleen Nasim kende het geheim dat we van Lesbos ontsnapt waren en als mensen ernaar vroegen stelde ik mezelf voor als een Canadese journalist die Matthieu heette, want sommigen van de activisten kenden me al. Maar de meeste andere vluchtelingen, die Omar en mij samen Dari hoorden spreken, dachten dat we vers van de boot kwamen. Dat was maar goed ook, want buiten het kraakpand moest ik nog steeds Habib zijn, ter voorbereiding op onze terugkeer naar de ondergrondse.

Ik deed mijn schoenen aan en daalde de zes trappen af naar de tussenverdieping, de belangrijkste gemeenschappelijke ruimte die de eetzaal, de bar en de keuken omvatte. De muren waren bedekt met kindertekeningen, met de hand getekende roosters en een raster van portretten die bezoekende fotografen hadden gemaakt, een knutselwerk dat me aan een hippe basisschool deed denken. Ik ging af op het geluid van een Koranvoordracht uit de vergaderzaal, waar op de pakweg vijftig stoelen langs de muren mannen en jongens zaten – voor vrouwen was er een afzonderlijke ceremonie – die me met 'Assalamu alaikum' begroetten toen ik me bij hen voegde. We luisterden naar klassieke Arabische klaagzangen uit een gettoblaster: 'Alle lof zij God, Heer van alle werelden.' Ik keek van het ene gezicht naar het andere: Arabieren, Afghanen, Koerden en Pakistanen, een half jaar geleden onbekenden voor elkaar en nu samen rouwend om een man uit Herat die Waleed heette en die eergisteren in een buitenwijk van Athene was verdronken.

Hamid, een jonge Afghaan met een mager lijf en borstelige wenkbrauwen, liep langs met een doos met dadels en kopjes dampende, zoete thee. Later zou hij me vertellen over zijn vriend Waleed, die met zijn dochter en vrouw Afghanistan had verlaten in de hoop zich te voegen bij haar familie, die al legaal in Zwitserland verbleef. Net als iedereen had Waleed geworsteld met gevoelens van wanhoop toen de grens op slot ging terwijl hij in Griekenland vastzat. Twee dagen eerder was hij 's avonds in zijn eentje naar het strand gegaan; hij kon goed zwemmen. De politie had zijn lijk 's ochtends gevonden.

Hamid klikte de installatie uit en we doorliepen vele gebeden, waarbij we onze omhooggedraaide handen telkens simultaan langs onze gezichten streken. 'Wij behoren waarlijk toe aan God en tot Hem zullen wij wederkeren.'

Na afloop werd iedereen bedankt door Waleeds zwager, die hiervoor uit Zwitserland was overgevlogen. De familie had overwogen Waleed hier in Griekenland te begraven, maar uiteindelijk hadden ze genoeg geld verzameld om hem terug te vliegen naar zijn geboorteplaats Herat, waar hij zou komen te liggen tussen de wilde bloemen die hij als jongetje had gekend.

We schuifelden naar buiten en ik zag hoe verdrietig en nadenkend Nasim keek. Het was moeilijk te bevatten, zei hij later, dat iemand tientallen jaren oorlog kon overleven, door een gebergte kon lopen en op een rubberboot de zee kon oversteken om dan zo in Europa te sterven. 'Er is een Grieks gezegde', zei Nasim. 'Hij die is geboren om te verdrinken, zal niet op een andere manier sterven.'

Na een week met blauwe luchten stapelden donkere wolken zich op boven de bergranden en barstten donderend open. 'Het regende stoelpoten', zoals de Atheners zeiden, tot de goten overstroomden. Omar en ik waren blij dat we dit keer een dak boven ons hoofd hadden, maar nadat het een paar uur had gegoten, barstte er een stroom water door het verlaagde plafond op de tussenverdieping. Het lek had op een of andere manier de bovenste zes verdiepingen gepasseerd en besprenkelde de bewoners die in de rij voor de lunch stonden. Omar en ik hadden keukencorvee en kregen een verzoek om potten en pannen om de regen op te vangen.

Terwijl we onze volgende stap nog moesten bedenken, hadden Omar en ik ons op het hectische leven in het kraakpand gestort. We hielpen waar we konden tijdens beveiligings- en onderhoudscorvees, vertaalden voor de kliniek waar vrijwillige artsen werkten, terwijl onze activiteiten werden gecoördineerd door het team bij de receptie dat de dagelijkse crises het hoofd bood in een ratjetoe van talen en een mediterrane mix van maniertjes, de klaaglijke vragende wijs met omhooggedraaide vingertoppen: *waarom?*; de zwijgende kinheffing als ontkenning: *nee!*; en de alomtegenwoordige vocatief: *filemou, habibi, mijn vriend!*

De belangrijkste opgave was het runnen van de keuken, want zelfs de liefde van een vrijwilligersleger gaat door de maag. Als gevolg van een slepend juridisch conflict bevond alle apparatuur zich nog in het failliete hotel. Omringd door ketels en een industriële oven, drie gasbranders en een handmatig aangezwengelde kooktobbe die wel een middeleeuws belegeringswapen leek, klemde een van drie roulerende chefs – een Arabier, een Koerd en een Griekse Chileen – zijn vuisten vol komijn en paprika en zwaaide hij met een staafmixer zo lang als een honkbalknuppel, terwijl tien hulpjes als wij twintigkilozakken uien en aardappels en ladingen tomaten en sla uit het gebutste busje van het kraakpand sleepten en ze schilden en sneden, en eenvoudige stoofpotten met linzen en bonen plus rijst of pitabrood assembleerden. Het menu hing af van wat die dag goedkoop op de markt was geweest of wat er was gedoneerd. We kregen een keer een halve ton komkommers en het was een race tegen de klok om die op te eten voor ze gingen schimmelen. We verwerkten ze in salades en yoghurt of serveerden ze rauw. Kleuters liepen knagend op komkommers zo dik als hun armen door de zalen, en nog weken later vonden we overal komkommers die achter het meubilair waren verstopt. Soms was het eten halfgaar of aangebrand, maar soms, mijn vriend, was het subliem. Gebraden gehaktballen met rijst in tomatensaus met knoflook. Fattoush met zelfgemaakte croutons en een emulsie van citroensap en plaatselijke olijfolie. De Syrische kokkin, die door iedereen Mama werd genoemd, maakte rijst op de Levantijns-Perzische manier, gekookt met een beetje olie in het water zodat het onderste laagje knapperig goudbruin wordt. Omar had ogen als schoteltjes toen hij de gigantische schalen *tahdig* zag die ze aan het eind maakte en aan haar medewerkers voerde.

Met etenstijd daalde een luidruchtige, hongerige menigte af naar de grote eetzaal. Sommige bewoners vulden bakjes en gingen dan weer omhoog naar hun kamer, terwijl anderen aan de ronde tafels aanschoven. Als de maaltijd op twee derde zat, moesten we borden inzamelen en door de afwasmachine halen, zodat ze nogmaals gebruikt konden worden. Tegen die tijd begonnen leden van de keukenploeg weg te sluipen. Het schoonmaken werd overgelaten aan de kok en wie er nog was; na het uitschrapen van de ketels waren er altijd nog wel een paar brave zielen.

De dag na de hoosbui verscheen Nasim in de bar, zoals iedereen die noemde, ook al werden er alleen stroperige Nescafé-brouwsels geserveerd, en vroeg de vrijwilligers of we het dak op wilden om het lek te vinden. En misschien de vlonders schoon te maken, als we toch bezig waren. Naast de activisten uit organisaties als Diktyo, overwegend Grieken, en de vluchtelingen, waren de vrijwilligers de derde poot van de driepoot van Plaza. Het was een bont gezelschap van vrij gewone mensen, overwegend jong, uit heel Europa en verder weg, die in het kraakpand meehielpen, vaak in ruil voor gratis onderdak. De vrijwilligers waren aangetrokken via mond-tot-mondreclame, sociale media en nieuwsberichten, want Plaza had een doortrapte persafdeling en werd met bewondering beschreven in de buitenlandse, zij het niet de Griekse media. Het tijdschrift *Time* omschreef het kraakpand als 'een virtueel paradijs, vergeleken met de grimmige toestanden in de overheidskampen, waar de meeste migranten zijn gehuisvest'.[14]

Volgens onze afspraak met Nasim hadden Omar en ik ons als vrijwilligers aangemeld en aangezien we allebei Engels spraken, gingen ze ervan uit dat we net als zij legaal in Athene verbleven. Het gebeurde wel vaker dat vrijwilligers uit dezelfde landen afkomstig waren als vluchtelingen, zoals Zied uit Tunesië. Anderen, zoals Carles, de Catalaan die als straatmuzikant op en neer reisde naar Brazilië, waren bijna net zo arm. Het verschil was of je wel of geen reisdocumenten had.

Op verzoek van Nasim klommen enkelen van ons met een stel Afghaanse en Syrische tieners die hij ook op sleeptouw had genomen naar boven. Daar maakte Mar, die uit Valencia kwam, de deur open en we liepen de dakpatio op, een uitgestrekte vlakte die met kapotte tuinmeubels was bezaaid. In de hoeken lag het aangewaaide vuil zo hoog opgetast dat er onkruid uit groeide. Het menu hing nog steeds naast de bar: zes jaar geleden hadden gasten daar Campari genipt en op toastjes geknabbeld. Mar en de tieners begonnen te vegen en groeven condooms en bierflesjes uit de onbewoonde periode van het gebouw op. Samen met Henrique, een gespierde Portugese rugzaktoerist die op weg was naar

Sydney, probeerde ik het lek te vinden. De andere helft van het dak werd in beslag genomen door de airconditioning- en ventilatiesystemen, plus twee gigantische liftmotoren van Duitse makelij. We stuurden iemand met een walkietalkie naar beneden en spoten water in de lift- en kabelschachten om uit te zoeken of die de bron waren, maar we vonden niets.

Na afloop taaiden de tieners af en klommen de vrijwilligers op het terracottakleurige dak waar we elkaar een joint doorgaven, terwijl de rook omhoogkringelde en door de zon beschenen werd. Het hotel was het hoogste gebouw in de wijk en we hadden een panoramisch uitzicht. In het zuidoosten lagen de bosrijke hellingen van de Lykavittós, met bovenop de koepel van de Sint-Joriskapel. Verder naar het zuiden ontwaarden we de witmarmeren zuilen van het Parthenon. De haven in de verte was onzichtbaar door de mist; aan de landzijde werd de horizon door kale bergen omzoomd. Aan flatgebouwen die zich in alle richtingen uitstrekten, omwikkeld door luifels en balkons, ontsproten satellietschijven en watertanks.

De zon scheen warm op onze blote ledematen terwijl de vrijwilligers wat kletsten over waar we vandaan kwamen en waar we naartoe gingen. Sommigen waren naar Athene gekomen om in City Plaza mee te draaien, terwijl anderen er tijdens hun vakantie toevallig tegenaan waren gelopen. Het vreemde aan mezelf zijn onder de vrijwilligers was dat het een dekmantel was voor het feit dat ik illegaal in Griekenland verbleef. Ik moest me soms inhouden omdat ze elkaar steeds vragen stelden, vooral over hun leven, maar ook de grote levensvragen, zoals waarom we begaan waren met de vluchtelingen en hoe de migratiecrisis moest worden opgelost. Wat te doen in een wereld waarin onbekenden verdronken? Wij waren minder stellig dan de activisten. City Plaza riep dat de grenzen open moesten, maar het was niet erg duidelijk hoe dat in zijn werk zou gaan. Woorden als 'democratie' en 'rechtvaardigheid' klonken goed, maar als je die uitvergrootte naar de hele aarde belandde je in cirkelredeneringen en regels over hekken rond de natiestaat. De vrijwilligers waren op zoek naar de waarheid, maar in Plaza vonden ze de liefde.

Nu we niet meer in het kamp zaten en minder bezig waren met overleven, moest Omar vaak aan Laila denken. Hij had haar niet meer gesproken sinds zijn vertrek uit Kabul en hij kwelde zichzelf met fantasieën over alle vrijers die haar net als Penelope omringden. Tegenover hen stond hij machteloos. Om hem gerust te stellen probeerde ik hem over te halen om met ons uit te gaan op avonden dat we met een gemêleerde groep Grieken, vrijwilligers en vluchtelingen naar Exarchia wandelden. Daar liepen we langs fraaie, afbrokkelende huizen met binnenplaatsen met slierten bougainville, verroest smeedijzer en gebarsten marmer, maar nog wel 'goede botten', zoals de projectontwikkelaars zouden zeggen. Ondanks de crisis, waardoor het inkomen van de Grieken met 40 procent was gedaald, stegen de huizenprijzen en huren in het centrum van Athene, want buitenlandse investeerders kochten appartementen op en verhuurden die via Airbnb aan toeristen.[15] Als extra lokkertje had Griekenland het goedkoopste gouden visum van de EU, een verblijfsvergunning in ruil voor de aanschaf van een kwart miljoen euro aan vastgoed, en vaak zag je groepen Chinese opkopers in bussen door de stad toeren.

Onder de blik van de oproerpolitie liep ons groepje de autonome zone in. In die tijd was het altijd druk op het plein, vooral in het weekend, wanneer jongeren uit heel Athene goedkoop bier gingen drinken bij de kiosken of op een van de technofeesten die de anarchisten organiseerden om wat geld te verdienen. Ze kregen gezelschap van jonge migranten uit de kraakpanden in de wijk, waarvan sommige, zoals dat in de Notarastraat, goed werden ondersteund door stadsbewoners, maar andere grimmige bedoeningen in gestripte gebouwen waren. De menigte mengde harmonieus, maar intussen bezweek Vrij Exarchia onder externe druk en het gewicht van zijn interne tegenstrijdigheid. Jarenlang was de wijk geteisterd door drugsbendes, die aan de feestgangers wilden verkopen en volgens de anarchisten heimelijk door de politie werden aangemoedigd.[16] Het probleem was dat de bendes nu rekruteerden onder de migranten uit de kraakpanden. Eerder dat jaar had een Egyptische dealer een paar anarchisten neergestoken voor hun café, waar al eens op was geschoten. Vervolgens werd het plein ontruimd door eskadrons met knuppels zwaaiende anarchisten, die iedereen in elkaar sloegen die ze ervan verdachten dat ze dealden; later organiseerden ze een gewapende mars door de wijk. Toen diezelfde dealer zo stom was terug te keren, werd hij op het plein door zijn hoofd geschoten. 'We accepteren de verantwoordelijkheid voor de executie van de maffioso Habibi', maakten de tot dan toe onbekende Gewapende Militiegroepen bekend. 'Dit tuig, dat doet alsof het Escobar is en voor niemand bang is, zijn ordinaire verklikkers die heulen met de politie...'[17]

Maar op die milde herfstavonden viel van dat geweld niets te merken, niet toen het plein zich vulde met muziek en geroezemoes. De mensen van City Plaza dronken aan de tafels voor de tatoeagesalon die werd uitgebaat door de Antifa-club, de groep geradicaliseerde ex-hooligans die zorgden voor de beveiliging op Plaza. Ze hadden een vechtclub, hoorde ik, en sommigen trainden met een Afghaan die een zwarte band in kungfu had en op het Victoriaplein de arm van een fascist had gebroken. 'Migrantifa' noemde Nasim dat. We besloten de avond één deur verderop in Steki, het linkse clubhuis waar de dj elke avond bepaalde nummers moest draaien. We hieven het glas op 'Bella Ciao', het partizanenlied, en daarna op Manu Chao: *Mi vida va prohibida, dice la autoridad.*[18]

Mensen uit het kraakpand bleven onder gejuich binnen schuifelen, kok Shero en zijn Koerdische vrienden, de Australiër Ned die op zijn handen kon dansen, zelfs Omar, die met een Alfa in zijn hand terug glimlachte naar de vrouwen, maar aan Laila dacht. De romantiek hing in de lucht in Plaza, waar zoveel jonge mensen in elkaars nabijheid verkeerden. Het waren gewone mensen en huid was gewoon huid, de laatste grens tussen twee harten. Heel wat vrouwelijke vrijwilligers – hoewel niet vice versa – hadden iets met mannelijke vluchtelingen, wat bij een ngo misschien een schandaal was geweest, maar niet in een kraakpand waar iedereen verondersteld werd gelijk te zijn; en op sommige avonden in Steki voelde het alsof we dat ook echt waren.

'Kijk, zie je dat kleine meisje op de foto?' vroeg Hamid, die tijdens het rouwceremonieel snoep had uitgedeeld. We stonden op de tussenverdieping onder de zwart-witportretten die bezoekers hadden gemaakt. Hij wees naar een kind met krullen en een stralende glimlach. 'Haar hele familie heeft bij de eerste poging Zweden bereikt. Zes mensen.'

Ze hadden ruim tienduizend euro neergeteld voor valse documenten en waren naar Stockholm gevlogen, en hadden daarmee de jackpot gewonnen in het spel dat het halve kraakpand speelde. Vluchtelingen ondergingen een metamorfose om er Europeser uit te zien en verdwenen dan, weg met de smokkelaars. De volgende keer dat je ze zag, zaten ze in Duitsland op Facebook. Of anders kwamen ze een paar dagen later terug in het kraakpand, opgepakt en beteuterd kijkend met hun nieuwe coupe. Of ze gingen naar de gevangenis.

In vrije democratieën bezit de grens het unieke vermogen om gewone behoeften te veranderen in misdadige verlangens. De Grieken kenden het klappen van de zweep en deden hun best om dergelijke smokkelpraktijken te negeren, maar sommige vrijwilligers raakten er toch bij betrokken. Niet omdat ze een nieuwe waarheid hadden ontdekt, maar omdat de vluchtelingencrisis een crisis van vrienden en dierbaren was geworden. Hun probleem was een grens, en de oplossing was om die te overschrijden. Daarom gaven sommige vrijwilligers hun reisdocumenten aan vluchtelingen die op hen leken; sommige gemengde stellen verlieten Griekenland samen, zich voordoend als toeristen. Dat waren een paar van de 'solidariteitsmisdaden' die dat jaar in heel Europa werden gepleegd.[19] In Italië en Griekenland werden vrijwilligers die boten hadden gered vervolgd wegens smokkelen. Een Deense vrouw van zeventig werd beboet omdat ze migranten die langs de snelweg liepen een lift had gegeven. In Frankrijk werd een boer veroordeeld omdat hij honderden mensen had geholpen via de bergen de grens met Italië over te steken, iets wat de kranten een 'Franse ondergrondse spoorweg' noemden.[20] Zijn straf werd in hoger beroep vernietigd op basis van het grondwettelijke principe van *fraternité*. Dat najaar werd een activist uit Barcelona op het vliegveld van Athene aangehouden omdat ze een Koerdische tiener in het vliegtuig probeerde mee te nemen. Ze had hem de reisdocumenten van haar eigen zoon gegeven.[21]

De weduwe van Waleed, de verdronken man, trof mij een keer laat op de avond op de tussenverdieping. Ze had haar dochtertje bij zich en vroeg of er een kinderrugzak tussen de gedoneerde spullen zat. Er waren vaste tijden voor de kledingdistributie, maar ze had hem diezelfde avond nodig. Ik heb niet gevraagd waarvoor. We deden de voorraadkamer open en zochten rond. Dat was de laatste keer dat ik haar zag, maar later heb ik gehoord dat zij en haar dochter Zwitserland hadden bereikt.

18

Telkens wanneer ik Plaza verliet, moest ik mezelf eraan herinneren dat ik Habib was. Op het Victoriaplein kwamen Omar en ik voortdurend vluchtelingen tegen die we van Lesbos kenden. Ze waren ontsnapt of hadden een asielgesprek in de hoofdstad gekregen, zoals Yousef, de joviale Syriër die bij zijn vijfde poging de pont op was geglipt. De Arabieren bleven meestal hangen op het Syntagmaplein in het centrum, maar Yousef ging meestal naar het Victoriaplein om te kletsen met de Afghaanse en Pakistaanse smokkelaars die mensen over de grens met Macedonië heen hielpen. Yousef vertelde dat hij overwoog om over land door de Balkan te reizen, en dan door naar zijn verloofde in Zweden.

Al een paar dagen na onze aankomst in Athene belde Omar me terwijl ik alleen in onze kamer zat en vertelde dat ik naar Victoria moest komen. 'Ik heb een verrassing voor je', zei hij, en ik moest me haasten. Toen ik er aankwam zag ik een grijsharige gestalte met hangende schouders naast Omar. Het was Firouz, onze Iraans-Koerdische vriend uit Moria, die pech had gehad met de Egyptische smokkelaar. 'Salam, Habib!' zei hij terwijl we elkaar omhelsden.

Firouz was net in Athene aangekomen. Hij legde uit dat hij gewoon een kaartje voor de pont had gekocht en was doorgelopen, pal langs de politieagent die niet de moeite had genomen zijn ID te controleren. Met zijn zilvergrijze, borstelige wenkbrauwen zag hij er behoorlijk Grieks uit.

De volgende dag vroeg Firouz Omar en mij om hem te treffen in een Perzisch restaurant vlakbij, een met een gevleugelde zoroastristische *faravahar* op de gevel. Firouz zat met drie anderen op de patio: zijn volwassen zoon Shahin en een andere Iraanse vader en zoon, de oude man kaal met gele wallen onder zijn ogen, de jongeman met een lange baard en getatoeëerde onderarmen. Ze zaten hier alle drie alweer een paar maanden vast en woonden in het geïmproviseerde kamp op het oude vliegveld aan de periferie van Athene. Ze wilden allemaal naar Duitsland en probeerden iets te verzinnen om Griekenland uit te komen.

We bestelden thee en bespraken wat we wisten. Het weer op de Balkanroute werd met de dag slechter en de tarieven van smokkelaars stegen. Er zaten minstens vijf grenzen tussen Griekenland en Duitsland en om die over te steken moest je door bossen en bergen sluipen. Een andere optie was om over zee naar Italië te reizen, als je de vrachtwagens bij de Griekse haven Patras wilde proberen. Vanuit Athene vliegen kostte duizenden euro's en zoals altijd kon je gevangenisstraf krijgen als ze je aan de grens met valse papieren betrapten.

'Voor we überhaupt over vertrekken kunnen nadenken, moeten we een ander probleem oplossen', zei Firouz. 'We hebben geen documenten om in Athene te mogen zijn. Als ze ons pakken terwijl we proberen te vertrekken, sturen ze ons misschien terug naar Moria. We hebben een drieblad nodig.' Dat was de Perzische bijnaam voor de opvouwbare asielkaart, een eenvoudig te vervalsen stuk karton waarop een korrelige foto stond afgedrukt.

'Je kunt ergens valse documenten krijgen', zei Shahin. 'Op de Pakistaanse bazaar.'

Hij bood aan om ons erheen te brengen. Firouz zei dat zijn been pijn deed en vroeg Omar en mij om namens hem te gaan kijken. Terwijl we met de metro het centrum in reden legde Shahin, die donker haar en een haviksneus had, met een verontruste blik uit dat hij begin dat jaar met zijn broer op de Griekse eilanden was aangekomen. Op dat moment was de Macedonische grens al gesloten voor iedereen behalve Syriërs, Irakezen en Afghanen. De twee broers hadden tijdens de nationaliteitscontrole geprobeerd te doen alsof ze Iraakse Koerden waren. Dat was Shahin gelukt tijdens zijn gesprek, maar zijn broer was ontdekt, dus hij had besloten bij hem te blijven, niet wetend hoe moeilijk het zou zijn om Griekenland te verlaten toen de grens helemaal dichtging.

'Waar is je broer nu?' vroeg Omar.

'Vergeet hem', zei Shahin. 'Hij verkoopt drugs en gestolen telefoons in het kamp. Hij maakt ons te schande.'

We stapten bij Omonia uit en gingen met de roltrap omhoog naar het plein, met zijn kluwen toeterend verkeer. We liepen in zuidelijke richting, langs het stadhuis dat uitkeek op een ruim plein met standbeelden van Theseus en Perikles. Aan de overkant was een omheinde archeologische opgraving, waar een begraafplaats uit de Oudheid was blootgelegd en de lijken werden opgegraven, onder wie een jongen die zo'n vijfentwintig eeuwen geleden was begraven met zijn lier van schildpad.[1] We waren net buiten de muren van het oude Athene. Hiervandaan liep de hoofdweg in zuidelijke richting naar de Agora, het centrum van een wereldrijk dat migranten had aangetrokken zoals de filosoof Diogenes, die van het Zwarte Zeegebied kwam en als zwerver woonde in een terracottakelder van het soort dat vluchtelingen tijdens de Peloponnesische Oorlog onderdak had geboden.[2] De cynicus had de Atheners in verwarring gebracht met zijn verklaring dat hij een *kosmopolitès* of wereldburger was. In zijn glorietijd had het klassieke Athene waarschijnlijk ruim een kwart miljoen inwoners. Plato en Aristoteles, die meenden dat de geschiedenis cyclisch verliep, zouden er niet van hebben opgekeken dat Athene later was vervallen tot een stad met vijftienduizend inwoners, een provinciestadje met fraaie ruïnes in de tijd van de Griekse onafhankelijkheidsstrijd tegen de Ottomanen in 1821, maar de Grieks-orthodoxe dorpelingen hadden vertrouwen in een andere stad die zou komen, het nieuwe Jeruzalem.[3] Hun beschermheren, de grote machten, stuurden hun als koning Otto van Beieren. Otto legde het plein dat we nu overstaken aan en vernoemde het naar zijn oom Ludwig; in 1977 werd het omgedoopt tot het Nationale Verzetsplein, om de strijders tegen de nazi's te eren, hoewel Atheners het nog steeds het Kotziaplein noemden, naar de burgemeester die het oude Stadstheater sloopte nadat voormalige Ottomaanse vluchtelingen het tijdens de bevolkingsuitwisseling van 1923 hadden gekraakt, het meubilair uit het theater hadden opgestookt om warm te blijven en dialecten en vreemde talen spraken, en Atheense wijken als Nea Smyrni hadden vernoemd naar hun verloren Aziatische steden, waarvan de klaaglijke muziek, rebetika, tegenwoordig in de tavernes boven de uitgegraven Agora voor toeristen werd uitgevoerd.[4]

Terwijl we de nauwe straten van Centraal-Athene betraden, volgden Omar en ik de drie Iraniërs tot in een smal straatje waar mannen in waakzame groepjes stonden of in hun eentje wachtten, dubieuze goederen gerangschikt op dekzeilen op de stoep, overwegend telefoons, de lucht scherp van de masala en sirih uit kraampjes die kikkererwten en paan verkochten. Het werd drukker in de Sophoclesstraat, met zijn lange rij winkels, de Gebroeders Soulehria, Raja Jee Fast Food, New Hong Er Da Import-Export, Dubai Shopping Center en Shalimar Computers, met belettering in het Grieks, Arabisch, Engels en Mandarijn. Shahin sprak zelfs een winkelier uit Bangladesh, die zijn hoofd schudde. We drongen dieper door in het gedrang, tot er een radio kweelde en Shahin verstijfde.

'Kijk, die honden zijn er', siste hij.

Op de kruising ondervroegen twee motoragenten een oudere man met een donkere huid terwijl ze zijn papieren vasthielden. De menigte bewoog zich langzaam weg.

'Ik denk dat dit niet het juiste moment is', zei Shahin en hij leidde ons een hoek om. Maar juist toen botste hij tegen een andere Iraniër op, die ons een overdekte arcade in trok. De man viste een asielkaart tevoorschijn en gaf die aan Omar. Ik keek over zijn schouder mee; op de vuile en gehavende kaart stond de foto van een gezette Pakistaanse man. De man wilde er honderd euro voor hebben.

Omar schudde zijn hoofd.

Firouz bleek eerder in Athene te zijn geweest, ruim twintig jaar geleden. Hij was in de jaren negentig in Griekenland aangekomen met de eerste golf Koerdische vluchtelingen en had een zomer lang fruit geoogst, waarna hij Duitsland wist te bereiken, waar zijn vrouw en dochter nog steeds woonden. Om redenen waarover hij niet uitweidde was hij teruggegaan naar Iran, een besluit dat hij later zou betreuren.

'Laten we naar de lampen gaan kijken', stelde Firouz Omar en mij op een dag voor, terwijl we op het Victoriaplein rondhingen.

'De lampen?'

'Wacht maar.'

We volgden hem naar een straat vlakbij, waar de gebouwen glazen buitenlantaarns hadden die overdag aan bleven en tot 's avonds laat brandden. Firouz bleef stilstaan bij een paarse deur.

'Vooruit', zei hij tegen me. 'Ga naar binnen.'

'Waarom?' zei ik. 'Wat is daarbinnen?'

'Wat, ben je bang?'

Ik opende de deur en liep, met Omar achter me aan, omlaag naar een kamer met een laag plafond met een bank aan het ene eind en een kralengordijn dat het andere aan het zicht onttrok. De lucht was vochtig en geparfumeerd en een discolamp wierp een duizelingwekkend roze net om ons heen.

'*Kalispera*', riep een zoetgevooisde stem en een oudere vrouw met een elegant permanent kwam ruisend naar binnen. Haar gezicht betrok toen ze Omar en mij zag.

'Geen seks! Alleen Grieken!' kraste ze in het Engels en ze maakte rechtsomkeert. We staarden elkaar even aan, met stomheid geslagen.

'Ga weg!' riep de madam vanachter het gordijn.

'Alleen Grieken, hm?' zei Firouz, terwijl we weer het daglicht in stommelden. 'Dat was vroeger wel anders.'

De straten rond Victoria, zo begreep ik, maakten deel uit van een informele hoerenbuurt, die zich uitstrekte over het centrum en die goedkoper werd in de buurt van Metaxourgeio, waar migranten welkom waren als klant en de vrouwen voor slechts tien euro seks verkochten of werden gedwongen seks te verkopen.[5] Prostitutie was legaal in Griekenland, maar vergunningen werden zelden verstrekt en de prostituees zelf, veelal afkomstig uit Afrikaanse of voormalige Sovjetlanden, waren nog altijd illegaal. Het Victoria- en Alexanderpark waren het domein van prostitués. Daar gaven sinds vorig jaar talloze jonge migranten voor vijf euro een pijpbeurt.[6] Ik werd vaak aangesproken door Griekse mannen. 'Afghanistan?' vroegen ze dan hoopvol. Er was één opvallende figuur die 's avonds op Victoria rondwaarde, met een forse buik die als de boeg van een ijsbreker vooruitstak. Dan vond hij een jongeling en verdween, maar een uur later was hij weer terug, schijnbaar onverzadigbaar, en kleedde hij je in het voorbijgaan met zijn ogen uit.

Afghanistan viel op vanwege de vele minderjarigen, haast allemaal jongens, die zonder ouders naar Europa waren gekomen. Sommigen waren onderweg hun oudere reisgenoten kwijtgeraakt, maar velen waren in hun eentje vertrokken, of met een groep kinderen, doorgaans met instemming en financiële steun van hun familie. Zonen waren onderdeel van een gespreide overlevingstactiek: één voor de boerderij, één voor de overheid, één voor de Taliban en één voor Europa. In sommige dorpen gold de regel dat het op je zestiende verjaardag tijd werd om te gaan, want als je Europa voor je achttiende bereikte werd je daar veel vriendelijker behandeld.[7] Sommige landen, zoals Zweden, lieten zelfs toe dat je ouders zich bij je voegden, als je zo'n land tenminste wist te bereiken.[8]

Toen de grens dichtging zaten duizenden onbegeleide jongens in Griekenland in de val. Sommigen van hen woonden op straat, waar ze omgingen met drugsdealers en hoerenlopers. Ik ontmoette een jongen van zestien die in zijn eentje op het verlaten vliegveld had gewoond. Hij vertelde dat een andere jonge Afghaan hem een keer had uitgenodigd voor een diner bij een stadsbewoner thuis. Hij had honger en was blut, dus hij ging. Na afloop bedankte hij zijn gastheer voor het eten en de oude Griek zei dat dat niet hoefde, maar dat hij hem een kus mocht komen geven als hij echt dankbaar was. De man had een borrelglas waarop een foto van een Afghaanse tiener stond afgedrukt; die jongen had hij zes maanden onderhouden, waarna hij hem geld gaf om naar Duitsland te reizen. De jongen van zestien was gevlucht.

Deze dakloze jongens plaatsten de activisten in Plaza voor een dilemma. Officieel hoorden ze in centra van de overheid en de ngo's te verblijven, maar het systeem was dermate overbelast dat ze in gevangenissen werden gestopt.[9] De jongens liepen trouwens vaak weg uit de centra, op zoek naar een smokkelaar. De meesten wilden de vrachtwagens bij de haven van Patras proberen, want dat was goedkoop en minderjarigen hoefden niet bang te zijn dat er in Italië vingerafdrukken van hen werden afgenomen. Uiteindelijk had het kraakpand als noodmaatregel onderdak geboden aan een groep tieners op de zevende etage, een samengeraapte familie die samen speelde en ruzie maakte en waar de andere inwoners een beetje op letten. Zied, de Tunesische vrijwilliger, had een paar handschoenen en scheenbeschermers en leerde ze kickboksen. Ik heb een keer een sessie bijgewoond; de jongens vonden het geweldig. 'Willen jullie naar Duitsland?' riep Zied, terwijl hij op zijn sparringpartner inbeukte. 'Daar heb je nazi's! Vechten! Vechten!'

Deze jongens hadden de woestijn met babyvet op hun wangen doorkruist, hadden hun oudere broers overleefd. Een van de oudste was in de leer geweest bij een tatoeëerder in Iran en zijn inkt verspreidde zich over de huid van de bewoners: een vlinder voor Jamila, een wolf voor Mustafa. Een andere die Ezat heette, een bleke, serieuze jongen die sliste, had genoeg Engels geleerd om de andere bewoners te helpen tijdens hun ziekenhuisbezoeken. Ezat was als vluchteling in Iran geboren en hoewel hij vanaf zijn twaalfde gedwongen had gewerkt in een steenoven, had hij de tijd gevonden om op vrijdagen te lezen en was geobsedeerd geraakt door verhalen over Parijs. Hij zocht graag een grasveldje waar hij ging zitten en omlaag in zijn boek keek, en deed alsof hij de Eiffeltoren zou zien wanneer hij zijn hoofd oprichtte. Dan las hij aan één stuk door, zolang hij de illusie in stand kon houden.

Toen Omar en ik in Plaza verschenen, was de zevende verdieping aan het leeglopen. Sommigen van de jongens gingen naar familieleden elders in Europa via een legaal herenigingsprocedé; anderen gingen naar het Griekse systeem, als er eenmaal geschikte plaatsen vrijkwamen.

De rest glipte weg naar de vrachtwagens in Patras.

Eind oktober hoorden we dat het kamp in Calais werd ontruimd door de Franse oproerpolitie. 'De Jungle', zoals ze het tentenkamp met tienduizend inwoners noemden, lag aan de oever van het Kanaal aan het uiteinde van de vluchtelingenondergrondse van Europa, een tegenvoeter van Athene. 's Nachts probeerden de migranten daar vrachtwagens die naar Engeland reden binnen te sluipen. De Afghanen noemden dat *andakht*, met een werkwoord dat 'schieten' of 'werpen' kan betekenen, maar dat je hier als 'proberen' zou kunnen vertalen. Een jaar geleden schreef Abdullah, een jonge musicus in de Jungle, deze liedtekst op een traditionele melodie:

De hele Jungle lijkt leeg
En ik mis die goeie Ibrahim
De hele Jungle lijkt leeg
En ik mis die lieve Ibrahim
Qasim probeert een hoop
Hij kent alle manieren
Hij slaapt niet in een tent
Daar is Bola Jan
Hij wordt ziek van te veel slapen
En ik mis die lieve Ibrahim ontzettend
De hele Jungle lijkt leeg
En ik mis die lieve Ibrahim[10]

In heel Europa liep wat achteraf 'de lange migratiezomer' werd genoemd ten einde.[11] Een miljoen mensen hadden zich over het continent verplaatst, maar nu werden de netwerken die ze naar het noorden hadden gekerfd gesloten door de overheden en het koude weer. Wie over de hekken probeerde te komen, werd met bruut geweld geconfronteerd.[12] Omar liet me met afschuw een filmpje op Facebook van Afghanen bij de Hongaarse grens zien, die huilden terwijl ze vertelden hoe ze door bewakers waren geslagen en gedwongen om door prikkeldraad te kruipen.

We zagen onze Syrische vriend Yousef niet langer rond het plein en vroegen ons af of hij zijn geliefde in Zweden had weten te bereiken. Op een dag kreeg Omar een stel voicemails van hem op WhatsApp, die we een Arabische inwoner van Plaza vroegen te vertalen. Yousef zat in Servië, zei hij. Hij en een andere Syriër waren naar het noorden van Griekenland gegaan en hadden ieder een Pakistaanse smokkelaar tweeduizend euro betaald om ze door de Balkan te loodsen, maar de man had ze in de bergen van Macedonië in de steek gelaten. Ze waren verdwaald en het regende. Yousef zei dat ze een paar nachten in de bosjes hadden doorgebracht, met een temperatuur rond het vriespunt, en dood zouden zijn gegaan als een politiepatrouille hen niet had gevonden. Ze werden twee weken opgesloten in een smerige cel en toen nam de Macedonische politie ze naar een verlaten stuk van de Servische grens en zei ze om die over te steken. Nu was Yousef in Belgrado gestrand, berooid en dakloos. De stad puilde uit van de gestrande vluchtelingen, waarschuwde hij ons, en het werd kouder. De weg naar Hongarije was afgesloten; het was te gevaarlijk om die over te steken. We vroegen onze vertaler Arabisch om hem te appen, met een aanbod van hulp.

'Wat je ook doet, kom niet hierheen', antwoordde Yousef een paar dagen later. We hebben nooit meer iets van hem gehoord.

19

We verlieten Plaza zonder afscheid te nemen, zoals de anderen vóór ons hadden gedaan. Omar en ik hadden er al drie weken gezeten, langer dan voorzien. Geplaagd door het vooruitzicht dat Laila in zijn afwezigheid werd uitgehuwelijkt, wilde Omar dringend naar Italië. We trokken de tweedehandsjassen aan die we hadden geritseld, hesen onze rugzakken op onze rug en glipten 's ochtends vroeg naar buiten, terwijl de rest van het kraakpand nog lag te slapen. Ze waren tot 's avonds laat bezig geweest met de voorbereidingen voor de viering van het halfjaarlijkse bestaan van Plaza en ik vond het jammer dat we het feest zouden missen, hoewel we onze kamersleutel achterlieten bij een vriend, voor het geval we terug moesten.

We namen een intercitybus naar het westen, met eindhalte Patras. Na wat Yousef was overkomen, had Omar de reis over land via de Balkan opgegeven. De ponten die over de Adriatische Zee naar Italiaanse havensteden als Venetië en Triëst voeren, boden Omar een kans om rechtstreeks naar zijn eindbestemming te gaan. Je moest een van de smokkelaars die de toegang tot de vrachtwagens monopoliseerden betalen, maar dat was maar een paar honderd euro. Aan de andere kant was het gevaarlijk om onder een vrachtwagen te kruipen. Ik zei Omar dat ik bij hem zou blijven als hij dat wilde, maar hij twijfelde nog. Hij had gehoord over een andere, duurdere optie die 'nachtvracht' heette, waarbij de smokkelaars je buiten de haven in een container stopten, vaak met medeweten van de chauffeur. Omar besloot dat we naar Patras moesten reizen om navraag te doen in de verlaten gebouwen waar migranten verbleven, de zogeheten 'Hout- en Panjshiri-fabrieken'. Die waren in handen van rivaliserende smokkelaarsbendes die het vaak met elkaar aan de stok hadden; een paar weken geleden was er nog een Afghaan doodgestoken in de Houtfabriek en de politie had alles afgesloten. Maar het gerucht ging dat het spel in Patras weer terug naar normaal was.

De busrit duurde drie uur. We staken over naar de Peloponnesos en volgden daarna de Golf van Korinthe. Patras, de op twee na grootste stad in Griekenland, organiseerde elk jaar een beroemd carnavalsfeest voor de vastentijd. Daarna, in de zomer, stapten de toeristen massaal aan boord van ponten waar ze op dekens en onder de sterrenhemel wijn dronken. Maar toen Omar en ik op het busstation aankwamen, zagen we dat de reisbureaus buiten het seizoen gesloten waren en de kade voelde uitgestorven. Het oude pontstation had midden in de stad bij de marinebasis gestaan, waar de admiraal van de Ionische vloot vanuit zijn raam kon zien hoe migranten langs de landvasten omhoogklommen.[1] Er was toen een krottenwijk aan de buitenranden van Patras geweest, waar bijna duizend mensen woonden, hoofdzakelijk Afghanen, maar die had de politie zeven jaar eerder platgewalst.[2] Toen er verderop in het zuiden een nieuw pontstation kwam, waren de migranten naar de verlaten fabrieken daaromheen getrokken.

Met rugzakken op onze schouders liepen Omar en ik langs de snelweg naar de grote schepen in de verte. Na een paar kilometer kwamen we bij een rood bakstenen gebouw tegenover het pontstation met een ingezakt pannendak. Een rij mannen lummelde bij de poort, met gezichten en kleren onder de vetvlekken, terwijl anderen aan onze kant van de weg bij het hek rond de haven hurkten. Omar en ik voegden ons bij hen en keken door de spijlen: twee mannen, van wie de ene een houten plank torste, kropen door het gras en slopen naar een rij vrachtwagens honderd meter verderop.

'Wie z'n reizigers zijn jullie, broers?' vroeg een gedrongen man in het Dari. Hij miste zijn rechteroog.

'We komen net uit Athene, we hebben nog geen smokkelaar', antwoordde Omar. Op dat moment kwamen de twee migranten naar ons terugrennen, opgejaagd door een bewaker op een scooter. We renden allemaal de snelweg over naar een rij bomen. Toen het duo over het hek heen sprong, draaide de scooter terug naar de rij grote vrachtwagens. Toen een van de hekkenspringers, een oudere man, onze kant bereikte, boog hij zich voorover en hijgde hij om op adem te komen.

'Zie je die vrachtwagens?' zei de eenogige smokkelaar. 'Je klimt eronder en zo kom je erdoorheen, hup op de boot.' Hij wees naar de gigantische pont.

'Is dat niet gevaarlijk?' vroeg Omar.

'Nee.'

Een reus van een man met een joggingbroek aan liep op ons af en kneep in onze handen. 'Wie z'n reizigers zijn jullie, vrienden?'

Omar legde uit dat we nieuw waren. 'Is dit de Houtfabriek?'

'Nee, dit is de Panjshiri-fabriek', zei de eenoog. 'De Houtfabriek is daar. Daar zitten onze geliefde landgenoten, de Hazara's', sneerde hij.

'En wat gebeurt er als de politie je pakt?' vroeg Omar.

'Onder de vrachtwagen? Niets. Ze zeggen dat je moet oprotten. Als je in de vrachtwagen zit, stoppen ze je in de gevangenis.'

'Maar ze slaan je niet?'

'Ze raken je met geen vinger aan.'

Een jongere jongen met een zwarte veeg op zijn wang kwam ertussen: 'Die *padar nalat* heeft me in mijn kloten geschopt. Ik zat onder een vrachtwagen en ze porden in het rond met een stok om te zien of er iemand zat. Ze prikten me precies in mijn kloten en ik schreeuwde.'

De oudere springer hijgde nog, maar zijn gids liep naar hem toe en tikte hem op de schouder: 'Kom, we gaan. Ze zijn weg.'

De twee renden de weg over en sprongen over het hek, de smokkelaar in één vloeiende beweging, zijn reiziger iets moeizamer. Maar ze trokken zich vrijwel meteen weer terug. Deze keer rende een bewaker achter ze aan tot aan het hek en stak zijn telefoon erdoorheen om ons te filmen. We draaiden hem onze rug toe of doken weg achter de bomen.

'Dat gaat hij op Facebook zetten', zei de met vet besmeurde jongen grinnikend. De Griek raapte de plank op die ze hadden laten vallen en begon ertegen te schoppen, probeerde hem te breken, wat tot nog meer spottend gelach leidde.

De reus met de trainingsbroek vroeg ons niet in de weg te staan met onze rugzakken en vroeg ons binnen te komen, maar we bedankten en zeiden dat we zouden terugkomen. We liepen weg langs de snelweg, nieuwsgierig naar de Houtfabriek.

Zo'n vierhonderd meter verderop, voorbij een supermarkt, zagen we een ander kamp met een kantoorgebouw met vier etages en een magazijn met een rood dak, waarop in Griekse letters ABEX stond. We liepen langs het houten hek tot we bij een plek kwamen waar de planken waren losgetrokken en klommen erdoorheen.

Door een wirwar van struikgewas zagen we mensen staan op een binnenplaats zo groot als een voetbalveld. Door de gebarsten bestrating staken jonge boompjes en gras omhoog. Het pakhuis, dat aan één kant open was, omklemde de binnenplaats; aan de rechterkant was een hangar van drie verdiepingen hoog, met gebroken ruiten en kapotte golfplaten, zodat we in zijn schaduwrijke diepten konden kijken. Links was een verhoogd laadplatform waarop drie tenten waren opgezet. Daar zaten een paar migranten op samengeraapt meubilair, terwijl anderen op de binnenplaats stonden te praten met een groep jonge mannen en vrouwen met truien en spijkerbroeken aan, die eruitzagen als hulpverleners.

We liepen naar het laadplatform, waar een vuurkorf stond die was omringd door verkoolde blokken cederhout en geblakerde blikken. Een man van middelbare leeftijd met zware kaken stond op van zijn kampeerstoel en begroette ons hartelijk. Hij stelde zich voor als Haider, uit Kabul.

'Jullie moeten hier een goede smokkelaar vinden. We zijn niet blij met de onze, Abu Fazl', zei hij, en hij wees met zijn kin naar een lange jongeman met een baard. 'Betaal geen cash, breng het onder bij een geldwisselaar, dan ben je niet aan één smokkelaar gebonden.'

'Wie is de beste?' vroeg Omar.

'Jawad Hek is behoorlijk goed. Dat is hij daar.' Hij wees naar een man met een grijze korte broek aan en een gebreide muts op die de binnenplaats overstak.

'En Rambo?' Omar had zijn naam in Athene gehoord; hij zou de beste zijn.

'Rambo en Oom zijn nu niet hier. Die komen morgen.'

Omar en Haider bleken voor dezelfde USAID-aannemer in Kabul te hebben gewerkt. Terwijl ze hun ervaringen vergeleken, kwam een jongere man met een vuile afritsbare trainingsbroek aan op me afgelopen. We namen elkaar de maat: zijn neus liep toe in een omhooggedraaide punt en zijn wangen waren rood.

'Salam', zei hij. 'Waar komen jullie vandaan?'

'Uit Kabul.'

'Waar in Kabul?'

'Shahr-e Nau.'

'Waar in Shahr-e Nau?'

'Qala-e-Fathullah.'

'Waar in Qala-e-Fathullah?'

'Wazirabadstraat.'

'Echt?' zei hij lijzig. 'Ik kom uit Wazirabad en ik ken iedereen daar. Hoe kan het dat ik jou nog nooit ben tegengekomen?'

Ik werd zenuwachtig, maar Omar kwam me te hulp en bestookte de jongen op zijn beurt met vragen. Ze duelleerden een poosje over de namen van politiecommissarissen en middelbareschoolhoofden in de wijk, totdat de jongen, tevreden over onze herkomst, zijn hand uitstak. 'Ik ben Sharif. Ik zit nu drie maanden in Patras en maak je geen zorgen, ik zal jullie laten zien hoe alles werkt.'

De hulpverleners kwamen op ons af. Ze waren van Praksis, een Griekse medische hulporganisatie. De plaatselijke coördinator, een jonge vrouw die Maria heette, gaf een paar bezoekende Belgische collega's een rondleiding. Ze begroette ons via haar vertaler, een Afghaan met een buttondownoverhemd en rechthoekige brillenglazen. Praksis had in Patras een tehuis voor onbegeleide minderjarigen, maar ze legde uit dat ze ook een inloopcentrum hadden waar volwassenen konden ontbijten en douchen.

'Ik heb in het beste kindertehuis van Athene gezeten en dat werd door Praksis gerund', riep een Iraans joch met een trainingspak.

Ik hoorde iets piepen en toen ik me omdraaide zag ik een man met alleen een grijzig boxershort en slippers aan, die een boodschappenkarretje vooruit duwde en een Lidl-tas propvol kleren vasthield. Terwijl hij de binnenplaats overstak, schonk verder niemand aandacht aan hem.

Sharif staarde Maria aan en zijn blos werd nog roder. 'Vraag haar of ze iets tegen een gebroken hart kan doen', zei hij tegen de vertaler.

Maria glimlachte, maar gaf geen antwoord.

'Weet je, wij waren vijftien jaar geleden ook vijftien, dus misschien kun je ons een plek bezorgen in het tehuis voor minderjarigen', grapte Omar in het Engels. De Belgen grinnikten. Omar begon ze te vertellen over zijn werk met de coalitiestrijdkrachten in Afghanistan.

Ik begaf me dieper in het pakhuis en verbaasde me over zolders met meerdere lagen die door ladders en trappen met elkaar waren verbonden. Hoewel de oppervlakken van het gebouw allemaal verroest of versplinterd waren, zagen de cederhouten balken, stalen draagbalken en betonnen platen eruit of ze een eeuw zouden standhouden. Ik liep een tweede binnenplaats op, voor het kantoorgebouw met vier verdiepingen. De scherven in de raamlijsten weerkaatsten de ondergaande zon en toen ik omhoogkeek, voorbij de waslijnen die aan de bovenste verdieping hingen, zag ik een silhouet dat een ladder op klom naar de toren op het dak.

Toen ik terugkeerde, waren Maria en haar ploeg vertrokken en was Omar een balletje aan het trappen met Jawad Hek, Sharif en nog een Afghaanse jongen. Omar vroeg de smokkelaar over het reizen als 'nachtvracht', bij wijze van alternatief voor pogingen om onder een vrachtwagen te kruipen.

'Dat deed ik vroeger ook, maar nu niet meer', zei Hek, met een vet Hazaragi-accent. Hij had een prettig, verweerd gezicht zonder enig haar erop.

'Het is duur. Bovendien heb ik op dit moment te veel reizigers. Waarom probeer je het niet gewoon?' Hij glimlachte om Omars aarzeling en wendde zich tot de anderen. 'Mensen uit Athene zijn in het begin altijd bang.'

'Ik was ook bang, maar nu is het gewoon', zei het joch. 'Ik ken alle plekjes onder de vrachtwagen.' Er waren drie verstopplaatsen: de gereedschapskist, de reservebanden en de wielassen, die je het best verborgen maar ook het gevaarlijkst waren, omdat je beklemd kon raken in de ophanging of de cardanas. 'Neem een houten plank en leg die eroverheen', zei hij. En we moesten erom denken dat we tussen de twee achterwielen door kropen, zodat we niet werden geplet als de vrachtwagen in beweging kwam.

Hek gaf ons een hand – zijn greep was als een ijzeren klauw – en beende weg naar het kantoorgebouw.

'En hoe zit het met jou, Sharif?' vroeg ik. 'Waarom zit jij hier al zo lang? Wil jij het niet eens proberen?'

Hij lachte smakelijk. 'Ik probeer het op plekken die zo gevaarlijk zijn dat niemand anders het durft', zei hij. 'Maar de politie heeft me telkens betrapt. Nu wacht ik op een vriend die binnenkort uit de gevangenis komt, zodat we samen kunnen gaan. Voorlopig help ik alleen de smokkelaars.'

De man met het winkelwagentje, die zichzelf en zijn kleren bij een waterkraan had gewassen, liep in zijn boxershort piepend naar ons terug.

'Wie is dat?' vroeg ik Sharif.

'De zwarte vent? Ik weet niet hoe die heet.'

'Waar komt-ie vandaan?'

'Hij zegt dat-ie uit Portugal komt.'

'Hallo', zei ik in het Engels terwijl hij langsliep. Hij bleef stilstaan en glimlachte. Hij was klein en zo te zien van middelbare leeftijd, al zat er geen gram vet op zijn gedrongen lichaam. Boven zijn opgeschoren slapen bungelden lange dreadlocks.

Ja, hij kwam uit Portugal, zei hij. Ik vroeg hem hoe hij hier was beland. Kon hij niet op de pont stappen en naar huis reizen?

Hij had hier wat mensen leren kennen, zei hij, en had zich met ze bedronken en was in een steeg wakker geworden zonder al zijn eigendommen, waaronder zijn paspoort. Hij zat nu acht maanden in Patras en hoewel hij bij de Portugese ambassade langs was geweest, wilden ze hem om een of andere reden geen nieuw paspoort geven. Ik kon zijn verhaal moeilijk volgen; zijn woorden werden gaandeweg verwarder en gejaagder. 'Alles hier is een kans', zei hij en hij blikte schichtig om zich heen. 'Zoveel mensen komen en gaan, Afghanen, Syriërs, ze slapen hier en dan gaan ze weg. Maar ik blijf.'

Hij greep de handgreep van het karretje en draaide zich toen terug naar mij. 'Ik ga in gedachten naar de stad, snap je me? Ik moet dingen ervaren.'

Hij rolde zijn winkelwagentje het laadplatform op en voorbij de tenten, naar een trap die omhoog naar een zolder leidde. Een paar Afghaanse jongens hielpen hem het wagentje omhoog te tillen. Er was geen buitenmuur, dus je kon in dwarsdoorsnede zien, als in een poppenhuis, hoe hij zijn kleren ophing.

Het werd donker. Haider stookte het vuur en sneed een zak rauwe kippenlevertjes open terwijl uit zijn telefoon een droevig lied van Naghma klonk. Twee katten, een lapjeskat en een grijze gestreepte, ritselden door de vuilnis. Een andere Afghaanse man die met Haider meereisde, kaal met ronde, academische brillenglazen, stond op voor zijn wassingen en maande ons om onze gebeden niet te vergeten.

'We zijn hier aan het eind van ons Latijn beland', zei Haider. 'Over mezelf maak ik me geen zorgen. Over de jongen wel.' Hij was hier met zijn zoontje van tien. Ze probeerden nu al acht maanden uit Griekenland weg te komen. Ze hadden twee pogingen gedaan om met smokkelaars in een rubberen boot de Adriatische Zee over te steken, maar waren beide keren onderschept.

Haiders zoontje liep naar ons toe en tuurde naar de glanzende lever, met een ernstige blik onder zijn bloempotkapsel. Hij leek klein voor zijn leeftijd. Een jonge vrouw met een slobbertrui en onbedekt kastanjebruin haar verscheen en ging achter hem staan. Ze bekeek ons zwijgend bij het licht van het vuur terwijl Haider zijn zoon over zijn bol aaide.

'We gaan naar Londen, als God het wil. Ik heb daar familie. In Athene heb ik een stel Franse identiteitskaarten voor ons gekocht. Ik zou je ze willen laten zien maar ze zijn in zijn trui vastgenaaid.' Hij tikte met zijn hand tussen de schouderbladen van de jongen. 'Die gebruiken we zodra we in Italië zijn. Met een ID kun je treinkaartjes kopen en in hotels overnachten.'

'Waarom proberen jullie geen kaartje voor de pont te kopen?' vroeg Omar.

Haider schudde zijn hoofd. 'Dat gaat niet. Ze onderscheppen je in de haven in Italië en nemen je vingerafdrukken af.'

'Waar komen jullie vandaan?' vroeg de vrouw met een Iraans accent.

'Kabul', zei Omar. 'We zijn hier nog maar net.'

'Wij hebben geluk.' Ze had een hoge, kinderlijke stem.

'Hè? Hoezo hebben we geluk?'

'We hebben geluk dat we hier zijn.'

Omar snoof. 'Is dat zo?'

'We hebben geluk dat we hier zijn. We zullen erdoorheen komen.'

'Waarom weet je dat zo zeker?'

'Omdat God groot is.'

Ze leidde Haiders zoon weg, tegen hem lispelend met haar zangerige patroon.

'Gisteren heeft ze me haar hele verhaal verteld', zei Haider. Hij had de vrouw hier in de Houtfabriek ontmoet. Ze was in Iran opgegroeid; haar ouders waren allebei gestorven. Hij schudde zijn hoofd. 'Arme ziel, ze is helemaal alleen. Ik heb gezegd dat we haar zullen helpen Europa in te komen.'

Haider stond op om bakolie uit zijn tent te halen. Omar en ik zagen de Iraanse lopen, hand in hand met het joch. Het was voor het eerst tijdens onze reis dat we een zelfstandige jonge vrouw tegenkwamen.

'Ze kwam hier met een Afghaans vriendje, maar die heeft haar achtergelaten en is naar Italië gegaan', zei Sharif.

'Die kale heeft haar driehonderd euro gegeven', zei een Iraanse tiener met krullend haar die bij ons was komen zitten. Hij bedoelde Haiders reisgenoot, de man met de bril. 'Ik wed dat ze met haar neuken.'

Haider kwam terug en begon de lever en uien boven het vuur te bakken. Omar en ik kregen honger en gingen naar de supermarkt verderop en kochten daar, terwijl we ons in het felle tl-licht akelig zichtbaar voelden, eieren, tomaten, uien, pitabroodjes en drie grote blikken Heineken. We haastten ons terug en glipten door het hek, twee donkere gestalten die door een gat slopen.

Toen Haider klaar was, zette Omar de pan weer op het vuur, dat ik opstookte met stukjes cederhout. Hij kookte de gesneden groenten tot ze zacht werden en legde daarna de eieren ertussen. Toen het eiwit was gestold, tastten we toe met hompen geroosterd brood, en nodigden het Iraanse joch uit om mee te eten.

Na afloop rookten we voldaan sigaretten, met vingers die glommen van het levervet. Sharif was bij de smokkelaars langs geweest en toen hij terugkwam liet Omar hem de drie blikken Heineken zien, die hij in de tas had verstopt uit respect voor de religieuze gevoeligheden van de anderen. 'Laten we naar het park lopen', zei Sharif en hij giechelde. 'Daar kun je mensen zien zoenen.'

We liepen weer terug langs de snelweg. 'Hé, kom je mee?' riep Sharif tegen een eenzame figuur die tegen het hek rond de haven aan de andere kant van de weg stond gebogen, maar hij wuifde ons weg.

'Doet hij een poging?' vroeg Omar.

'Nee, het is maar een junkie.'

Terwijl we langs het hek liepen, legde Sharif uit hoe de smokkelaars de haven hadden opgedeeld in territoria. Rambo en Oom hadden een weegstation tegenover de Houtfabriek geclaimd, waar de vrachtwagens moesten stoppen voor ze de terminal binnenreden. 'Je zult Rambo morgen wel zien', zei Sharif. In het Dari klonk de uitspraak als 'Rimbaud'.

'Hij is vast gevaarlijk, met zo'n naam', zei ik.

'Rambo? Dat is een alleraardigste vent. Als je die spreekt, heb je het gevoel dat je hem al een eeuwigheid kent.'

Bij de Panjshiri-fabriek stonden geen migranten meer langs het hek, maar we zagen wel het grote silhouet van de smokkelaar die we eerder die dag bij de toegangspoort waren tegengekomen. Sharif trok zijn capuchon rond zijn gezicht. 'Ik heb ruzie met ze', fluisterde hij. 'Ze hebben mot met ons. Toen die man gestoken werd, hebben zij dat gedaan.'

De smokkelaar knikte ons toe terwijl we langsliepen. Toen we bij het noordelijke deel van de haven kwamen, zagen we een complex met witte muren achter het hek staan. 'Dat is de commandogevangenis', zei Sharif. 'Ze houden je vierentwintig uur vast. Je krijgt een boterham en een fles water.'

We trokken de bierblikken al wandelend open. Er lag nog één pont in de haven, een rode, met GRIMALDI op de zijwand. 'Die vaart 's avonds laat uit', zei Sharif.

Opeens liet hij zijn bier in zijn zak glijden. 'Verberg je drank.'

Voor ons zagen we Haider en zijn reisgenoten, ook aan de wandel.

'Zijn jullie klaar om vanavond te vertrekken?' vroeg Sharif hen, terwijl we dichterbij kwamen. Hij wees naar het schip. 'Willen jullie daarop gaan?'

'Zeker weten', zei Haider.

'Het duurt drieënvijftig uur; denk je dat hij dat aankan?'

'De jongen?' Haider lachte. 'Hij heeft veertig uur door de woestijn en achttien uur door de bergen gelopen. In een container stelt niets voor. Hij is doorgewinterd. Hij is een man geworden.' Hij sloeg met zijn hand op de schouder van het jochie, dat schuchter glimlachte.

'Het enige waar we ons zorgen over maken,' zei de kale man met de bril, 'is wat we met plassen moeten doen.'

We verlieten hen en liepen door naar een park aan zee, waar een groep Afghaanse jongens in een kring bij de schommels zat. Het waren bewoners van het jongerentehuis van Praksis. Een van hen gaf een schreeuw van blijdschap en rende naar ons toe: het was Ali, de jongen met de coupe soleil die we hadden ontmoet toen we gingen zwemmen tijdens ons allereerste bezoek aan de haven van Lesbos.

'Ik ben een *khod andaz*', fluisterde hij in mijn oor terwijl we elkaar omhelsden. Een zelfsmokkelaar. Hij beproefde zijn geluk in de vrachtwagens solistisch, in de hoop dat Rambo en de anderen er niet achter kwamen. Als ze dat wel deden, zouden ze hem verrot slaan; de smokkelaars hielden ongenadig vast aan hun monopolie.

'Je moet gaan als het donker is. Je kunt bij het water om het hek heen, ik kan het jullie laten zien. We waren er gisteravond bijna doorheen, maar de politie zag ons.'

We dronken ons bier in het park op en liepen toen terug naar de Houtfabriek. De smokkelaar Abu Fazl was er, om Haider en de anderen te zeggen dat ze hun spullen in gereedheid moesten brengen. Ze grepen hun tassen.

'Zeg een gebed voor ons', vroeg Haider.

'Bid niet, zeg geen vaarwel, ga gewoon *qalandari*', antwoordde Sharif, als een dolende mysticus. Toch gaven ze ons een hand.

Omar en ik hadden alleen slaapzakken meegenomen, maar Sharif zei dat er in het kantoor op stelten achter in de hangar een tent was die we mochten gebruiken. We klommen een ladder op; het was net een boomhut, keurig met cederhout afgewerkt. Op de vloer en in verschillende koepeltenten lagen al mensen te slapen. Omar en ik vonden de lege tent en kropen erin.

'Wat denk je ervan?' vroeg ik, toen we zij aan zij in het donker lagen. Hij antwoordde in het Engels.

'I think it's fucking dangerous, bro.'

’s Ochtends troffen we Haider en zijn ploeg somber gestemd rond de as van de vuurkorf. Abu Fazl had ze in een container gestopt, maar er zat schroot in en je kon je nergens tussen de vracht verstoppen. De agenten hadden hen ontdekt op de inspectieplaats, waar de trailers werden geopend en doorzocht. Maar ze werden niet gearresteerd en mochten allemaal gaan, waarschijnlijk vanwege de vrouw en het kind.

‘Ik heb een keer in een container vol sterkedrank gezeten, maar daar was geen plek om je te verstoppen, dus ik werd gepakt’, zei de Iraanse krullenbol. Je moest geluk hebben. Je kon tussen stinkende gerecyclede spullen belanden of in een lading gebrande pistachenoten.

Na een vlug ontbijt gingen Omar en ik naar het weegstation aan de overkant. Een tiental migranten stond langs het hek, gehurkt achter de betonnen onderrand. Aan de overzijde, op zo’n twaalf meter afstand, stonden twee rijen vrachtwagens te wachten op hun beurt om te worden gewogen.

‘Waar zijn Oom en Rambo?’ vroeg Omar hun.

‘Daar’, antwoordde een Afghaanse jongen, en hij wees naar twee gedrongen mannen met trainingsbroeken en hoody’s aan. De smokkelaars namen twee of drie klanten tegelijk mee naar de andere kant van het hek, waar ze afgeschermd door een heuveltje in het gras lagen, en wachtten tot er een vrachtwagen op de weegschaal stilstond. Dan renden ze daarnaartoe en probeerden ze hun reizigers aan boord te stouwen voordat hij wegreed, in de container als die niet op slot zat, eronder als dat wel zo was. Dat alles gebeurde in het volle zicht van de chauffeurs erachter. Soms toeterden ze om alarm te slaan, maar ze stapten zelden uit om de migranten lastig te vallen. Dat lieten ze graag over aan de bewakers op de inspectieplaatsen.

Ik hoorde Omar roepen en toen ik me omdraaide zag ik twee van de tieners uit Plaza: Reza en Ezat, de jongen die over Parijs had gedroomd. Ze waren net gearriveerd met de bus uit Athene. En ze kenden mij als Matthieu, niet Habib. Terwijl we elkaar omhelsden, probeerde ik te bedenken hoe ik ze moest waarschuwen voordat ze me ten overstaan van de smokkelaars zouden ontmaskeren, maar juist op dat moment schreeuwde Rambo dat ze moesten komen.

De jongens sprongen over het hek terwijl een vrachtwagen kwam aanrijden. Ze renden erheen en Oom en Rambo grepen elk een handvat van de container en wrikten de deuren open. Terwijl ze dat deden, begon de vrachtwagen te rijden en ze holden mee terwijl de jongens naar binnen klauterden. Met een noodgang sloegen de smokkelaars de portieren dicht en de vrachtwagen reed snel door naar de inspectieplaatsen.

'Wat een gelukkige *khar kos*!' riep een van de migranten. 'Ze zijn er amper een uur en ze krijgen een goeie.'

Ik keek hoe de trailer naar de inspectieplaatsen wegreed met de jongens aan boord, bezorgd om hen, maar opgelucht dat mijn geheim veilig was. Rambo en de anderen zouden vast niet vriendelijk reageren als ze erachter kwamen dat ik een journalist was. Nu kwamen er minder vrachtwagens. De smokkelaars wisten nog één klant in de verchroomde gereedschapskist van een vrachtwagen te stoppen, waarna er een politieagent in een zwarte BMW met piepende banden verscheen en we het allemaal op een lopen zetten.

In de Houtfabriek lagen Rambo en Oom uitgestrekt in de zon sjekkies te rollen. Onder zijn verschoten basketbalpet was Rambo's botte, ruwe gezicht gladgeschoren, waardoor je een lang litteken op zijn bovenlip kon zien. Oom leek iets ouder, pakweg in de veertig, klein maar met net zo'n bankschroefhanddruk als Jawad Hek.

Ik vroeg Rambo in wat voor container Ezat en Reza waren gestapt.

'We stopten ze in een vrachtwagen vol bloemen', zei hij. 'Ik stop mijn reizigers niet in slechte vracht. Ze zijn tenslotte minderjarig.'

De twee smokkelaars werkten al ruim tien jaar in Patras. Toen het pontstation nog in de stad was, hadden Koerdische bendes een monopolie gehad. Maar er kwamen steeds meer Afghanen en er ontbrandde een oorlog tussen de twee groepen, waarbij de Afghanen werden geleid door een legendarische schurk, Patras Khan. Uiteindelijk gaven de Koerden het op en verhuisden ze naar een andere haven in het noorden, Igoumenitsa.[3]

Rambo en Oom trokken zich in het kantoorgebouw terug; er zouden tot later op de middag geen vrachtwagens meer komen. Omar luisterde naar Sharif, die zijn hart uitstortte over een vrouw die hij in de kampen had leren kennen.

'Sharif, als je van een meisje houdt, moet je haar niet laten lopen', zei Omar.

Ik strekte me uit op de warme stoep en dacht aan de twee jongens in het donker tussen de bloemen. Als je eenmaal in de stalen kist zat, was je opgesloten tot iemand hem voor je openmaakte. De angst om te stikken moet hevig zijn, vooral de eerste keer. Misschien voeren ze al naar Italië, terwijl de passagiers boven geen idee hadden van de jongens beneden. Waren ze bang of opgetogen? Ze probeerden Duitsland te bereiken, en ik wist dat Ezat op Reza zou passen tot ze daar waren. Ezat was een ernstige en doelgerichte jongen. Hij had vele uren doorgebracht in een atelier in Exarchia dat ik had bezocht, een winkeltje in één kamer met een handgeschilderd bord: ATELIER MOHAJIR. Binnen stonden drie robuuste naaimachines, krachtig genoeg om dik canvas te naaien. Ik ging er soms heen om te ontsnappen uit de chaos van het kraakpand en dan zat ik naast Ruby, de Egyptisch-Duitse vrouw die het atelier runde. Ze zag er jonger uit dan de dertig die ze was, maar Ruby deed moederlijk tegen de tieners in Plaza en aardig tegen mij, tot ik het had over de kerels die ik op Victoria jongens had zien oppikken. Toen schoten haar goudgroene ogen vuur. 'Zo eentje zou ik graag eens neersteken', siste ze tussen haar tanden door.

Toen Ruby nog op de modeacademie in Berlijn zat, was ze tijdens een vakantie in Marokko gevallen voor een Marokkaanse man. Dat zij hem wel kon bezoeken maar hij haar niet vond ze ten diepste onrechtvaardig. Ze was betrokken geraakt bij de Beweging en het No Borders-activisme, en een paar jaar geleden had ze tijdens een bezoek aan Lesbos een groep Afghaanse jongens ontmoet die alleen in Europa waren aangekomen. Ze had met ze te doen en besefte dat hoewel de jongens voedsel en onderdak zouden aannemen van de ngo's in Griekenland, ze uiteindelijk weer naar de ondergrondse zouden verdwijnen, met alle gevaren van dien, om hun reis voort te zetten. Wat de jongens vooral nodig hadden, was geld om hun reisdoel in het noorden, waar ze veilig zouden zijn, te bereiken. Ruby wilde iets doen om ze bij de hoerenlopers en dealers op de straten van Athene weg te houden. Ze wist dat veel van de jongens in sweatshops in Iran en Turkije hadden gewerkt en goed konden naaien; in Duitsland waren draagtassen van gerecyclede vrachtwagendekzeilen populair en ze kwam op het idee om de reddingsboten op de vuilnisbelten van de eilanden te hergebruiken. Ze wierf fondsen om haar eigen onkosten te dekken, zodat de opbrengst van elk exemplaar dat ze op festivals en braderieën in Duitsland verkocht – canvas rugzakken, schoudertassen en tabaksetuis voor tien tot zestig euro – rechtstreeks ten goede kwam aan de vluchteling die het gemaakt had. Ze was niemands baas; ze gaf elk van de naaiers een sleutel van het atelier, zodat ze konden komen en gaan wanneer ze wilden. Ze plakte een stuk tape met hun naam op elk artikel zodat ze wist wie ze moest betalen, en haar klanten vroegen haar vaak om het niet te verwijderen. Soms vroegen ze haar om een bericht of foto naar de jongen door te sturen.

Een paar jaar geleden, vertelde Ruby, wisten nog maar weinig mensen in Duitsland dat vluchtelingen op zulke kwetsbare bootjes de zee overstaken; nu vonden sommigen dit een macabere materiaalkeuze. Stel dat er iemand in die boot was doodgegaan? vroegen ze. Die kans was klein, zei ze dan, want de boot had de kust bereikt, maar ja, het zou kunnen. Er verdronken soms mensen die Europa trachtten te bereiken. Hadden ze wel eens stilgestaan bij de verhalen achter de telefoon in hun zak, of de spijkerbroek die ze aanhadden?

In het begin, toen het trauma van de oversteek nog vers was, vonden sommige coupeurs het moeilijk om met canvas te werken. Maar door gewenning werd de stof, die ze naar eigen ontwerp herbewerkten, inert. De kelder van de workshop lag vol leeggelopen rubberbootjes die van Lesbos kwamen. Ik ben een keer de trap af geklommen om de stapel te doorzoeken en de verschillende gewichten en de wisselende kracht van de naden te voelen, tot ik een stuk vond in dezelfde tinten groen en grijs als de boot waarin Omar en ik waren overgestoken.

In de avondschemering keerden Ezat en Reza onder de modder terug naar de Houtfabriek. Ze hadden geprobeerd zich te verstoppen tussen de kratten met bloemen, maar vlak voor de inspectieplaats rukten de Panjshiri's de container open en schoven ze een van hun eigen klanten naar binnen. In de haven trokken de commando's de dekzeilen eraf en vonden ze Ezat en Reza. Ze vermoedden dat er nog een migrant zat, maar die konden ze niet vinden. Hij was diep onder de viezigheid van de kratten gekropen en ze wilden niet de hele vracht uitladen. Dus hij had de pont gehaald. De agenten lieten de jongens gaan, omdat ze minderjarig waren.

Opgelucht dat hij mijn dekmantel nog steeds niet had verraden, nam ik Ezat terzijde. 'De mensen hier kennen me als Habib, uit Afghanistan, oké?'

'Oké.' Hij knikte met een ernstige blik. Het was een pienter joch. Hij vroeg me niet wat ik daar deed, net zoals ik hem niet zou tegenhouden om het te blijven proberen. Wat kon ik doen, dreigen om de politie te bellen? Ezat was hier voor het spel en zou het blijven spelen tot het lukte. Hij maakte zichzelf al ongevoelig voor gevaar. Kinderen, lenig en dapper, waren geknipt voor Patras. Volwassenen waren degenen die er de moed verloren. Ik geloofde niet dat Omar een poging zou wagen.

Toen de avond viel, gingen we op zoek naar afvalhout voor het vuur. De muren en vloeren waren van planken ontdaan, maar samen sleepten we een balk van cederhout mee en staken het ene eind daarvan in het vuur. Voor de verlichting verzamelden we dikke stapels rekeningen uit het kantoor, gele en witte doorslagen. Elke pagina zorgde voor een lichtexplosie voordat hij tot rook opkrulde. Hele bossen moeten hier zijn gepasseerd, dacht ik, terwijl ik de bedragen in drachmen zag.

Terwijl we onze handen warmden spraken Omar en de anderen over het goede leven dat hun in Europa stond te wachten, de banen en de huizen die de prijs die ze betaalden de moeite waard zouden maken, zolang ze maar *pesh*, vooruit, konden komen.

'Griekenland is net zo'n ruïne als deze fabriek', zei Haider en hij gebaarde naar de muil van de hangar, waar vuilnis en kleding als donkere sneeuwhopen lagen opgetast, lagen die door onze voorgangers waren achtergelaten, wachtend op hen die zouden volgen, mensen die nu door woestijnen en over bergen liepen, door tunnels en snelwegen, op de vlucht voor oorlog en armoede en, net als mijn reisgenoten, vol geloof in de vooruitgang, in het reizen naar de plek waar ik me, zonder dat geloof, bevond. Toch was de geschiedenis voor hen 'een catastrofe die voortdurend het ene wrak op het andere stapelt' geweest, zoals een andere vluchteling, Walter Benjamin, dat ooit omschreef.[4]

De volgende ochtend zei Omar dat hij terug wilde naar Athene. Hij had een ander idee, een beter idee dan zichzelf onder een vrachtwagen werpen, maar eerst moesten we terug naar Plaza. Dat vond ik prima. We grepen onze rugzakken en namen afscheid bij het kampvuur. Het grofgebekte Iraanse joch overviel me met een innige omhelzing, alsof ik een oudere broer was.

Juist toen we op het punt stonden te gaan, hoorde ik een piepend geluid en draaide ik me om. Maria verscheen, met een groep medewerkers en studentenvrijwilligers van Praksis die een kar op rubberen banden vooruit duwden.

'We zijn gekomen om spelletjes te spelen', verkondigde ze in het Engels met een stralende glimlach. Ze deden outreachprojecten voor onbegeleide minderjarigen en terwijl ze de kar openvouwden, zag ik dat het zo'n ding was dat je naar een kinderpartijtje zou meenemen: panelen met draaiende wielen, een kaart, een schoolbord en een magnetische plaat waarop je diervormen verzamelde.

Het waren echter vooral de volwassenen die interesse toonden om met Maria en haar jonge vrijwilligers te spelen. Sharif kamde zijn haar, trok zijn trainingsbroek uit en toonde de schonere spijkerbroek die eronder school. Hij en anderen, ook Omar, vormden een kring met Maria, die met een namenspel begon. Ik keek een tijdje toe en zag toen dat Ezat zich afzijdig hield. 'Hou je niet van spelletjes?' vroeg ik plagerig. Hij beet op zijn lip.

'Het maakt me pissig,' zei Ezat. 'Ze komen hierheen en zeggen "O, wat vreselijk, arme zielen" en maken foto's en laten die aan hun baas zien en dan zegt die: "Goed gedaan, hier is je salaris." Ik bedoel, ik weet dat Praksis ook echte hulp biedt en daar ben ik dankbaar voor. Ik hou alleen niet van die types die met ons komen meeleven.'

De spelers deden nu een estafetterace, maar Ezats blik dwaalde af naar de verte, alsof hij zijn eigen route voor zich zag: zijn twaalf pogingen, de container met luiers waarin hij de pont zou bereiken, de achtenveertig uur dat hij daarin opgesloten zou zitten, de kerk in Italië waar hij voor de politie zou schuilen, de treinreis zonder kaartje naar Frankrijk, de ijskoude stegen van Parijs, de Champ-de-Mars waar hij in extase zou staan te trillen, Hamburg waar hij asiel zou krijgen, waar zijn Duits na twee jaar goed genoeg zou zijn om op de universiteit te gaan studeren, waar zijn verleden voor zijn medestudenten net zo onpeilbaar zou zijn als zijn toekomst was voor zijn gezin in Iran, eenzaam levend in lichaam en geest, terwijl de winterkou van de Elbe tot in zijn botten doordrong.

In Athene had intussen niemand in Plaza onze afwezigheid opgemerkt. Omar en ik liepen omhoog naar onze kamer en bespraken zijn plan. Toen we naar Patras gingen, hadden we allebei onze documenten achtergelaten in het kraakpand, voor het geval we in een vrachtwagen naar Italië belandden. Ik was vergeten dat hij een troef had: Vygaudas. In theorie stelde de Litouwse identiteitskaart hem in staat Griekenland uit te reizen, want zolang hij binnen de Schengenzone bleef had hij geen paspoort nodig. Maar op het vliegveld was er politie die naar ontsnappende migranten spiedde en als die hem aanhield, zou hij voor Vygaudas moeten doorgaan. Het bezoek aan Patras had hem het idee gegeven om daarvandaan de pont naar Italië te nemen, als passagier. In de haven sprak vast niemand Litouws.

Omar kocht een kaartje naar Triëst en deed weer zijn zwarte kleren aan, die hem op Lesbos geluk hadden gebracht. Ik zou hem in zijn eentje vooruit laten reizen en als hij het redde, zou ik hem volgen met gebruikmaking van mijn eigen paspoort. Het was zesentwintig uur varen over de Adriatische Zee en zodra Omar voet op Italiaanse bodem zette, kon hij zich overgeven en asiel aanvragen. Onze reis zou eindelijk ten einde zijn.

De pont vertrok 's avonds. Omar nam de bus terug naar Patras en nam een taxi op het station, die hem over de snelweg bracht, langs de Panjshiri-fabriek en de migranten aan het hek. Zijn schip lag aangemeerd en torende boven de terminal uit. De medewerker van het reisbureau had gezegd dat hij er twee uur voor vertrek moest zijn, maar het instappen was nog niet begonnen. Omar nam plaats in de vertrekhal, als een van de weinige passagiers in dat seizoen. De bewakers hielden hem in de peiling; hij haalde *Verslag aan El Greco* tevoorschijn en sloeg het op zijn schoot open.

Bij gebrek aan biometrische gegevens zijn er ouderwetse vaardigheden nodig om iemand met valse of gestolen reisdocumenten te betrappen. Grenswachters hebben maar zoveel tijd per passagier; binnen een paar seconden moeten ze een oordeel vellen over je uiterlijk, je lichaamstaal en hoe je op een vraag reageert. Een heel leven kan in één hartslag worden bepaald. 'Als de hand van de Afghaanse man niet had getrild, dan woonde Hamid nu in Noorwegen en niet in Canada', schreef Shahram Khosravi over een medevluchteling die in Delhi was opgepakt. 'Een grens oversteken is immers een kwestie van acteren.'[5]

Het was tijd om in te stappen. De bewaker nam Omars ticket

en ID, bekeek zijn gezicht en toen weer zijn documenten. Hij zei Omar dat hij moest wachten. Er kwam een politieagent bij: 'Volgt u mij, alstublieft.' Omar ging met de man naar een zijkamertje en hield zichzelf voor dat hij niet in paniek moest raken. Ten slotte arriveerde er een oudere agent die tegen hem begon te praten in een vreemde taal die hij niet verstond. Omar staarde niet-begrijpend terug.

'Wat, heb je op school geen Russisch geleerd?' vroeg de agent in het Engels.

Hij moest opstaan en hij voelde hoe het koude metaal rond zijn polsen vastklikte. Ze doorzochten zijn koffer en namen hem mee naar een wachtkamer waar Reza, de jongen uit de fabriek, onderuitgezakt op een stoel zat.

'Wat is er gebeurd?' vroeg Omar in het Dari, zonder nog te spelen dat hij Litouws was.

'Ze hebben me boven op een vrachtwagen gepakt', zei Reza. 'Volgens mij is Ezat erdoorheen gekomen.'

Er zat ook een hoogzwangere Afghaanse vrouw in de kamer. Ze huilde zachtjes.

'Waarom huil je?' vroeg Omar.

'Al ons geld is op', antwoordde de vrouw. Zij en haar man waren al eerder op het vliegveld betrapt. Ze hadden hun laatste spaargeld uitgegeven aan kaartjes voor de pont en valse documenten en waren daarna uit elkaar gegaan, denkend dat dat hun kansen zou vergroten. Zij was als eerste gegaan.

Een politievrouw kwam naar hen toe en vroeg Omar in het Engels wat er aan de hand was.

'Ze is bang', zei hij.

'Zeg haar dat ze zich niet ongerust maakt, we laten haar vanavond vrij', zei de agente. 'We zijn goede mensen, we doen jullie geen pijn.'

'Waar was je vorig jaar, vriendin?' schertste haar partner. 'Toen waren de grenzen nog open.'

Reza en de zwangere vrouw werden zonder aanklacht vrijgelaten, maar Omar werd naar de gevangenis overgebracht en moest 's ochtends voor de rechter verschijnen. Dat was het dan, dacht hij. Zelfs als hij geen gevangenisstraf kreeg, zouden ze misschien ontdekken dat hij uit Moria was ontsnapt en hem terugsturen naar het eiland.

In zijn cel waren twee britsen en een toiletpot. Een blonde jongen van in de twintig was er al toen Omar arriveerde. Hij kwam uit Georgië, in de Kaukasus, en zei dat hij een paar jaar geleden met zijn moeder en zus naar Griekenland was gekomen, voor een baantje op het eiland Santorini, in een chic restaurant waar sommige flessen wijn wel zestig euro kostten.

Omar floot zachtjes. 'Zo te horen had je een goeie baan,' zei hij. 'Waarom ben je weggegaan?'

'Ik wilde Londen zien,' zei de jongen. Hij had geprobeerd de pont te nemen, maar zijn visum was verlopen. Hij was bang voor wat er nu zou gebeuren. 'Als we vrijkomen, kom dan naar Santorini. Daar vind ik wel een baantje voor je.'

's Ochtends werden ze samen naar de rechtszaal gevoerd, waar vanaf de publiekstribune twee blonde vrouwen zwaaiden: de moeder en zus van de Georgiër.

De Griekse rechter was jonger dan Omar had verwacht, een dertiger. Omar ging als eerste. Zich onnozel voordoend vertelde hij de rechter via de tolk dat hij door de smokkelaar was opgelicht en dacht dat hij met de ID-kaart legaal kon reizen.

'U hebt de wet overtreden,' zei de rechter.

'Het spijt me. We zijn geen misdadigers, maar we hebben geen keus. We zijn op de vlucht voor de oorlog in onze landen. Mensen uit Afghanistan, Irak en Syrië zijn niet voor de toeristische trekpleisters naar Griekenland gekomen.' Omar keek de rechter aan. 'Als u in mijn schoenen stond, zou u hetzelfde doen.'

'Misschien, dat weet ik niet,' zei de man, schijnbaar geamuseerd. 'Waarom blijft u niet in Griekenland?'

'Er is geen werk. U bent rechter en hebt een goede baan, maar veel mensen in uw land zijn werkloos. Hoe zou ik werk moeten vinden?'

De rechter zei Omar dat hij er met een waarschuwing vanaf

kwam, maar dat hij naar de gevangenis zou gaan als hij nog een keer werd betrapt.

De agenten leidden Omar door een gang en openden een deur. Hij stapte de deur uit, het zonlicht in.

20

Ik schrok wakker en mijn hart bonsde tot ik omhoog reikte en het houten frame van het hotelbed voelde. In Moria trof je na het ontwaken uit een nachtmerrie iets nog ergers. Ik keek naar links en zag dat het matras naast me leeg was. Omar was zeker al ontbijten. Ik draaide mijn hoofd naar rechts: buiten was het licht. Ik had uitgeslapen. Terwijl ik weer ging liggen, werd ik bevangen door een vaag angstgevoel. Ik had het idee dat ik iets vergat.

Ik had de avond van Omars arrestatie wachtend in onze kamer doorgebracht, met mijn telefoon in de hand. Ik was bereid de volgende dag een advocaat te bellen, maar hij was teruggegaan naar Athene, vrij maar gedeprimeerd. We waren zo dicht bij het eind van de reis gekomen. Het was nauwelijks voorstelbaar dat er een jaar was verstreken sinds ik was teruggevlogen naar Kabul, denkend dat we op het punt stonden naar Europa te vertrekken.

Ik hoorde spelende kinderen op de gang. In elk geval was Omar hier in Plaza veilig. Ik vond het verblijf in een kraakpand geen straf, met alle afleiding die er was. De viering van het zesmaandenfeest zou morgen beginnen. Allerlei werkgroepen hadden voorbereidingen getroffen voor een driedaags congres met panels en workshops over de No Borders-beweging, besloten met een diner en concert, allemaal openbaar toegankelijk. Vandaag zou het kraakpand in beweging moeten komen voor een grondige schoonmaakactie. We zouden de koelkast en provisiekamers uitschrobben, met banken schuiven en elke beschimmelde komkommer en elk naar binnen gesmokkeld bierflesje vinden. De voorbereidingen waren zo grondig dat onder de bewoners het gerucht ging dat een beroemdheid Plaza zou aandoen; hoewel niemand kon zeggen wie.

Ik ging rechtop zitten. 9 november: waren de Amerikaanse verkiezingen niet vandaag? Ik probeerde het tijdsverschil uit te rekenen. We liepen zeven uur voor op New York, of was het acht? De stembussen gingen pas eind van de middag Europese tijd open; de uitslagen zouden in de vroege ochtenduren komen. Er waren geen tv's in het kraakpand en ik had nauwelijks op het nieuws gelet. De laatste keer dat ik had gekeken, gaf *The New York Times* Hillary Clinton 85 procent kans op winst. Misschien hadden ze hun voorspelling bijgewerkt. Ik pakte mijn telefoon.

Terwijl ik sliep was Donald Trump tot president verkozen.

'Is dat de beroemde persoon?' vroegen de Afghanen aan mijn tafel telkens wanneer een vermoedelijke buitenlander de menigte toesprak die in de eetzaal van Plaza was gepropt. Tijdens de sessies van het congres waren Grieks en Engels de voertalen, maar er waren tafels met Arabische en Perzische vertalers en ik had mezelf als een van die laatstgenoemden aangeboden. De laatste spreker naar wie mijn tafelgenoten informeerden, was bruinverbrand en had dikke brillenglazen: Sandro Mezzadra, een hoogleraar op de Universiteit van Bologna, die in zijn onderzoek beschreef hoe grenzen 'mobiel, doorlaatbaar en discontinu' waren geworden, lijnen die in de samenleving waren geweven, die ons allemaal doorsneden – waarschijnlijk niet de mensen aan wie mijn tafel dacht.[1] Maar hoe konden we een beroemdheid herkennen als we die zagen?

Drie dagen lang passeerden bezoekers uit heel Europa de waakzame blikken van de Antifa-club naar de tussenverdieping, waar ze de portretten en affiches bekeken en koerden boven de kinderen die deze ene keer stilvielen door de toestroom van onbekenden. In zijn korte bestaan had het kraakpand faam verworven bij Europees links en het congres had zowel geëngageerden als nieuwsgierigen aangetrokken. 'Ik heb nog nooit zo'n ruimte gezien!' riep een man met een baret tegen zijn gezelschap. Als elke stoel was bezet en er mensen langs de kasten achterin zaten, pasten er zeker honderd van ons in de eetzaal, onze vergaderruimte, *la plaza.*

De activisten die hier woonden wilden het kraakpand verbinden met het grotere geheel, maar de panelleden hadden slecht nieuws: net als in Amerika was het anti-immigratiepopulisme in heel Europa in opkomst, in reactie op het miljoen dat tijdens de 'lange zomer' was binnengekomen. Velen vonden de droom van open grenzen een nachtmerrie. Toch wilden ook de activisten een eind aan de massamigratie maken, alleen niet met muren, maar door een eind te maken aan oorlog en bezitloosheid. Daarvoor moest het wereldwijde systeem dat op nationalisme en kapitalisme was gegrondvest op de schop; maar dat systeem leek juist sterker dan ooit.[2]

Zied, de Tunesische vrijwilliger, gaf een presentatie over de verschuiving van de crisis aan de grenzen van Europa naar het centrale Middellandse Zeegebied. Op de route tussen Italië en Noord-Afrika, een veel gevaarlijker oversteekplaats dan de Egeïsche Zee, waren in 2016 ruim vijfduizend mensen verdronken; een recordaantal doden, overwegend Afrikanen, dat vorig jaar maar weinig verontwaardiging had gewekt.[3]

'Hoe kan Trump nou gewonnen hebben als Hillary miljoenen stemmen meer heeft gekregen?' vroeg Kalliroi mij. Ik had avonddienst als bewaker met haar en haar vriend, allebei lid van een linkse studentengroep die Plaza steunde. Tijdens die corvees zat je aan een tafel bij de ingang en doodde je de tijd met sigaretten en slap geouwehoer. Maar je moest opletten, want soms kwamen er fascisten een molotovcocktail door het raam gooien, wat ze een paar maanden geleden hadden gedaan in het kraakpand op Notara, waar vluchtelingengezinnen woonden. In een hoek achter de tafel lag een bundel bijlstelen waar repen rode, zwarte en paarse stof aan waren geknoopt, zodat ze als vlaggen dienstdeden bij demonstraties: marxistisch rood, anarchistisch zwart en homoseksueel paars, het laatste op aandringen van de studenten.

Ik probeerde het curieuze instituut 'kiescollege' en de angst van de Founding Fathers voor het meerderheidsbeginsel uit te leggen. Kalliroi schudde haar hoofd minachtend: 'Maakt niet uit. Het rode team, het blauwe team, het is dezelfde heersende klasse.'

Nasim kwam binnenlopen en viel me in de rede. 'Zeg de bewoners alsjeblieft dat ze uitkijken als ze de deur uit gaan', zei hij, nog vermoeider ogend dan gewoonlijk. 'Er is overal politie op straat. Mensen moeten hun papieren bij zich hebben.'

De beroemdste man ter wereld kwam naar Athene en het zou een chaos worden. Obama's laatste buitenlandse tournee als president viel samen met het jubileum van de Griekse studentenopstand tegen de militaire dictatuur van 1973. Dit was de belangrijkste demonstratie van het jaar voor Grieks links, dat Amerika nooit had vergeven dat het de junta had gesteund. Elk jaar kwam op 17 november een gigantische menigte bijeen op de Technische Universiteit en marcheerde dan naar de Amerikaanse ambassade. Obama's bezoek, het eerste van een Amerikaanse president in zeventien jaar, zou olie op het vuur zijn.

Rond het jubileum hield de universiteitscampus een paar dagen een braderie en op een middag zochten de Plaza-activisten zoveel mogelijk vluchtelingen en vrijwilligers bij elkaar. Met een man of veertig en Omar en ik als hekkensluiters liepen we erheen om ons respect te betonen. 'Ze hebben het verpest!' zei een Afghaans jongetje geschrokken toen we de campus op liepen. Hij keek met grote ogen naar de dikke laag graffiti en de rafelige banieren die de gebouwen bedekten. Zijn moeder maande hem te zwijgen en Nasim lachte. De binnenplaats stond vol tafels met posters met woordenbrijen die verwezen naar partijen en studentenorganisaties die volgens henzelf afstamden van de KKE, de oorspronkelijke Griekse communistische partij die in 1918 was opgericht. Op de tafelbladen lagen materialistische tijdschriften en pamfletten hoog opgetast. Ik herkende een dunne paperback, *Het communistisch manifest*. Ernaast lag een vertaling van Naomi Kleins boek over de opwarming van de aarde, *This Changes Everything*.

Tien jaar geleden zou de linkse partij die nu in de regering zat over splinterpartijen verdeeld zijn; de naam Syriza betekende 'coalitie van radicaal-links'. Bij de verkiezingen van 2007 had Syriza maar 5 procent van de stemmen behaald. Toentertijd werd Griekenland nog gedomineerd door twee steeds meer op elkaar lijkende partijen die werden geleid door telgen uit politieke dynastieën. Op de vooravond van de schuldencrisis in 2009 verzekerde de centrumlinkse kandidaat, wiens vader en grootvader ook premier waren geweest, de kiezers dat er geld zat was.[4] Maar de oude consensus bezweek onder de instortende economie en de pijnlijke bezuinigingen die Duitsland en andere kredietverstrekkers oplegden, en die Griekenland nog dieper in de schulden stortten.[5] Er verschenen nieuwe stromingen zoals de Gouden Dageraad met zijn zwarthemden, die de schuld aan Joodse bankiers gaf en een tijdlang de op twee na grootste partij in het parlement was, en Syriza, dat werd geleid door de jonge en charismatische Alexis Tsipras, die kort nadat hij premier was geworden terugkwam op zijn beloften om een eind te maken aan de bezuinigingen en de massale opsluiting van migranten, tot razernij van de activisten die hem hadden gesteund.

Zelfs de kinderen werden somber toen we aankwamen bij het monument met zijn verwrongen metalen poort, die op 17 november 1973 door een tank was geplet. Ernaast, op een plateau, lag het enorme bronzen hoofd van een jongeling, alsof hij onthoofd was. Op de stoelen om ons heen zaten jongens met leren jacks aan, KKE-activisten met bleke gezichten die me aan schilderijen van martelaren deden denken. Door de microfoon riep iemand om dat vluchtelingenhotel en solidariteitsruimte City Plaza was gekomen om de opstand te herdenken. Olga, een activiste uit het kraakpand wier ouders aan het conflict hadden deelgenomen, deelde anjers uit, die we bij de vernielde poort neerlegden.

Uit veiligheidsoverwegingen had het kabinet-Syriza demonstraties in het centrum tijdens Obama's bezoek verboden, maar de

Atheense radicalen gingen hoe dan ook marcheren. Op de dag dat de president arriveerde kwamen enkele tientallen mensen uit het kraakpand bijeen in Steki, het sociale centrum in Exarchia. Elias, een jonge Griekse webdesigner die de onderhoudsploeg in Plaza coördineerde, stond voor ons, met zijn golvende haar achterover gebonden in een paardenstaart. Ik mocht Elias graag vanwege zijn kalm-ironische manier van doen, maar nu hij de groep in het Engels toesprak was hij ernstig. 'De regering is serieus van plan te verhinderen dat de optocht de ambassade bereikt en de hele stad zit vol beveiligingstroepen', zei hij, terwijl hij iedereen om beurten aankeek. 'Er is een kans op massa-arrestaties. Geweld is verzekerd.'

Omar en ik wilden allebei meelopen in de optocht, maar nadat ik Elias had horen spreken, zei ik Omar dat hij dat misschien beter kon laten.

'Waarom ga jij dan wel?' vroeg hij.

'Ik wil het zien', zei ik. Bovendien had ik nog steeds mijn paspoort op zak.

'Oké, broer', zei hij, en hij keek me onderzoekend aan. 'Pas op jezelf.'

De Technische Universiteit was niet ver bij Steki vandaan. Toen we daar kwamen, verbaasden Nasim en Elias zich over het aantal mensen dat stond te wachten tot de optocht begon. De menigte strekte zich uit over meerdere straten, per partij samengeklonterd onder zelfgemaakte banieren en vlaggen. We vonden een plekje achterin, tussen een stel Griekse maoïsten en een paar Syrische jongens uit een van de kraakpanden – in Athene werden boze jonge moslims links. Terwijl we wachtten, informeerde ik naar de nieuwste versie van het gerucht dat ik gehoord had: dat Obama Plaza wilde bezoeken. Elias lachte.

'Obama's mensen vroegen iemand bij Human Rights Watch om suggesties voor zijn tour en die vroeg of wij geïnteresseerd waren', zei hij. 'Natuurlijk kon het niet.' Zowel de Griekse regering als de Amerikaanse ambassade zou een veto hebben uitgesproken, maar het verzoek irriteerde de activisten. Alsof ze ooit de Geheime Dienst in Plaza zouden toelaten.

'Mensen zien nieuwsberichten over ons en denken dat we een of andere ngo zijn', gromde Nasim.

'Voelt het raar om tegen Obama te protesteren nu Trump verkozen is?' vroeg ik Elias, terwijl de menigte in beweging kwam. 'Het wordt vast moeilijker voor vluchtelingen.'

Hij schudde zijn hoofd. 'Al is hij progressiever dan Bush of Trump, hij vertegenwoordigt nog steeds de grootste imperialistische macht die verantwoordelijk is voor de oorlogen waardoor veel van deze mensen vluchteling zijn geworden', zei hij.

Ik herinnerde me een anarchistisch affiche dat ik op de universiteit had gezien: 'Het bezoek van de Amerikaanse president Obama op de dag van de opstand van de Technische Universiteit van 1973 is een provocatie die niet onbeantwoord zal blijven.' Obama had willen spreken bij het Parthenon, het symbool van de democratie, maar het evenement werd naar een veiliger locatie verplaatst nadat er een granaat naar de Franse ambassade was gegooid. Er waren dreigementen geuit door de Samenzwering van de Vuurcellen, zelfverklaarde nihilisten. Daarom zou de president zijn toespraak houden bij de Stavros Niarchos-stichting, die was vernoemd naar de Griekse biljonair.[6] Het was een soort zwanenzang. Ik besefte dat het acht jaar geleden was dat ik in Herat onder de douche stond te luisteren naar zijn toespraak in Chicago, waarin hij vertelde dat alles zou veranderen.

Na een half uur lopen stuitten we op de eerste rij oproerpolitie met helmen en gasmaskers op de stoep, boerenzonen uit de Peloponnesos, waar ze nog steeds in God en vaderland geloofden. Achter elk tiental schilden sloop een agent met een grote bus pepperspray of een traangaswerper. De optocht bewoog zich met horten en stoten door de binnenstad van Athene. Het was bewolkt, het werd fris en alle kleur werd weggezogen uit het licht dat op het beton, de metalen luiken en de sjofele kleding van de demonstranten viel. Alleen het rood van de vlaggen sprong eruit. De scanderende menigte werd nu bozer, noemde Tsipras een schoothondje van de Amerikanen en verketterde 'planetair terrorisme' met een cadans van eerdere protesten, van dode generaties. Achter ons zongen de Syriërs een schor vraag-en-antwoord in het Arabisch tegen de dictator en zwaaiden ze de vlag van de revolutie met zijn drie sterren.

'Varkens! Smerissen! Moordenaars!' Een colonne van zwartgeklede anarchisten duwde zich door de demonstranten heen. Ze droegen gasmaskers en motorhelmen en hadden bijlstelen met vlaggen in de hand. Sommigen droegen brandblussers of rugzakken vol projectielen. Het Zwarte Blok wrong zich tussen onze groep en de Syriërs en vormde een vierkant, waarvan de buitenste rij de armen in elkaar haakte en hun knuppels horizontaal hield. Nasim en Elias wisselden een blik van ontzetting met elkaar uit. Dit kon op maar één manier aflopen.

We bereikten een trechter voor het Syntagmaplein, waar de agenten mensen een voor een doorlieten. Het Zwarte Blok en de oproerpolitie schermutselden, deden uitvallen naar elkaar. Elias hing aan zijn telefoon, voor updates van verderop. Er waren wat opstootjes en traangas, niets ernstigs, maar nu was het de beurt van de anarchisten om te passeren. Een vuilniscontainer brandde fel door een molotovcocktail, wat de agenten naar achteren dwong.

Boven ons brulde een helikopter. Ik zag dat de fotografen hun maskers hadden opgezet en dichterbij kwamen om foto's te schieten voor de avondkranten.

Er werd in het Engels gescandeerd: 'Vluchtelingen en immigranten welkom! Weg met het wereldwijde terrorisme!'

Ik opende mijn mond, maar er kwam geen geluid uit.

Er klonken een paar knallen en granaten stuiterden de menigte in, dampen sproeiend. Onze kok Cristian dook naar voren tussen het Zwarte Blok en zwaaide in de wolk zijn rode vlag.

'Ik wil premier Tsipras complimenteren,' zou Obama de volgende dag zeggen, 'met de zeer moeilijke hervormingen die zijn regering doorvoert om de economie een meer solide basis te geven.'[7]

De ME'ers deden een charge; onze linie brak en we vluchtten weg over de boulevard. Flitsgranaten gingen om ons heen af en ik viel bijna op de grond. Elias schreeuwde dat we kalm moesten blijven, dat we bij elkaar moesten blijven. Er werd meer gevochten waar we vandaan kwamen. Ik zag onze banier in een zijstraat opduiken en volgde die op een holletje.

Bovenaan de steeg kwam onze groep op een leeg plein bijeen. Onze terugtocht was snel en smadelijk geweest en we waren overwegend intact, hoewel het gas begon te branden, een pijn die door je ogen omlaag reikte totdat je hele lichaam bonkte. Cristian verscheen met een nat en bietrood gezicht, en een van de Grieken besproeide hem met een spuitbus vol antacida.

Terwijl ik op adem kwam, keek ik om me heen en besefte toen waar we waren: het enorme universiteitsplein waar ik twee jaar geleden, tijdens mijn eerste bezoek aan Athene, Tsipras zijn overwinningsspeech had zien geven. 'Het oordeel van het Griekse volk zal zonder enige twijfel een eind maken aan de vicieuze cirkel van bezuinigingen in ons land', vertelde hij het jubelende publiek.[8] Een week lang had ik nauwelijks een oog dichtgedaan in de flat die ik met vrienden had gehuurd in Exarchia. Elke avond hoorden we in rokerige bars over de komende revolutie. Het was niet alleen Syriza, maar ook Spanje en Portugal, Bernie Sanders en Jeremy Corbyn. Daarin geloven voelde net als verliefd worden.

Terwijl ik het uitgestorven plein rondkeek en tranen van het gas weg knipperde, zag ik opnieuw de opgetogen gezichten die die avond de straten hadden gevuld, hoorde ik hun welluidend gelach. Na de overwinningstoespraak waren we naar het Syriza-café vlakbij gegaan, waar de uitzinnige menigte had gehuild en elkaar omhelsd, de armen in elkaar gehaakt en gezongen:

Makkers, ten laatste male
Tot de strijd ons geschaard.
En de Internationale
Zal morgen heersen op aard'.

Na het opbreken van de demonstratie drongen de agenten de anarchisten terug naar Exarchia en vochten ze langdurige veldslagen rond het plein. Met een paar mensen uit het kraakpand gingen we er later heen en zagen we hoe de menigte stoelen tot verstrengelde barricades opstapelde. Ze ontwortelden de stalen paaltjes langs de stoep en gebruikten die als heimachines om tegels stuk te slaan tot projectielen. Een voetgangerslicht zwiepte als een piñata aan zijn snoer, tot iemand het onder gejuich met een knuppel naar beneden trok. De agenten stonden twee straten verderop achter hun schilden en gooiden de stenen naar ons terug, terwijl hun traangas werd beantwoord door de regenboog van een molotovcocktail die in de lucht bleef hangen.

Dat waren de laatste dagen van de autonome zone.[9] Bij de volgende parlementsverkiezingen zou Syriza van de conservatieven verliezen. De nieuwe leider van Griekenland, een beleggingsbankier wiens vader premier was geweest, zwoer dat hij Exarchia zou schoonvegen en beloofde dat hij 'een heropleving van een nieuwe generatie terroristen niet zou tolereren'.[10] Het cordon van de oproerpolitie werd aangetrokken tot hun laarzen op het plein stonden.

En Exarchia zou de op een na populairste wijk van Athene op Airbnb worden.[11]

'Wat geeft het dat ze de kaarsen doven in kamers waar geliefden elkaar ontmoeten?' schreef de dichter Faiz. 'Als ze zo machtig zijn, laten ze dan de maan doven.'[12]

Op de laatste avond van de zesmaandenviering van Plaza had het kraakpand een diner en dansfeest georganiseerd waar iedereen welkom was. Omar en ik hadden keukencorvee en Shero, de Koerdische kok, maakte gebraden kip met rijst. Om het evenement een formeel tintje te geven bedienden we de mensen in de eetzaal, waarbij we onze dienbladen boven de spelende kinderen tussen de tafels uit tilden. Shero's klapstuk, zelfgemaakt ijs met kardemom, werd onder algemeen applaus naar binnen gedragen. Na het hectische corvee zaten Omar en ik met de anderen van de keukenploeg op het keukenbalkonnetje en gaven we een stalen mengkom met het overgebleven ijs aan elkaar door, waarbij we het metaal tegen elkaars bezwete voorhoofd drukten. Het was bijna volle maan.

Toen we klaar waren met schoonmaken, stond de band gereed aan het eind van de eetzaal, waaruit tafels en stoelen waren verwijderd. Olga, de activist, liep naar de microfoon; de bewoners bleven maar voor haar juichen wanneer ze probeerde te spreken, tot de grap flauw werd en ze ons strak aankeek met haar bekende no-nonsenseblik, waardoor we nog harder lachten. Toen we eindelijk kalmeerden stelde ze de band voor, een Koerdische groep, en legde ze uit dat die was uitgenodigd uit solidariteit met een linkse partij in Turkije waarvan de leiders waren opgepakt. Het was een eenvoudig gebaar tegen overheidsrepressie, maar het had ons die avond samengebracht. Misschien was dat wat 'geen grenzen' betekende: dat je kon beginnen met je gevoel, met je buren, in je stad.

Gesteund door een drummachine maakten de zanger, gitarist en toetsenist feestmuziek zoals je die op Koerdische trouwfeesten hoort, waarbij de zanger de menigte opjut, terwijl de gitaar stuiterde en de synthesizer loops wierp. De Koerden vormden een kring, mannen en vrouwen haakten aan en dansten met de klok mee in een *three-step*: twee stappen naar rechts, één schop naar links. Boven op dat ritme kan een heel scala aan bewegingen ontstaan en naarmate de menigte groter wordt, roteren concentrische cirkels in tegengestelde richtingen, terwijl in de lege centrale ruimte mensen om beurten schoppen en draaien, met een sjaal strakgetrokken tussen opgestoken vingers.

De Koerden begonnen op hun eigen manier, maar de anderen sloten zich aan en toen werd het vrij dansen. Een Afghaanse bewoner, met zijn jonge zoontje op zijn schouders, leidde zijn groep naar binnen; de *attan*-dans was niet heel anders. De oude Hajji uit Iran danste traditionele Khuzistani-passen of gewoon zijn eigen repertoire, met kromme rug en fladderende handen. Zied hees Rabi uit Syrië op zijn schouders, dus ik zette Carles op de mijne, en naast lokfluitjes voegden we een verticale laag aan de cirkels toe.

Als we de liefde begrepen, zei Kierkegaard, zouden we niet gecommandeerd hoeven worden.[13] De waarheid die we in Plaza zochten was nog niet op deze wereld gearriveerd; misschien zouden we er slechts fragmenten van vinden. Toch streefden we op dat moment naar eenheid, terwijl we samen rondtolden en de nummers steeds zweteriger werden. In het voorbijgaan zag ik Omar in de buitenste kring staan bij de handenklappers en telefoonfilmers, met zijn armen over elkaar. Ik ving zijn blik en riep zijn naam, maar hij keek alleen toe, terwijl er gedurende alle wervelingen een glimlach rond zijn lippen speelde.

21

Toen het winter werd, vreesde Omar dat hij nooit uit Griekenland zou ontsnappen. Ik hoorde hem aan de telefoon met Maryam in Istanbul klagen over het gevaar van onder de vrachtwagens kruipen, de risico's van valse documenten gebruiken op het vliegveld. De rechter in Patras had hem vrijgelaten, maar nu had hij een strafblad en de volgende keer zou hij vast minder geluk hebben.

Hij lag meer dagen op bed, met zijn Samsung tegen zijn neus gedrukt, alsof hij die door het scherm heen wilde duwen. Ik had de smartphone voor hem gekocht voor onze reis; hij had er nog nooit een gehad en viel nu als een blok voor Facebook. Telkens als ik zijn kamer in liep moest hij dringend iets grotesks aan me laten zien, een virale videoclip die bewees dat djinns echt bestonden, of een vrouw die door een mensenmenigte in Guatemala werd vertrapt en in brand gestoken. Zijn familieleden in Afghanistan plaatsten berichten over zelfmoordaanslagen; zijn vrienden die het Westen hadden bereikt schreven over hun eenzaamheid en de treurnis van hun uitzichtloze banen. De enige persoon die Omar wilde zien, zat helemaal niet op Facebook. Laila had haar mobieltje nog steeds niet teruggekregen van haar vader en Omar had haar sinds zijn vertrek uit Kabul niet meer gesproken. Hij had alleen meldingen van buren die haar op straat hadden gesignaleerd. De zin van zijn odyssee hing van haar af: of hij een vrouw, een gezin en een thuis zou hebben. Anders zou hij eenzaam door de wildernis zwervend eindigen.

Ik merkte steeds vaker dat hij naar Céline Dion luisterde:

Near, far, wherever you are
I believe that the heart does go on[1]

Telkens wanneer ik binnenkwam en Omar daar zag liggen, met zijn neus in Facebook, voelde ik een steek van irritatie. Wat voor hoofdpersoon was hij? Nasim vroeg me waarom Omar niet actiever meehielp in het kraakpand; de Afghanen hadden net zo iemand nodig als Rabi, de Syriër die bij de receptie hielp, iemand die Engels sprak en Europa begreep, die met de activisten demonstreerde en de liefde bedreef met vrijwilligsters, een echte held.

Omar en ik begonnen te kibbelen over onbenulligheden, zoals het opruimen van de kamer. Toen hij om geld vroeg voor meer mobiele data maakte ik een rotopmerking over Facebook. De rest van de dag spraken we niet met elkaar.

Ik hield mezelf onledig met corvees als uien snijden in de keuken of de ramen in het trappenhuis dichtmaken met ijzerdraad, nadat ik een paar kinderen had betrapt die op de vijfde verdieping naar buiten klommen. Ik vond de willekeurige stroom van het gemeenschapsleven wel aangenaam. Ik kon mezelf nuttig maken als vertaler voor de artsen die het kraakpand bezochten. Bij vrouwelijke patiënten zat ik op een krukje met mijn gezicht naar de hoek, terwijl mijn stem innerlijke pijn, een haperend hart, of een ziektegeschiedenis met kanker, psychosomatische aanvallen of zelfverminking was. Bij sommige dromers in Plaza waren het duizend-en-een dezelfde nachten, het vliegtuig in de lucht, de dichtslaande vuilniscontainer in de steeg. Maar in Europa was de oorlog voorbij.

We hadden moed nodig om zowel het leven als de dood aan te kunnen. Zied werd door nachtmerries geplaagd en moest stoppen met vertalen voor de Syriërs en de psycholoog. Hij wilde weer kunnen slapen. Hij overwoog terug te vliegen naar Tunesië, zodat hij kon uitrusten, vertelde hij. Vijf jaar voor we elkaar ontmoetten, had Zied gedobberd in de duizendenmensenzee rond het ministerie van Binnenlandse Zaken in zijn stad Tunis, waar de roep van het volk om 'brood, vrijheid en waardigheid' de grond had doen schudden. Een paar jaar later zou mijn vriend Zied vrijwilliger worden op de reddingsschepen voor de Libische kust, migranten met lichamen vol bezinebrandwonden uit het water trekken: mannen die hun oversteek hadden verdiend in goudmijnen in de woestijn, vrouwen die voor hun vertrek anticonceptie-injecties namen. Wat is thuiskomen wanneer je in één dag naar huis kunt vliegen?

Omar en ik konden nooit lang boos op elkaar blijven. We lagen wat op bed te praten over de nieuwste liefdesaffaires in het kraakpand toen hij een abrupte lach uitstootte. 'Niet te geloven, ik heb al een jaar geen vrouw meer gehad. Vroeger had ik dat minstens elke week nodig, anders werd ik gek.' Hij stond op, liep naar de balkondeur en stak een sigaret op. 'Hoe kan het dat ik zo sterk ben veranderd, helemaal ineens?'

Ik zei hem dat het prima was, positief zelfs, als hij niet meer zo'n schreeuwende behoefte aan seks had. Maar ik had verwacht dat hij gevoeliger zou zijn geweest voor de charmes van Athene, zo niet vanwege de vrouwen, dan wel vanwege de sfeer van vrijheid.

'Het komt doordat ik van haar hou,' zei hij.

Daar dacht ik even over na. Was dat de reden? Ik hield mijn twijfels over Laila voor me, omdat ik me er niet mee wilde bemoeien, maar als hij vroeg over het leven in het Westen, suggereerde ik soms hoeveel makkelijker het was om onafhankelijk te zijn en hoe lang en begrotelijk zijn klim naar boven zou zijn. Ik weet niet of hij luisterde; misschien praatte ik in mezelf. Nu wond ik er geen doekjes om. Waarom wist hij zo zeker dat hij van haar hield? Hij had maar weinig tijd met haar doorgebracht. Ze hadden niet eens openlijk over straat gelopen, laat staan een nacht naakt in elkaars armen gelegen. Ze kenden elkaar via de telefoon. Misschien hield hij alleen van zijn idee van haar. Misschien hield hij van een fantasiebeeld.

Hij zweeg, keek uit het raam en ik praatte verder. Zijn verlangen om met Laila te trouwen was opgekomen op het moment dat de rest van zijn leven in duigen viel, toen zijn vrienden en familieleden definitief uit Kabul vertrokken en het Amerikaanse visum een luchtspiegeling bleek te zijn. Was hij wanhopig op zoek naar iets anders wat hem een doel gaf? 'Ik wil alleen maar dat je niet zoveel opoffert voor iets wat misschien niet reëel is,' zei ik.

Hij draaide zich naar me toe.

'Het klopt dat zij nu mijn enige doel is,' antwoordde hij zachtjes. 'En ik moet voortdurend aan haar denken. Ik bel voortdurend haar vrienden en informeer naar haar, ook al weet ik dat ik daardoor een ezel lijk, iemand om medelijden mee te hebben.'

Hij kende zichzelf niet meer, zo diep zat hij in de put. Vroeger had hij gebruist van de levenslust, zo erg dat hij zijn jonge jaren had verdaan met feestjes en scharrels, terwijl zijn broers hun toekomst in Europa hadden veiliggesteld.

'Wie ben ik? Wat is er met me gebeurd?' Nu bekeek hij zichzelf in de spiegel. 'Kijk me aan! Wie ben jij?' Zijn spiegelbeeld lachte triest.

Het licht buiten was gedimd. Door de muur heen konden we horen hoe onze Syrische buren ruzie maakten. Omar zuchtte. 'Zelfs als naar Europa reizen een vergissing blijkt te zijn, als ik hier aan de grond raak of terugga naar Kabul, zal ik nooit vergeten hoe jij me hebt geholpen. Je bent een echte vriend. Je hebt me geholpen met een zuiver hart.'

Ik keek omlaag naar het tapijt. 'Ga gewoon naar waar je heen wilt, en dan staan we quitte, hè? Ik hoef geen bedankjes. Vind gewoon jezelf weer terug en word gelukkig. Meer wil ik niet.'

'Ik moet veranderen, broer. Ik wil veranderen.'

'Ik weet het. Dat gebeurt wel als je aankomt op je bestemming.'

Toen ik ruim een jaar geleden voorstelde om over onze reis te schrijven, wisten we geen van beiden hoe die zou aflopen. Ja, Omar wilde naar Italië, maar het lot kon hem net zo makkelijk ergens anders heen voeren. Maar we hadden niet gedacht dat de reis zo lang zou duren. Ik had me voorgesteld dat ik tijd zou hebben om een poosje bij Omar te blijven als hij zijn eindbestemming eenmaal had bereikt; misschien een illegaal baantje krijgen terwijl hij asiel aanvroeg, samen in de goot levend, hij uit noodzaak en ik uit vrije wil. Ik had zelfs gefantaseerd over zelf een asielaanvraag doen. Ik kon opnieuw beginnen als Habib, jarenlang als hem leven, een heel leven lang. Kon een mens dat nog steeds doen? Of zouden de vingerafdrukken van Matthieu me op een dag tegenkomen en de politie naar mijn voordeur brengen? We begonnen aan een nieuw tijdperk van biometrische surveillance, waarin de reis die ik undercover had afgelegd onmogelijk zou worden.

We hebben allemaal dingen die we aan onszelf zouden willen veranderen en het is verleidelijk om je voor te stellen dat dat met één snelle beweging gebeurt. Dat was de droom achter de migratie: een nieuw begin. De reis was een voorspel. Het leven kwam later en zou misschien zwaarder en hartverscheurender zijn dan de smokkelaarsroute.

Maar in werkelijkheid kun je jezelf niet achterlaten. Je krijgt maar één verhaal, dat je met wijsheid achteraf vertelt. Je keuzes en toevallige ontmoetingen, de bevende hand van een ander, ze zijn allemaal relevant omdat ze ergens naartoe leiden. Alasdair MacIntyre definieerde de mens als een 'dier dat verhalen vertelt'; onze eindes schenken ons betekenis.[2]

En toch bijten die eindes zichzelf in de staart. Als Omars eind van deze reis een begin was, zou ik ook opnieuw aan de reis moeten beginnen, die opnieuw moeten beleven tot hij in taal was veranderd en de persoon die ik was geworden een personage op de bladzijde was.

'Kom je hierna niet terug?' vroeg Ruby me. 'Word je geen deel van de Beweging?' We zaten alleen op de heuvel boven Exarchia te praten over de gemeenschap die zich rond Plaza had gevormd en over de vraag of die zou standhouden. Net als de anderen wist Ruby dat ik een boek aan het schrijven was, maar ik had haar het geheim van mijn ontsnapping van Lesbos verklapt en verteld dat ik me nog steeds een bedrieger voelde in het kraakpand, hoewel dat niet door mijn valse identiteit kwam.

'Ik weet niet wat ik ga doen', antwoordde ik. Ze keek me met mededogen aan en zweeg, met haar slanke armen om haar knieën geslagen. Ruby, zo liefdevol voor de kinderen van vreemden, zou een paar jaar later zelf moeder worden. Ik zou teruggaan naar New York.

Geen vrachtwagens, besloot Omar. Hij zou het vliegveld proberen met valse documenten. De tarieven van de smokkelaars waren sinds hun piek in de afgelopen zomer gezakt. Maar als hij ging vliegen, kon hij overal naartoe – dat was de magie van vliegvelden. Wilde hij echt uitkomen in Italië, waarvan hij had gehoord dat werk daar bijna net zo moeilijk te krijgen was als in Griekenland? Hij wilde een vak leren, zodat hij een gezin kon onderhouden. Als hij in een rijk land als Duitsland of Zweden geaccepteerd werd, zou hij financiële steun krijgen om te studeren. De asielprocedure zou tijd kosten, maar er was geen garantie dat Italië sneller zou zijn. Hij moest geduld hebben en erop vertrouwen dat Laila zou wachten. Op die manier zou hij haar familie meer te bieden hebben.

'Wat het verlangen ook van het hart aftrekt,' schreef Rumi, 'zal het in ruil daarvoor beter terugbrengen.'[3]

Als Omar ging vliegen, was het niet slim om hem door het hele vliegveld te volgen. Het viel onmogelijk te zeggen hoelang hij zou moeten wachten tot een smokkelaar hem stuurde. Kerstmis kwam eraan, dus we maakten een afspraak; ik zou tijdens de feestdagen naar huis gaan en als Omar na Nieuwjaar nog altijd vastzat in Athene, zou ik terugkomen. Anders zou ik hem opzoeken in zijn nieuwe land, waar dat ook was.

Toevallig verliet onze Iraanse vriend Firouz Griekenland als eerste. Hij vloog met een vals paspoort naar Duitsland, waar zijn vrouw en dochter op hem wachtten. Zijn succes bemoedigde Omar, die toen zijn eigen smokkelaar vond, een arrogante jonge Afghaan die in Griekenland was opgegroeid. De man sprak met

Omar af achter in een Chinese winkel bij Victoria. Zijn prijs was vierduizend euro, die in bewaring werd gegeven, en Omar kon het blijven proberen tot het lukte – tenzij hij naar de gevangenis ging natuurlijk. Toen de smokkelaar zag hoe Europees Omar eruitzag, moest hij lachen en sloeg hij hem op de schouder. 'Jij komt er wel doorheen, 100 procent,' zei hij. 'Als jij het niet redt, ga ik ander werk zoeken.'

Ik pakte mijn weinige bezittingen in en nam afscheid van Nasim, Zied en de anderen. Op de trap naar beneden bleef ik op de tussenverdieping even stilstaan bij de rij portretten en probeerde het tafereel in mijn geheugen in te prenten. Het kraakpand was een vluchthaven geworden voor allerlei ontheemden, een houvast in de stad tegen de middelpuntvliedende krachten van opsluiting, deportatie, gentrificatie en alles wat mensen dwong naar het uiteinde van de treinrails, naar de overheidskampen en de saaie voorsteden. Maar Plaza was niet permanent, dat wisten we allemaal. Zelfs nu al verspreidden we ons. We vinden elkaar alleen om elkaar te verliezen.

Omar wachtte op de stoep onder het bord op me. Jaren geleden had ik hem in hotel Mustafa gezien, een onbekende. Nu stonden de tranen in zijn ogen. We omhelsden elkaar stevig; toen moest ik gaan.

Het hawala-netwerk in Athene stond in contact met dat in Istanbul, dus Maryam kon de smokkelaar daar betalen. Omar belde zijn moeder en legde uit waar ze het geld heen moest brengen.

'Ik ga vliegen zodra de smokkelaar gereed is, moeder.'

'Moge God je behoeden.'

Maryam wist dat haar zoon gevangenisstraf riskeerde, maar ze kon alleen maar bidden. Haar geloof was sterk. Had God niet al haar zes kinderen de hele oorlog lang behoed, terwijl zoveel moeders de hunne hadden verloren? Maryam had Omar als pasgeboren kind het kamp in Pakistan in gedragen en een heuvelwand vol kleine graven gezien. Nu was hij een man in Europa. Hun levenslot bestond uit armoede en geweld, maar ze had geweigerd dat te accepteren. Ze waren Afghanen, maar ook mensen. Hoewel overleven afscheid had betekend, geloofde Maryam dat ze ooit allemaal weer bij elkaar zouden zijn. Zij en de anderen zouden haar zoon volgen, zelfs als ze het water moesten oversteken.

Ik moest terug naar Triëst om de laptop en tassen die ik daar eerder die zomer had achtergelaten op te halen, dus ik besloot de pont te nemen. Het was een nachtvaart naar Italië vanaf Patras, maar ik had tijd nodig om na te denken. Ik kocht mijn kaartje in het centrum, niet ver van de oude begraafplaats aan het Kotziaplein. Bij het hek rond de archeologische opgraving kon je omlaagkijken tot in de open graven. Dit was een begraafplaats voor eenvoudige mensen; de skeletten van een andere opgraving bij Kerameikos hadden een gevarieerder dieet gehad.[4] Veel mensen hier zullen slaven geweest zijn, zonder eigen graf.[5] In de Klassieke Oudheid bestond misschien wel een derde van de Atheense bevolking uit slaven; ze waren onmisbaar voor de economie van de stadstaat. 'Want dat sommigen moeten heersen en anderen overheerst moeten worden, is niet alleen noodzakelijk, maar ook passend', schreef Aristoteles. 'Vanaf het uur van hun geboorte zijn sommigen aangemerkt voor onderworpenheid en anderen voor heerschappij.'[6]

Slechts een minderheid, de volwassen mannelijke burgers, mocht stemmen tijdens de vergadering. Net zoals het werk dat vrouwen thuis deden mannen vrije tijd schonk voor een publiek leven, was de slavernij het materiële fundament van de Atheense democratie; de filosoof Bernard Williams heeft betoogd dat de oude Grieken zich geen beschaving zonder slavernij konden voorstellen. 'Het effect van die noodzaak was veeleer', schreef hij, 'dat het leven verliep op grondslag van de slavernij en in feite geen ruimte bood aan de vraag hoe rechtvaardig dat was.'[7]

Toen zijn dag kwam, ging Omar naar het vliegveld. De smokkelaar trof zijn klanten een voor een op de parkeerplaats en gaf ze hun reisdocumenten. Omar kreeg een Bulgaars paspoort met zijn pasfoto erin en een boardingpass. Er waren twaalf mensen, hijzelf meegerekend, en ze waren allemaal geboekt op dezelfde vlucht naar Zwitserland. Daar zouden ze naar hun individuele reisdoel overstappen. Vrij ongebruikelijk was dat hun smokkelaar meevloog, samen met zijn vriendin, een modieus geklede jonge Griekse. Het was bijna Kerstmis en het stel ging op kerstvakantie in Zwitserland.

Deze keer wachtte Omar zorgvuldig een tijdje nadat de anderen naar binnen waren gegaan. Hij rookte op de parkeerplaats, ijsbeerde tussen auto's en dacht na over zijn eerdere kansen op Lesbos en Patras, zijn geluk en pech. Toen hij zover was betrad hij de terminal en voegde hij zich in de stroom naar de rijen voor de controles.

In Patras meende ik, terwijl mijn taxi langsreed, een paar van de smokkelaars bij de Panjshiri-fabriek te herkennen. We verlieten de snelweg en liepen naar de haven, waar ik de chauffeur betaalde en de rugzak op mijn rug hees. Het pontstation was bijna uitgestorven en terwijl ik naar de boardinggate liep, merkte ik dat de politieagent en beveiliger mij de maat namen. Ik had met deze kleding en dit uiterlijk waarschijnlijk oppassender moeten zijn, maar ik had niet de moed voor het script van vastberaden tred, oogcontact en arrogante glimlach. Ik viste gewoon mijn reisdocumenten uit mijn zak en reikte ze aan. De politieagent nam het paspoort, bladerde het door en liep toen het kantoortje in. Door de deuropening zag ik dat hij naar een computerscherm tuurde en mogelijk de lijst met gestolen documenten van Interpol controleerde. Een tweede bewaker ging achter hem staan voor het geval ik ervandoor rende. Onwillekeurig speelde zich voor mijn geestesoog een tafereel af: ik draaide me om, schopte hem in zijn kruis, deed een stap opzij en rende naar de uitgang; ik zou een voorsprong hebben, ik zou de parkeerplaats bereiken en waarschijnlijk over het hek heen komen.

Omar legde zijn koffer in de scanner, samen met zijn riem, telefoon, portemonnee, aansteker, sigaretten en kauwgom, en liep toen door de metaaldetector. Hij wachtte. Er was een probleem met zijn koffer. De vrouw vroeg of die van hem was. Hij haalde zijn schouders op. Hij sprak geen Engels. Hij kwam uit Bulgarije. Ze doorzocht hem en haalde een bus hairspray tevoorschijn, maakte excuses terwijl ze hem in beslag nam. Ze zei dat hij mocht gaan. Hij stopte zijn spullen weer in zijn zakken, greep zijn koffer en vervolgde zijn weg door de luchthaven.

Ik deed mijn paspoort weer in zijn leren hoesje en liep de loopplank op, rook het creosoot in de haven en hoorde de lijnen kraken terwijl ze onder spanning kwamen. Ik zocht me een weg door de scheidingswanden van het schip, liep de trap op, langs een zaal vol spiegels, bleef klimmen tot ik het open dek bereikte. Vanaf de hekreling zag ik hoe de vrachtwagens de pont op reden, met trailers die kletterden terwijl ze de helling op rolden. Helemaal aan het eind van het terrein zag ik een paar gestalten bij de omheining van de haven, die toekeken. Elke container zag er hetzelfde uit, een stalen kist.

Omar keek naar het nummer boven de gate en toen naar de mensen die er zaten, terwijl hij erop lette niet te lang bij één gezicht te blijven hangen. Hij telde acht klanten, hemzelf meegerekend, die het hadden gered. Tweeëndertigduizend euro. Het was inderdaad Kerstmis voor de smokkelaar. Omar ging zitten. Toen de passagiers mochten instappen, ging hij achter in de rij staan; de anderen waren al gepasseerd toen de stewardess zijn papier scande, zijn paspoort bekeek en fronste.

'Meneer,' zei ze, 'u hebt de boardingpass van iemand anders.'

Zelfs toen de witte stad in de verte was verdwenen bleef ik staan aan de reling en keek ik hoe het kielzog naar buiten kantelde en hoe het schuim implodeerde. De pont voelde zo stabiel als een eiland.

'Denk je dat het ooit weer helemaal *gadwad*, een chaos, zal worden?' had Maryam me ooit in Istanbul gevraagd. Ze wilde weten of de grens open zou gaan. Zou de jubelroep terugkeren? Ik wist het niet, zei ik.

Maryam was bijna veertig jaar geleden vluchteling geworden, maar in Afghanistan woedde nog steeds een oorlog. In de toekomst zouden haar kleinkinderen haar verhaal hier aan hun kinderen vertellen, aan Europeanen. Maar hoewel Maryams verhaal was geïnspireerd door de tegenslagen die ze had overwonnen, was het ook een eerbetoon aan de velen die waren verdwenen. Zo geven onze verhalen fragmenten van anderen door, net zoals wij de genen van onze broers en zussen doorgeven, zelfs als die kinderloos blijven. 'We zijn een synthese van overwinnaars en overwonnenen,' schreef Gloria Anzaldúa, 'een mengsel dat bewijst dat al het bloed nauw met elkaar verweven is.'[8] We zijn allemaal verwant aan migranten.

Ver voor de boeg hield de kustlijn op en verscheen een streep horizon op het zuiden, gloeiend in het laatste licht. Achter die curve lag het parcours van onze reis: de platgebombardeerde steden en hongerige dorpen, de woestijn en bergen, de inktzwarte zee, de eilanden waar kinderen zich aan de buik van vrachtwagens vastklampten. De avond viel nu op de ondergrondse, Maryam zei haar maghribgebeden, Malik maakte overuren in het naaiatelier en Zulmay en Raja strekten zich uit in hun tent in Moria. Anderen gingen op pad, de duisternis in, net zoals wij dat hadden gedaan.

Een koud gevoel verspreidde zich in Omars borst; de smokkelaar had hem de verkeerde boardingpass gegeven. Hij knipperde met zijn ogen, opende zijn handpalmen hulpeloos. De vrouw zei hem te wachten terwijl de andere passagiers instapten. Er verschenen twee politieagenten.

'Bulgarije, Bulgarije, geen Engels,' zei Omar. Hij gaf hun het paspoort en glimlachte.

Wat ons ook scheidt, we reizen op het oppervlak van een bol. Ik weet dat onze wegen elkaar zullen kruisen.

De agent gaf Omar het paspoort terug en knikte tegen de grondstewardess. Haar machine spuwde een nieuwe boardingpass uit. Ze gebaarde dat hij door de gate mocht.

God sloeg hen met blindheid.

Het gordellampje knipte aan. Enkele uren verstreken.

In de diepte waren bergen, besneeuwde pieken die steiler waren dan die in zijn eigen land. Dit was Zwitserland; Omar herkende het uit de Bollywoodfilms, met hun liefdesduetten in de dalen. Maar in plaats van Abhishek Bachchan en Karishma Kapoor zongen hij en Laila het lied dat hij ooit voor haar zou zingen:

Zie de tekenen van het wisselende jaargetij
Zo alleen kan ik niet leven[9]

Hij hield van haar. Ik begreep het niet, maar dat vergaf hij mij. Het was tenslotte zijn leven. Hij zou een land gaan vinden en een huis maken. Hij zou de taal leren, dankbaar zijn, maar niet zijn trots kwijtraken en wanneer hij het recht had verworven om te reizen, zou hij teruggaan om haar op te halen.

Handelde hij uit noodzaak of uit vrijheid? Het een sloot het ander niet uit. Wat is het leven anders dan een zoektocht naar onze geliefde?

Epiloog

In 2019, na de verkiezing van een conservatieve Griekse regering, sloot City Plaza uit eigen beweging de deuren.

In september 2020 brandde het kamp in Moria volledig af. De Griekse overheid is begonnen met de bouw van nieuwe, meer permanente voorzieningen.

In mei 2021 zaten er 13.000 asielzoekers vast op de Griekse eilanden.

Op 15 augustus 2021 namen de Taliban Kabul in en stuurden ze een nieuwe golf Afghaanse vluchtelingen in ballingschap.

Maryam, Farah, Suleyman en Jamal voeren met een rubberen reddingsboot van Turkije naar Griekenland en kregen uiteindelijk asiel in een ander land.

Laila en Omar zijn getrouwd en wonen in Europa met hun eerste kind.

Woord van dank

Dit boek is opgedragen aan Omar en zijn familieleden, die hun levens met mij deelden.

In zekere zin heb ik aan dit boek gewerkt sinds ik in 2008 de Amu Darja overstak. Sindsdien ben ik door allerlei mensen geholpen, te veel om hier op te sommen, in het bijzonder mijn vrienden in Afghanistan, Pakistan, Syrië, Irak, Libië en Jemen. Sommigen van hen zijn niet langer in leven.

In de loop van dit project, dat in het najaar van 2015 aanving, heb ik geprofiteerd van de vriendelijkheid en solidariteit van velen. Een paar van hen kan ik niet bij naam noemen. Ik ben vooral de volgende mensen dankbaar:

Rozina Ali, Noah Arjomand, Awista Ayub, Sayed Rahman Bekur, Peter Bergen, Victor Blue, Peter Bouckaert, Bette Dam, Berit Ebert, Fabrizio Foschini, Anand Gopal, Taya Grobow, Susan Kamil, Sarah Leonard, Melanie Locay, Nasim Lomani, Nick McDonell, Shaheryar Mirza, Fazal Rahman Muzhary, Samuel Nicholson, Ilya Poskonin, Zarka Radoja, Siavash Rahbari, Graeme Smith, Katerina Tsapopoulou, Matthaios Tsimitakis, Waheed Wafa en Thomas Wide.

Ik wil mijn dank uitspreken aan de volgende instellingen en de gulheid van hun donateurs, die me in staat stelden om bijna vijf jaar onafgebroken aan dit boek te werken: Type Media Center (voorheen het Nation Institute) en de Lannan Foundation, die me in Marfa ook ontvingen als gastschrijver; New America, de Eric and Wendy Schmidt Foundation, Southern New Hampshire University; het Edward R. Murrow Fellowship van de Council on

Foreign Relations; de Berlin Prize van de American Academy in Berlijn; en de American Library in Parijs. Ik dank ook het Frederick Lewis Allen Room-programma van de New York Public Library.

Verder mijn dank aan mijn redacteur Noah Eaker en de redactionele medewerkers bij Harper, aan Jacques Testard en Fitzcarraldo Editions in het Verenigd Koninkrijk, aan Edward Orloff van McCormick Literary, en aan Kyle Paoletta voor het factchecken van het manuscript.

Ten slotte dank ik mijn eigen gezin voor hun onwankelbare liefde en steun.

Een opmerking over bronnen en methoden

Tijdens het schrijven van dit boek heb ik me gehouden aan wat John Hersey 'het bijschrift op de vrijheid' noemde: niets hiervan is bedacht. De enige details die ik heb veranderd zijn de pseudoniemen die ik heb gebruikt om mensen te beschermen, om te beginnen Omar en zijn familieleden.

Op 28 augustus 2016 vertrokken we vanuit Kabul naar Nimroz. Mijn belangrijkste bronnen over onze reis waren de ruim zestigduizend woorden die ik op mijn smartphone noteerde, een bijna dagelijks klusje dat me minder zwaar viel dan ik had verwacht, omdat iedereen tegenwoordig zo druk bezig is met zijn telefoon, plus foto's en filmpjes die ik maakte en van anderen kreeg. Onze reis eindigde eind 2016, en in de vier jaar daarna heb ik vervolginterviews gedaan en ben ik als journalist vele malen teruggereisd naar de plekken waar we waren geweest. Dat materiaal heb ik voorgelegd aan een factchecker.

Ik heb ook geput uit het werk van deskundigen uit vakgebieden als geschiedenis, antropologie en migratiestudies, evenals journalistieke verslagen en andere actuele bronnen. Verwijzingen daarnaar staan in de eindnoten.

Pseudoniem en hoofdstuk van eerste vermelding

Noten

1

1 'Sea Arrivals Data, Greece', Operational Data Portal, Hoge Commissaris voor de Vluchtelingen (UNHCR).
2 Emmarie Huetteman, '"They Will Kill Us": Afghan Translators Plead for Delayed U.S. Visas', *The New York Times*, 9 augustus 2016.
3 John Berger, *Hold Everything Dear: Dispatches on Survival and Resistance* (New York: Vintage, 2008), p. 94.

2

1 Matthieu Aikins, 'Doctors with Enemies', *The New York Times Magazine*, 17 mei 2016.
2 Matthieu Aikins, 'The Master of Spin Boldak', *Harper's*, december 2009.
3 Department of Defense, *Report on Progress Toward Security and Stability in Afghanistan*, juni 2008, p. 20.
4 Ruhullah Khapalwak en Carlotta Gall, 'Taliban Kill Afghan Interpreters Working for U.S. and Its Allies', *The New York Times*, 4 juli 2006.
5 Graeme Smith, *The Dogs Are Eating Them Now: Our War in Afghanistan* (Toronto: Knopf Canada, 2013), p. 55.
6 Ik heb over de reis geschreven in 'Unembedded in Afghanistan', *The Coast*, 1 oktober 2009.
7 National Public Radio, 'Transcript of Barack Obama's Victory Speech', 5 november 2008.
8 United Nations Office on Drugs and Crime (UNODC), *The Global Afghan Opium Trade: A Threat Assessment*, juli 2011.
9 Ik schreef over Raziqs moordpartijen in 'Our Man in Kandahar', *The Atlantic*, november 2011.
10 Congressional Research Service, *Department of Defense Contractor and Troop Levels in Afghanistan and Iraq: 2007–2020*, 22 februari 2021, p. 7.
11 Mark Landler, 'The Afghan War and the Evolution of Obama', *The New York Times*, 1 januari 2017.

3

1 Bette Dam, *A Man and a Motorcycle: How Hamid Karzai Came to Power* (Utrecht: Ipso Facto, 2014).
2 Congressional Research Service, *Department of Defense Contractor and Troop Levels in Afghanistan and Iraq: 2007-2020*, 22 februari 2021; Artemy M. Kalinovsky, *A Long Goodbye: The Soviet Withdrawal from Afghanistan* (Cambridge: Harvard University Press, 2011), p. 42.
3 David Petraeus, 'Multinational Force–Iraq Commander's Counterinsurgency Guidance', *Military Review*, september-oktober 2008, p. 3.
4 Amy Belasco, 'The Cost of Iraq, Afghanistan, and Other Global War on Terror Operations Since 9/11', Congressional Research Service, 8 december 2014, p. 19.
5 Sarah Stillman, 'The Invisible Army', *The New Yorker*, 30 mei 2011.
6 Hafez Shirazi, 'Ay Padesha Khuban', Ghazal 493.
7 Rumi, *The Quatrains of Rumi: Complete Translation with Persian Text*, vert. Ibrahim W. Gamard en A.G. Rawan Farhadi (San Rafael, Californië: Sufi Dari Books, 2008), p. 657, 670.
8 Martin Buber, *I and Thou*, vert. Walter Kaufmann (New York: Charles Scribner's Sons, 1970), p. 154.
9 Rumi, 'Man Mast to Diwana', Ghazal 2309, *Divan-e Shams*.
10 Franklin Lewis, 'Hafez and Rendi', *Encyclopedia Iranica*, deel XI, fasc. 5, p. 483-491.
11 Rumi, 'Ay Qawm ba Haj Rafta', Ghazal 648, *Divan-e Shams*.
12 'Mausam Ki Tarah', uit de film *Jaanwar*.
13 Credit Suisse, 'Global Wealth Report 2019', oktober 2019.
14 Purchasing power parity, uit data Wereldbank.
15 Branko Milanovic, *Capitalism, Alone: The Future of the System That Rules the World* (Cambridge: Belknap, 2019), p. 129.
16 Gabriel Zucman, *The Hidden Wealth of Nations: The Scourge of Tax Havens*, vert. Teresa Lavender Fagan (Londen: University of Chicago Press, 2015), p. 53; Al Jazeera Investigative Unit, 'Exclusive: Cyprus Sold Passports to "Politically Exposed Persons"', Al Jazeera, 28 augustus 2020.
17 Atossa Araxia Abrahamian, *The Cosmopolites: The Coming of the Global Citizen* (New York: Columbia Global Reports, 2015); Transparency International and Global Witness, 'European Getaway: Inside the Murky World of Golden Visas', 1 september 2018.
18 Frantz Fanon, *Les damnés de la terre* (Parijs: François Maspero, 1970), p. 150.

4

1 Internal Displacement Monitoring Centre, *Global Internal Displacement Database*.
2 David Scott FitzGerald, *Refuge beyond Reach: How Rich Democracies Repel Asylum Seekers* (Oxford: Oxford University Press, 2019), p. 10, 21, 164.
3 Het slechtste, volgens de Henley Passport Index van 2020.

4 Ahmad Zahir, 'Zendagi Akher Sarayad'.
5 David Edwards, *Before Taliban: Genealogies of the Afghan Jihad* (Berkeley: University of California Press, 2002), p. 32.
6 Russische generale staf, *The Soviet-Afghan War: How a Superpower Fought and Lost*, red. Lester W. Grau en Michael A. Cress (Lawrence: University Press of Kansas, 2002), p. 29; Louis A. Wiesner, *Victims and Survivors: Displaced Persons and Other War Victims in Viet-Nam, 1954–1975* (Westport: Greenwood Press, 1988), p. 349, 355.
7 Rüdiger Schöch, 'Afghan Refugees in Pakistan During the 1980s: Cold War Politics and Registration Practice', *New Issues in Refugee Research*, onderzoeksdocument nr. 157, juni 2008.
8 Muhammad Yousaf en Mark Adken, *Afghanistan: The Bear Trap: The Defeat of a Superpower* (Philadelphia: Casemate, 1992), p. 138.
9 UNHCR, *The State of the World's Refugees, 2000: Fifty Years of Humanitarian Action* (Oxford: Oxford University Press, 2000), p. 119.
10 Gil Loescher, *The UNHCR and World Politics* (New York: Oxford University Press, 2001), p. 45.
11 Loescher, *The UNHCR and World Politics*, p. 44, 64.
12 Gil Loescher en John Scanlan, *Calculated Kindness: Refugees and America's Half-Open Door, 1945 to the Present* (New York: Free Press, 1986), p. 85, 171.
13 Cijfers over de crisis in Indochina van de UNHCR, *State of the World's Refugees, 2000*, hoofdstuk 4 en 6.
14 W. Courtland Robinson, *Terms of Refuge: The Indochinese Exodus and the International Response* (Zed Books, 1998), p. 43, 60.
15 Samuel Moyn, *The Last Utopia: Human Rights in History* (Cambridge: Belknap, 2010).
16 'Auch einen Zuhälter retten', *Der Spiegel*, 18 oktober 1981.
17 Emmanuel Levinas, 'Peace and Proximity', *Basic Philosophical Writings*, red. Adriaan T. Peperzak et al. (Bloomington: Indiana University Press, 1996), p. 167.
18 Jean Raspail, *Le camp des saints* (Parijs: Éditions Robert Laffont, 1973), p. 280, 343, 107, 111, 214.
19 Claro Cortes, 'Vietnamese Refugees Allowed Ashore after Resettlement Pact with Canada', Associated Press, 23 juni 1990.
20 Deborah Lehman, 'Waiting's the Hardest Part', *Times-Colonist* (Victoria, British Columbia), 30 november 1984.
21 Thomas Hatton en Jeffrey Williamson, *The Age of Mass Migration: Causes and Economic Impact* (New York: Oxford University Press, 1998), p. 7.
22 Gary Y. Okihiro, *The Columbia Guide to Asian American History* (New York: Columbia University Press, 2001), p. 111.
23 Greg Robinson, *By Order of the President: FDR and the Internment of Japanese Americans* (Cambridge: Harvard University Press, 2003), p. 40-41.
24 Alice Yang Murray, *Historical Memories of the Japanese American Internment and the Struggle for Redress* (Stanford: Stanford University Press, 2008), p. 76.
25 Ik ben mijn moeder en haar broers en zussen dankbaar voor het delen van de familiegeschiedenis waarover ik in dit hoofdstuk schrijf, vooral Louise Ander-

son, die tientallen jaren documenten en mondeling doorgegeven verhalen heeft verzameld.

26 John Hersey, 'Commentary', in *Manzanar*, red. John Armor en Peter Wright (New York: Times Books, 1988), p. 7, 70.

27 Greg Robinson, *A Tragedy of Democracy: Japanese Confinement in North America* (New York: Columbia University Press, 2010), p. 154-157, 192.

28 C.K. Doreski, '"Kin in Some Way": The *Chicago Defender* Reads the Japanese Internment, 1942–1945', in *The Black Press: New Literary and Historical Essays*, red. Todd Vogel (New Brunswick: Rutgers University Press, 2001), p. 173.

29 James McWilliams, 'The Lucrative Art of Chicken Sexing', *Pacific Standard*, 14 december 2017; Ryan Masaaki Yokota, 'Japanese American Chick Sexers in Chicago', *Discover Nikkei*, 28 september 2016.

30 Cherstin Lyon, 'Loyalty Questionnaire', *Densho Encyclopedia*.

31 Nell Irvin Painter, *The History of White People* (New York: Norton, 2011), p. 389.

32 Amy Kaufman, 'The Reality of Tila Tequila's Situation', *Los Angeles Times*, 14 maart 2010; Asawin Suebsaeng, 'White Nationalists and Nazi-Saluting Tila Tequila Toast "Emperor Trump" in Washington, DC', *Daily Beast*, 19 november 2016.

33 UNHCR, *The State of the World's Refugees, 2000*, p. 116, 119.

34 Loescher, *The UNHCR and World Politics, 7*.

35 Bernard-Henri Lévy, *Réflexions sur la guerre, le mal et la fin de l'histoire* (Parijs: Bernard Grasset, 2001), p. 28.

36 'Tribal Turmoil', *The Times*, 27 april 1992.

37 Vert. Wali Ahmadi, *Modern Persian Literature in Afghanistan: Anomalous Visions of History and Form* (New York: Routledge, 2008), p. 121.

38 White House, 'President Bush Statement with Afghanistan's President Karzai', 12 september 2002.

39 Jeffrey Ressner, 'Farhad Darya', *Time*, 26 november 2001.

5

1 Elyas Alavi, 'Marg dar inja chun gird dar hawast', *Etemad*, 24 Abaan, 1396 (15 november 2017), nr. 3955.

2 Matthew Savage et al., 'Socio-Economic Impacts of Climate Change in Afghanistan', Stockholm Environment Institute, december 2009.

3 Matthieu Aikins, 'Kabubble', *Harper's*, februari 2013.

4 Samuel Hall, 'Buried in Bricks: A Rapid Assessment of Bonded Labour in Brick Kilns in Afghanistan', International Labour Organization (ILO), 2011.

6

1 Peter Tinti en Tuesday Reitano, *Migrant, Refugee, Smuggler, Saviour* (Oxford: Oxford University Press, 2017), p. 83.

2 ABC News, 'FULL TEXT: Khizr Khan's Speech to the 2016 Democratic National Convention', 1 augustus 2016.

3 Mohsen Hamidi, 'The Two Faces of the Fatemiyun (1): Revisiting the Male Fighters', Afghanistan Analysts Network, 8 juli 2019.

4 Annie Jacobsen, 'Palantir's God's-Eye View of Afghanistan', *Wired*, 20 januari 2021.

5 Loek Essers, 'Assange Names Country Targeted by NSA's MYSTIC Mass Phone Tapping Program', PC *World*, 23 mei 2014; Ryan Devereaux, Glenn Greenwald en Laura Poitras, 'The NSA Is Recording Every Cell Phone Call in the Bahamas', *The Intercept*, 19 mei 2014.

6 Louis Dupree, *Afghanistan* (Princeton: Princeton University Press, 1973), p. 241.

7 Elizabeth L. Cline, *Overdressed: The Shockingly High Cost of Cheap Fashion* (New York: Portfolio/Penguin, 2012), p. 5, 41.

8 Jack London, *The People of the Abyss* (New York: Archer House, 1963), p. 23, 19.

9 'Books of Travel and Social Study', *American Monthly Review of Reviews* 28, nr. 6, juli-december (New York: Review of Reviews, 1903), p. 762.

10 Seth Koven, *Slumming: Sexual and Social Politics in Victorian London* (Princeton: Princeton University Press, 2006), p. 61.

11 Richard Francis Burton, *Personal Narrative of a Pilgrimage to El-Medinah and Meccah*, deel 1 (Londen: Tylston and Edwards, 1893), p. 111.

12 Nikki R. Keddie, *Sayyid Jamal ad-Din 'al-Afghani': A Political Biography* (Berkeley: University of California Press, 1972), p. 10, 78.

13 Ali Akbari, *The Illegal Journeys: From East to West* (Bloomington: Xlibris, 2011), p. 91.

14 Asad Haider, *Mistaken Identity: Race and Class in the Age of Trump* (New York: Verso, 2018), p. 79.

7

1 Matteo Renzi, 'Helping the Migrants Is Everyone's Duty', *The New York Times*, 22 april 2015.

2 Dawood Amiri, *Confessions of a People-Smuggler* (Brunswick, Victoria, Australië: Scribe, 2014), p. 109.

3 Alessandro Monsutti, *War and Migration: Social Networks and Economic Strategies of the Hazaras of Afghanistan* (Londen: Routledge, 2005), p. 160; David Mansfield, 'Catapults, Pickups and Tankers: Cross-Border Production and Trade and How It Shapes the Political Economy of the Borderland of Nimroz', Afghanistan Research and Evaluation Unit, september 2020.

4 Luke Mogelson, 'The Scariest Little Corner of the World', *The New York Times Magazine*, 12 oktober 2012.

5 Human Rights Watch, 'Unwelcome Guests: Iran's Violation of Afghan Refugee and Migrant Rights', november 2013.

6 Shane Bauer, Josh Fattal en Sarah Shourd, 'How We Survived Two Years of Hell As Hostages in Tehran', *Mother Jones*, maart-april 2014.

7 BBC News, 'Afghanistan Fuel Tanker Crash Kills 73 in Ghazni Province', 8 mei 2016.

8 P. M. Fraser, *Cities of Alexander the Great* (Oxford: Clarendon, 1996), p. 132.

9 Louis Dupree, *Afghanistan* (Princeton: Princeton University Press, 1973), p. 286.
10 United Nations, 'Treatment of Conflict-Related Detainees in Afghan Custody: One Year On', januari 2013, p. 49; Rob Crilly, 'US General Criticised over Photo-Op with Afghan Cop Accused of Human Rights Abuses', *Telegraph*, 20 februari 2014.
11 Data UNODC.
12 David Mansfield, *A State Built on Sand: How Opium Undermined Afghanistan* (Londen: Hurst, 2016), p. 271.
13 James Tharin Bradford, *Poppies, Politics, and Power: Afghanistan and the Global History of Drugs and Diplomacy* (Ithaca: Cornell University Press, 2019), p. 131, 177, 187, 208.
14 Matthieu Aikins, 'Afghanistan: The Making of a Narco State', *Rolling Stone*, 4 december 2014.
15 John W. Whitney, *Geology, Water, and Wind in the Lower Helmand Basin, Southern Afghanistan*, Scientific Investigations Report nr. 2006-5182 (Reston, Virginia: US Geological Survey, 2006), p. 5, 19.
16 Robert Graves, *Goodbye to All That* (Londen: Penguin, 1960), p. 240.

8

1 Julien Lebel, 'Turkish Airlines: An International Strategic Instrument for Turkey', *Études de l'Ifri*, IFRI, (april 2020), p. 18.
2 Michel Serres, *La légende des anges* (Parijs: Flammarion, 1993), p. 8.
3 Matthieu Aikins, 'Whoever Saves a Life', *Matter*, 15 september 2014.
4 '6 Convicted for 2016 Istanbul Airport Attack That Killed 45', Associated Press, 16 november 2018.
5 Matthew Longo, *The Politics of Borders: Sovereignty, Security, and the Citizen after 9-11* (Cambridge: Cambridge University Press, 2017), p. 17, 141.
6 Tim Cresswell, *On the Move: Mobility in the Modern Western World* (Londen: Routledge, 2006), p. 240.
7 Patrick Kingsley, 'Turkey Detains 6,000 over Coup Attempt as Erdoğan Vows to "Clean State of Virus"', *The Guardian*, 17 juli 2016.
8 Howard Eissenstat, 'Erdoğan as Autocrat: A Very Turkish Tragedy', Project on Middle East Democracy, 12 april 2017, p. 13; Human Rights Watch, 'In Custody: Police Torture and Abductions in Turkey', 12 oktober 2017.
9 Amnesty International, 'The Human Cost of Fortress Europe: Human Rights Violations against Migrants and Refugees at Europe's Borders', 9 juli 2014.
10 Isabel Burton en W.H. Wilkins, *The Romance of Isabel Lady Burton* (Londen: Hutchinson & Co., 1897), p. 542.
11 Peter Gatrell, *The Making of the Modern Refugee* (Oxford: Oxford University Press, 2013), p. 18; Michael Marrus, *The Unwanted* (New York: Oxford University Press, 1985), p. 15.
12 Hannah Arendt, *The Origins of Totalitarianism* (New York: Harcourt, Brace & World, 1966), p. 296.
13 Immanuel Kant, 'Perpetual Peace: A Philosophical Sketch', *Kant's Political Writ-*

ings, red. Hans Reiss, vert. H.B. Nisbet (Cambridge: Cambridge University Press, 1971), p. 104.

14 Robert Schuman, 'The Schuman Declaration–9 May 1950'.

15 Herman van Rompuy en José Manuel Durão Barroso, 'From War to Peace: A European Tale', 10 december 2012.

16 Gerard de Nerval, *Voyage en Orient: Tome second* (Parijs: Le Divan, 1927), p. 275.

17 Gregory Feldman, *The Migration Apparatus: Security, Labor, and Policymaking in the European Union* (Stanford: Stanford University Press, 2011), p. 61; David Scott FitzGerald, *Refuge Beyond Each: How Rich Democracies Repel Asylum Seekers* (Oxford: Oxford University Press, 2019), p. 170.

18 Dirk Hoerder, *Cultures in Contact: World Migrations in the Second Millennium* (Durham: Duke University Press, 2002), p. 339.

19 Sandro Mezzadra en Brett Neilson, *Border as Method, or, The Multiplication of Labor* (Durham: Duke University Press, 2013), p. 19.

20 Pinar Gedikkaya Bal, 'The Effects of the Refugee Crisis on the EU-Turkey Relations', *European Scientific Journal* 12, nr. 8 (maart 2016); Stefan Alscher, 'Knocking at the Doors of "Fortress Europe": Migration and Border Control in Southern Spain and Eastern Poland', Center for Comparative Immigration Studies, working paper nr. 126, november 2005.

21 Johanna Sellman, 'A Global Postcolonial: Contemporary Arabic Literature of Migration to Europe', *Journal of Postcolonial Writing* 54, nr. 6 (2018), p. 752; Hakim Abderrezak, 'The Mediterranean Sieve, Spring and Seametery', in *Refugee Imaginaries: Research across the Humanities*, red. Emma Cox et al. (Edinburgh: Edinburgh University Press, 2020), p. 373.

22 Branko Milanovic, *Capitalism, Alone: The Future of the System that Rules the World* (Cambridge: Belknap, 2019), p. 156.

23 BBC News, 'Gaddafi Wants EU Cash to Stop African Migrants', 31 augustus 2010.

24 Kristen Ghodsee, *The Red Riviera: Gender, Tourism, and Postsocialism on the Black Sea* (Durham: Duke University Press, 2005), p. 85.

25 Reece Jones, *Violent Borders: Refugees and the Right to Move* (New York: Verso, 2016), p. 32.

26 Nadya Stoynova, Tihomir Bezlov et al., 'Human Smuggling in Bulgaria', in *Cross-Border Organised Crime: Bulgaria and Norway in the Context of the Migrant Crisis* (Sofia: Center for the Study of Democracy, 2017), p. 13; Michael Sontheimer en Barbard Supp, 'Avenging East Germans Killed in Bulgaria', *Der Spiegel*, 4 juli 2008.

27 Rick Lyman, 'Bulgaria Puts Up a New Wall, but This One Keeps People Out', *The New York Times*, 5 april 2015.

28 Jones, *Violent Borders*, p. 88.

29 Human Rights Watch, 'Bulgaria: Pushbacks, Abuse at Borders', 20 januari 2016.

30 Kapka Kassabova, 'Border Ghosts', *World Literature Today*, januari 2018.

31 Rumi, *Masnavi*, boek 2, regels 688, 700-701, 704, 706.

9

1 UNHCR, 'Global Trends: Forced Displacement in 2015'.
2 Margaret Piper, Paul Power en Graham Thom, 'Refugee Resettlement: 2012 and Beyond', *New Issues in Refugee Research*, research paper nr. 253, UNHCR (februari 2013).
3 Gary Troeller, 'UNHCR Resettlement: Evolution and Future Direction', *International Journal of Refugee Law* 14, nr. 1 (januari 2002).
4 Uğur Yıldız, *Tracing Asylum Journeys: Transnational Mobility of Non-European Refugees to Canada via Turkey* (Londen: Routledge, 2019), p. 44, 48.
5 Kemal Kirişci, 'Turkey's New Draft Law on Asylum: What to Make of It?' in *Turkey, Migration and the EU*, red. Secil Pacacı Elitok en Thomas Straubhaar (Hamburg: Hamburg University Press, 2012), p. 66.
6 Noah Arjomand, 'Afghan Exodus: Smuggling Networks, Migration and Settlement Patterns in Turkey', Afghanistan Analysts Network, 10 september 2016.
7 Dina Nayeri, *The Ungrateful Refugee: What Immigrants Never Tell You* (Edinburgh: Canongate Books, 2019), p. 6, 8.
8 Italo Calvino, *Invisible Cities*, vert. William Weaver (New York: Harcourt Brace, 1974), p. 135.
9 UNHCR, 'Refugee Status Determination: Identifying Who Is a Refugee,' 1 september 2005, p. 112-113.
10 Gegevens over alle positieve beslissingen over Afghanen in 2015 en 2017 afkomstig van Zweeds Immigratiebureau, met uitzondering van Dublin-gevallen.
11 Mijn analyse van de kansen van Farah en Shireen om in Canada, de VS en Europa asiel te krijgen is gebaseerd op immigratiestatistieken en gesprekken met deskundigen uit die landen.
12 Mert Kocak, 'Who Is "Queerer" and Deserves Resettlement?: Queer Asylum Seekers and Their Deservingness of Refugee Status in Turkey', *Middle East Critique* (2020), p. 42.
13 Didier Fassin, *Humanitarian Reason: A Moral History of the Present* (Berkeley: University of California Press, 2012), p. 87.
14 'Theresa May's Speech to the Conservative Party Conference – in Full', *The Independent*, 6 oktober 2015.
15 Shoshana Fine, *Borders and Mobility in Turkey: Governing Souls and States* (New York: Palgrave, 2018), p. 93, 120.
16 Ali Hamedani, 'Gay Mullah Flees Iran over Secret Same-Sex Weddings', BBC News, 7 juni 2016.

10

1 UNHCR, 'Iran Factsheet', februari 2016.
2 Vertaling auteur van online-tekst in Zuzanna Olszewska, *The Pearl of Dari: Poetry and Personhood among Young Afghans in Iran* (Bloomington: Indiana University Press, 2015), p. 57, 153.
3 Fariba Adelkhah en Zuzanna Olszewska, 'The Iranian Afghans', *Iranian Studies* 40, nr. 2 (2017), p. 154.

4 Human Rights Watch, 'Unwelcome Guests: Iran's Violation of Afghan Refugee and Migrant Rights', november 2013.
5 Alessandro Monsutti, *War and Migration: Social Networks and Economic Strategies of the Hazaras of Afghanistan* (New York: Routledge, 2004), p. 127, 137.
6 Olszewska, *The Pearl of Dari*, p. 22, 41-47.
7 Adnan Celik, 'Challenging State Borders: Smuggling as Kurdish Infra-Politics During "The Years of Silence"', in *Kurds in Turkey: Ethnographies of Heterogeneous Experiences*, red. Lucie Drechselova en Adnan Celik (Londen: Lexington Books, 2019), p. 169, 177, 181.
8 Ryan Gingeras, *Heroin, Organized Crime, and the Making of Modern Turkey* (Oxford: Oxford University Press, 2014), p. 117, 234, 241.
9 International Crisis Group, 'The PKK's Fateful Choice in Northern Syria', Middle East Report, nr. 176, 4 mei 2017.

11

1 Barbara Pusch, 'Bordering the EU: Istanbul as a Hotspot for Transnational Migration', in *Turkey, Migration and the EU: Potentials, Challenges and Opportunities*, red. Secil Pacacı Elitok en Thomas Straubhaar (Hamburg: Hamburg University Press, 2012), p. 174, 178.
2 Cemal Burak Tansel, 'National Neoliberalism in Turkey', *Dissent*, zomer 2019; Emily Canal, 'The Cities with the Most Billionaires', *Forbes*, 9 maart 2016.
3 Ahmet İcduygu, 'Turkey's Migration Transition and Its Implications for the Euro-Turkish Transnational Space', GTE Working Paper (Istituto Affari Internazionali), nr. 7, april 2014.
4 Kemal Kirişci, 'Border Management and EU-Turkish Relations: Convergence or Deadlock', CARIM Research Reports, Robert Schuman Centre for Advanced Studies, 2007.
5 Ayşem Biriz Karacay, 'Shifting Human Smuggling Routes along Turkey's Borders', *Turkish Policy Quarterly* 15, nr. 4 (winter 2017), p. 97-108; Kemal Kirişci, 'Will the Readmission Agreement Bring the EU and Turkey Together or Pull them Apart?', Centre for European Policy Studies, 4 februari 2014.
6 Zeynep Ozler, 'Breaking the Vicious Circle in EU-Turkey Relations: Visa Negotiations', *Turkish Policy Quarterly* 11, nr. 1 (2012), p. 130.
7 NAVO, 'Standing NATO Maritime Group Two Conducts Drills in the Aegean Sea', 27 februari 2016.
8 Patrick Radden Keefe, *The Snakehead: An Epic Tale of the Chinatown Underworld and the American Dream* (New York: Doubleday, 2009), p. 46.
9 Peter Tinti en Tuesday Reitano, *Migrant, Refugee, Smuggler, Saviour* (Oxford: Oxford University Press, 2017), p. 68.
10 Alessandro Monsutti, *War and Migration: Social Networks and Economic Strategies of the Hazaras of Afghanistan* (New York: Routledge, 2004), p. 174, 185, 205.

12

1 L'Abbé de Vertot, *The History of the Knights Hospitallers of St. John of Jerusalem, Volume 2* (New York: J.W. Leonard & Company, 1856), p. 104.

2 Michael Llewellyn-Smith, *Ionian Vision: Greece in Asia Minor 1919-1922* (Londen: Hurst & Company, 1998), p. 29, 107, 288.

3 Bruce Clark, *Twice a Stranger: The Mass Expulsions That Forged Modern Greece and Turkey* (Cambridge: Harvard University Press, 2006), p. 12, 18, 91.

4 Henry Morgenthau, *I Was Sent to Athens* (New York: Doubleday, Doran & Company Inc., 1929), p. 101.

5 Patrick Kingsley, *The New Odyssey: The Story of Europe's Refugee Crisis* (Londen: Guardian Books, 2016), p. 190.

6 David Pugliese, 'HCMS *Charlottetown* Returns Home from NATO Mission', *Ottawa Citizen*, 13 januari 2017.

7 James Stavridis, *Destroyer Captain: Lessons of a First Command* (Annapolis: Naval Institute Press, 2008), p. 128.

8 Helene Bienvenu en Marc Santora, 'They Let 71 People Die in a Stifling Truck. They Got 25 Years', *The New York Times*, 14 juni 2018.

9 Philippe Fargues, *Four Decades of Cross-Mediterranean Undocumented Migration to Europe: A Review of the Evidence*, International Organization for Migration, 2017.

10 Jason De León, *The Land of Open Graves: Living and Dying on the Migrant Trail* (Oakland: University of California Press, 2015), p. 83.

13

1 Alle cijfers over in Griekenland aangekomen bootvluchtelingen zijn ontleend aan het UNHCR Operational Data Portal, Griekenland.

2 Katerina Rouzakou, 'Nonrecording the "European Refugee Crisis" in Greece: Navigating through Irregular Bureaucracy', *Focaal* 77 (maart 2017).

3 'Nationality of Arrivals to Greece, Italy and Spain: January–December 2015', Operational Data Portal, UNHCR, 31 december 2015; 'Breakdown of Men-Women-Children among Sea Arrivals in Greece for the Period June 2015-January 2016', UNHCR, 31 januari 2016; Tara Brian en Frank Laczko, 'Fatal Journeys, Volume 2: Identification and Tracing of Dead and Missing Migrants', International Organization for Migration, 2016, p. 5.

4 Openbaringen 20:13.

5 George Tyrikos-Ergas, 'Orange Life Jackets: Materiality and Narration in Lesvos, One Year after the Eruption of the "Refugee Crisis"', *Journal of Contemporary Archaeology* 3, nr. 2 (2016), p. 230-231.

6 Francesco D'Orazio, 'Journey of an Image: From a Beach in Bodrum to Twenty Million Screens Across the World', in *The Iconic Image on Social Media: A Rapid Research Response to the Death of Aylan Kurdi*, red. Farida Vis en Olga Goriunova, Visual Social Media Lab, december 2015, p. 16; Simon Rogers, 'What Can Search Data Tell Us About How the Story of Aylan Kurdi Spread around the World?', in *The Iconic Image on Social Media*, p. 22.

7 Lucia Abellan, 'Una imagen que estremece la conciencia de Europa', *El País*, 3 september 2015; Katie Hopkins, 'Rescue Boats? I'd Use Gunships to Stop Migrants', *The Sun*, 17 april 2015; Tom Wells, Nick Pisa en Oliver Harvey, 'SUN CAMPAIGN: Our Bid to Help Thousands of Kids Like Drowned Migrant Boy', *The Sun*, 3 september 2015.

8 Karl Ove Knausgård, 'Vanishing Point', *The New Yorker*, 7 november 2015.

9 Mauro Barisione, Asimina Michailidou en Massimo Airoldi, 'Understanding a Digital Movement of Opinion: The Case of #RefugeesWelcome', *Information, Communication & Society* (december 2017), p. 5; Emma Graham-Harrison, Patrick Kingsley, Rosie Waites en Tracy McVeigh, 'Cheering German Crowds Greet Refugees after Long Trek from Budapest to Munich', *The Guardian*, 5 september 2015; Dietrich Thranhardt, 'Welcoming Citizens, Divided Government, Simplifying Media: Germany's Refugee Crisis, 2015–2017', in *Refugee News, Refugee Politics: Journalism, Public Opinion and Policymaking in Europe*, red. Giovanna Dell'Orto en Irmgard Wetzstein (New York: Routledge, 2019), p. 15.

10 Tijdens de 'Mariel Boatlift' in 1980 werden in zes maanden honderdvijftigduizend Cubanen naar de Verenigde Staten overgebracht. Na de oorlog in Vietnam ontvluchtten achthonderdduizend Vietnamezen hun land, maar over een periode van twintig jaar.

11 Tony Paterson, 'Refugee Crisis: Germany's "Welcome Culture" Fades as Thousands Continue to Arrive', *Independent*, 7 oktober 2015.

12 Ainhoa Ruiz Benedicto en Pere Brunet, 'Building Walls: Fear and Securitization in the European Union', Centre Delàs d'Estudis per la Pau, september 2018.

13 Yermi Brenner en Katrin Ohlendorf, 'Time for the Facts. What Do We Know about Cologne Four Months Later?', *Correspondent*, 2 mei 2016.

14 Eugénie Bastié, '"Que serait devenu le petit Aylan s'il avait grandi?": *Charlie Hebdo* choque', *Le Figaro*, 14 januari 2016.

15 'Schäuble will Autofahrer in Asylkrise zur Kasse bitten', *Die Welt*, 16 januari 2016.

16 Voor details zie Antonis Vradis, Evie Papada, Joe Painter en Anna Papoutsi, *New Borders: Hotspots and the European Migration Regime* (Londen: Pluto Press, 2019), p. 79-80; Silvan Pollozek en Jan Hendrik Passoth, 'Infrastructuring European Migration and Border Control: The Logistics of Registration and Identification at Moria Hotspot', *Society and Space* 37, nr. 4 (2019), p. 612.

17 Gregory Feldman, *The Migration Apparatus: Security, Labor, and Policymaking in the European Union* (Stanford: Stanford University Press, 2011), p. 134.

18 David Scott FitzGerald, *Refuge beyond Reach: How Rich Democracies Repel Asylum Seekers* (Oxford: Oxford University Press, 2019), p. 172.

19 Lehte Roots, 'The New Eurodac Regulation: Fingerprints as a Source of Informal Discrimination', *Baltic Journal of European Studies*, vol. 5, nr. 2 (2015), p. 109.

20 Anthony Faiola en Souad Mekhennet, 'Tracing the Path of Four Terrorists Sent to Europe by the Islamic State', *Washington Post*, 22 april 2016.

21 European Union Agency for Fundamental Rights, 'Fundamental Rights and the Interoperability of EU Information Systems: Borders and Security', mei 2017.

22 Chandak Sengoopta, *Imprint of the Raj: How Fingerprinting Was Born in Colonial India* (Londen: Macmillan, 2003), p. 51.

23 Matthew Longo, *The Politics of Borders: Sovereignty, Security, and the Citizen after 9/11* (Cambridge, Cambridge University Press, 2017), p. 148.
24 Annie Jacobsen, *First Platoon: A Story of Modern War in the Age of Identity Dominance* (New York: Dutton, 2021), p. 294.
25 Giorgio Agamben, 'Non au tatouage biopolitique', *Le Monde*, 10 januari 2004.

14

1 Emina Cerimovic, 'Asylum Seekers: "Hell in a Greek 'Hotspot'"', Human Rights Watch, 30 november 2017.
2 Bill Frelick, 'Greece: Refugee "Hotspots" Unsafe, Unsanitary', Human Rights Watch, 19 mei 2016.
3 UNHCR, 'Fire at Reception Site on Lesvos Island, Greece', 20 september 2016.
4 Behrouz Boochani, *No Friend but the Mountains: Writing from Manus Prison* (Toronto: House of Anansi, 2019), p. 197, 125.
5 Gesprek met Stefanos Samiotakis, directeur EuroRelief, Mytilene, 17 juli 2017.
6 Lori Golinghorst en Anita Schlabach, 'Not Forgotten by God', gelezen 17 maart 2021. https://lovinglesvos2016.wordpress.com/2016/03/01/not-forgotten-by-god/
7 Dina Siegel, *Dynamics of Solidarity: Consequences of the 'Refugee Crisis' on Lesbos* (Den Haag: Eleven International Publishing, 2019), p. 75, 79, 85.
8 Euractiv, 'MSF, Oxfam pull out of Lesbos hotspot in yet another blow to EU', 24 maart 2016.
9 European Center for Constitutional and Human Rights, 'Case Report: EASO's involvement in Greek Hotspots exceeds the agency's competence and disregards fundamental rights', april 2019.
10 Stathis Kouvelakis, 'Borderland: Greece and the EU's Southern Question', *New Left Review*, nr. 110 (maart-april 2018), p. 7, 31.
11 Euractiv, 'EU mulls plan to take charge of Europe's borders', 5 december 2015.
12 Apostolis Fotiadis, 'New Security on Greek Islands Reduces Access', *New Humanitarian*, 15 juni 2016.
13 Jim Yardley, 'Pope Francis Takes 12 Refugees Back to Vatican After Trip to Greece', *The New York Times*, 16 april 2016.

15

1 Bruce Clark, *Twice a Stranger: The Mass Expulsions That Forged Modern Greece and Turkey* (Cambridge: Harvard University Press, 2006), p. 28.
2 Sappho van Lesbos, *Verzamelde gedichten en fragmenten*, ingeleid en vertaald door Aart R.P. Wildeboer en Pierre J. Suasso de Lima de Prado (Baarn: Anthos, 1985), p. 126.
3 Nicolas Niarchos, 'An Island of Refugees', *The New Yorker*, 16 september 2015.
4 Esther Lovejoy, *Certain Samaritans* (New York: Macmillan, 1927), p. 174.
5 Leonidas Oikonomakis, 'Solidarity in Transition: The Case of Greece', in: *Solidarity Mobilizations in the 'Refugee Crisis'*, red. Donatella della Porta (Londen: Palgrave Macmillan, 2018), p. 77.

6 Clark, *Twice a Stranger*, p. 93.
7 Christos Ikonomou, *Good Will Come from the Sea*, vert. Karen Emmerich (Brooklyn: Archipelago, 2019), p. 40.
8 Joanna Kakissis, 'For These Greek Grandmas, Helping Migrants Brings Back Their Own Past', National Public Radio, 15 april 2016.
9 'Barcelona, París, Lesbos y Lampedusa piden a los Estados que "no den la espalda" a las ciudades refugio', *Público*, 13 september 2015.
10 Interview met George Tyrikos-Ergas, *Kalloni*, 13 juli 2017.
11 Kate Brady, 'Nobel Peace Prize: Who Will Win?', *Deutsche Welle*, 7 oktober 2016.
12 John Steinbeck, *The Grapes of Wrath* (New York: Penguin, 2002), p. 434.
13 Stanislav Ivanov en Theodoros A. Stavrinoudis, 'Impacts of the Refugee Crisis on the Hotel Industry: Evidence from Four Greek Islands', *Tourism Management* 67 (augustus 2018), p. 214-223.
14 Helena Smith en Patrick Kingsley, 'Far-Right Group Attacks Refugee Camp on Greek Island of Chios', *The Guardian*, 18 november 2016.
15 Mary Harris, 'Lesbos Parents Lock Schools to Keep Refugees Out', *Greek Reporter*, 9 oktober 2016.
16 Edward W. Said, *Orientalism* (New York: Vintage, 1994), p. 160.

16

1 George Orwell, *The Road to Wigan Pier* (New York: Harcourt, 1958), p. 17, 33.
2 Tony Abbott, 'Address to the Alliance of European Conservatives and Reformists, Lobkowicz Palace, Prague, Czech Republic', 17 september 2016.
3 James Cavallaro, Diala Shamas, Beth Van Schaack et al., 'Communiqué to the Office of the Prosecutor of the International Criminal Court Under Article 15 of the Rome Statute', Stanford Human Rights Center, 14 februari 2017, 52.
4 'Polls Apart: How Australian Views Have Changed on "Boat People"', Lowy Institute, 19 februari 2019; Janet Phillips, 'Boat Arrivals and Boat 'Turnbacks' in Australia Since 1976: A Quick Guide to the Statistics', Research Paper Series 2016-17, Parliament of Australia, 17 januari 2017.
5 Human Rights Watch, 'Greece: Dire Risks for Women Asylum Seekers', 15 december 2017.
6 Maaike Hermans et al., 'Healthcare and Disease Burden Among Refugees in Long-Stay Refugee Camps at Lesbos, Greece', *European Journal of Epidemiology* 32 (2017), p. 853.
7 Paul Collier, *Exodus: How Migration Is Changing Our World* (Oxford: Oxford University Press, 2013), p. 271, 26.
8 Branko Milanovic, *Global Inequality: A New Approach for the Age of Globalization* (Cambridge: Harvard University Press, 2018), p. 166.
9 David Woodward, 'Incrementum ad Absurdum: Global Growth, Inequality and Poverty Eradication in a Carbon-Constrained World', *World Social and Economic Review*, nr. 4 (2015); Jason Hickel, 'The Contradiction of the Sustainable Development Goals: Growth versus Ecology on a Finite Planet', *Sustainable Development* 27 (2019).

10 Mark Frankel, 'From Morningside Heights to the Maldives', Columbia Law School, 12 mei 2016.
11 Barak Kalir en Katerina Rozakou, '"Giving Form to Chaos": The Futility of EU Border Management at Moria Hotspot In Lesvos', *Society and Space*, 16 november 2016.
12 Farhad Darya, 'Salaam Afghanistan'.
13 Reuters, 'Germany Offers Afghanistan Help to Take Back Migrants', 1 februari 2016.
14 Marissa Quie en Hameed Hakimi, 'The EU and the Politics of Migration Management in Afghanistan', Chatham House, november 2020, p. 4.
15 Yalda Hakim, 'President Ghani Calls for Afghans to Remain in Country', BBC News, 31 maart 2016.
16 Eliza Mackintosh, 'Conditions Worsen for Europe's Refugees as Temperatures Plummet', CNN, 13 januari 2017.
17 Eva Coss, 'Death and Despair in Lesbos', Human Rights Watch, 3 februari 2017.
18 Behrouz Boochani, *No Friend but the Mountains: Writing from Manus Prison* (Toronto: House of Anansi, 2019), p. 212, 214, 318.
19 Médecins sans Frontières, 'Confronting the Mental Health Emergency on Samos and Lesvos', oktober 2017, p. 7.
20 Infomobile, 'Moria/Lesbos: Tear Gas and Beatings Continue while Families Wait in the Mud All the Night', 7 oktober 2015; Joanna Slater, 'Don't Send Anyone Else. This Is a Very Difficult Road', *Globe and Mail*, 4 september 2015.

17

1 Faiz Ahmed Faiz, *The True Subject: Selected Poems of Faiz Ahmed Faiz*, vert. Naomi Lazard (Princeton: Princeton University Press, 1988), p. 33.
2 Daniel Trilling, *Lights in the Distance* (Londen: Picador, 2018), p. 124, 181.
3 Costis Hadjimichalis, 'From Streets and Squares to Radical Political Emancipation? Resistance Lessons from Athens during the Crisis', *Human Geography* 6, nr. 2 (juli 2013), p. 130.
4 Nicholas Apoifis, '"FUCK MAY 68, FIGHT NOW!" Athenian Anarchists & Anti-Authoritarians: Militant Ethnography & Collective Identity Formation' (MA-scriptie, Macquarie University, 2014), p. 14, 107.
5 Natasha King, *No Borders: The Politics of Immigration Control and Resistance* (Londen: Zed Books, 2016), p. 58-60.
6 Katerina Rozakou, 'Socialities of Solidarity: Revisiting the Gift Taboo in Times of Crises', *Social Anthropology* 24, nr. 2 (2016), p. 185; Giorgos Maniatis, 'From a Crisis of Management to Humanitarian Crisis Management', *South Atlantic Quarterly* 117, nr. 3 (oktober 2018), p. 908.
7 Olga Lafazani, 'Homeplace Plaza: Challenging the Border between Host and Hosted', *South Atlantic Quarterly* 117, nr. 3 (oktober 2018), p. 896.
8 Yanis Varoufakis, *Adults in the Room: My Battle With Europe's Deep Establishment* (New York: Farrar, Straus and Giroux, 2017), p. 457.
9 Preethi Nallu, 'Greece Outlines Radical Immigration Reforms', *Al Jazeera*, 5 maart 2015.

10 Amnesty International, 'Trapped in Greece: An Avoidable Refugee Crisis', 18 april 2016.
11 Valeria Raimondi, 'For "Common Struggles of Migrants and Locals": Migrant Activism and Squatting in Athens', *Citizenship Studies* 23, nr. 6 (2019), p. 566-567.
12 Interview met Aliki Papachela, Athene, 21 juni 2017.
13 Lina Giannarou, 'Ta Gkriza Shmeia Ths Katalhyhs Toy City Plaza', *Kathimerini*, 27 oktober 2016.
14 Aryn Baker, 'Greek Anarchists Are Finding Space for Refugees in Abandoned Hotels', *Time*, 3 november 2016.
15 Eirini Andriopoulou, Alexandros Karakitsios en Panos Tsakloglou, 'Inequality and Poverty in Greece: Changes in Times of Crisis', Hellenic Observatory, GreesE paper nr. 116, 2016.
16 Giorgos Poulimenakos en Dimitris Dalakoglou, 'Hetero-Utopias: Squatting and Spatial Materialities of Resistance in Athens at Times of Crisis', in *Critical Times in Greece: Anthropological Engagements with the Crisis*, red. Dimitris Dalakoglou en Giorgos Agelopoulos (New York: Routledge, 2018), p. 174, 179.
17 'Responsibility Claim for the Execution of Mafioso Habibi in June, Exarhia Area–Athens, Greece', 14 juli 2016, https://actforfree.nostate.net/?p=24330.
18 Manu Chao, 'Clandestino'.
19 Liz Fekete, Frances Webber, Anya Edmond-Pettit, 'Humanitarianism: The Unacceptable Face of Solidarity', Institute of Race Relations, 2017.
20 Adam Nossiter, 'A French Underground Railroad, Moving African Migrants', *The New York Times*, 4 oktober 2016.
21 'Greece: Suspended Sentence for Spanish Activist Is "Decisive" for Decriminalising Solidarity with Migrants and Refugees', *Statewatch*, 19 december 2018.

18

1 Stelios Psaroudakes, 'A Lyre from the Cemetery of the Acharnian Gate, Athens', in *Music Archeology in Contexts*, red. Ellen Hickman, Arnd Both en Ricardo Eichmann (Rahden: Verlag Marie Leiderdorf, 2006), p. 59.
2 Luis E. Navia, *Diogenes of Sinope: The Man in the Tub* (Westport: Greenwood Press, 1998), p. 19, 22, 123.
3 Bevolkingsaantallen uit Wilfried Nippel, *Ancient and Modern Democracy: Two Concepts of Liberty?*, vert. Keith Tribe (Cambridge: Cambridge University Press, 2015), p. 10; Kevin Andrews, *Athens Alive, or The Practical Tourist's Companion to the Fall of Man* (Athene: Hermes Publications, 1979), p. 198.
4 Gabriella Arrigoni et al., 'Online Visual Dialogues about Place: Using the Geostream Tools to Identify Heritage Practices on Photo-sharing Social Media', CoHERE, 28 maart 2017, p. 9, 26.
5 Andriopoulos Themis, 'Brothels: Houses Which Stood the Test of Time', *Athens Social Atlas*, red. Thomas Maloutas en Stavros Spyrellis, mei 2015.
6 Will Horner, 'Afghan Asylum Seekers Resort to Sex Work in Athens', Al Jazeera, 16 januari 2017.
7 Phillip Connor en Jens Manuel Krogstad, 'Europe Sees Rise in Unaccompanied

Minors Seeking Asylum, with Almost Half from Afghanistan', Pew Research Center, 10 mei 2016.

8 Martin Nyman en Peter Varga, 'Country Report: Sweden, 2019 Update', Asylum Information Database, 2019, p. 88.

9 Human Rights Watch, '"Why Are You Keeping Me Here?": Unaccompanied Children Detained in Greece', september 2016, p. 9.

10 Lied van Abdullah, vertaald uit het Pasjtoe door Thomas Wide en opgenomen door Celeste Cantor-Stephens, 'New Jungle Music: A Fieldwork Study of the Migrant Jungle of Calais' (MSt Music, Oxford, 2015), p. 51.

11 Sandro Mezzadra, 'In the Wake of the Greek Spring and the Summer of Migration', *South Atlantic Quarterly* 117, nr. 3 (oktober 2018), p. 927.

12 Human Rights Watch, 'Hungary: Migrants Abused at the Border', 13 juli 2016.

19

1 Interview met Griekse marineofficier, Athene, 2017.

2 Olga Lafazani, 'A Border within a Border: The Migrants' Squatter Settlement in Patras as a Heterotopia', *Journal of Borderlands Studies* 28, nr. 1 (2013), p. 2.

3 Behzad Yaghmaian, *Embracing the Infidel: Stories of Muslim Migrants on the Journey West* (New York: Delta, 2006), p. 221-225; Matthew Carr, *Fortress Europe: Dispatches from a Gated Continent* (Londen: Hurst, 2015), p. 102-103.

4 Walter Benjamin, 'Theses on the Philosophy of History', in *Illuminations*, vert. Harry Zohn (New York: Schocken Books, 2007), p. 257.

5 Shahram Khosravi, *'Illegal' Traveller: An Auto-Ethnography of Borders* (New York: Palgrave Macmillan, 2010), p. 60, 62.

20

1 Sandro Mezzadra en Brett Neilson, *Border as Method, or, the Multiplication of Labor* (Durham: Duke University Press, 2013), p. 269.

2 Charles Heller, Lorenzo Pezzani en Maurice Stierl, 'Toward a Politics of Freedom of Movement', *Open Borders*, red. Reece Jones (Athens: University of Georgia Press, 2019), p. 59.

3 *Fatal Journeys: Volume 3, Part 1*, red. Frank Laczko, Ann Singleton en Julia Black, IOM, september 2017, p. 6.

4 Kostas Kostis, *History's Spoiled Children: The Formation of the Modern Greek State* (Londen: Hurst, 2018), p. 399.

5 Waarheidscommissie over overheidsschulden, 'Voorlopig rapport', Grieks parlement, 18 juni 2015, 20; IMF, 'Greece: 2017 Article IV Consultation', 7 februari 2017, p. 6.

6 Mary Harris, 'U.S. President Obama's Speech Cancelled at Pnyx Hill', *Greek Reporter*, 11 november 2016.

7 Barack Obama, 'Remarks by President Obama at Stavros Niarchos Foundation Cultural Center in Athens, Greece', 16 november 2016.

8 Griff Witte, 'Greeks Emphatically Reject Austerity, Elect Syriza in Historic Vote', *Washington Post*, 25 januari 2015.

9 Molly Crabapple, 'The Attack on Exarchia, an Anarchist Refuge in Athens', *The New Yorker*, 20 januari 2020.
10 'Mitsotakis Slams "Inconceivable Tolerance" of Gov't for Anarchist Violence', *eKathimerini*, 22 januari 2018.
11 Nikos Roussanoglou, 'Plaka and Exarchia Top Airbnb Chart', *Kathimerini*, 26 oktober 2017.
12 Faiz Ahmed Faiz, 'Prison Nightfall', vert. Ted Genoways, '"Let Them Snuff Out the Moon": Faiz Ahmed Faiz's Prison Lyrics in Dast-e Saba', *Annual of Urdu Studies* (2004), p. 115.
13 Sören Kierkegaard, *Works of Love*, vert. Howard en Edna Hong (New York: Harper Perennial, 2009), p. 344.

21

1 Céline Dion, 'My Heart Will Go On'.
2 Alasdair MacIntyre, *After Virtue: A Study in Moral Theory* (Notre Dame: University of Notre Dame, 1981), p. 216.
3 Rumi, *Masnavi*, boek 5, regel 3683.
4 Anna Lagia, 'Health Inequalities in the Classical City', *L'apport de la paléoanthropologie funéraire aux sciences historiques*, red. Anne-Catherine Gillis (Lille: Septentrion, 2014), p. 103.
5 Louise Cilliers, 'Burial Customs, the Afterlife and the Pollution of Death in Ancient Greece', *Acta Theologica* 26, nr. 2 (maart 2010), p. 55; Paul Cartledge, *Democracy: A Life* (Oxford: Oxford University Press, 2016), p. 138.
6 Aristoteles, *The Politics of Aristotle*, vert. Benjamin Jowett (Oxford: Clarendon, 1885), p. 7.
7 Bernard Williams, *Shame and Necessity* (Berkeley: University of California Press, 1993), p. 124.
8 Gloria Anzaldúa, *Borderlands/La Frontera: The New Mestiza* (San Francisco: Aunt Lute Books, 1987), p. 30, 85.
9 'Hum Yaar Hain Tumhare', uit de speelfilm *Haan Maine Bhi Pyaar Kiya* van Dharmesh Darshan uit 2002.